Hee-Sook Bae
Vereinte Suche nach JHWH

Beihefte zur Zeitschrift für die alttestamentliche Wissenschaft

Herausgegeben von
John Barton · Reinhard G. Kratz
Choon-Leong Seow · Markus Witte

Band 355

W
DE
G

Walter de Gruyter · Berlin · New York

Hee-Sook Bae

Vereinte Suche nach JHWH

Die Hiskianische und Josianische
Reform in der Chronik

W
DE
G

Walter de Gruyter · Berlin · New York

G

∞ Gedruckt auf säurefreiem Papier,
das die US-ANSI-Norm über Haltbarkeit erfüllt.

ISBN-13: 978-3-11-018451-8
ISBN-10: 3-11-018451-6

Bibliografische Information Der Deutschen Bibliothek

Die Deutsche Bibliothek verzeichnet diese Publikation in der Deutschen Nationalbibliografie;
detaillierte bibliografische Daten sind im Internet über http://dnb.ddb.de abrufbar.

Printed in Germany
Einbandgestaltung: Christopher Schneider, Berlin

Meiner Schwester Hee-Ok
und ihrem Mann Sang-Ho Kwon

in Dankbarkeit gewidmet

Vorwort

Die hier vorgelegte Arbeit stellt die überarbeitete und um ein Bibelstellenregister erweiterte Fassung meiner Dissertation dar, die im Rahmen des Promotionsverfahrens am Fachbereich Evangelische Theologie der Westfälischen Wilhelms-Universität Münster im Oktober 2004 eingereicht und im Februar 2005 angenommen wurde.

Die intensive Betreuung übernahm Herr Prof. Dr. Rainer Albertz. Ich habe viel von ihm gelernt, ich danke ihm für die Präzisierung der Methodik, hilfreiche Hinweise, sachliche Anregungen und geduldige Ermutigung. Über die wissenschaftliche Betreuung hinaus danke ich ihm und seiner Frau Dr. med. Heike Albertz für unbegrenzte Freundlichkeit. An Prof. Dr. Karl-Friedrich Pohlmann richtet sich mein aufrichtiger Dank für die Übernahme des Zweitgutachtens.

Einen wesentlichen Beitrag zum Gelingen der Arbeit hat auch Pfarrer i. R. Eberhard Richter geleistet, indem er den Werdegang des Buches in fast allen Stufen korrigierend und ermutigend begleitet hat. Bei dem abschließenden Korrekturgang konnte ich mich auf Dr. Dirk Schwiderski verlassen. Beider Hilfe hat mich vor vielen Fehlern bewahrt. Darüber hinaus hat zum Gelingen der Arbeit die Ermutigung vieler Freunde beigetragen. Ich nenne u. a. Frau Elisabeth Richter und ihre Familie, Frau Ruth Puffert, Susanna Meyer-Mintel und ihre Familie, Benjamin, Doris und Günter, und Victor Damerow sowie die Kommilitonen des Doktorandenkollegs. Sie haben meine Studienzeit in Deutschland erleichtert und mir ein Stück Heimat in Deutschland geschenkt. Weiter gilt mein Dank Herrn Volker Kircheis, der mir bei der Übersetzung des neuhebräischen Textes geholfen hat.

An dieser Stelle möchte ich meinen Dank an die Herren Professoren an dem „Presbyterian College and Theological Seminary" in Seoul äußern, die mein Interesse am Alten Testament geweckt hatten, Präsident Dr. Joong-Eun Kim, Dr. Sa-Moon Kang, Dr. Young-Il Chang und Dr. Dong Hyun Bak. Ich möchte besonders den im letzten Jahr gestorbenen Prof. Dr. Dong-Soo Lee erwähnen, der mich noch auf seinem Krakenlager ermutigt und unterstützt hat. Ich bin stolz darauf, dass ich heute die Nachfolgerin auf seinem Lehrstuhl sein darf.

Danken möchte ich den Herren Professoren Dr. Reinhard Gregor Kratz und Dr. Markus Witte, die als Herausgeber von BZAW die Aufnahme meiner Arbeit in diese Reihe befürwortet haben, sowie Herrn Dr.

Albrecht Döhnert und Frau Monika Müller vom Verlag de Gruyter für die freundliche und umsichtige Betreuung des Bandes.

In meinen Dank schließe ich meine Familie ein, meine Eltern, Ju-bong Bae und Bog-Rim Ju, meine Schwester Hee-Ok und ihren Mann Sang-Ho Kwon, meinen Bruder Hee-Woong (†22.06.2005), der mir immer eine Freude und ganzer Stolz und uns allen das größte Geschenk Gottes war, mit seiner Frau Mi-Kyung und meinen Bruder Hee-Soo mit seiner Frau Jeong-Mi. Sie haben meine Studien in Deutschland und die Entstehung dieser Arbeit ermöglicht. Danken möchte ich auch meinen Nichten und Neffen, Hye-Jin, Hye-Rim, Hyuk-Jun und den kleinen I-Sie und Young-Bin, Ha-Won und Ju-Won, die mich mit ihrem freudigen Lachen und Erzählen aufgemuntert haben.

Widmen möchte ich diese Arbeit meiner Schwester Hee-Ok und meinem Schwager Sang-Ho Kwon, die mich seit langem ideell und materiell gefördert haben.

Seoul, im Oktober 2005   Hee-Sook Bae

Inhaltsverzeichnis

1. Einleitung

Die vorliegende Untersuchung behandelt die Hiskianischen und Josianischen Reformen in der Darstellung der Chronikbücher (2. Chr 29-32; 34-35). Diese chronistischen Darstellungen standen bisher mehr im Schatten der Forschung,[1] da diese vorwiegend an der Frage nach der Historizität dieser beiden königlichen Kultreformen interessiert war und darum die zeitlich näheren Berichte aus dem Deuteronomistischen Geschichtswerk (2. Kön 18-20; 22-23) in den Vordergrund rückte.[2]

Im Deuteronomistischen Geschichtswerk (DtrG) ist der Bericht über die Kultreformen Hiskias nur ganz kurz (2. Kön 18,4): Der König habe die Kulthöhen liquidiert, die Mazzeben und Ascheren zerstört sowie die eherne Schlange, die Nechuschtan genannt wurde, zerschlagen. Mit diesen ersten Maßnahmen zur Durchsetzung der bilderlosen JHWH-Verehrung und zur Kultzentralisation schildert der Deuteronomist Hiskia als Wegbereiter Josias. Allerdings ist ihm das Vertrauen, dass Hiskia angesichts der assyrischen Bedrohung auf JHWH gesetzt habe (18,5; 19,1ff.), noch wichtiger. Sehr viel ausführlicher ist der dtr Bericht von der Josianischen Reform (2. Kön 22-23). Nach diesem soll Josia, der als Achtjähriger auf den Königsthron erhoben worden war (21,24), auf der Grundlage des bei Bauarbeiten im Tempel zufällig gefundenen Gesetzbuches eine umfassende Kultreform durchgeführt haben, „die nicht nur den Jerusalemer Tempel von allen fremdreligiösen, d.h. vor allem assyrischen Einflüssen reinigte (23,4.6f.11), sondern auch alle übrigen Kulthöhen in Juda beseitigte (V.8.13f.) und die eingerissenen privaten synkretistischen Riten ihrer Basis beraubte (V.5.10-15). Schließlich habe er, über das judäische Gebiet ausgreifend, das alte Reichsheiligtum von Bethel, ja, sogar auch alle anderen Kultstätten des ehemaligen Nordreichs zerstört (V.15-20)."[3] Doch so unterschiedlich das

---

1   J.W. Wright, From Center to Periphery, 20-42, verfolgt den Vorgang, wie die Chronik in der Forschung der alttestamentlichen Wissenschaft vom Zentrum an die Peripherie gerückt wurde. Zur Forschungsgeschichte vgl. Th. Willi, Zwei Jahrzehnte Forschung, 61-104.

2   Ch. Hardmeier, König Joschija, 81, schreibt im Blick auf die gegenwärtige Situation: „Die Frage nach dem Quellenwert von 2Reg 22f. für die joschijanische Reform und die Entstehung des Deuteronomiums gehört zu den Evergreens alttestamentlicher Forschung."

3   R. Albertz, Religionsgeschichte, 307f.

Ausmaß der königlichen Kultreformen auch geschildert wird, so erhalten die beiden Könige Hiskia und Josia doch das höchste Lob aller judäischen Könige nach David (18,5-7; 23,25).[4]
H.-D. Hoffmann konnte zeigen, dass die Kultreform Josias im DtrG die Zusammenfassung aller zuvorigen Reformmaßnahmen der judäischen Könige darstellt.[5] Nach R. Albertz bildet sie den Höhepunkt des ganzen Deuteronomistischen Geschichtswerks.[6] Ihr positives Gewicht ist so groß, dass F.M. Cross und seine Nachfolger meinten, in ihr den ursprünglichen Schluss des DtrG zu finden, das ein Propagandawerk aus der Josiazeit gewesen sei.[7] R. Albertz schließlich hat herausgearbeitet, wie schwer es für den dtr Verfasser gewesen sei, zwischen der Kultreform Josias und der dennoch eingetretenen Exilierung Israels zu vermitteln. Es gelang dem Dtr nur dadurch, dass er einen Sündenfall des Königs Manasse konstruierte, der das Vernichtungsurteil JHWHs über Jerusalem und Juda provoziert habe (2. Kön 21).[8]
    Die unterschiedliche Gewichtung der Hiskianischen und Josianischen Reform wurde auch in der historischen Rekonstruktion erkennbar. Während die Josianische Reform häufig als ein entscheidender Wendepunkt in der Religionsgeschichte Israels bewertet wird[9] und meist nur die Frage ihrer Reichweite kritisch in Frage steht,[10] wird die Historizität der Hiskianischen Reform überwiegend geleugnet.[11]
    Angesichts der aufgezeigten Gewichtung der Hiskianischen und Josianischen Reform in der dtr Darstellung und der historischen Einschätzung ist es erstaunlich, dass der Chronist in seinem Werk die Bedeutung der Hiskianischen Reform stark hervorhebt (2. Chr 29-32),[12] dergegenüber

---

4   Zwar werden noch sechs weitere Könige im DtrG positiv beurteilt, doch wird diese Beurteilung dadurch eingeschränkt, dass es ihnen nicht gelang, die Höhenheiligtümer abzuschaffen, vgl. Asa, 1. Kön 15,11-14; Joschafat, 22,43f.; Joasch, 2. Kön 12,3f.; Amazja, 14,3f.; Asarja, 15,3f.; Jotam, 15,34f.
5   H.-D. Hoffmann, Reform, 203.
6   R. Albertz, Exilszeit, 231. So auch H.-D. Hoffmann, Reform, 207.
7   F.M. Cross, Themes, 284. Zur Forschungsdiskussion siehe, R. Albertz, Exilszeit, 213.
8   R. Albertz, Exilszeit, 230.
9   So z.B. R. Albertz, Religionsgeschichte, 304-360, und von archäologischer Seite, I. Finkelstein - N.A. Silberman, Keine Posaunen, 267ff.
10 Aus der breiten Debatte vgl. nur H. Niehr, Reform, 33-55; Chr. Uehlinger, Gab es eine josianische Kultreform, 57-89; Chr. Hardmeier, König Joschija, 113ff.
11 H. Spieckermann, Juda unter Assur, 171; I. Finkelstein - N.A. Silberman, Keine Posaunen, 270. Dagegen ist R. Albertz, Religionsgeschichte, 282, der Ansicht, dass die Hiskianische Reform einen realgeschichtlichen Hintergrund hat.
12 Schon die Tatsache, dass ein einziger Vers des dtr Berichtes über die Kultreform zu mehr als achtzig Versen in der Chronik ausgeweitet wurde, ist ein Indiz dafür, dass Hiskia als großer Reformkönig für den Chronisten bzw. für die Theologie der Chronisten eine wichtige Rolle spielt.

er die Bedeutung der Josianischen Reform deutlich mindert (2. Chr 34-35). Die Hiskianische Reform stellt in der Chronik eine regelrechte Zeitenwende dar, in deren Schatten die Josianische Reform steht. Damit stellt sich die Frage, wie eine solche Umwertung zu erklären ist.

Im Nachfolgenden soll versucht werden, die Bedeutung, die der Chronist der Hiskianischen und Josianischen Reform beimisst, im Einzelnen herauszuarbeiten und in den Kontext der nachexilischen Zeit zu stellen. Dabei geht es nicht um eine historische, sondern um eine literatur- und theologiegeschichtliche Fragestellung. Es soll nach der Stellung und Funktion der beiden Reformberichte im Gesamtbild der chronistischen Geschichtskonstruktion gefragt werden. Dabei wird von der Endgestalt der Chronikbücher ausgegangen.

Im ersten Schritt der Arbeit soll ein kurzer Überblick über die Forschungslinien zur chronistischen Darstellung der Hiskianischen und Josianischen Reformen während der letzten 50 Jahre gegeben werden, in denen die Hiskianische und die Josianische Reform jeweils entweder unter dem Gesichtspunkt einer Israel-Konzeption oder einer Kultreform betrachtet wurden. Danach soll nach einem möglichen Zusammenhang zwischen beiden Aspekten gefragt werden. Zu diesem Zweck wird im dritten Kapitel die literarische Eigenart der chronistischen Darstellung einer Analyse unterzogen. Insbesondere soll hier ein synoptischer Vergleich zwischen den Chronik- und den Königsbüchern durchgeführt werden und dabei sowohl die Berührungen als auch die Differenzen zwischen der Chronik und dem DtrG erklärt werden. Damit wird die Frage nach der chronistischen Eigenart aufgeworfen. In Bezug auf diese Frage stellt das vierte Kapitel die Diskussion um die Israel-Konzeption, einen der wichtigsten Aspekte der Hiskianischen und Josianischen Reform, dar und bietet hierzu eine Perspektive an, die in der Forschung bisher nicht berücksichtigt wurde. Daran soll sich im fünften Kapitel die Analyse der Kultmaßnahmen innerhalb der Hiskianischen und Josianischen Reformen anschließen. Somit bilden die Kapitel 4 und 5 den Schwerpunkt der Untersuchung. Am Ende dieser Kapitel wird deutlich werden, wie eng beide Aspekte zusammenhängen.

In den letzten 20 Jahren hat sich die Forschungslage zur Chronik erheblich gewandelt, ohne dass es bereits zu einem Konsens über die Entstehungsgeschichte und die Datierung der Letztgestalt gekommen wäre. Deshalb wird im sechsten Kapitel der Versuch unternommen, die Ergebnisse der vorausgehenden Kapitel durch Überlegungen zur Datierung und zum chronistischen Leitgedanken historisch und theologisch einzuordnen. Es wird sich zeigen, dass der Zusammenhang der beiden Aspekte Israel-Konzeption und Hervorhebung der Kultmaßnahmen in der chronistischen Darstellung für die Religionsgeschichte Israels in nachexilischer Zeit eine neue Einschätzung der theologischen Bedeutung der Chronik ermöglicht.

2. Forschungsgeschichte

Bei der Darstellung der Reform Hiskias und Josias werden in der Forschung heute hauptsächlich zwei Aspekte genannt, welche die Darstellung des Chronisten bestimmen. Einige Exegeten heben hervor, die Reform Hiskias und Josias orientiere sich am Kult, andere betonen den Gesichtspunkt des vereinten Gesamtisrael. Ihre divergierenden Positionen im Blick auf die Hiskianische und Josianische Reform, die in den wichtigsten Kommentaren der letzten 50 Jahre ausformuliert worden sind, sollen hier kurz vorgestellt und ggf. vorhandene Probleme angesprochen werden. Eine detaillierte Diskussion erfolgt dann im exegetischen Teil dieser Untersuchung.

1) Der kultische Aspekt wird unter anderem von vielen Exegeten vertreten: von E.L. Curtis und A.A. Madsen (1952), W. Rudolph (1955), J.M. Myers (1974), R.B. Dillard (1987), S.J. De Vries (1989), W. Riley (1993) und L.C. Jonker (2003).

E.L. Curtis und A.A. Madsen sind der Meinung, dass die Chronik als eine Geschichte des Königtums Juda vom priesterlichen Gesichtspunkt aus geschrieben wurde. Der Verfasser sei besonders an dem auf den Dienst im Jerusalemer Tempel konzentrierten Leben Israels interessiert. Daher stehe der Tempel im Zentrum der Darstellung des Chronisten (1. Chr 13; 15-16; 17; 21; 22; 28; 29; 2. Chr 2-7; 24,4-14; 29,3-19; 34,8-13). Unter diesem Gesichtspunkt bekommt vor allem die Passafeier Hiskias und Josias im Tempel (2. Chr 30; 35,1-19) besonderes Gewicht.[1] Curtis und Madsen unterscheiden die Passafeier unter Hiskia von der unter Josia dahingehend, dass erstere das Fest von Gesamtisrael, letztere dagegen nur das Fest von Juda gewesen sei.[2] Dies steht in einem gewissen Widerspruch zu der Annahme, dass die kultische Reform Josias in 2. Chr 34 auch das Nordreich umfasst habe.[3] Außerdem weisen sie darauf hin, dass die besondere Aktivität der Sänger und Musikanten bei der Wiedereinweihungsfeier des Tempels und bei der Passafeier unter Hiskia (2. Chr 29,13b.14.25f.30; 30,21) und Josia (34,12; 35,15) hervorgehoben wird. Zwar sehen sie mit Recht, dass der Chronist

---

1   Vgl. E.L. Curtis - A.A. Madsen, Chronicles, 7.
2   Vgl. E.L. Curtis - A.A. Madsen, Chronicles, 471.
3   Vgl. E.L. Curtis - A.A. Madsen, Chronicles, 504.

den Akzent eher auf Hiskia als auf Josia gelegt hat,[4] und bezeichnen Hiskia
als „restorer" der priesterlichen Organisation für den Tempeldienst, dessen Gründer David war,[5] und als „renewer" der alten, unter Ahas in Miss-
brauch geratenen Anweisung. Aber die Akzentverschiebung von Josia auf
Hiskia wird nicht schlüssig erklärt.

Über diese allgemeine Auffassung hinaus betont der Kommentar von
W. Rudolph besonders die theologische Bedeutung des Jerusalemer Tempels. So deutet er den Reinigungsbefehl Hiskias 2. Chr 29,15 als Wille
JHWHs, im Tempel von Jerusalem verehrt zu werden.[6] Im Gegensatz zu
Ahas werde Hiskia als Träger eines neuen Geistes gezeigt, indem er sich
„von vornherein für den Anspruch des Tempels auf Alleingeltung" einset-
ze (2. Chr 30).[7] Die Umkehr zu JHWH sei Rückkehr zum Tempel in Jerusalem.[8] Hiskia habe damit ein bahnbrechend gesamtisraelitisches Passafest
eingeleitet[9] und Josia habe sich dafür eingesetzt, „den Leviten einen festen
Platz in der Passaordnung" zuzuweisen und die Schlachtung des Passa in
ein Schlachtopfer umzuwandeln.[10] Außerdem ist Rudolph der Ansicht,
dass es in der Chronik Hinweise auf eine Animosität zwischen Juden und
Samaritanern im nachexilischen Israel gebe (30,11.18.21.25; 31,6; 34,9.33).
Dahinter steht bei Rudolph die These, dass die Chronik eine Apologie für
das davidische Königtum und das Jerusalemer Heiligtum sei.

Für R.B. Dillard steht Hiskia in der Mitte der Chronik. Nach seiner
Sicht war der Chronist offenbar der Meinung, dass Juda nicht unter Josia
wie im DtrG, sondern schon unter Hiskia den Höhepunkt seiner Geschichte erreicht habe.[11] So habe nach der chronistischen Deutung Hiskia Israel
vereinigt und wurde so als zweiter David und Salomo dargestellt.[12] Jedoch
ist für ihn die Treue zum Kult eine Voraussetzung für die Wiedervereinigung Israels.[13] Darin ist für ihn der Anspruch des Tempels begründet.

S.J. De Vries erschließt ein „festival schema"[14] in 2. Chr 29 und folgert
daraus, dass die Chronik Hiskia als zweiten, neuen Salomo darstellt, der

---

4   Vgl. E.L. Curtis - A.A. Madsen, Chronicles, 462.
5   E.L. Curtis - A.A. Madsen, Chronicles, 478.
6   Vgl. W. Rudolph, Chronikbücher, 296.
7   W. Rudolph, Chronikbücher, 299.
8   W. Rudolph, Chronikbücher, 300.
9   Vgl. W. Rudolph, Chronikbücher, 324.
10 W. Rudolph, Chronikbücher, 325.
11 Vgl. R.B. Dillard, 2 Chronicles, 228.
12 Vgl. R.B. Dillard, 2 Chronicles, 228.
13 Vgl. R.B. Dillard, 2 Chronicles, 228.
14 S.J. De Vries, Chronicles, 373, arbeitet heraus, dass die Darstellungen der Feste bei
    Salomo (2. Chr 7), Asa (2. Chr 15), Hiskia (2. Chr 29) und Josia (2. Chr 35) von vier
    Elementen bestimmt sind: the notice of date (29,3); the identification and purification
    of the participants (29,4-19); the description of the ceremonies (29,20-35); a joyful
    celebration (29,36).

den Tempel gereinigt und wiederhergestellt habe,[15] und dass die Wieder-
einweihungszeremonie „a kind of shadow Passover" sei.[16] Er betrachtet
Hiskia als „rededicator" des Tempels. Wie schon bei Rudolph erhält bei
ihm der Tempel eine große Bedeutung, indem er die Einladung der Nordisraeliten zum Heiligtum durch Hiskia in 2. Chr 30 als den Appell zur
Umkehr deutet.[17] De Vries nennt die Schilderung der Reform Hiskias gattungsmäßig einen „report"[18] und behauptet, dass sie als eine grundsätzliche „Programmschrift" für den Tempeldienst konzipiert wurde.[19]
Demgegenüber betrachtet er Josia als „renewer" des Gesetzes,[20] der das
Gesetz wiederherstellte und zeigte, wie man JHWH dem Gesetz gemäß
verehren soll. Dies entspricht aber eher dem dtr Bild Josias.

W. Riley stellt in seiner Monographie fest, die Geschichte des Chronisten sei „a re-presentation of the formative monarchical period of Israel's
history as viewed especially through the cultic lens."[21] In der Hiskia-
Erzählung sieht Riley zwei unterschiedliche liturgische Aktivitäten, und
zwar „the liturgy of reform and the Passover liturgy".[22] Nach ihm hat
Hiskia durch die Öffnung der Tempeltore (2. Chr 29,3), durch die Wiederherstellung der Kultgeräte (29,18f.) und durch die Anordnung des Kultpersonals (29,25-30) die Passafeier für Israel im Zentralheiligtum als „a
national liturgical action" ermöglicht, und „the centralized terms of Hezekiah's celebration would no longer constitute an act of restoration but of
innovation."[23] Aus der Betrachtung der weiteren Maßnahmen (31,2-
4.11.13-19) kommt Riley zum Schluss, dass Hiskia in der Chronik über die
bloße Wiederherstellung der davidischen Verordnungen hinaus kraft seiner Autorität kultische Innovationen vorgenommen habe.[24] Danach hat die
nachexilische Praxis der Versorgung des Kultpersonals seine Herkunft in
der königlichen Autorität Hiskias.[25]

Riley erfasst zutreffend die Entwicklung der chronistischen Geschichte
des Tempels und seines Kultes in der Darstellung der Passafeier Josias.
Nach ihm verbindet der Chronist die Passafeier unter Josia mit der Gründung des Kultes Israels durch den Verweis auf die Figuren des formativen,
alten Israels, nämlich auf David (2. Chr 35,4.15), Salomo (35,3.4) und Mose

---

15   Vgl. S.J. De Vries, Chronicles, 373; 379.
16   Vgl. S.J. De Vries, Chronicles, 373.
17   S.J. De Vries, Chronicles, 380.
18   S.J. De Vries, Chronicles, 385.
19   S.J. De Vries, Chronicles, 387.
20   S.J. De Vries, Chronicles, 385; 402.
21   W. Riley, King, 36.
22   W. Riley, King, 131.
23   W. Riley, King, 132.
24   Vgl. W. Riley, King, 133.
25   Vgl. W. Riley, King, 134.

(35,6.12).[26] Durch diese Verbindung stelle der Chronist die Passafeier Josias als „ideal implementation", die Hiskias als „the grand restoration" dar.[27] Mit dem Verweis auf Samuel in der Passafeier unter Josia (35,18) und auf Salomo unter Hiskia (30,26) wolle der Chronist sagen, dass „Hezekiah's Passover (and reform) … a restoration of the cultus of the days of the United Monarchy and Josiah's celebration … a progression upon it"[28] sei. Also sehe der Chronist in der Passafeier Josias, „that kingship has reached at least one cultic height that it had never reached before".[29] Diese Annahme werde durch die den liturgischen Bericht zusammenfassende Phrase אחרי כל־זאת אשר הכין יאשיהו את־הבית in 35,20 gestützt. Also unterscheidet sie „the liturgies of Josiah" von „all that preceded them in the Chronistic monarchical history."[30] Für Riley markiert das Passafest unter Josia „a true progression … because of two important factors: the availability of the Book of the Law and the liturgical authority of Josiah."[31] Der Chronist zeige: „the arrangements for the Temple, its cultic personnel and its celebrations have all been completed by the end of Josiah's Passover celebration."[32] Darin geht die Passafeier Josias über die Hiskias hinaus.[33] Somit liegt für Riley der Akzent in der chronistischen Darstellung nicht auf Hiskia, sondern auf Josia.

Vor kurzem hat L.C. Jonker eine Monographie vorgelegt, die sich auf die Josia-Erzählung beschränkt. Ausgehend von Beobachtungen zur Struktur der Josia-Erzählung[34] und von einem Vergleich mit dem DtrG stellt er fest, dass die Darstellung der Passafeier im Zentrum der Josia-Erzählung steht. Zwar sieht Jonker in den beiden Reformen eine Fortsetzung der davidischen und salomonischen Reform,[35] aber er hält die Josianische Reform für den abschließenden Höhepunkt. Im Anschluss an Riley verweist er dabei auf die Abschlussnotiz über die Wiederherstellung des Kultes durch Salomo, Hiskia und Josia in den jeweiligen Abschnitten, nämlich in 2. Chr 8,16aα; 29,35; 35,10; 35,16, sowie auf die letzte Bemerkung über den

---

26 Vgl. W. Riley, King, 135.
27 W. Riley, King, 135.
28 W. Riley, King, 136.
29 W. Riley, King, 136.
30 W. Riley, King, 136.
31 W. Riley, King, 136.
32 W. Riley, King, 138.
33 W. Riley, King, 137.
34 Nach seiner Beobachtung lassen Orts- und Zeitbestimmungen die Geschehnisse im 18. Jahr der Regierung Josias in Jerusalem präziser fassen. Nach den Zeitbestimmungen 34,3a; 34,3b und 34,8; 35,19 gliedert er in drei Abschnitte, nämlich 34,2; 34,3-7; 34,8-35,19. Den letzten Abschnitt teilt er nach den Zeitbestimmungen in 34,14; 34,19 und 35,1 noch einmal in die vier Unterabschnitte 34,8-13; 34,14-18; 34,19-33 und 35,1-19.
35 Vgl. L.C. Jonker, Reflections, 57.

Kult in 35,20 als „Gestaltschließung".[36] Seiner Meinung nach wird der davidische und salomonische Reformprozess von Hiskia und Josia mit der Einsetzung der Leviten fortgesetzt und unter Josia vollendet.[37] Damit kehrt Jonker wieder insofern zur These von Riley zurück, als er den Akzent in der chronistischen Darstellung nicht bei Hiskia, sondern bei Josia sieht.

Jonker findet in der Josia-Erzählung die Tendenz einer Institutionalisierung und einer Hervorhebung des Kultpersonals, während in der Hiskia-Erzählung die Tendenz zur Zentralisation sichtbar werde. So werde Josia nicht mehr als derjenige hervorgehoben, der die dtr theologische Tradition widerspiegelt und legitimiert, vielmehr verstärke er die Kulttradition.[38] Diese Darstellung des Chronisten führt Jonker auf soziale Veränderungen zurück: das Ende des Exils und damit die Proklamation Jehuds als Provinz.[39] Seiner Meinung nach habe die neue Situation unter der persischen Regierung eine neue Reflexion auf die Traditionen veranlasst, welche die Davididen als einzigen Grundstein für die von JHWH erwählte Nation nennen. Damit versuche der Chronist einerseits eine neue Identität zu schaffen, andererseits die Basis für den neuen Kult zu legen. Somit ist die Chronik für ihn eine (Re-)Interpretation der historischen und theologischen Traditionen im alten Israel.

2) Der zweite Aspekt, die Erneuerung Gesamtisraels, wird von J.M. Myers (1965); R.L. Braun (1986); H.G.M. Williamson (1987); E. Ben Zvi (1993); S. Japhet (1993); J.A. Thompson (1994) hervorgehoben:

J.M. Myers scheint der ersten Gruppe anzugehören, wenn er zusammenfasst: „the Davidic line was the true one and Jerusalem was the sanctuary of the Lord",[40] und hinzufügt, dass der Chronist in den beiden Passafesten unter Hiskia und Josia die Position Jerusalems als Kultzentrum herausstreiche.[41] Doch liegt der Schwerpunkt für ihn an anderer Stelle. Er formuliert ausdrücklich, die Passafeier unter Hiskia müsse als Versuch verstanden werden, das Volk im Gottesdienst des Jerusalemer Tempels zu vereinen. Dafür habe der Chronist einige Züge der Passafeier unter Josia im DtrG auf die unter Hiskia übertragen.[42] Diese Umarbeitung des Chronisten führt Myers auf die neuen politischen Verhältnisse zurück, nämlich den Tod Ahas' und den Untergang des Nordreiches. Obwohl Myers damit auf das wesentliche Element in der chronistischen Darstellung der Hiskia-

---

36   Vgl. L.C. Jonker, Reflections, 57.
37   Vgl. L.C. Jonker, Reflections, 60.
38   Vgl. L.C. Jonker, Reflections, 86.
39   Vgl. L.C. Jonker, Reflections, 85.
40   J.M. Myers, I Chronicles, XXXIV.
41   Vgl. J.M. Myers, I Chronicles, XXXIV.
42   Vgl. J.M. Myers, II Chronicles, 176.

nischen Reform hingewiesen hat, zieht er keine Schlussfolgerung daraus. Seine Auslegung endet mit der historischen Spekulation, dass Hiskias Reform gelungen sei und die Grundlage gebildet habe, auf der später die deuteronomistische Bewegung mit demselben Ziel fortgesetzt werden sollte.[43]

Auch R.L Braun setzt sich mit der Frage nach dem Sinn der Einladung Hiskia an den Norden zu dem legitimen Tempel auseinander und kommt zu dem Ergebnis, dass in der Hiskia-Erzählung „the most extensive consideration of the question of the north" präsentiert werde.[44] Durch die Einladung kurz nach dem Untergang des Nordreiches als politischer Institution werde, so formuliert Braun, „Israel ... once again a unity, as it had been in the days of David and Solomon" (2. Chr 30,25f.).[45]

In die gleiche Richtung entwickelt H.G.M. Williamson seine Position in expliziter Auseinandersetzung mit der These Rudolphs, nach der die chronistische Geschichtsschreibung eine antisamaritanische Einstellung aufweise. In seinem Kommentar argumentiert Williamson, dass der Chronist im Gegenteil „the participation of ‚all Israel' in the major events of the time" betone.[46] Mit dem Hinweis auf den Untergang des Nordreiches in der Ahas-Erzählung einerseits und durch das Gleichsetzen des Schicksals der beiden Länder in der Deportations-Erzählung (2. Chr 29,5-11; 30,6-9) andererseits wolle der Chronist den Rahmen für „the vigorous moves towards restoration"[47] unter Hiskia vorbereiten. Darin werde Hiskia als zweiter Salomo typisiert, unter dem das ganze Volk im Kult des Jerusalemer Tempels vereinigt worden sei.[48] So stellt Williamson die Restauration als Rückkehr zu den Verhältnissen unter Salomo dar.[49] Für ihn hat der Tempel die Bedeutung als „a focus for the reunification of the divided and scattered people of Israel".[50] In der Josia-Erzählung sieht Williamson einen Hinweis auf die Wichtigkeit der Tora für die Gemeinde des Chronisten, indem er das unter Josia gefundene Gesetzbuch (34,14-33) nicht nur als eine Form der Belohnung für die Treue Josias gegenüber JHWH, sondern auch als „a springboard" für weitere Taten des Gehorsams versteht.[51] Nach Williamson habe der Chronist immer wieder betont, dass der Tempelkult in Übereinstimmung mit den Bestimmungen des Pentateuchs geordnet wurde, solange es durchsetzbar gewesen sei. In dieser Hinsicht sei

---

43 Vgl. J.M. Myers, II Chronicles, 176f.
44 R. Braun, 1 Chronicles, xxvi.
45 R. Braun, 1 Chronicles, xxvi.
46 H.G.M. Williamson, Chronicles, 25.
47 H.G.M. Williamson, Chronicles, 344.
48 Vgl. H.G.M. Williamson, Chronicles, 25.
49 Vgl. H.G.M. Williamson, Chronicles, 353.
50 H.G.M. Williamson, Temple, 29.
51 H.G.M. Williamson, Chronicles, 401.

der Tempel als Kulminationspunkt verschiedener altisraelitischer Traditionen zu sehen.[52] Williamson sieht darin die Synthese der einander widersprechenden Anliegen des Chronisten: einerseits die exklusive Stellung des Jerusalemer Tempelkults und anderseits die Einheit ganz Israels zu betonen.[53] Auf diese Weise verbindet Williamson die sogenannte Israel-Konzeption und den kultorientierten Gesichtspunkt miteinander.

In diesem Zusammenhang verdient E. Ben Zvis Untersuchung Erwähnung.[54] Seine Auswertung einer Fülle von Beobachtungen beschränkt sich zwar auf 2. Chr 28, beschreibt aber zugleich wesentliche Grundzüge der Hiskia-Erzählung.

Nach seiner Auffassung zeige die Ahas-Erzählung, dass sich Israel angesichts der Situation ohne König gemäß dem Willen JHWHs verhalten hätte (2. Chr 28,9-15).[55] Daneben zeige diese Erzählung durch die synchronisierte Darstellung der Rückkehr der Nordisraeliten zu JHWH nach dem Untergang des nicht-davidischen Königtums Israel (28,8-15; 30,1.10-11.18-20; 31,1; 34,9) zum einen eine Missbilligung der nicht-davidischen Könige über Israel (11,13-16; 13,4-5; 13,5-7), zum anderen die Möglichkeit, auch ohne davidischen König gemäß dem Willen Gottes zu leben.[56] Nach Ben Zvi ist also das Vorhandensein eines davidischen Königs keine notwendige Bedingung für ein Leben nach dem Willen JHWHs,[57] sondern die Legitimation der davidischen Herrschaft sei auch vom „seeking YHWH"(דרש יהוה) abhängig.[58] Die Beurteilung der menschlich „rationalen" Handlungsweise des Ahas als eines totalen Fehlschlags (28,16-18.20-21) ist für ihn ein Zeichen der Bedeutung des „seeking YHWH".

Außerdem legt Ben Zvi den Ton darauf, dass das unerwartete Verhalten der Nordisraeliten in 2. Chr 28 zeige, dass keine wesentliche Differenz zwischen dem Nord- und Südreich in der Sünde gegenüber JHWH und auch in der Verehrung JHWHs bestehe.[59] Die Nordisraeliten würden nicht aufgefordert, zum Jerusalemer Tempel zu gehen, da sein Kult wegen der Sünde des Ahas verunreinigt blieb. Damit stelle der Chronist den Tempel trotz seiner Bedeutung als eine nicht absolut notwendige Institution in Israel dar.[60] Ben Zvi bestreitet darum die u.a. von Rudolph vertretene Auffassung, dass die Chronik eine Apologie für das Judentum schreiben wolle.

---

52   Vgl. H.G.M. Williamson, Chronicles, 29; 404.
53   H.G.M. Williamson, Chronicles, 30.
54   E. Ben Zvi, Gateway, 216-249.
55   In dieser Hinsicht seien die Verhältnisse der historischen Gemeinde des Chronisten und der berichteten Gemeinde Israel parallel.
56   Vgl. E. Ben Zvi, Gateway, 239.
57   Vgl. E. Ben Zvi, Gateway, 239f.
58   E. Ben Zvi, Gateway, 230.
59   Vgl. E. Ben Zvi, Gateway, 237.
60   Vgl. E. Ben Zvi, Gateway, 241f.

Außerdem weist Ben Zvi ausdrücklich auf die zweitrangige Stellung der Propheten hin, obwohl die Nordisraeliten zur Zeit des Ahas weder einen davidischen König noch einen Tempel, sondern nur einen Propheten gehabt hätten.[61] Nicht der Tempel, sondern die Tora sei also für den Chronisten die wesentliche Grundlage für die Beziehung zwischen Gott und der Gemeinde.[62] Nach Ben Zvis Auffassung stellt der Chronist Hiskia als großen König, ja als den größten König in der geteilten Monarchie dar, weil die fortgesetzten kultischen Verfehlungen des Ahas trotz der dauernden Fehlschläge (28,24f.) Raum für die Wiederherstellung des Kultes unter Hiskia (2. Chr 29-32) schafften.[63]

Es ist eines der Verdienste dieser Arbeit, nicht mit der Kult- oder Israel-Konzeption, sondern mit der Kategorie der ,Suche nach JHWH' (דרש יהוה) ein übergeordnetes Konzept für die Interpretation der Kultreform Hiskias anzubieten. Allerdings bleiben Ben Zvis Beobachtungen noch zu sehr auf die Ahas-Erzählung beschränkt und bedürfen einer Einbettung in die Gesamtkonzeption des Chronisten.

S. Japhet formuliert in ihrem umfangreichen Kommentar, dass die Chronik nicht „ein einziges eng umgrenztes Anliegen" vertritt, sondern eine „viel umfassendere Art theologischer Bestandsaufnahme" sei.[64] Dabei spielt der Gesichtspunkt des vereinten Gesamtisrael für ihre Auffassung der Reform Hiskias die entscheidende Rolle. So zeige der Chronist durch die Ahas- und Hiskia-Erzählungen, die mit den Themen „Sünde-Bestrafung" eng verbunden sind,[65] den richtigen Weg, Treue zu JHWH in der Verehrung JHWHs im Tempel zu beweisen.[66] Sie führt aus, dass nach chronistischer Darstellung der Untergang Nordisraels und der Regierungsantritt Hiskias zu einem neuen Anfang führten, dessen Höhepunkt große Freude (2. Chr 29,21f.25) war und der die Einheit des ganzen Volkes im JHWH-Dienst in Jerusalem (2. Chr 30) begründete.[67] Vor allem charakterisiert Japhet aufgrund 2. Chr 31,1 die hiskianische Reform als einziges biblisches Beispiel für „eine religiöse Reform von der Bevölkerung" her,[68] denn hier würden die verschiedenen Ad-hoc-Maßnahmen Hiskias durch das Engagement des Volkes legitimiert (2. Chr 29,35; 30; 31,11).[69] Nach ihrer Meinung sind die drei Kapitel 2. Chr 29, 30 und 31 analog zu 1. Chr 15-16 und 23-29 komponiert worden, so dass Hiskia als größter Monarch

---

61   Vgl. E. Ben Zvi, Gateway, 243.
62   Vgl. E. Ben Zvi, Gateway, 245.
63   Vgl. E. Ben Zvi, Gateway, 228f.
64   S. Japhet, 1 Chronik, 71.
65   S. Japhet, 2 Chronik, 347.
66   Vgl. S. Japhet, 2 Chronik, 391.
67   Vgl. S. Japhet, 2 Chronik, 401.
68   Vgl. S. Japhet, 2 Chronik, 406.
69   Vgl. S. Japhet, 2 Chronik, 378f.; 406f.

nach David[70] und Salomo[71] mit ihnen verglichen und seine Herrschaft durch die Betonung der Einmütigkeit (2. Chr 31,1; vgl. 34,33) als eine Art von Rückkehr zu den Zeiten Davids und Salomos bewertet werde.[72] Damit sieht Japhet, dass in der chronistischen Darstellung die Betonung auf Hiskia gelegt wird. Mit dem Vergleich beider Passafeste arbeitet sie die Unterschiede zwischen beiden Reformen heraus: Bei Hiskia sei der religiöse Rahmen für die Integration der Nordisraeliten im Jerusalemer Kult geschaffen worden, Josia habe sich dagegen um die Institutionalisierung des Kultes bemüht.[73]

J.A. Thompson sieht ein Interesse des Chronisten an der Wiedervereinigung des gesamten Israel in den beiden Reformen. Zuerst findet er in der Hiskia-Erzählung die Hoffnung auf das vereinigte Israel unter einem davidischen König und deren Verwirklichung am legitimen Heiligtum.[74] Nach Thompson markiert die Reinigung des Tempels vom ,Greuel' einen Neuanfang in der chronistischen Erzählung,[75] und die Wiederherstellung des Tempels wird als Teil der Wiederherstellung der Verhältnisse unter Salomo (2. Chr 4,19-22) dargestellt.[76] Er macht darauf aufmerksam, dass Hiskia in der Darstellung des Passafestes als zweiter Salomo geschildert wird und die Passafeier den Wendepunkt zur Rückkehr der Verhältnisse in salomonischer Zeit darstelle.[77] Angesichts der Frage nach der Historizität des Passafestes unter Hiskia betont Thompson eher die Absicht des Chronisten. Er betrachtet das Passafest als Bemühung des Chronisten, das getrennte Volk des Nordens und des Südens im Gottesdienst zu vereinen, als „a first step toward political and national unity".[78] Die Kultreinigung in ganz Israel in 2. Chr 31,1 legt Thompson so aus, dass Hiskia die Kultzentralisation mit der Absicht förderte, das Werk Jerobeams zu vernichten und das Volk am Jerusalemer Tempel als Kultzentrum zu vereinigen.[79] Diese Bewegung setze sich unter Josia fort (2. Chr 34-35). Gegen Curtis und Madsen ist Thompson der Meinung, dass Israel nicht nur unter Hiskia, sondern auch noch unter Josia (34,33; 35,16-18) vereint war.[80]

---

70 Seine Wiederherstellung des Tempels würde als ein Wiederaufleben der Institutionen Davids dargestellt.
71 Vor allem der Erfolg des religiösen (2. Chr 29-31) und weltlichen (2. Chr 32) Wirkens Hiskias sei ein auffälliges Zeichen für den Vergleich mit Salomo (1. Chr 22,11.13; 29,23; 2. Chr 7,11).
72 Vgl. S. Japhet, 2 Chronik, 407.
73 Vgl. S. Japhet, 2 Chronik, 482.
74 Vgl. J.A. Thompson, Chronicles, 342.
75 Vgl. J.A. Thompson, Chronicles, 344.
76 Vgl. J.A. Thompson, Chronicles, 347.
77 Vgl. J.A. Thompson, Chronicles, 350.
78 J.A. Thompson, Chronicles, 351.
79 Vgl. J.A. Thompson, Chronicles, 356.
80 Vgl. J.A. Thompson, Chronicles, 380; 383.

Wenn wir die beiden genannten Auslegungstendenzen vergleichen, liegt die Stärke der ersten Gruppe, die den Ton auf den Kult im Jerusalemer Tempel legte, darin, dass die Hiskianische und Josianische Reform auf einer Linie mit der chronistischen Gesamtkonzeption liegt, da in der Chronik den kultischen Angelegenheiten eine besondere Aufmerksamkeit geschenkt wird. Für diese Gruppe bildet entweder die Hiskianische (Curtis/Madsen; Rudolph; Dillard; De Vries) oder die Josianische (Riley; Jonker) Reform den Höhepunkt der Geschichte Israels. Darüber hinaus hebt Rudolph die Legitimierung des Jerusalemer Tempels hervor, indem er die Einladung zum Tempel als Umkehr zu JHWH deutet. Doch wenn Rudolph damit die Abwehr der samaritanischen Ansprüche zur Zeit des Chronisten verbindet, rechnet er nicht mit einer Israel-Konzeption des Chronisten. Abgesehen von Rudolph heben die anderen die blosse Bedeutung des Tempelkultes durch den Chronisten für seine Zeit hervor, während für sie der zeitgeschichtliche Hintergrund für das Verständnis der Hiskianischen und Josianischen Reform wenig Bedeutung hat. Damit kommt die gesellschaftliche Situation in der nachexilischen Zeit nicht in den Blick. In der ersten Gruppe bleibt auf diese Weise der sozialgeschichtliche Hintergrund vage. Berücksichtigt man, dass sich der Chronist die Mühe gemacht hat, ein so umfangreiches Geschichtswerk zu schreiben, ist hinter der Betonung des Kultes mehr als die Präsentierung der religiösen Praxis des Israel seiner Zeit zu vermuten. Der Chronist nimmt den Untergang des Nordreiches bewusst auf, versteht ihn aber nicht als endgültiges Ende. Damit geht die Reform Hiskias und Josias über eine blosse Kultreform hinaus.

Die Stärke der zweiten Gruppe ist es, dass sie die Reform Hiskias und Josias in einen Zusammenhang mit dem Untergang des Nordreiches bringt. Für sie ist die Reform unter dem Gesichtspunkt des ganzen Israel zu sehen. Doch tritt bei dieser Gruppe die exklusive Bedeutung des Tempels gegenüber der offenen Einstellung des Chronisten zu den Nordisraeliten zurück. So verliert etwa bei Williamson und Ben Zvi der Jerusalemer Tempel seine Bedeutung zugunsten der Tora. Unter dem Gesichtspunkt Israels in seiner Gesamtheit spielt er keine wesentliche Rolle. Aber wie Rudolph und De Vries mit Recht herausgearbeitet haben, ist für den Chronisten die Umkehr zu JHWH eindeutig die Rückkehr zum Tempel in Jerusalem. So wird bei der zweiten Gruppe die Bedeutung des Jerusalemer Tempels nicht genügend gewürdigt.

Damit sind in der Forschungsdiskussion die zwei wichtigsten Aspekte der Hiskianischen und Josianischen Reform genannt worden. Offenbar bilden die beiden Konzeptionen vom wahren Kult in Jerusalem und der Einheit ganz Israels den Kern der Reform Hiskias und Josias in der chronistischen Darstellung. Was in der bisherigen Forschung jedoch zu kurz gekommen ist, ist der Versuch, beide Aspekte aufeinander zu beziehen. Diese beiden in der bisherigen Forschung genannten Hauptthemen auf ihren Zusammenhang hin genauer zu untersuchen, setzt sich diese Untersuchung zur Aufgabe. Sie geht davon aus, dass es für das Verständnis der Reform Hiskias und Josias im chronistischen Geschichtswerk grundlegend ist, den ersten Aspekt im Licht des zweiten und umgekehrt den zweiten Aspekt im Licht des ersten zu betrachten und sie zueinander in Beziehung zu setzen. Im einem ersten Schritt soll dazu die chronistische Hiskia- und Josia-Erzählung analysiert werden.

3. Die chronistische Darstellung der Hiskianischen und Josianischen Reformen

3.1 Die chronistische Hiskia-Erzählung (2. Chr 29-32)

3.1.1 Aufbau

Abgesehen von der Eingangs- und Abschlussnotiz (2. Chr 29,1f.; 32,32ff.) ist die Darstellung der Hiskia-Zeit durch den Chronisten als zweiteilige Erzählung von den kultischen Leistungen (29,3-31,21) und den politischen Handlungen (32,1-32,31) gestaltet. Dabei wird jeder Erzählteil mit einer besonderen Beurteilung abgeschlossen (31,20f.; 32,30b.31). Für den Übergang zum jeweils neuen Abschnitt übernimmt der Chronist den Terminus האמת aus seinem Urteil über die kultischen Verdienste Hiskias (31,20) und verbindet es mit der Zeitangabe „danach" (אחרי הדברים).[1]

Der erste Abschnitt 2. Chr 29,3-31,21 ist nach der zeitlichen Ordnung wieder in drei Unterabschnitte gegliedert, in denen das Passafest im Zentrum steht. Er thematisiert in drei Schritten die Wiederherstellung des Kultes: Die Wiedereinweihung des Tempels und Darbringung der Opfer im ersten Monat (29,3-36), die Wiedereinsetzung eines gesamtisraelitischen Passa- und Mazzenfestes in Jerusalem im zweiten Monat (30,1-31,1) sowie die Neuordnung des Tempeldienstes im dritten bis siebten Monat (31,2-19). Somit lässt sich die Hiskia-Erzählung folgendermaßen gliedern:

29,1-2	Eingangsnotiz	
29,3-31,21	Kultmaßnahmen im ersten Jahr seiner Regentschaft	
	29,3-36	Wiedereinweihung des Tempels und Darbringung der Opfer im ersten Monat
	30,1-31,1	Wiedereinsetzung eines gesamtisraelischen Passa- und Mazzenfestes in Jerusalem im zweiten Monat
	31,2-19	Neuordnung des Tempeldienstes im dritten bis siebten Monat

---

1   Vgl. G. Steins, Chronik, 110.

3.1.2 Synoptischer Vergleich

Wie die Tabelle[2] zeigt, hält die Chronik die Reihenfolge der in 2. Kön 18-20 geschilderten Ereignisse weitgehend ein. Doch inhaltlich weicht sie davon erheblich ab.

1. In der Chronik ist der Vers 2. Kön 18,4 über die Kultreformen Hiskias zu drei Kapiteln (2. Chr 29,3-31,21) ausgeweitet,[3] die übrige Geschichte dagegen auf etwa ein Drittel verkürzt. Offensichtlich will der Chronist mehr Gewicht auf die Darstellung der kultischen Reform als auf die militärische Auseinandersetzung mit den Assyrern legen.

2. Zwar findet der Vers 2. Kön 18,4 seine Entsprechung in 2. Chr 31,1, doch die Chronik betont einen anderen Gesichtspunkt:

a. Anders als in 2. Kön 18,4, wo die Kultreform als Verdienst Hiskias berichtet wird, werden die Kultreinigungen in der Chronik von ganz Israel vorgenommen.[4]

b. Während es sich in 2. Kön 18,4 um die Kultreform Hiskias in Juda handelt, umfassen die Reinigungen in 2. Chr 31,1 über Juda hinaus das ganze Nordreich,[5] so dass die Reform Hiskias als eine gesamtnationale Kampagne ausgewiesen wird.

c. In der Chronik ist von der Beseitigung der „ehernen Schlange" von 2. Kön 18,4 keine Rede.

3. In der Chronik wird die „Tribut-Episode" des DtrG ausgelassen (2. Kön 18,13-16). Außerdem kommt weder die Präsentation der Schätze durch Hiskia (2. Kön 20,13-15) zur Sprache noch die Ankündigung des Propheten Jesaja, dass alle Schätze im Tempel und Palast samt den Nach-

---

2   Die Synopsen basieren auf der Zusammenstellung des hebräischen Textes von A. Bendavid, Parallels.
3   Vgl. P. Ackroyd, Reigns, 249.
4   Vgl. S. Japhet, 2 Chronik, 406.
5   Vgl. S. Japhet, 2 Chronik, 407.

kommen Hiskias nach Babylon weggeführt werden sollen (2. Kön 20,16-18).

2. Chr 29-32		2. Kön 18-20	
29,1-2	Eingangsnotiz	18,1-3	Eingangsnotiz, Würdigung Hiskias
29,3-36	Wiederherstellung des Kultes		
30,1-31,1	Wiedereinsetzung des Passafestes	18,4	Kultmaßnahme Hiskias
31,2-19	Neuordnung des Tempeldienstes		
31,20-21	Beurteilung		
		18,5-8	Würdigung Hiskias
		18,9-12	Fall Samarias
32,1	Sanheribs Feldzug	18,13	Sanheribs Feldzug und der Fall des Städte Judas
		18,14	Hiskias Friedensgesuch
		18,15-16	Auslieferung des Tempelschatzes
32,2-8	Hiskias Verteidigungsvorbereitungen		
32,9-19	Gesandtschaft Sanheribs	18,17-37	1. Gesandtschaft Sanheribs
		19,1-7	Gebet Hiskias
		19,8-13	2. Gesandtschaft Sanheribs
32,20	Gebet Hiskias und Jesajas	19,14-19	Gebet Hiskias
		19,20-34	Gottes Wort gegen Sanherib und Verheißung
32,21a	Gottes Hilfe	19,35	Erfüllung der prophetischen Verheißung
32,21b	Sanheribs Rückzug	19,36-37	Sanheribs Rückzug
32,22-23	Gnade und Reichtum		
32,24	Krankheit und Heilung	20,1-11	Krankheit Hiskias und das prophetische Heilswort
32,25-26a	Hochmut und Demut	(20,12-19)	(Gesandtschaft aus Babel)
32,26b-30	Gnade und Reichtum		
32,31a	Gesandtschaft aus Babel	20,12-19	Gesandtschaft aus Babel
32,31b	Beurteilung		
32,32-33	Abschlussnotiz	20,20-21	Abschlussnotiz

4. Stattdessen berichtet der Chronist von Verteidigungsmaßnahmen Hiskias gegen den Angriff Sanheribs (2. Chr 32,1-6), wobei die erste Maßnahme, dem Feind die Benutzung der außerhalb der Stadt gelegenen Quellen „durch Verstopfen unmöglich zu machen und den Siloahtunnel

zu sichern"[6] (V.3-4), anscheinend von dem Bericht in 2. Kön 20,20 inspiriert worden ist. Der Chronist fügt hierzu eine kurze Rede Hiskias vor der Darstellung der Gesandtschaft Sanheribs ein (2. Chr 32,7-8), die 2. Kön 18,30ff. nur implizit voraussetzt.

5. Die Sanherib-Perikope (2. Chr 32,9-23) wird in Anlehnung an seine Vorlage (2. Kön 18,17-37; 19,1-37) zusammenfassend formuliert.

6. Einige Abschnitte aus 2. Kön sind extrem kurz zusammengefasst: auf 2. Kön 19,14-19 (das Gebet Hiskias) wird in 2. Chr 32,20 Bezug genommen; auf 2. Kön 19,14-34 (das Wort JHWHs gegen Sanherib und Jesajas Verheißung göttlicher Hilfe) in 2. Chr 32,22f.; auf 2. Kön 20,1-11 (die Krankheit Hiskias und das prophetische Heilswort) in 2. Chr 32,24; auf 2. Kön 20,12-19 (die Gesandtschaft aus Babel) in 2. Chr 32,31.

Aus diesem synoptischen Vergleich wird bereits deutlich, dass in der Chronik die Reform Hiskias sehr viel umfangreicher und der König deutlich positiver dargestellt wird, als dies im DtrG der Fall ist.

3.1.3 Sondergut des Chronisten

3.1.3.1 Kultische Ebene (2. Chr 29-31)

1) Das Sondergut des Chronisten für die Hiskia-Erzählung beginnt mit betontem הוא, das wahrscheinlich aus 2. Kön 18,4 stammt. Damit drückt der Chronist schon aus, dass Hiskia selbst eine Bewegung zur Kultreform initiiert hat.[7] So öffnet Hiskia gleich nach seinem Regierungsantritt die geschlossenen Tempeltore und bessert sie aus (2. Chr 29,3).[8] Dann beruft der König das Kultpersonal, die Priester und die Leviten, und befiehlt eine umfassende Tempelreinigung (29,4f.). Begründet wird dies in der Rede (V.5-11), die inhaltlich auch an die Priester (V.11) geht, obwohl in V.5 nur die Leviten angesprochen werden.[9] Hiskia geht zu-

---

6   W. Rudolph, Chronikbücher, 311.

7   Der Versteil הוא בשנה הראשונה למלכו „Er war es, der im ersten Jahr seines Königtums" wird in LXX als eine Art Überschrift zu dem Bericht über die Kultmaßnahme gesetzt, indem es durch καὶ ἐγένετο ὡς ἔστη ἐπὶ τῆς βασιλείας αὐτοῦ „und es geschah, als er in seinem Königtum etabliert war" wiedergegeben wird. Der griechische Übersetzer scheint das betont voranstehende הוא als היה verstanden zu haben. Somit legt er die Betonung darauf, was im ersten Monat gemacht wurde. Bei dem Halbvers geht es aber um die gesamte Einleitung für die Kultreform. Demnach soll das hebräische Wort הוא gelesen werden.

8   Nach 2. Kön 18,16 hat Hiskia im 14. Regierungsjahr die Türen durch die Entfernung des Goldbezuges eher geschwächt.

9   Wegen dieser offensichtlichen Spannung sind immer wieder Harmonisierungsversuche vorgeschlagen worden. Vgl. hierzu unten Kapitel 5.1.

nächst auf die Sünden der Vergangenheit ein. Er fasst sie mit den Worten „Treulosigkeit und Tun, was JHWH missfiel" zusammen (29,6) und stellt sie detailliert mit der Einleitung „außerdem" (גם) in V.7 dar: „Auch haben sie die Tore der Vorhalle geschlossen und die Lampen ausgelöscht, und keinen Opferrauch haben sie aufsteigen lassen, kein Brandopfer haben sie dem Gott Israels im Heiligtum dargebracht." D.h. es gab keinerlei Opferdienst mehr im Tempel (vgl. Lev. 24,1-9).[10] Zusätzlich wird durch die verschiedenen Bezeichnungen für den Tempel, „das Haus JHWHs" (בית יהוה in 2. Chr 29,5), „die Wohnstätte JHWHs" (משכן in V.6), „die Vorhalle" (האולם in V.7) und „das Heiligtum" (הקדש in V.5.7), die totale Entweihung des ganzen Tempels und darüber hinaus des gesamten Kultes hervorgehoben. Es geht also bei den Sünden der Väter um eine schwere Vernachlässigung des Tempels. Diese Sünden der Väter provozierten den Zorn (קצף) Gottes und forderten seine Strafe heraus,[11] womit konkret auf die Niederlagen des Ahas gegen die Aramäer, Israeliten, Edomiter, Philister und Assyrer Bezug genommen wird (29,9; vgl. 28,5ff.17f.20),[12] wie der Ausdruck „wie ihr mit eigenen Augen gesehen habt" zeigt (29,8). Nach dem Chronisten steht Juda in der Gegenwart immer noch unter dem Zorn Gottes (29,10b).

Um diesen zu wenden, konzentriert sich Hiskia auf den Tempelkult, wie der Befehl Hiskias an das Kultpersonal verdeutlicht (2. Chr 29,5.11), welcher den Rahmen der Rede bildet. Nach dem Befehl des Königs zur Tempelrenovierung als Vorbereitung auf den Bundesschluss mit JHWH (V.5.10) werden zunächst die von Ahas entweihten Kultgegenstände von dem Kultpersonal, den Priestern und Leviten, neu geweiht und vor dem Altar JHWHs bereit gestellt (V.19). Daraufhin bringen der König und seine Fürsten ein Sündopfer von sieben Stieren, sieben Widdern, sieben Lämmern und sieben Böcken für „das Königtum, das Heiligtum und Juda" dar (V.21). Die Priester sprengen das Blut der Rinder (בקר), Widder (אלים) und Lämmer (כבשים) an den Altar (V.22).[13] Daran anschließend werden die Ziegenböcke für das Sündopfer vor den König und die Volksgemeinde geführt. Darauf folgt das Handaufstemmen auf den Kopf des Opfertieres

---

10   In der Rede Abijas (2. Chr 13,11) bildet regelmäßige Opferpraxis den Kern des JHWH-Kultes im Jerusalemer Tempel und stellt zugleich ein wichtiges Argument für die Legitimation Judas gegenüber dem illegitimen Nordreich dar.

11   LXX verbindet das am Ende von V.9 MT stehende על־זאת mit V.10 und setzt es an den Anfang von V.10. Der masoretische Text ist aufgrund seiner stilistischen Besonderheit vorzuziehen, vgl. 2. Chr 32,20 und 16,9.10.

12   So auch W. Rudolph, Chronikbücher, 295; I. Kalimi, Zur Geschichtsschreibung, 189f.

13   Das Subjekt der 3. Pers. Plur. beim Schlachten der Rinder, Widder und Lämmer in V.22 wird durchweg nicht genannt, anders als in V.24, wo die Priester die Ziegenböcke als Sündopfer schlachten. In V.22 handelt es sich um Brandopfer, wobei die Opfernden schlachten. Als Subjekt von V.23 sind eindeutig die Opfernden gemeint.

(29,23). Die Priester schlachten es und bringen sein Blut auf dem Altar dar, um diesen zu entsündigen und für ganz Israel Sühne zu schaffen (29,24). Trotz der Erwähnung des Willens Hiskias, einen Bund mit JHWH zu schließen (V.10, לכרת ברית ליהוה), ist hier wahrscheinlich keine Bundeszeremonie gemeint,[14] vielmehr sollen offenbar zwei Rituale, nämlich Tempelweihe und Sühne für das Volk, miteinander kombiniert werden. Die Kombination der beiden Rituale anstelle eines Bundesschlusses bestätigt noch einmal die vollständige Entweihung der Kultinstitution und der Kultgemeinde. Das Ritual hat deshalb eine doppelte Funktion: Es soll das Heiligtum reinigen und dem Volk für seine Sünden Sühne schaffen.[15] Während der Sühneopfer durch die Priester begleiten die Leviten musikalisch die Zeremonie.[16]

Nach den Sühneopfern lädt der König das Volk zum Opfer ein: „Nun habt ihr eure Hände für JHWH gefüllt" (2. Chr 29,31aα).[17] Angesichts der großen Zahl der Opfergaben, siebzig Rinder, hundert Widder und zweihundert Lämmer als Brandopfer für JHWH (29,32), und der Weihegaben, sechshundert Rinder und dreitausend Schafe (V.33), bedürfen die Priester der Hilfe von Leviten. Mit dem Abhäuten der Tiere helfen die Leviten den Priestern, bis der Dienst der Priester bei den Brandopfern getan ist und die Priester sich geweiht haben (V.34). Der Chronist schließt ab mit den Worten: „So wurde der Dienst im Haus JHWHs wiederhergestellt, und Hiskia und das ganze Volk freuten sich über das, was[18] Gott für das Volk bereit

---

14   So auch S.J. De Vries, Chronicles, 374; S. Japhet, 2 Chronik, 368. Aufgrund der Verwendung כרת mit der Präposition ל fasst S. Japhet „den Terminus hier allgemeiner im Sinne einer unbedingten Loyalitätserklärung" auf, weil er einen Rangunterschied zwischen den Bundschließenden voraussetzt. Vgl. J.A. Thompson, Chronicles, 345; J.W. Kleinig, Research, 57.

15   Vgl. R. Albertz, Religionsgeschichte, 493f.

16   In der Forschung wird das Problem der Kohärenz von V.20-24 und V.25-30 häufig diskutiert. Der letzte Abschnitt wird manchmal für sekundär gehalten (Th. Willi, Chronik, 200; G. Steins, Chronik, 125-138). Auf der anderen Seite wird es als Absicht des Chronisten verstanden, die Gleichzeitigkeit von Opfern und Kultmusik anschaulich zu machen (W. Rudolph, Chronikbücher, 293) oder besonders die Rolle der levitischen Sänger deutlich herauszustellen (H.G.M. Williamson, Chronicles, 356).

17   Normalerweise wird der Ausdruc מלאתם ידכם als terminus technicus für die Priesterweihe verstanden (vgl. 2. Chr 13,9), daher müssten hier die Priester angeredet sein. Aber von der Reaktion des Volkes her, das auf den Befehl des Königs, „Tretet hinzu und bringt Schlachtopfer und Dankopfer zum Haus JHWHs" (2. Chr 29,31aβ) die Opfer darbringt, scheint sich die Rede hier eindeutig auf das Volk zu beziehen. Vgl. H.G.M. Williamson, Chronicles, 359; S. Japhet, 2 Chronik, 378; J.A. Thompson, Chronicles, 349.

18   Der Artikel ה von ההכין entspricht einem אשר, vgl. W. Gesenius, Hebräische Grammatik, §138i. Vgl. W. Rudolph, 2 Chronik, 298.

machte. So[19] trug sich diese Angelegenheit plötzlich zu" (29,36). Hier charakterisiert der Chronist die Kultreform Hiskias insgesamt als Ad-hoc-Maßnahmen, deren Gelingen durch Gottes Eingreifen bewirkt wird (vgl. 30,12; 31,10).[20]

2) Nach der Weihe des Altars und der Sühne des Volkes wendet sich Hiskia dem Passafest des gesamten Israel zu (2. Chr 30,1.5).[21] Mit der Begründung in V.5, dass man bisher das Passa nicht groß (לא לרב)[22] nach der Tora gehalten habe, wobei mit der Einschränkung „nicht groß" sehr wahrscheinlich das Passafest des gesamten Volkes im Zentralheiligtum gemeint ist (vgl. Dtn 16,5-8),[23] hebt der Chronist den Willen Hiskias zur Wiederherstellung der toragemäßen Kultpraxis hervor. Aus einem doppelten Grund beschließen der König, seine Fürsten und die Volksgemeinde in Jerusalem, das Passa im zweiten Monat zu feiern (2. Chr 30,2). Zuerst wird in V.3 begründet, warum man das Passafest nicht rechtzeitig halten konnte: einerseits deswegen, weil sich nicht genügend Priester geheiligt hatten, andererseits, weil sich das Volk nicht in Jerusalem versammelte.[24] Diese doppelte Begründung unterstreicht noch einmal, wie sehr unter Ahas der Kult vernachlässigt worden war. Doch im Zusammenhang mit dem am Ende von Kap. 29 dargestellten Frieden ist das Fernbleiben des Volkes aus Juda nicht ganz verständlich. Deshalb scheint der Chronist hier das Volk des Nordreiches zu meinen. Damit verdeutlicht der Chronist, dass geplant war, das Passafest mit dem Volk aus dem Nordreich zusammen zu feiern.[25] Wenn das Volk des Nordreiches von vornherein in das Passafest einbezogen wird (30,1.5.10), ist die Verschiebung des Passafestes angesichts des Mangels an geweihten Priestern noch verständlicher, da das Fehlen

---

19 Wahrscheinlich ist כי an dieser Stelle adverbial zu übersetzen, aber es ist auch möglich, es als Konzessiv-Konjunktion zu verstehen.

20 So ähnlich S.J. De Vries, Chronicles, 387. Dagegen betont S. Japhet, 2 Chronik, 379, die Einmütigkeit wie in 2. Chr 30,12, indem sie den Versteil 29,36aβ in Anlehnung an A.B. Ehrlich, der לבם anstelle von לעם liest, übersetzt: „dass Gott sie das Herz hatte bereiten lassen."

21 Weil teilweise Wendungen aus V.1 in V.5 wiederholt werden, ist der Text literarisch umstritten. Doch lässt sich das Problem dadurch lösen, dass man mit W. Rudolph, Chronikbücher, 299, Vers 1 als Überschrift versteht, so auch H.G.M. Williamson, Chronicles, 365; S.J. De Vries, Chronicles, 377; S. Japhet, 2 Chronik, 385; J.A. Thompson, Chronicles, 352. Diese literarische Struktur unterstreicht besonders den Willen Hiskias zum Passafest des gesamten Volkes.

22 Wörtlich „in Menge".

23 Vgl. J.A. Thompson, Chronicles, 352; K.L. Spawn, "As It Is Written", 112.

24 H.G.M. Williamson, Chronicles, 366, hält den ersten Grund für gekünstelt.

25 So auch J.M. Myers, II Chronicles, 178.

von Priestern mit der Größe der Gemeinde eng zusammenhängt, wie in 29,31-34 schon gezeigt wurde. Der Plan gefällt dem König und der ganzen Gemeinde (2. Chr 30,4). Nach dem Befehl des Königs ziehen die Boten von Stadt zu Stadt im Land Ephraim und Manasse bis nach Sebulon (30,10a). Mit der Formulierung in der Rede an die Nordisraeliten,[26] dass „JHWH sie zu dem Gegenstand des Grauens gemacht hat, wie ihr seht" (V.7b), weist Hiskia darauf hin, dass sich auch Israel (V.6b-9) in einer ähnlichen Situation wie Juda befindet (29,5-11). Seine Schuld sieht Hiskia in der „Treulosigkeit" (מעל) gegenüber JHWH. Diese Treulosigkeit erweist sich in der Ablehnung des JHWH-Kultes von Jerusalem. Ebenso wie die Judäer fordert er die Israeliten zur Umkehr auf: „Gebet JHWH eure Hand!" (30,8; vgl. 29,5.31). Die Boten stoßen im Norden teilweise auf Spott und Ablehnung (30,10b), und nur einige der Angesprochenen nehmen die Einladung an, im Süden dagegen kommt es zu einer größeren Gefolgschaft mit einmütigem Sinn (30,12). So versammelt sich in Jerusalem eine große Volksgemeinde, die nicht nur aus Judäern, sondern auch aus Nordisraeliten besteht, um im zweiten Monat das Mazzenfest zu feiern (V.13). Vor der Feier werden die falschen Altäre und Räucherstätten in der Stadt von der in Jerusalem anwesenden Gemeinde beseitigt (V.14).

Der Chronist teilt weiterhin mit, dass es in der Volksgemeinde viele waren, die sich nicht geheiligt hatten, und dass die Leviten die Passalämmer für alle Unreinen schlachteten, um sie JHWH zu weihen (2. Chr 30,17). Außerdem berichtet der Chronist, dass sich vor allem viele der Israeliten aus Ephraim, Manasse, Issachar und Sebulon nicht gereinigt hatten und so das Passa in nicht schriftgemäßer Weise aßen (30,18a). Darum hielt Hiskia Fürbitte für das Überleben der Israeliten, die gegen die vorgeschriebene Passaordnung verstoßen hatten (V.18b-20). Schließlich konnte das ganze Israel, das sich in Jerusalem befand, das Mazzenfest sieben Tage lang mit großer Freude feiern (V.21). Die Feier wurde angesichts der Hochstimmung und der Fülle der Opferspenden des Königs und seiner Fürsten um sieben Tage verlängert (V.23f.). Dabei teilt der Chronist die Teilnehmer des Passafestes neben den Priestern und Leviten in drei Gruppen ein (V.25): die ganze Versammlung Judas, die ganze Versammlung, die von Israel gekommen war, sowie die Fremden, die aus dem Land Israel gekommen

---

26   W. Rudolph, Chronikbücher, 300, fügt in V.6aβ דברו אל־בני ישראל בשם המלך als durch Homoioteleuton ausgefallen hinzu, weil die Botschaft in V.6b-9 nur an die Bewohner des Nordreiches geht, während sie nach 6aα an Nord- und Südreich gesandt wird. Aber die Hinzufügung ist nicht erforderlich, weil V.1aβ deutlich macht, dass die Briefe für das Nordreich bestimmt sind. Dies wird noch einmal in V.10a klar.

waren und als Emigranten in Juda lebten.[27] So war ganz Israel vertreten.
Der Chronist schließt seinen Bericht: „Es herrschte große Freude in Jerusalem, weil seit den Tagen Salomos, des Sohnes Davids, des König Israels,
nie solches in Jerusalem geschehen war" (30,26). Damit reicht die Passafeier unter Hiskia weit über eine bloße Wiederherstellung des Kultes hinaus.
Nach ihrem Abschluss kam es nach Ansicht des Chronisten zu einer spon-
tanen „Kultzentralisation": Alle Gottesdienstteilnehmer ziehen hinaus in
die Städte Judas, zerschmettern die Malsteine, zerbrechen die Ascheren
und reißen die Höhen und die Altäre von ganz Juda und Benjamin und in
Ephraim und Manasse bis zur vollständigen Zerstörung nieder, dann kehren sie in ihre Heimatorte zurück (31,1). Hier ist zu erkennen, dass nach
der Ansicht des Chronisten die Kultzentralisation nicht von oben, sondern
von unten, sogar vom ganzen Volk Israel in der Folge des Passafestes des
ganzen Volkes eingeleitet wurde.

Auf diese Weise wird vom Chronisten in der Darstellung der Passafeier unter Hiskia die Beteiligung ganz Israels hervorgehoben. Dies zeigt sich
unter anderem auch daran, wie er die Notiz des DtrG über Hiskias Kultreform (2. Kön 18,4) umstellt und abwandelt. Zwar beginnt der Bericht in 2.
Chr 29,3 mit dem betonten הוא des Königs, so wie der Dtr berichtet, dass
die Kultreform Josias auf Befehl des Königs (ויצו המלך) durchgesetzt wurde
(2. Kön 23,4a.21a). Die Abschaffung der Götzendienste in 2. Chr 30,14 und
31,1 ist aber nicht mehr Sache des Königs, sondern ganz Israels, das der
König zu der Passafeier vereint hatte.[28] Somit wird die Hiskianische Reform in der Chronik zu einer gesamtnationalen Kampagne, einer „Reform
der Bevölkerung".[29] In dieser Hinsicht ist die Hiskianische Reform in der
Chronik eindeutig umfangreicher als in den Königsbüchern.

3) Nach der Einweihung des Tempels und Wiederherstellung des Kultes greift Hiskia in die kultischen Ordnungen ein: Er stellt Abteilungen
der Priester und Leviten für ihre Dienste auf (2. Chr 31,2). Zwar werden die Funktionen der Priester und Leviten aufgezählt, aber es wird

---

27 So auch S.J. De Vries, Chronicles, 381. S. Japhet, 2 Chronik, 401, unterscheidet die
    Teilnehmer der Feier wie folgt: 1) Die Bürger des Königreichs Juda bestehen aus der
    ganzen Gemeinde Judas, den Priestern und den Leviten. 2) Die Gemeinde, die aus
    Israel gekommen war, besteht ihrer Meinung nach aus zwei Gruppen: den Beisassen,
    die ursprünglich nicht Israeliten, aber aus Israel gekommen waren, und denjenigen,
    die in Juda wohnten.

28 S. Japhet, 2 Chronik, 406, spricht hier von der Aufgabenverteilung zwischen König
    und Volk entsprechend der Weltanschauung des Chronisten, „wo dem Volk politisch
    wie theologisch ein hoher Stellenwert zukommt." Außerdem sieht sie in „[der] Beto-
    nung der Einmütigkeit ... [die] Sehnsucht des Chronisten nach einer Rückkehr zu
    den Tagen Davids und Salomos" (407).

29 So auch S. Japhet, 2 Chronik, 407.

nicht klar gesagt, wem sie zugewiesen sind. Von den vorausgehenden Kap. 29-30 her steht das Opfer den Priestern, das Singen der Lob- und Danklieder und der Dienst an den Toren den Leviten zu.

Außerdem besinnt sich Hiskia auf seine königliche Pflicht der täglichen, wöchentlichen, monatlichen und jährlichen Brandopfer aus seinen eigenen Mitteln (2. Chr 31,3). Nach dem Chronisten geschieht dies entsprechend der Anweisung der Tora (V.3b).[30]

Darüber hinaus berücksichtigt Hiskia die Versorgung aller Kultpersonen. Hiskia befiehlt dem Volk, einen Anteil den Priestern und Leviten zu geben, damit sie an der Tora JHWHs festhalten können (2. Chr 31,4). Mit der Ergänzung ליושבי ירושלם präzisiert der Chronist, dass sich die königliche Aufforderung an die Bewohner Jerusalems gerichtet hat. Doch berichtet V.5, dass die Israeliten, wahrscheinlich die ehemaligen Nordreichbewohner, die Erstlinge von Getreide, Most, Öl, Honig und alle Erträge des Feldes in Menge sowie den Zehnten von allem reichlich brachten.[31] Hier scheint der Chronist die hohe Spendenbereitschaft der Nordreichbewohner betonen zu wollen. Der Chronist berichtet weiter, dass sowohl Israeliten als auch Judäer, die in den Städten Judas wohnten,[32] den Zehnten von Rindern und Schafen gebracht hätten sowie den Zehnten von den Weihegaben, die JHWH, ihrem Gott, geweiht wurden (31,6a). Hier taucht wieder die Einteilung der Nordisraeliten in zwei Gruppen auf, und zwar in die Bewohner des Nordens und in die Emigranten (vgl. 30,25). Nach der chronistischen Darstellung brachte das ganze Volk Abgaben vom dritten bis siebten Monat für die Versorgung des Kultpersonals (31,7). Hier wird noch einmal die Beteiligung ganz Israels betont. Durch die Reaktion Hiskias und seiner Fürsten auf die großzügigen Abgaben, die JHWH priesen und das Volk Israel segneten (31,8), zeigt der Chronist, dass die Wiederherstellung des Kultes Gottes Wirken war (vgl. 29,36).

Im Anschluss daran befiehlt Hiskia, für die Einbringung der reichen Gaben eine Zelle im Tempel herzustellen, damit die Rationen für das Tempelpersonal, nämlich für Leviten, Tempelsänger und Torwächter, und die Abgaben an die Priester darin aufbewahrt werden können (2. Chr

---

30   Dieser Torabezug scheint für die Abteilungen der Priester und Leviten für ihre Dienste in V.2 zu gelten, da V.3 das Verb fehlt.

31   Weil hier zunächst von Judäern, dann aber von Israeliten die Rede ist, sieht S. Japhet, 2 Chronik, 408f., einen inhaltlichen Widerspruch, den sie zu beseitigen versucht, indem sie ליושבי ירושים „die Bewohner Jerusalems" von V.4 als Glosse streicht.

32   Der griechische Übersetzer knüpft ובני ישראל ויהודה am Anfang des Verses 6 an den vorhergehenden Vers 5, indem er ו von ובני weglässt. Somit präzisiert er בני־ישראל, nämlich die Israeliten und Judäer. Außerdem unterscheidet er ובני ישראל ויהודה von הישבים בערי יהודה, indem ו dazwischen gefügt wird. Diese Lesart ist gestützt durch den Ausdruck גם־הם, denn dieser legt das Gewicht auf הישבים בערי יהודה. Außerdem fügt der griechische Übersetzer ein neues Verb ἤνεγκαν hinzu.

31,11.12a). Diesem Befehl zufolge sollen die Aufbewahrungsräume im Tempel beaufsichtigt werden. Für die Oberaufsicht über die Vorratskammern sind zwei Leviten mit zehn Assistenten eingesetzt (V.12bf.). Hier ist eine Zentralisierung bei der Verwaltung des Zehnten zu sehen, wie schon S. Japhet richtig gesehen hat.[33] Für die Verteilung bekommt ein weiterer Levit mit sechs Assistenten in den priesterlichen Städten die Verantwortung (V.14f.). Die levitische Einsetzung über die Vorratskammer ruft in Erinnerung, dass Nehemia den Leviten für die Vorratskammer im Tempel die Verantwortung übertragen hat (Neh 13,13). Somit wird der Kult unter Hiskia vollständig wiederhergestellt.

Zusammenfassend kann festgestellt werden, dass nach der chronistischen Darstellung Hiskia die Kultreform initiiert und zu einer gesamtnationalen Bewegung macht. Bei dieser Reform geht es zuerst äußerlich um die Wiederherstellung des unter Ahas entweihten Kultes: Die von Ahas geschlossenen Tempeltore werden vom König Hiskia geöffnet (2. Chr 28,24aβ; 29,3); die von Ahas entweihten Kultgegenstände werden durch die Priester und Leviten geweiht (28,24aα; 29,19) und die von Ahas an jeder Ecke von Jerusalem errichteten Altäre werden von der Volksgemeinde beseitigt (28,24b; 30,14); die Höhen in den Städten Judas sowie im ganzen Land werden sukzessive von ihr zerstört (28,25; 31,1). Darüber hinaus aber geht es bei der Reform Hiskias um das Passafest Gesamtisraels (Kap. 30) und um die Normalisierung der Ordnungen hinsichtlich des Kultes und des Kultpersonals (Kap. 31). So geht die Kultreform Hiskias in der Chronik weit über die im DtrG geschilderte hinaus.

Entsprechend seiner ausführlichen Darstellung beurteilt der Chronist Hiskia im Blick auf die kultischen Handlungen ausgesprochen positiv (2. Chr 31,20f.). In dieser Beurteilung wird Hiskia sogar mit dem Ausdruck דרש יהוה „JHWH-Suchen", der gleichbedeutend ist mit „Gottes Willen erfüllen" oder „die Gebote halten",[34] gewürdigt: „So tat es Hiskia in ganz Juda und er tat es vor JHWH, seinem Gott, gut und recht und treu. In allen Taten, die er begann, nämlich mit dem Dienst im Haus Gottes, mit der Tora und dem Gebot, handelte er von ganzem Herzen, seinen Gott zu suchen." Mit einem kurzen והצליח „es gelang ihm" wird der Erfolg der umfangreichen Maßnahmen Hiskias abschließend hervorgehoben.[35]

---

33   Vgl. S. Japhet, 2 Chronik, 411.
34   E. Ruprecht, דרש, 466.
35   Vgl. G. Steins, Chronik, 110.

3.1.3.2 Politische Ebene (2. Chr 32)

1) Angesichts der Belagerung Sanheribs berät sich Hiskia mit seinen Obersten und Kriegshelden und verstopft alle Wasserquellen und den unterirdischen Flusslauf[36], damit eine Nutzung durch den Feind verhindert wird (2. Chr 32,3f.). Danach bessert er die gerissenen Mauern an den Befestigungsanlagen sowie den Millo der Davidstadt aus (V.5a). Darauf weisen die Ansprachen der Gesandschaft Sanheribs hin (V.10; vgl. 2. Kön 18,19f.). Außerdem lässt Hiskia viele Wurfspieße und Schilde machen (2. Chr 32,5b). Diese militärischen Maßnahmen führten bei G.N. Knoppers zu der Annahme, dass in der Chronik nicht der Kultreform, sondern den „martial, administrative, judicial, geopolitical" Reformen mehr Aufmerksamkeit gewidmet sei, während die Kultuseinheit und die Kultusreinheit im Zentrum der dtr Darstellung stehe.[37] Dies trifft jedoch im Fall Hiskias nicht zu. Der Chronist beschreibt, dass Hiskia seine militärischen Maßnahmen gegen Sanherib mehr *ad hoc* durchgeführt hat. So kommt etwa zur Sprache, dass Hiskia die Obersten über das Volk setzte und sie bei sich auf dem freien Platz am Stadttor versammelte und ihnen Mut zusprach (V.6ff.). Hier wird Hiskia ebenso wie bei den kultischen Maßnahmen (29,3-31,21) charakterisiert: Er initiiert eine Bewegung. Er macht seinen Leuten mit der Rede Mut. Unter seiner Führung werden vorsorgliche Maßnahmen durchgesetzt. Die Worte der Gesandtschaft Sanheribs nach Jerusalem, die von Lachisch aus ergangen ist, um König und Volk durch Reden und Briefe zu entmutigen und zur Übergabe zu bewegen (32,9-19),[38] bestätigen auf ihre Weise das Charakterbild Hiskias von 2. Chr 29-31[39]: Hiskia vertraue JHWH (2. Chr 32,10f.; vgl. 2. Kön 18,19); er habe die Kultzentralisation durchgeführt (2. Chr 32,12f.; vgl. 2. Kön 18,22). Dafür spricht insbesondere, dass sich eine detaillierte dtr Darstellung der Reaktion Hiskias auf die gotteslästerlichen Reden der assyrischen Gesandtschaft (2. Kön 19,1-4.14-19) in der Chronik auf ein gemeinsames Gebet Hiskias und Jesajas reduziert (2. Chr 32,20).[40] Auf diese Weise wird Hiskia angesichts der schwerwiegenden Folgen des Belagerungszustands noch positiver ausgezeichnet. Nach Meinung des Chronisten war es die gro-

---

36   LXX übersetzt „durch die Stadt".

37   Vgl. G.N. Knoppers, History, 181.

38   W. Rudolph, Chronikbücher, 312, hat mit Recht beobachtet, dass der Chronist für die Darstellung der Gesandtschaft Sanheribs die Rede der Knechte Sanheribs aus den beiden Ansprachen des Rabsake in 2. Kön 18 mit den Worten des Briefs Sanheribs in 2 Kön 19,10ff. kombiniert hat.

39   Vgl. E. Ben Zvi, Foreign Monarch, 222.

40   Vgl. I. Meyer, Gedeutete Vergangenheit.135. J.A. Thompson, Chronicles, 364, macht darauf aufmerksam, dass die Aktion Hiskias und Jesajas 2. Chr 7,14 folgt.

ße Glaubensstärke Hiskias,[41] die JHWH zum sofortigen Eingreifen gegen Sanherib bewog (V.21.22a). Die Feststellung, dass JHWH Hiskia und den Bewohnern Jerusalems ringsum Ruhe verschafft habe (V.22b),[42] rundet den Abschnitt ab. Der wunderbare Sturz Sanheribs führte nach Ansicht des Chronisten zu einer hohen Ehrenstellung Hiskias vor allen Völkern: Viele brachten Gaben für JHWH nach Jerusalem und kostbare Geschenke für Hiskia (V.23a), der in der Folgezeit bei allen Völkern hoch angesehen gewesen sei (V.23b). Hier wird die Zeit unter Hiskia eindeutig als eine von JHWH bewirkte Segenszeit geschildert.[43]

Dieses Bild Hiskias ist deutlich von dem des DtrG zu unterscheiden, nach dem die Angriffe Sanheribs besonders den Städten Judas schwere Verluste zugefügt hatten (2. Kön 18,13) und Hiskia im Rahmen eines Verteidigungsplanes den Tempel sowie den Palast geplündert hatte, um die Schätze Sanherib kampflos auszuhändigen und so ein Verschonen der Stadt zu erreichen (18,14-16). Die verheerenden Folgen des Feldzugs sind inzwischen auch archäologisch nachgewiesen.[44] Nach dem Chronisten hat Sanherib Juda jedoch keinen Schaden zugefügt, im Gegenteil: Nach seinem fehlgeschlagenen Angriff gab es für Juda Ruhe und Wohlstand. Die Zeit unter Hiskia wird als Segenszeit geschildert.[45] Somit wird deutlich, dass nach Sicht des Chronisten Juda in der Hiskiazeit nicht nur kultisch, sondern auch politisch einen Höhepunkt erlebte.

2) Hinsichtlich seiner Krankheit ist das Gebet Hiskias erhört worden,[46] und JHWH hat ihm mit einem Zeichen (המופת) geantwortet (2. Chr 32,24). Doch verhält sich Hiskia nicht gemäß der erfahrenen Wohltat (כגמל עליו), sondern wird hochmütig (V.25a). Der Hochmut des Königs lag nach Meinung des Chronisten in der Undankbarkeit Hiskias für seine Heilung, jedoch nicht darin, dass er den babylonischen Gesandten sein ganzes Schatz- und Zeughaus zeigte, wie es im DtrG dargestellt

---

41 So auch A.C. Welch, Work, 99. Darum sei die Hoffnung auf die Hilfe Ägyptens in 2. Kön 18,21.24 ausgelassen.

42   Anstelle des וינהלם wird hier להם וַיָּנַח nach der Lesart von LXX καὶ κατέπαυσεν αὐτοὺς, der auch die Vulgata folgt, gelesen.

43 Ch. Begg, Retouching, 7-13, sieht in dem Ausdruck רחוקה מארץ in 2. Kön 20,14 einen Hinweis auf die Glanzzeit unter Hiskia. Dafür beruft er sich auf Dtn 20,10-15; Jos 9,3-27; 1. Kön 10,1-10.12.

44 Nach I. Finkelstein, Archaeology, 176, hat Juda im 8. Jh. mit dem Angriff Sanheribs eine Dezimierung der Bevölkerung (bzw. der Siedlungsfläche) von 120,000 (470 ha) auf 65,000 (255 ha) erlebt.

45 So auch G.N. Knoppers, Treasures, 204. In dieser Linie ist die Expansion von 1. Chr 4,41 zu verstehen.

46 לו ואמר in V.24bβ wird in LXX mit καὶ ἐπήκουσεν wiedergegeben. Aber die Präposition לו macht es schwer, diese Übersetzung anzunehmen. Nach Vergleich mit 2. Kön 20,5b (Jes 38,5f.) wird לך אתנה מרפא hinzugefügt.

wird (2. Kön 20,12-19). Während im DtrG der Prophet Jesaja Hiskia ermahnte (2. Kön 20,16-18), sagt der Chronist, dass Hiskia den Zorn Gottes über sich selbst, Juda und Jerusalem mit seinem Hochmut hervorgerufen habe (2. Chr 32,25b). In beiden Texten besteht die Gemeinsamkeit nur darin, dass das Schicksal des Landes mit dem Hochmut des Königs zusammenhängt.

Nach der chronistischen Darstellung hat sich Hiskia gedemütigt, so dass der Zorn Gottes zu seinem Lebzeiten nicht wirksam und das politische Unheil in die Zukunft verschoben wurde (2. Chr 32,26; vgl. 2. Kön 20,17-19).[47] Diese Demut Hiskias verleiht ihm auch den Reichtum, zu dessen Aufbewahrung Hiskia Vorratsräume für Silber, Gold, Edelsteine, Wohlgerüche, Kostbarkeiten[48] und allerlei auserlesene Geräte (2. Chr 32,27) sowie Vorratshäuser für den Ertrag an Getreide, Wein und Öl und Ställe für alle Art von Vieh (V.28f.) bauen musste. Mit der langen Aufzählung von kostbaren Gütern schildert der Chronist ausdrücklich die Zeit unter Hiskia als eine Segenszeit. Hier wird eine Vergeltungslehre des Chronisten erkennbar, dass jeder einzelne das eigene Schicksal positiv beeinflussen kann.[49] Auch die Umleitung der Wasser des Gichon auf die Westseite der Davidstadt (V.30a) bedeutete vor allem eine Verbesserung der Lebensbedingungen.[50] Der Chronist schließt seinen Bericht ab: „Es hatte Erfolg Hiskia bei all seinem Tun" (V.30b), nicht nur bei den militärischen und politischen, sondern auch den wirtschaftlichen und baulichen Maßnahmen. Auch der Erfolg Hiskias auf der nicht-kultischen Ebene zeichnet seine Herrschaft als einen Höhepunkt aus.[51]

3) Erst nach dieser Gesamtbeurteilung kommt auffallenderweise die Gesandtschaft aus Babel ausdrücklich zur Sprache: „Aber so war es

---

47 Hier findet sich eine gewisse Ähnlichkeit mit dem deuteronomistischen und chronistischen Vergeltungsprinzip.

48 ולמגנים mag sich durch einen Abschreibfehler aus Ähnlichkeit mit ולמגדנים herleiten.

49 Vgl. R. Albertz, Religionsgeschichte, 618. Dies wird erneut bestätigt durch die Darstellung der Restauration Manasses aufgrund seiner Demütigung und der Ermordung Amons aufgrund der fehlenden Demütigung (33,23f.).

50 Vgl. G.N. Knoppers, History, 192.

51 Betrachtet man die Ergebnisse der archäologischen Forschung, scheint dieses Bild zumindest vor der Kampagne Sanheribs durchaus zutreffend zu sein. Nach I. Finkelstein, Archaeology, 177, war vor der Kampagne Sanheribs „the economy of the Judahite kingdom ... well balanced by the different ecological niches of its territory: horticulture in the hill country and possibly also in the Shephelah, dry farming in the Shephelah and the eastern and southern flanks of the central range, and animal husbandry in the Judean desert and the south". Insofern wird die chronistische Einschätzung der Hiskiazeit auch archäologisch teilweise bestätigt. Allerdings führte der Feldzug Sanheribs gegen Ende der Regierung Hiskias aus historischer Sicht zu einer schweren politischen und wirtschaftlichen Katastrophe.

auch bei den Mittelsmännern des Fürsten von Babel, die zu ihm 'gesandt wurden', um sich nach dem Wunderzeichen zu erkundigen, das im Lande geschehen war"[52] (2. Chr 32,31aα). Hier greift der Chronist wahrscheinlich den in der dtr Vorlage erhobenen Vorwurf, dass Hiskias Hochmut die Grundlage für den Reichsuntergang sei, der als Strafgericht Gottes über König und Volk hereinbreche (2. Kön 20,17-19), wieder auf.[53] Der Chronist scheint zuerst seiner Vorlage zuzustimmen, dass Hiskias Schuld darin bestand, dass er den babylonischen Gesandten sein ganzes Schatz- und Zeughaus zeigte. Aber er bringt dann in Erinnerung, dass aus seiner Sicht der Hochmut des Königs in der Undankbarkeit für seine Heilung liege, indem er sich mit dem Wort „Wunderzeichen" (המופת) auf 2. Chr 32,25 zurückbezieht. Im Unterschied zum DtrG, in dem als Anlass der Gesandtschaft der Glückwunsch zur Genesung Hiskias angegeben wird (2. Kön 20,12), war es nach dem Chronisten „die Neugier der astronomisch interessierten Babylonier".[54] Sie wollten erfahren (דרש), „was es mit dem Sonnenuhrwunder auf sich hatte."[55] Wenn ihn daraufhin hier Gott sich selbst überließ, „geschah es nur, um ihn auf die Probe zu stellen, um seine völlige Herzensgesinnung zu erfahren" (2. Chr 32,31aβb). Nach Ansicht des Chronisten war das die Hiskia gestellte Prüfung.[56] Somit hat Hiskias Hochmut in der Chronik keinen Bezug auf das Schicksal des Reiches, sondern allein auf den König selbst. Im Unterschied zum DtrG wird in der Chronik dem politischen Unheil jeder Verhängnischarakter genommen. Somit liegt über Juda unter Hiskia außen- und innenpolitisch kein Schatten mehr, sondern die Herrschaft Hiskias stellt sich nur noch als eine reine Segenszeit dar.

Wie im ersten Abschnitt (2. Chr 31,20f.) präsentiert der Chronist im Unterschied zu seiner Vorlage (2. Kön 18,14-16; 20,16-19) auch im zweiten Abschnitt den König ungeteilt positiv: „So hatte Hiskia Erfolg bei all seinem Tun" (2. Chr 32,30).[57]

Zusammenfassend kann gesagt werden, dass der Chronist die Zeit unter Hiskia sowohl im kultischen als auch im nicht-kultischen Bereich als einen Höhepunkt der Geschichte Judas darstellt.[58]

---

52 W. Rudolph, Chronikbüer, 312.
53 So auch S.J. De Vries, Chronicles, 395.
54 W. Rudolph, Chronikbücher, 313.
55 W. Rudolph, Chronikbücher, 313f.
56 So auch S.J. De Vries, Chronicles, 395.
57 So auch G. Steins, Chronik, 111: „V.31b schildert keine weitere Episode; V.31b ist vielmehr eine erläuternde Weiterführung des knappen Summariums V.30b", welches aus 31,21 die Ausdrücke צלח und בכל מעשה aufgenommen hat.
58 Dieses Ergebnis stimmt mit der Forschung insofern überein, als hier häufig gesagt wird, dass in der Chronik Hiskia dargestellt wird als zweiter David (R. Mosis, Un-

3.2   Die chronistische Josia-Erzählung (2. Chr 34-35)

3.2.1   Aufbau

Abgesehen von der Eingangs- und Abschlussnotiz lässt sich die chronistische Josia-Erzählung wie schon die Hiskia-Erzählung in zwei Abschnitte teilen: Ein langer erster Teil berichtet vom Wirken des Königs im kultischen Bereich (2. Chr 34,3-35,19), ein zweiter kurzer Teil von seinem übrigen Handeln (35,20-25). Die Josia-Erzählung wird durch vier chronologische Angaben in 34,3a.3b.8; 35,19 und durch die Zeitangabe in 35,20 gegliedert[59]:

34,1-2	Eingangsnotiz
34,3a	Gottessuche Josias im 8. Jahr
34,3b-7	Josias Kultmaßnahme im 12. Jahr
34,8-35,19	Reinigung des Landes und Tempels im 18. Jahr
	34,8-13 Reinigung des Tempels
	34,14-32 Buchauffindung und Bundesschlss
	34,33a Reinigung des Landes
	34,33b Beurteilung
	35,1-19 Passafest
35,20-25	Kampf gegen Necho
35,26-27	Abschlussnotiz

3.2.2   Synoptischer Vergleich

Wie der synoptische Vergleich zeigt, weist die Chronik für die Josia-Erzählung nur wenig Material auf, das keine Parallelen im DtrG hat.[60] Als einziger Textabschnitt in dieser Hinsicht wären die Verse 2. Chr 34,3-7 zu nennen,[61] welche die Regentschaft des Josia im 8. Jahr (V.3a) und die Kultreform im 12. Jahr (V.3b-7) behandeln, wobei aber letztere

---

tersuchungen, 182-192) oder Salomo (S.J.De Vries, Chronicles, 373; 376; H.G.M. Williamson, Israel, 130f.; ders, Chronicles, 351; J.A. Thompson, Chronicles, 344; 347; 356) oder David und Salomo (R.B. Dillard, 2 Chronicles, 228; M.A. Throntveit, Hezekiah, 302-11; S. Japhet, 2 Chronik, 407; J.A. Thompson, Chronicles, 342; 357). Dazu s. M.A. Throntveit, Kings, 121-125; ders, Hezekiah, 302-11. Es ist jedoch fraglich, ob diese Einschätzung treffend ist. Das eigentliche Anliegen des Chronisten ist ja nicht zu typisieren, sondern einen Vergleich zwischen den Epochen der Könige David/Salomo und Hiskia anzustellen.

59   So auch G. Steins, Chronik, 214; L.C. Jonker, Reflections, 16f.
60   Vgl. H. Henning-Hess, Kult, 172.
61   Vgl. H. Henning-Hess, Kult, 172.

eine Entsprechung zu 2. Kön 23,4-20 darstellen dürfte. Dennoch tritt die Besonderheit der Chronik in folgenden Punkten hervor:

	2. Chr 34-35		2. Kön 22-23
34,1-2	Eingangsnotiz	22,1-2	Eingangsnotiz
34,3a	Gottsuche des jungen Königs im 8. Jahr		
34,3b-7	Reinigung des gesamten Landes von Fremdkulten im 12. Jahr	(23,4-20)	
34,8-11	Geldübergabe für die Ausbesserung des Tempels im 18. Jahr	22,3-7	Geldübergabe für die Ausbesserung des Tempels im 18. Jahr
34,12-13	Liste der Bauleute		
34,14-21	Buchauffindung beim Herausnehmen des Geldes	22,8-13	Buchauffindung im Tempel
34,22-28	Befragung Huldas	22,14-20	Befragung Huldas
34,29-32	Bundesschluss	23,1-3	Bundesschluss
34,33a	Beseitigung der Fremdkulte	23,4-20	Reinigung des Tempels und des Landes von Fremdkulten
34,33b	Beurteilung Josias		
35,1	Passafest als Erzählrahmen	23,21	Passafest
35,2-16	Wiederherstellung des Tempeldienstes für das Passa		
35,17	Passa- und Mazzenfest		
35,18-19	Beurteilung des Passa	23,22-23	Beurteilung des Passa
		23,24	Beseitigung von Götzendienern
		23,25	Gesamtbeurteilung Josias
		23,26-27	Gerichtsurteil über Juda
35,20-22*	Kampf gegen Necho		
35,22aβ	Beurteilung		
35,23-25	Tod Josias und öffentliche Trauer		
35,26-27	Abschlussnotiz	23,28	Abschlussnotiz
		23,29-30	Kampf gegen Necho und Tod

1. Der Chronist vertauscht die Reihenfolge von Kultreform und Buchauffindung, so dass die Kultreform der Buchauffindung vorausgeht.

2. Die Darstellung der Beseitigung der Fremdgötterkulte von 2. Kön 23,4-20.24 ist erheblich gekürzt (2. Chr 34,3b-7.33a), wogegen die kurze Geschichte vom Passafest in 2. Kön 23,21-23 erheblich erweitert wurde (2. Chr 33,1-19).

3. Der Bericht über den Tod Josias auf dem Feldzug gegen den Pharao Necho (2. Chr 35,20-24) wird nicht nur umfangreicher, sondern ist auch der Abschlussnotiz (35,26f.; vgl. 2. Kön 23,28) vorangestellt, so dass sein ganzes Leben im Licht der Tora-Observanz positive Wertschätzung erhält.[62]

4. In der chronistischen Josia-Erzählung ist vom deuteronomistischen Gerichtsurteil Gottes über Juda (2. Kön 23,26f.; 24,3f.), dass der Gerichtsbeschluss JHWHs aufgrund der Sünde des Manasse nicht mehr zu annullieren sei, keine Rede. Im Unterschied zum DtrG liegt somit kein dunkler Schatten über der letzten Zeit Judas.

Aus dem synoptischen Vergleich ergibt sich, dass die Reform Josias in der Chronik weniger umfangreich dargestellt wird. Dennoch wird die Zeit unter der Herrschaft Josias insgesamt positiv gewertet.

3.2.3 Sondergut des Chronisten

3.2.3.1 Kultische Ebene (2. Chr 34,1-33; 35,1-19)

1) Die chronistische Darstellung beginnt mit dem jungen König Josia, der hier eine besondere Erwähnung findet: „Im achten Jahr seiner Regierung, als er noch ein Knabe war, begann er, den Gott seines Vaters David zu suchen." (2. Chr 34,3a).[63] Damit wird die große Frömmigkeit des erst sechzehnjährigen Josia angesprochen.

2) Im 12. Regierungsjahr kommt sein positives Verhalten gegenüber JHWH, das mit den Worten דרש אלהים „Gott-Suchen" zusammengefasst war, in einer Vielzahl von kultischen Säuberungsmaßnahmen detailliert zum Ausdruck. In Juda und Jerusalem (2. Chr 34,3b-5) beinhaltet seine Reform die Beseitigung der Höhen,[64] auf denen der JHWH-Kult

---

62 Vgl. G. Steins, Chronik, 212.

63 Zur historischen Rekonstruktion des 8. Regierungsjahres Josias s. W.B. Barrick, Dynastic Politics, 564-582. Nach ihm hat das 8. Regierungsjahr Josias eine politische Bedeutung für die Reformpartei durch den Machtwechsel am Hof.

64 Im Vergleich zu diesem positiven Urteil werden Asa (1. Kön 15,14; 2. Chr 15,17), Joschafat (1. Kön 22,44; 2. Chr 20,33) und Manasse (2. Chr 33,17) wegen des Höhenkultes, der in den Augen der Dtr ein Verstoß gegen das dtn Zentralisationsgesetz war, nur eingeschränkt positiv beurteilt. Darin zeigt sich eindeutig die Abhängigkeit von der dtr Konzeption. Anders als im DtrG erhalten schon die Könige Asa und Joschafat von dem Chronisten an anderer Stelle die Belobigung, dass sie den Höhenkult beseitigten (2. Chr 14,1; 17,6). Doch werden sie von Hiskia und Josia übertroffen.

nach der Bekehrung Manasses noch fortdauerte (33,17),[65] und die Abschaffung der Schnitzbilder, auf die sich der Rückfall Amons nach 33,22b bezog.[66] Interessanterweise werden die kultischen Maßnahmen in Jerusalem und Juda mit den gleichen Worten dargestellt wie sie in 2. Kön 23,16.20 für die Maßnahmen in Bethel gebraucht worden waren. Doch handelt es sich nach der Chronik in Juda und Jerusalem durchaus um eine Reinigung (טהר; 2. Chr 34,3b.5b), nicht um eine Entweihung (טמא) wie in 2. Kön 23,8ff.15f., womit die Altäre von Bethel unbenutzbar gemacht und das Kultmonopol Jerusalems durchgesetzt wurden. Die Ersetzung des Wortes „Entweihung" (טמא) durch das Wort „Reinigung" (טהר) legt die Vermutung nahe, dass für den Chronisten die Zentralisation bereits vorher geregelt war (vgl. 2. Chr 31,1). Entsprechend den Kultreinigungen Hiskias, die von Angehörigen ganz Israels vorgenommen worden waren, weiten sich die Kultmaßnahmen Josias von Juda und Jerusalem (34,3b-5) auf die Städte in Manasse, Ephraim, Simeon und Naphtali[67] (V.6f.)[68], und somit auf das ganze, ehemalige Nordreich aus, wobei im Unterschied zu 2. Kön die Beseitigung der Fremdkulte in Juda und Jerusalem (2. Chr 34,4) sowie in Samaria (34,7a) auf ähnliche Weise dargestellt wird. Nach dem Chronisten hat Josia bereits im 12. Regierungsjahr die gesamtisraelitischen Kultmaßnahmen durchgeführt. Trotz seines relativ großen Umfangs wird bei jeder Maßnahme nur knapp das für sie Charakteristische berichtet. Jedenfalls wird die kultische Reform deutlich kürzer als in 2. Kön 23,4-20 dargestellt.

3) Die Reform setzt sich im 18. Regierungsjahr Josias noch fort. Der Versteil von 2. Chr 34,8a ובשנת שמונה עשרה למלכו לטהר הארץ והבית[69] verweist

---

65 Nach der chronistischen Darstellung hat schon Manasse die fremden Götter beseitigt und auch den legitimen Tempelkult wiederhergestellt (33,15f.). Daher ist mit der Beseitigung der Höhen durch Josia der Verzicht auf die JHWH-Verehrung in Höhenheiligtümern gemeint, und dies deutet immerhin die Kultzentralisation an.

66 Vgl. W. Rudolph, Chronikbücher, 319.

67 I. Meyer, Gedeutete Vergangenheit, 136, meint, dass hinsichtlich des territorialen Umfangs bis Naphtali die Reformaktivitäten Josias die des Hiskia übertroffen haben.

68 Die masoretische Lesart בהר בתיהם „auf dem Berg ihrer Häuser" in V.6b ist am besten als ברחבתיהם „auf ihren Plätzen" oder als Qere בחרבתיהם „mit ihren Schwertern" oder בְּחָרְבֹתֵיהֶם „in ihren Trümmern" zu lesen, vgl. W. Rudolph, Chronikbücher, 320; S. Japhet, 2 Chronik, 464. Trotz der Korrektur besteht ein weiteres Problem, denn der Satz ist unvollständig. Der Annahme von I. Kalimi, Zur Geschichtsschreibung, 94, dass בהר בתיהם ursprünglich בער בתיהם „er vernichtete ihre Häuser" sei, ist überzeugender.

69 Die Wendung von V.8aβ לטהר הארץ והבית ist schwer zu deuten, weil am Ende des Verses 8bβ noch einmal eine ähnliche Formulierung לחזק את־בית יהוה אלהיו erscheint. Durch die Einfügung von כְּכַלּוֹת, wie sie W. Rudolph, Chronikbücher, 320, vornimmt,

darauf, dass im 18. Jahr ein Projekt zur Reinigung (טהר) sowohl des Tempels als auch des Landes ins Auge gefasst wurde. V.8bβ präzisiert, dass hinsichtlich des Tempels[70] die Reparatur einen wesentlichen Bestandteil der Reform bildete.[71] Denn die Bauarbeiten erwiesen sich als notwendig, weil die Könige von Juda „die Häuser", womit wahrscheinlich der gesamte Tempelkomplex (1. Chr 28,11; 29,4; vgl. 2. Kön 23,19) gemeint ist, hatten zerfallen lassen (2. Chr 34,11). Hier sind mit den Königen von Juda nicht nur Manasse und Amon gemeint,[72] sondern wohl auch diejenigen Könige, unter denen der Tempel durch Vernachlässigung beschädigt wurde. Noch umfassender werden sie mit dem Wort „unsere Väter" (אבותינו) in 2. Chr 34,21 ausgedrückt. Der Tempelkomplex wurde durch die langfristige Vernachlässigung beschädigt. Darum geht es nur noch um die Reparatur des Tempels.

Zu Beginn der Tempelrenovierung schickt der König Beauftragte zur Tempelleitung, die das Geld den Zuständigen übergeben[73] sollen (2. Chr 34,8f.). Die Bedeutung der Delegation, die außer Schaphan noch zwei Beamte wahrscheinlich von höchstem Rang umfasst, und die Bemerkung, dass die Leviten das Geld von Manassiten und Ephraimiten und von allen übrigen Israeliten sowie von allen Judäern und Benjaminiten und den Bewohnern[74] Jerusalems gesammelt hätten, sollen den Eindruck erwecken, dass die Tempelrenovierung großartig geplant und eine lange vorbereitete Maßnahme war. Der große Umfang der Tempelbauarbeiten, für die der Priester Hilkia verantwortlich gewesen zu sein scheint, wird auch durch die Menge der Arbeiter, zu denen Bauarbeiter, Zimmerleute und Lastträger zählten, und die Aufsicht der Leviten, nämlich der Sänger,[75] Schreiber

---

wird sie auf die Verse 3-7 zurück bezogen und als Zusammenfassung der kultischen Reform in 2. Kön 23,4-25 verstanden. So ähnlich S.J. De Vries, Chronicles, 407. E.L. Curtis / A.A. Madsen, Chronicles, 505, sehen sie als Glosse an. Eine weitere mögliche Übersetzung „während der Reinigung" schlägt J. Becker, 2 Chronik, 116, vor. Doch erläutert V.8a, worum es im 18. Regierungsjahr Josias geht, nämlich um die Reinigung des Landes und des Tempels. Von der Reinigung des Tempels ist in V.8aβ und von der Reinigung des Landes in V.33 die Rede.

70 Auffällig ist die Bezeichnung „Haus JHWHs seines Gottes" (V.8) bzw. „Haus Gottes" (V.9) im Unterschied zu „Haus JHWHs" in V.14.

71 So auch H.G.M. Williamson, Chronicles, 399f.

72 S. Japhet, 2 Chronik, 467.

73 Aus der Betrachtung von V.14 ergibt sich, dass in V.9 וַיִּתְּנוּ wohl ursprünglich ist. Denn V.14 macht deutlich, dass das Buch beim Ausschütten des Geldes gefunden wurde und dass Hilkia dafür verantwortlich war.

74 וְיֹשְׁבֵי, was aus V.7b inspiriert sein mag, ist mit dem Ketiv וְיֹשְׁבֵי zu lesen.

75 Auffallend ist, dass die Sänger außerhalb des Kultes fungieren. Nach W. Rudolph, Chronikbücher, 323, begleiten die Musikanten mit ihren Rhythmen und Signalen die Arbeit, wie es aus der altorientalischen Umwelt dokumentiert wird, vgl. I. Meyer, Gedeutete Vergangenheit, 137.

und Torwächter (V.12f.) bestätigt. Während im DtrG zwar die Tempelrenovierung als Plan zum Ausdruck gebracht wird (2. Kön 22,5f.), es später
aber allein um die kultische Reinigung geht (23,4.6.7.11.12), wird in der
Chronik die Renovierung des Tempels erfolgreich durchgeführt.[76] Dabei
verdeutlicht der Chronist durch die besondere, an 2. Chr 34,9 anknüpfende Erwähnung, dass das Buch beim Herausnehmen des Geldes für die
Tempelreparatur gefunden wurde (2. Chr 34,14), dass die Kultmaßnahmen
bzw. die Tempelrenovierung in keiner direkten Beziehung zur Buchauffindung standen.

Angesichts der Auffindung des Gesetzbuches schickt Josia wegen der
Sünde der Väter trotz seiner kultischen Bemühungen Hilkia und seine
Männer[77] zur Prophetin Hulda, um JHWH für sich selbst und für die Übriggebliebenen in Israel und Juda über die Worte des Buches zu befragen
(2. Chr 34,20f.). Nach den Worten Huldas haben die Sünden der Väter den
Zorn Gottes hervorgerufen und das Unheil verursacht (V.25), wie Josia
bereits erkannt hatte (V.21b). Der Zorn Gottes über die Sünden der Väter
wird durch die Demütigung Josias „zu seinen Lebzeiten" nicht vollstreckt
und das bevorstehende Gericht in die Zukunft verschoben (2. Chr 34,26-28;
2. Kön 22,18-20; 23,26-27).[78] So soll dem Einzelnen, der sich demütigt, die
Verheißung zuteil werden, dass er das Unheil nicht erleben werde. Zu
diesem Zweck beruft der König Josia eine Versammlung der Volksvertreter, der Ältesten Judas und Jerusalems (2. Chr 34,29) zum Bundesschluss.
Dann geht der König hinauf in das Haus JHWHs zusammen mit allen
Männern von Juda und den Bewohnern von Jerusalem, den Priestern und
den Leviten,[79] und zwar mit dem ganzen Volk, groß und klein (34,30; vgl.
35,18). Sie werden in 34,32 als „diejenige, die sich in Jerusalem und in Benjamin befinden," wiedergegeben. Damit meint der Chronist die Bewohner
von Juda, die nach ihm nicht nur aus den Stämmen Juda und Benjamin,
sondern auch aus den Nordstämmen bestehen (vgl. 10,17; 11,3).[80] Nach der
Verlesung des aufgefundenen Gesetzbuches verpflichtet Josia sich vor
JHWH, diesem „zu folgen und seine Gebote und seine Verordnungen und
seine Satzungen von ganzem Herzen und von ganzer Seele zu halten, um
die Worte des Bundes, die in diesem Buch geschrieben stehen, zu erfüllen" (34,31). Diesem Bund tritt das Volk in Jerusalem und in Benjamin bei
(34,32a). Wenn hier die Bewohner Jerusalems noch einmal besonders er-

---

76 Dies wird insbesondere in der Begründung deutlich, dass sie ihre Arbeit „zuverlässig" (באמונה) gemacht haben. Der Chronist bezieht diese Beurteilung direkt auf die
    Bauleute von V.12f., während in 2. Kön 22,7 gemeint war, dass sie „auf Treue und
    Glauben" (באמונה) arbeiteten, ohne dass abgerechnet wurde.
77 Sie werden in V.20 ausführlich genannt.
78 So auch bei Hiskia (2. Chr 32,26; vgl. 2. Kön 20,17-19).
79 „Propheten" in der Vorlage.
80 S.u. 3.3.2.2

wähnt werden (34,32b; vgl. 35,18), hängt dies sehr wahrscheinlich mit dem Orakel Huldas zusammen (34,24). Dem Bundesschluss folgend ist von einer Reinigung des Landes in V.33aα nur kurz die Rede, während im DtrG nach der Buchauffindung einschließlich des Bundesschlusses statt von der Tempelrenovierung von einer umfangreichen Kultreinigung des ganzen Landes ausführlich berichtet wird (2. Kön 23,4-20). Da in 2. Chr 34,32 die Bewohner Judas und Benjamins bei dem Bundesschluss genannt werden, stellt der Chronist die Reinigung des ganzen Landes in V.33 nicht als die Folge des Bundes dar, sondern als Fortsetzung der Reform, die in V.8a bereits zusammen mit der Tempelreinigung als Plan des 18. Regierungsjahres Josias erwähnt war.[81] Hierfür spricht, dass der Chronist die Buchauffindung nicht in Verbindung mit den kultischen Maßnahmen im 18. Regierungsjahr Josias setzt (vgl. 2. Kön 23,24b). Abschließend teilt der Chronist mit: „Josia verpflichtete alle in Israel Befindlichen, JHWH ihrem Gott zu dienen; all seine Tage wichen sie nicht von JHWH dem Gott ihrer Väter" (2. Chr 34,33aβb). Hier ist immerhin zu erkennen, dass sich Josia bei der kultischen Reinigung an der Ausbreitung der JHWH-Verehrung orientiert hat und dass seine Kultreinigung tatsächlich eine ständige Stärkung der JHWH-Verehrung zur Folge hatte. Wenn der Chronist in dem abschließenden Vers 33b mit dem Ausdruck „all seine Tage" (כל־ימיו) von der Frömmigkeit Josias, die bereits am Anfang in V.3a ausgesprochen war, spricht[82] und damit offenbar die Kultmaßnahmen Josias als Ausdruck seiner Frömmigkeit bewertet, dann stehen die Kultmaßnahmen nicht im Brennpunkt des Interesses der chronistischen Darstellung der Reform im 18. Regierungsjahr. Hierfür spricht, dass die Kultreinigung Josias im Vergleich zu 2. Kön 23 nur verkürzt erscheint.

4) Im Unterschied zur Kultreinigung berichtet der Chronist ausführlich über das Passafest (2. Chr 35,1-19). Er macht durch die identischen Zeitbestimmungen in 34,8aα und 35,19 deutlich, dass die Passafeier zum Bestandteil der Reform im 18. Jahr gehört. Anders als das DtrG, in dem die Auffindung des Gesetzbuches den Auftakt zur Passafeier bil-

---

81   In der Forschung wird V.33 verschieden interpretiert: W. Rudolph, Chronikbücher, 323; J.M. Myers, II Chronicles, 208; S. Japhet, 2 Chronik, 474, halten ihn für eine Konsequenz des Bundesschlusses, dagegen E.L. Curtis - A.A. Madsen, Chronicles, 511; J. Becker, 2 Chronik, 119, für eine Fortsetzung der bereits im 12. Jahr begonnenen Reform. S.J. De Vries, Chronicles, 407, macht darauf aufmerksam, dass die Erwähnung der Reinigung des Landes und Tempels in V.8 mit V.33b die „Inclusio" bilde. Nach ihm bezieht sich V.8β auf V.3-7 zurück, dagegen sei V.33b eine Zusammenfassung der ganzen Reform. H.G.M. Williamson, Chronicles, sieht V.33 als den Beweis des Gottessegens und als Belohnung für den Gehorsam gegenüber dem Gesetz an, indem er V.33 auf das Heilswort Gottes durch Hulda in V.28 einschränkt.

82   So S. Japhet, 2 Chronik, 474.

det (2. Kön 23,3.21.24.25), verdeutlicht der Chronist, dass die Auffindung kein Anlass zum Passafest gewesen ist, indem er den Hinweis „gemäß dem Bundesbuch" streicht. Damit scheint der Chronist immerhin zu implizieren, dass die Passafeier von vornherein geplant war. In diesem Zusammenhang erweckt der den Bericht über die Kultreinigung des ganzen Landes zusammenfassende Versteil 2. Chr 34,33b den Eindruck, dass die Kultmaßnahmen des 18. Regierungsjahres Josias, nämlich die Reinigung des Landes und die Renovierung des Tempels, als Vorbereitung für das Passafest zu verstehen sind. Nach der chronistischen Darstellung steht das Passafest Josias im 18. Regierungsjahr im Mittelpunkt des Interesses.[83]

Die chronistische Darstellung des Passafestes hat mit 2. Kön darin Gemeinsamkeiten, dass das Fest am 14. des ersten Monats in Jerusalem stattfand (2. Chr 35,1; 2. Kön 23,23) und das ganze Volk, nämlich Juda und auch Angehörige des Nordreiches an der Feier beteiligt waren (2. Chr 35,18; 2. Kön 23,21).[84] Dies wird vom Chronisten jedoch nicht sonderlich betont.[85] Vielmehr wird er ausführlicher bei der Regelung der levitischen Dienste beim Passaopfer (2. Chr 35,3-6). Der König weist den Leviten eine neue Aufgabe bei der Passafeier zu, weil sie seit der Überführung der Lade in den Tempel den Trägerdienst nicht mehr zu versehen brauchten (35,3ff.). Sie besteht in der Schlachtung der Opfertiere, dem Abhäuten[86] und dem Dienst für die „Brüder" (V.6; vgl. V.11). Die zahlreichen Opferspenden des Königs und seiner Fürsten, der Fürsten des Hauses Gottes und der Levitenfürsten ermöglichen das Opfer (V.7-9). Der Dienst wird etabliert: die

---

83 So auch L.C. Jonker, Reflections, 32f. Nach ihm hat der Chronist Josia dazu verwendet, die Bedeutung der Passafeier zu unterstreichen, anders als im DtrG, wo Josia idealisiert werde. Dagegen ist S.J. De Vries, Chronicles, 407, aufgrund des zusammenfassenden Charakters des Halbverses 33b der Meinung, dass nicht die Reform, sondern das Gesetzbuch und dessen Interpretation im Zentrum stehen.

84 In diesem Punkt scheidet die Meinung von E.L. Curtis - A.A. Madsen, Chronicles, 471, aus, dass „the celebration under Hiskia also surpasses that under Josiah, since the latter was for the Judeans only, but the former for all Israel and strangers."

85 So sieht G. Steins, Chronik, 222, eine Verschiebung des Themas in den unterschiedlichen Ausdrücken כל־עבודת יהוה (V.16) und עבדת בית יהוה (V.2.6). Nach ihm „weist die erste Formulierung auf das Resümee des in 34,29-33 berichteten Bundesschlusses (V.33) zurück und betrachtet folglich die unter der Regie Josias durchgeführte außergewöhnliche Passafeier als Exempel für die Verwirklichung der mit dem Bundesschluss eingegangenen Verpflichtungen." Dagegen werde in der zweiten Formulierung nicht der „Dienst JHWHs", sondern die Einrichtung des „Dienstes des Hauses JHWHs" durch die Bestellung von Priestern und Leviten und die Übertragung besonderer Funktionen an die Leviten thematisiert. Nach G. Steins handelt es sich in dieser Verschiebung des Themas um eine nachträgliche Bearbeitung des Textes.

86 In LXX[BL] ist והתקדשו weggelassen worden. Nach V.13 ist es entweder als והקדשים הכינו oder nach V.11 als והפשיטו zu lesen.

Leviten beschäftigen sich mit dem Schlachten und dem Abhäuten des Passaopfers; die Priester mit dem Sprengen des Blutes (35,10f.). In 2. Chr 35,12-15 werden nur die Aufgaben der Leviten, insbesondere in Bezug auf die Zubereitung der Opfermahlzeiten ausführlicher geklärt: Das Beiseitelegen des העלה und der Rinder (35,12); das Kochen des Passaopfers mit Feuer (V.13a) und der Weihegaben in Kesseln (V.13bα); die Vorbereitung für das Volk (V.13bβ), für sich selbst, für die Priester, Sänger und Torhüter (V.14.15). Dabei wird die Ausführung der Aufgaben durch die Leviten besonders mit dem Wort הכינו hervorgehoben (V.14[2x].15). Der Chronist erwähnt ausdrücklich, dass der Dienst JHWHs an jenem Tag wiederhergestellt wurde, indem man das Passaopfer feierte und Brandopfer auf dem Altar JHWHs darbrachte (V.16).[87] Hier erweckt die Wiederholung des Ausdrucks „nach dem Befehl des Königs" in V.10.16 den Eindruck, dass Josia die neuen Verordnungen des Passafestes festgesetzt und sie zur Geltung gebracht hat. Hierfür spricht der fehlende Hinweis auf die Enthäutung und auf die Zubereitung der Passaopfer durch die Leviten sowie auf die generelle Erwähnung des Opfermahls (30,18) beim Passafest Hiskias. Offenbar will der Chronist zeigen, dass die Erweiterung levitischer Funktionen beim Passafest Hiskias, die sich dort aus der Not geboren ergaben, durch Josia auf eine klare gesetzliche Grundlage gestellt wurden.[88] Darin wird Josia als Gesetzgeber gesehen. Hier ist W. Rudolph Recht zu geben, dass der Chronist die Besonderheit der Josianischen Feier in den neuen Anordnungen des Königs sieht.[89] Dabei nennt W. Rudolph zwei wesentliche Interessen des Chronisten: Den Leviten soll ein fester Platz in der Passaordnung zugewiesen und die Passaschlachtung soll in ein Schlachtopfer umgewandelt werden.[90] Mit Blick auf die Passafeier unter Hiskia bezieht sich die Unvergleichbarkeitsaussage כמהו bzw. כפסח in der Chronik nicht einfach darauf, dass Josia, die Priester und Leviten mit dem ganzen Volk das Passa gehalten haben (35,18), sondern darauf, dass durch die Einsetzung der Leviten das Passafest Gesamtisraels möglich wurde. Darin bildet das Passafest Josias nach der chronistischen Darstellung „den krönenden Abschluss"[91] der Reform im 18. Regierungsjahr.

---

87   Aufgrund des unterschiedlichen Gebrauches von כון in V.4.10 und V.6.14.15 und der Parallelität von ביום ההוא V.16 mit בעת ההיא V.17 unterscheidet S.J. De Vries, Chronicles, 414, zwei Schichten: V.2-5.10.17-19 als ursprünglichen Text, wobei es um die „instructions for the Levits" geht. Dagegen versteht L.C. Jonker, Reflections, 37, ביום ההוא in V.16 als Absicht, die Aufmerksamkeit auf das Datum zu lenken, und בעת ההיא in V.17 als generalisierenden Rückblick.
88   So auch W. Riley, King, 137.
89   Vgl. W. Rudolph, Chronikbücher, 329.
90   Vgl. W. Rudolph, Chronikbücher, 318-333.
91   J. Becker, 2 Chronik, 123.

3.2.3.2   Politische Ebene (2. Chr 35,20-25)

Nach der Wiederherstellung des Kultes zieht Josia Necho entgegen, der heranrückt, um bei Karkemisch am Euphrat „für Assur gegen das nicht mit Namen genannte Babel"[92] zu kämpfen. Ungeachtet der Worte Nechos zieht Josia zum Kampf in die Ebene von Megiddo. Dort findet er den Tod (2. Chr 35,24).

In der Chronik wird der Bericht über den Tod Josias auf dem Feldzug gegen den Pharao Necho (2. Chr 35,20-24) der Abschlussnotiz vorangestellt, anders als im DtrG, wo der Tod Josias außerhalb des Erzählrahmens berichtet wird (2. Kön 23,29). Das Schicksal Josias brachte für den Dtr wahrscheinlich eine große Schwierigkeit[93]: Wie konnte einem frommen König ein solches Unglück widerfahren! Der Dtr orientierte sich an der Deutung des Niedergangs Judas, wo auch ein kultisch korrekt handelnder König das Unheil für sein Volk nicht mehr aufhalten konnte. Mit der adversativen Konjunktion „aber" (אך) sieht 2. Kön den Grund hierfür bei der Sünde Manasses, die den mehrfach wiederholten Vorwurf verdient, nicht jedoch bei Josia (2 Kön 23,26).[94] Somit wird der Tod Josias im DtrG nicht auf sein eigenes Verhalten zurückgeführt. Mit dieser von seiner Vorlage hervorgerufenen Frage beschäftigt sich der Chronist nicht. Die Sünde Manasses hat in der Chronik keinen Bezug zum Unheil des Reiches (2. Chr 33,6). Seine persönliche Sünde hat wegen seiner vollzogenen Demütigung keine Nachwirkung (33,12-13). Stattdessen begründet der Chronist den Tod Josias theologisch: „Was haben wir miteinander zu tun, König von Juda? Nicht gegen dich,[95] sondern gegen das Haus ‚des Königs von Babel' geht heute mein Kampf![96] Und Gott hat mir Eile geboten. Laß ab von Gott, der mit mir ist, damit er dich nicht verderbe!" (35,21). Nach dem Chronisten „[war] der Feldzug Nechos … von JHWH gewollt, er berührte Juda nicht[.] Josia … stellt sich [also] mit seinem Handeln dem Willen JHWHs entgegen, was letztlich seinen Tod zur Folge hat."[97] Der Chronist stellt den frühen Tod als Strafe für diesen Akt des Ungehorsams dar. Wenn der Chronist aber „als Begräbnisort die Gräber der Väter Josias [nennt] und … seine Bedeutung durch die Aussage [unterstreicht], dass ganz Juda und

---

92   J. Becker, 2 Chronik, 123.

93   So R. Albertz, Exilszeit, 213; Z. Talshir, Three deaths, 217.

94   Vgl. R. Albertz, Exilszeit, 230.

95   Der griechische Übersetzer hat das Pronomen אתה als ἥκω wiedergegeben. Auf diese Weise lesen Peschitta, Targum, Vulgata und 3 Esr 1,25. Das Pronomen אתה dient dazu, dem Suffix der angesprochenen Person Nachdruck zu verleihen, vgl. W. Gesenius, Hebräische Grammatik, §135g.

96   אל־בית מלחמתי ist schwierig zu lesen. Nach dem Vorschlag W. Rudolphs, Chronikbücher, 330, wird מלך בבל hinzugefügt.

97   H. Henning-Hess, Kult, 172.

Jerusalem um Josia trauerte (35,24)",[98] heißt das, dass sein Tod durch Necho Josias Ehre nicht berührt hat. Der Chronist reflektiert noch einmal den Tod Josias: „Jeremia dichtete ein Klagelied auf Josia, und alle Sänger und Sängerinnen erzählten in ihren Klageliedern von Josia bis heute; und man machte sie zu einem festen Brauch in Israel, und siehe, sie sind aufgezeichnet in den Klageliedern" (35,25). Somit geht der Ruhm Josias über seinen Tod hinaus. Auch Josias vorzeitiger Tod kann nach Ansicht des Chronisten das positive Urteil über sein Leben nicht schmälern.[99]

3.3   Zusammenfassung und Fragestellung

Nach der chronistischen Hiskia-Erzählung initiiert Hiskia durch seinen Aufruf eine gesamtnationale Kultreform. Durch diese wird nicht nur der Kult wiederhergestellt, sondern auch das Passafest des gesamten Israel wieder eingesetzt. Entsprechend den Kultreinigungen Hiskias führt Josia im 12. Regierungsjahr die gesamtnationalen Säuberungsmaßnahmen durch. Im 18. Regierungsjahr wird die Tempelrenovierung als eine geplante und lange vorbereitete Maßnahme durchgeführt, ebenso die Reinigung des Landes zur Vorbereitung der Passafeier des gesamten Israel. Als krönender Abschluss der Josianischen Reform im 18. Regierungsjahr wird das Passafest zur festen Regel, d.h. die Passaschlachtung in ein Schlachtopfer umgewandelt.

Trotz der Ähnlichkeit der beiden Reformen kann aufgrund der obigen Beobachtungen festgehalten werden, dass der Chronist der Reform Hiskias mehr Aufmerksamkeit zukommen lässt als der Josias. Dies wird noch deutlicher im synoptischen Vergleich mit dem DtrG. Die kultische Reform Hiskias wird viel ausführlicher, die des Josia dagegen weniger umfangreich als in 2. Kön dargestellt, wie schon mehrere Exegeten mit Recht beobachtet haben.[100] So nimmt Hiskia in der Chronik den Platz ein, den Josia im DtrG innehat.[101] Blickt man auf die chronistische Manasse-Erzählung, ist deutlich zu sehen, dass die Akzentverschiebung systematisch ist. Die chronistische Umgestaltung des Bildes von Manasse wirkt sich auch auf das Bild Josias aus, der vom DtrG als großartiger Reformer dargestellt wurde.[102] Während sich Manasse im DtrG „als Vasall der Assyrer bereit-

---

98   H. Henning-Hess, Kult, 172.
99   So auch G. Steins, Chronik, 212f.
100   E.L. Curtis - A.A. Madsen, Chronicles, 462; R.J. Coggins, Chronicles, 266, 291; O. Plöger, Reden, 58; J.M. Myers, II Chronicles, 176; R.B. Dillard, 2 Chronicles, 228; S. Japhet, 2 Chronik, 407; K.A.D. Smelik, King Ahaz, 181.
101   So auch K.A.D. Smelik, King Ahaz, 143-185.
102   So S. Japhet, 2 Chronik, 443.

willig dem fremdreligiösen Einfluss geöffnet und Gestirnskult, Bilder-
dienst, ‚Molochopfer' und allerlei fremdländische Omenpraktiken im
Jerusalemer Tempel eingeführt [hat] (2. Kön 21,2-7)",[103] hat dieser in der
Chronik nach der überraschenden Bekehrung selbst schon eine Kultreform
durchgeführt (2. Chr 33,15f.). Nur die Beseitigung der Höhen (33,17) und
der Schnitzbilder Amons (33,22b) ist für die Josianische Reform übrig
geblieben (34,3).[104] Durch die Änderung des Bildes von Manasse wird die
Reform Josias zu einer Fortsetzung der Reform Hiskias herabgestuft.[105]
Angesichts der reduzierten Darstellung der Reform Josias stellt sich die
Frage, warum der Chronist die Hiskianische Reform derart umfangreich
dargestellt hat und warum er ihr mehr Aufmerksamkeit widmet als der
Reform Josias.

Als Grund für die Akzentverschiebung hat J. Rosenbaum den „tragic
death of Josiah and the Exile of Judah" in Erwägung gezogen.[106] Im Anschluss an das Modell von F.M. Cross zieht Rosenbaum die deuteronomistische (2. Kön 18-20) und die chronistische Darstellung (2. Chr 29-32)
zum Vergleich heran.[107] Aus diesem Vergleich schließt Rosenbaum, dass
die chronistische Darstellung der Hiskianischen Reform dem Bild Josias
von Dtr[1] (2. Kön 22,1-14; 23,1-25) entspreche.[108] Seiner Meinung nach hat
DtrG[1] das Material, das Hiskia positiv darstellt, nicht aufgenommen,[109]
weil DtrG[1] als Mentor Josias die Hoffnung auf eine Wiederherstellung des
davidischen Königtums auf Josia legen wollte. Dagegen habe der Chronist
angesichts des Todes Josias und des Exils Judas gerade dieses Hiskia positiv darstellende Material, nämlich 2. Chr 32,1-8.25.28-39, in sein Werk aufgenommen, um auf Hiskia die Hoffnung für die nachexilische Zeit zu
legen. Doch diese Deutung ist unwahrscheinlich: Wie schon in der chronistischen Josia-Erzählung gezeigt, bedeutet der plötzliche Tod Josias für den
Chronisten keine Minderung seiner Ehre. Vielmehr stellt der Chronist die
Zeit Josias genauso positiv dar wie die Zeit Hiskias.

In zwei Artikeln über die Manasse-Erzählung und die Ahas-Erzählung
kommt K.A.D. Smelik aufgrund eines Vergleiches zwischen dtr und chr
Darstellung zu der Auffassung, dass der Chronist aufgrund der direkten
persönlichen Vergeltungslehre den Platz, der im DtrG durch den Kontrast
Manasse-Josia ausgefüllt war, durch den Kontrast Ahas-Hiskia ersetzt

---

103 R. Albertz, Exilszeit, 230.
104 So W. Rudolph, Chronikbücher, 319; B. Halpern, Blaming Manasseh, 478; W.B.
  Barrick, King, 20f.
105 So auch K.A.D. Smelik, King Ahaz, 181.
106 J. Rosenbaum, Hezekiah's Reform, 42; auch J.M. Myers, I Chronicles, XXIII, nennt
  den plötzlichen Tod Josias.
107 J. Rosenbaum, Hezekiah's Reform, 33.
108 J. Rosenbaum, Hezekiah's Reform, 39.
109 J. Rosenbaum, Hezekiah's Reform, 41.

habe.[110] Diese Verschiebung habe der Chronist mit der Umgestaltung des Manasse und Ahas vorgenommen.[111] Dann habe der Chronist die Zeit von Hiskia über Manasse bis Josia neu gestaltet, so dass mit Hiskia der Aufschwung einsetzt. Damit bilde der Chronist einen Prototyp für die Zeit Judas, in der nach dem Untergang Jerusalems durch die Rückkehr der Deportierten und den Tempelwiederaufbau noch einmal ein neuer Anfang signalisiert werde.[112] Nach Smelik liegt der Grund für diesen anderen Zugang zu seiner Vorlage darin, dass der Chronist den Untergang Jerusalems als eine auf 70 Jahre beschränkte Übergangsphase in der Geschichte Israels (2. Chr 36,21) aufgefasst habe,[113] anders als Dtr, der den Untergang als letztes Urteil versteht und wenig darüber hinausgehende Hoffnung zeigt (2. Kön 25,27-30).[114] Diese Deutung beantwortet aber nicht die Frage, warum der Chronist die Zeit Hiskias so betont.

Häufig wird erwähnt, dass die chronistische Akzentverschiebung in Richtung Hiskia von der historischen Tatsache motiviert war, dass das Nordreich gerade in der Zeit Hiskias untergegangen ist. O. Plöger formuliert ausdrücklich: „denn es sollte zur gleichen Zeit, in der das schismatische Nordreich zusammenbrach, eine grundsätzliche, gleichsam eine neue Konstituierung Judas vorgenommen werden (2. Chr 29-31)."[115] Dazu hat der Chronist nach Plöger durch die Bearbeitung der Manasse-Erzählung die David-Salomo-Zeit herbeibeschworen (2. Chr 33,7f.).[116] Nun ist in der Forschung mehrfach die Ansicht vertreten worden, dass die chronistische Akzentverschiebung mit dem Gesichtspunkt des Chronisten von Gesamtisrael eng zusammenhängt.[117] Denn wie wir oben gesehen haben, wird das ganze Israel in den Hiskia- und Josia-Reformen mehrfach hervorgehoben: Alle sind zum Passafest Hiskias nach Jerusalem eingeladen und ganz Israel hat es gefeiert (2. Chr 30); ganz Israel führt die Reform Hiskias durch (31,1); nicht nur Judäer, sondern auch Israeliten haben Anteil an der Versorgung des Kultpersonals (31,4ff.); in der Josianischen Reform besteht kein Unterschied zwischen Juda und Jerusalem (34,4) und Samaria (34,7a)

---

110 Vgl. K.A.D. Smelik, King Manasse, 129-205; Ders, King Ahaz, 143-185.
111 Seiner Meinung nach konnte der Chronist Manasse deshalb rehabilitieren, weil dieser 55 Jahre lang in Jerusalem regieren und ein langes normales Leben (67 Jahre) führen konnte. Das negative Bild des Ahas sei dagegen verschärft worden, weil Ahas mit seiner Herrschaft die historische Entwicklung zum Vasallenstaat der Assyrer eingeführt habe.
112 Vgl. K.A.D. Smelik, King Ahaz, 182.
113 Vgl. K.A.D. Smelik, King Manasseh, 175.
114 Vgl. K.A.D. Smelik, King Ahaz, 181f.
115 O. Plöger, Reden, 58.
116 Vgl. O. Plöger, Reden, 58.
117 So J.M. Myers, II Chronicles, 176; H.G.M. Williamson, Chronicles, 351; E. Ben Zvi, Gateway, 218f.; S. Japhet, Ideology, 328.

in Bezug auf die kultische Reinigung; das Geld für die Tempelrenovierung wird vom ganzen Volk gesammelt (34,9); die Reinigung des Landes wird im ganzen Land durchgeführt (34,33); das ganze Volk, nämlich Juda und auch Angehörige des Nordreiches, ist an der Feier in Jerusalem beteiligt (35,1.18). So findet sich in der Darstellung der Hiskianischen und Josianischen Reformen eine Konzeption „Gesamtisrael". Darum soll im Folgenden zunächst die so genannte Israel-Konzeption des Chronisten genauer untersucht werden. Die Israel-Konzeption bzw. die Frage nach der Einstellung des Chronisten gegenüber Nordisrael ist offenbar von erheblicher Bedeutung für das Verständnis und die Beurteilung der Reform Hiskias und Josias.

4. Die Israel-Konzeption des Chronisten

In diesem Kapitel soll die so genannte Israel-Konzeption des Chronisten genauer untersucht werden. Zunächst werden die in der neueren Forschung vertretenen Ansichten dargestellt.

4.1 Forschungsdiskussion

4.1.1 G. von Rad

Im Rahmen seiner Arbeit zum Geschichtsbild des Chronisten geht G. von Rad auch auf die Problematik des Israel-Begriffs ein. Nach seiner Auffassung fragt die Chronik als „eine Programmschrift für das nachexilische Israel"[1] nach dem „wahren" Israel. Schon in der genealogischen Skizze (1. Chr 1-9) zeige sich, dass der Chronist innerhalb der 12 Stämme Israels auf einige Stämme, insbesondere Juda und Benjamin, besonderes Gewicht legt.[2] Von Rad folgert zudem aus der Verwendung des Wortes „Israel" im weiteren Verlauf des ChrG, besonders nach Eintritt der Reichsteilung, dass der Chronist Juda und Benjamin als das wahre Israel ansieht (2. Chr 11,13; 12,1; 24,5.16; 20,29; 28,23.19; 21,2).[3] Dabei schließt von Rad aus der Analyse der Rede Abijas (2. Chr 13), dass das Nordreich nicht wegen des illegitimen Kults (DtrG) abgelehnt wird, sondern wegen seiner Rebellion gegen das Heilsverhältnis mit JHWH, und zwar gegen das Königtum über Israel (2. Chr 13,5).[4] Hierfür spricht nach seiner Auffassung vor allem der Verzicht auf die synchronistische Darstellung.[5] Dennoch hege der Chronist für das Volk und das Land im Norden Sympathie.[6] Von Rad folgert: Während das Nordreich illegitim ist, sind die Nordbewohner das Brudervolk.[7]

---

1 G. von Rad, Geschichtsbild, 121.
2 Vgl. G. von Rad, Geschichtsbild, 25f.
3 Vgl. G. von Rad, Geschichtsbild, 31.
4 Vgl. G. von Rad, Geschichtsbild, 32f.
5 Vgl. G. von Rad, Geschichtsbild, 31.
6 Vgl. G. von Rad, Geschichtsbild, 33.
7 Vgl. G. von Rad, Geschichtsbild, 32f.

Zwar wird gegen von Rad von etlichen Kommentatoren (z.B. S. Japhet, H.G.M. Williamson) auf den begrenzten Charakter seiner Untersuchung hingewiesen. Aber immerhin erklärte von Rad die Einstellung des Chronisten gegenüber Nordisrael konsequent: Israel als das Volk Gottes sei nur als davidisches Königreich realisierbar bzw. verheißungswürdig, und die Möglichkeit zu einem ungeteilten Israel hänge aus nachexilischer Sicht notwendigerweise mit der Frage nach dem wahren Israel als Träger der Geschichte oder als Nachfolger des davidischen Reiches eng zusammen. Doch ist festzuhalten, dass von Rad wegen seiner Verabsolutierung des Südreichs die Sympathie des Chronisten mit dem nördlichen Brudervolk nicht hinreichend erklären konnte.

4.1.2 S. Japhet

S. Japhet geht in ihrer 1973 erstmals hebräisch erschienenen Arbeit *The Ideology of the Book of Chronicles and its Place in Biblical Thought* von der Position G.A. Danells aus. Sie weist darauf hin, dass dessen widersprüchliche Charakterisierung des Chronisten, theoretisch als „pan-Israelite", praktisch als „Judean particularist",[8] durch die Annahme bedingt sei, dass Chronik und Esra-Nehemia von demselben Autor verfasst wurden.[9] Damit sei die Tendenz des ChrG schließlich als „anti-Samaritan" bestimmt worden.[10] Nachdem S. Japhet diese Annahme in Frage gestellt hatte, kann sie demgegenüber feststellen: „the idea of ‚all Israel', that is, the people of Israel in its greatest and most inclusive sense is indeed fundamental to the book of Chronicles."[11]

Für die Israel-Konzeption des Chronisten geht S. Japhet mehr von der historischen Darstellung als vom Sprachgebrauch aus, da der Chronist nach ihren Beobachtungen den Terminus ‚Israel' bzw. ‚ganz Israel' weder einheitlich noch dogmatisch benutze.[12] Für sie wird die Tendenz des

---

8   G.A. Danell, Studies, 280ff.

9   Vgl. S. Japhet, Ideology, 269.

10 Vgl. S. Japhet, Ideology, 269.

11 S. Japhet, Ideology, 269.

12 Vgl. S. Japhet, Ideology, 271ff. Für sie behält der Begriff „ganz Israel" an den 15 Stellen, bei denen es keine oder nur kleine Änderungen gegenüber der Vorlage aufweist, die Bedeutung der Vorlage. An den neun Stellen, bei denen ‚ganz Israel' hinzugefügt worden ist, gehe es um eine Verdeutlichung der Bedeutung (1. Chr 14,8) oder um eine stilistische Frage (2. Chr 7,4-6; 10,16). Sogar den Ausdruck ‚ganz Israel in Juda und Benjamin' in 2. Chr 11,3, der für von Rad der grundlegende Beleg für die Tendenz des Chronisten war, versteht S. Japhet ebenso wie die Vorlage (1. Kön 12,17) im geographischen Sinne. Bei der zweiten Gruppe, wo ‚ganz Israel' hinzugefügt wurde (1. Chr 11,4; 13,6; 15,3; 2. Chr 1,2-3), gehe es um die Betonung der Beteiligung des ganzen Volks. In 1. Chr 21,1-5 würde der Gebrauch des Wortes ‚Israel' für

Chronisten zunächst in den Genealogien von 1. Chr 1-8 darin erkennbar, dass ‚Israel' aus zwölf Stämmen, „the sons of Israel", besteht.[13] Das Verständnis des Volks als ‚all Israel' im umfassenden Sinne sei vor allem in der Darstellung der Einheit Israels unter David und Salomo in der Betonung der „idea of twelve tribes" sichtbar.[14] In der Darstellung der getrennten Monarchie fehle die Typologie „Israel vs. Juda" und „zehn Stämme vs. ein Stamm" aus dem DtrG. Stattdessen würde im chronistischen Bericht von der Reichsteilung (2. Chr 10-13) das Volk zwar geographisch in zwei politische Einheiten geteilt (2. Chr 11,3.23), aber ‚ganz Israel', das nicht nur aus Judäern, Benjaminiten, sondern auch aus allen anderen Stämmen einschließlich Priester und Leviten besteht, wohne weiter im Südreich Juda (11,3).[15] Hierzu verweist S. Japhet auf die chronistische Hinzufügung von ‚Benjamin' in 2. Chr 11,10.12 und die Darstellung der Auswanderung der Nordreichbewohner nach Juda in der Rehabeam-Erzählung in 11,13-17. Nach Japhet entwickelt sich ‚ganz Israel' kontinuierlich durch die geographische Expansion unter der Herrschaft Asas (Kap. 14-15), Hiskias (Kap. 30-31) und Josias (Kap. 34).[16] Japhet beruft sich auf die Liste der Einwohner Jerusalems in 1. Chr 9,2ff., die aus allen Stämmen kommen, und ist sogar überzeugt davon, dass „the population of Jerusalem during the pre-exilic monarchy comprised Judeans and Benjaminites and members of Ephraim and Manasseh: representatives of the entire people."[17]

Zur Klärung der Einstellung des Chronisten gegenüber dem Nordreich geht Japhet auf 2. Chr 13,4-12 ein. Sie legt dar, dass das Königreich Israel von der Trennung bis zum Untergang politisch und kultisch als rebellisch dargestellt wird und dass nach Ansicht des Chronisten nur das Königreich Juda ‚das Königtum JHWHs' repräsentiere (13,8).[18] Ferner wird herausgearbeitet, dass die Existenz des Nordreiches zwar in der Rede Abijas verurteilt wird, aber 10,15 die Rebellion Jerobeams explizit als Erfüllung des Willens Gottes erklärt.[19] Sie beobachtet diese Spannung in der gesamten Darstellung des Nordreiches. Für sie verzichtet der Chronist zwar auf die systematische Darstellung der Geschichte des Nordreiches, weil er nur Juda für die wahre Monarchie Davids und Salomos halte, aber er vermittle

---

das ganze Volk anstelle der „separate units" Israel und Juda als Bestandteile des Volks hervorgehoben. Hier erklärt S. Japhet aber die Differenzierung zwischen Juda und Israel in 21,5b nicht genügend. Der 20fache Gebrauch von ‚ganz Israel', der keine Erwähnung in der Vorlage findet, sei unterschiedlich.

13   S. Japhet, Ideology, 279.
14   S. Japhet, Ideology, 285.
15   Vgl. S. Japhet, Ideology, 292f.
16   Vgl. S. Japhet, Ideology, 298.
17   S. Japhet, Ideology, 300.
18   Vgl. S. Japhet, Ideology, 310.
19   Vgl. S. Japhet, Ideology, 311.

dennoch einen vollständigen Eindruck der Nordreichgeschichte (2. Chr 10; 11,14-15; 13,2-20; 16,1-6; 18; 20,35-37; 21,6; 22,2-9; 25,6-10.13.17-24; 28,5-15; 1. Chr 5,26 und 2. Chr 30,6-9) und schildere sogar alle Kontakte zwischen beiden Königtümern detaillierter als das DtrG im Rahmen der Geschichte Judas, obwohl sie im Widerspruch zu der chronistischen Tendenz stehen (besonders 2. Chr 20,35-37; 25,17-24). Aus dieser ambivalenten Haltung des Chronisten gegenüber dem Nordreich folgert S. Japhet, dass das Nordreich trotz seiner Rebellion ein Bestandteil des Volkes ‚Israel' bleibe: „the inhabitants of the kingdom of Israel are an organic part of the people of Israel."[20] Doch als Nachkommen der Stämme seien sie Brüder von Juda (1. Chr 12,40; 13,2; 2. Chr 11,4; 28,8.11). Für die ideologische Basis der Einstellung des Chronisten zu den Nordbewohnern verweist Japhet auf 1. Chr 5,1-2, wonach die Söhne Israels, Ephraim und Manasse, „really the firstborn of Israel" seien.[21] Als ein Teil des Volkes ‚Israel' würden auch die Nordisraeliten unter der Herrschaft Gottes stehen.[22] Dies erweise sich nicht nur in der schweren Niederlage unter Jerobeam durch Abija (2. Chr 13,19f.), sondern auch bei dem endgültigen Untergang mit dem Exil seiner Bewohner (28,10-11; 30,7).[23] Folgerichtig sei der Untergang Nordisraels die konsequente Folge der Verfehlungen seiner Monarchie.

Japhet gelingt es über von Rad hinaus, die Sympathie des Chronisten gegenüber den Nordbewohnern und deren Bezeichnung als Brudervolk zu klären, indem sie bei der Betrachtung des Nordreiches zwischen der geographisch-politischen Größe und den Bewohnern des Nordreiches unterscheidet. Doch liegt in der These von Japhet ein innerer Widerspruch, wie sie ihn ähnlich G. von Rad vorgehalten hat: Das Königtum Israel und dessen Kult wird für illegitim (2. Chr 12; 15) erklärt, aber das Volk für Brüder (2. Chr 28) gehalten.[24] Während Japhet nämlich einerseits meint, dass das Nordreich illegitim sei, so dass die synchronistische Darstellung der Geschichte des Nordreiches weggelassen werden könne, geht sie andererseits doch davon aus, dass das Nordreich für den Chronisten ein Teil Israels sei, was sie aus den göttlichen Interventionen in 2. Chr 10,15 und 11,4 und aus der positiven Haltung gegenüber den Nordreichbewohnern schließt. Wenn Japhet im Untergang Nordisraels die selbstverständliche Folge der ‚Ursünde' Nordisraels als Gottes Volk sieht, dann wird die positive Einstellung des Chronisten gegenüber den Nordbewohnern nur als ein moralisches bzw. ideologisches Postulat eingestuft. Doch wenn der Chronist von Anfang an Nordisrael in Bezug auf das Königtum und den

---

20   S. Japhet, Ideology, 318.
21   S. Japhet, Ideology, 321.
22   Vgl. S. Japhet, Ideology, 318.
23   Vgl. S. Japhet, Ideology, 319.
24   Vgl. S. Japhet, Ideology, 324.

Kult kaum für legitim gehalten hätte, dann hätte er den Untergang Nordisraels als einen direkten Beleg für seine theologische Deutung nutzen
können. Dies ist jedoch nicht der Fall. Stattdessen stellt er Juda und Israel
zur Zeit des Untergangs des Nordreiches fast gleich dar. Dies spricht dafür,
dass hinter der positiven Einstellung des Chronisten gegenüber den Bewohnern ein tieferer theologischer Grund steht. Somit bedürfen die zwei
scheinbar widersprechenden Einstellungen des Chronisten gegenüber
Nordisrael als Institution und als Volk einer weiterführenden Erklärung.

4.1.3 H.G.M. Williamson

Williamson widmet sich der Wortuntersuchung ‚Israel' detaillierter als
von Rad und Japhet. Zunächst weist Williamson im ersten Teil seiner
Monographie *Israel in the books of Chronicles* nach, dass die vorherige
Forschung bei der Frage nach „Israel in Chronicles" von einem falschen
Standpunkt, nämlich von einer ‚common authorship' der Chronik und
Esra-Nehemia, ausgegangen sei, und legt dann in einem zweiten Teil
die Israel-Konzeption des Chronisten dar.

Williamson weist darauf hin, dass die Schlussfolgerung von Rads, ‚Israel ist jetzt Juda und Benjamin', aus den Büchern Esra-Nehemia herrühre.
Nach seiner Meinung hat von Rad das chronistische Material zu eklektisch
untersucht.[25] Aus diesem Grund geht er in seiner Untersuchung des chronistischen Gebrauchs des Wortes ‚Israel' detailliert auf alle Abweichungen
vom dtr Bericht ein.

Für die vormonarchische Periode (1. Chr 1-9) arbeitet er anhand der
Verse 1. Chr 5,1-2 heraus, dass, anders als Gen 48,5 und Dtn 21,15-17, in
der Chronik *explizit* erwähnt wird, dass die Geburtsrechte Rubens auf Josef
und seine Söhne übertragen wurden.[26] Damit wendet sich Williamson
gegen die These, dass Juda in der Chronik die Erstrangigkeit erhalte.[27] Für
die monarchische Periode bis zur Trennung (1. Chr 10 - 2. Chr 9) schließt er
sich der allgemeinen Meinung an, dass „all twelve tribes of Israel are re-
garded as necessary to the fullness of the people".[28] Für die Periode der
getrennten Monarchie (2. Chr 10-28) untersucht Williamson nicht nur das
Wort ‚Israel', sondern auch die chronistische Darstellung der Reichsteilung.
Er wendet sich gegen die gängige Meinung, dass vor allem der Ausdruck
„ganz Israel in Juda und Benjamin" von 2. Chr 11,3 die Tendenz des Chro-

---

25 Vgl. H.G.M. Williamson, Israel, 87.
26 Gegen von Rad, Geschichtsbild, 72ff.; W. Rudolph, Chronikbücher, 43.
27 Vgl. H.G.M. Williamson, Israel, 93.
28 H.G.M. Williamson, Israel, 96.

nisten bestimme,[29] und zwar auf Grund der Tatsache, dass sich 51 der 80 Belege für ‚Israel' mit Sicherheit auf das Nordreich beziehen.[30] Danach geht Williamson auf den Gebrauch des Wortes ‚Israel' in Verbindung mit dem Südreich ein. Er stellt die Frage, was der Chronist mit dem Wort ‚Israel' vermitteln wolle. Nach seiner Auffassung zeigt der Gebrauch des Wortes ‚Israel' für das Südreich, nämlich in den Titeln (2. Chr 12,6; 21,4; 19,8; 23,2), oder in Verbindung mit dem Kult (12,1; 24,5.16), dass der Chronist dieses Wort ‚bewusst' benutzt habe, um positiv darzustellen, dass „there was to be found in Judah an unbroken continuation of the Israel of earlier days".[31] Gerade aufgrund dieser Tatsache richtet Williamson seine besondere Aufmerksamkeit auf die Verwendung des Wortes für das Nordreich, besonders dort, wo der Chronist gegenüber dem dtr Bericht geringfügig abweicht (2. Chr 10,16[2x].18; 11,1.3).[32] Aus der Analyse des Wortes ‚Israel' bei der Darstellung der getrennten Monarchie schließt

---

29 Vgl. H.G.M. Williamson, Israel, 97.
30 Vgl. H.G.M. Williamson, Israel, 102ff.; 29 Mal aus der Vorlage: 2. Chr 10,19; 16,1.3.4; 18,3.4.5. 7.8.9.17.19.25.28.29(2x).30.31.32.33.34; 21,6; 25,17.18.21.22.23.25; 28,2; zwei Mal mit kleiner Änderung: 2. Chr 10,18; 11,1; 20-mal als Sondergut: 1. Chr 5,17; 2. Chr 11,13.16; 13,4.12.15.16. 17.18; 17,4; 20,35; 21,13; 22,5; 25,6.7(2x).9; 28,5.8.13. Nach Williamson wird der Terminus ‚Israel' 11-mal für Juda während der Existenz des Nordreiches gebraucht: 2. Chr 12,1.6; 19,8; 21,2.4; 23,2; 24,5.16; 28,19.23.27; außerdem weist er auf den 18-maligen unterschiedlichen Gebrauch der Formulierung ‚ganz Israel' beim Chronisten hin: ‚ganz Israel' bzw. ‚Israel' in 10,1.3.16(3x).17 und in 11,3 sei im Unterschied zu der Vorlage auf „the full number of the tribes" bezogen. In 2. Chr 15,9 und 15,17 hingegen sei ‚Israel' für das Gebiet des Nordreiches bzw. für das Nordreich selbst und in 18,6 für die beiden Königtümer verwendet. In 2. Chr 20,29 wird ‚Israel' „in its original, fully extended sense" verwendet. Sowohl in 2. Chr 17,1 als auch in der Quellenangabe „das Buch der Könige von Israel und Juda" (1. Chr 9,1; 2. Chr 16,11; 20,34; 25,26; 27,7; 28,26) sei der Gebrauch des Wortes ‚Israel' zwar nicht genau zu spezifizieren, doch zeige schon die Zusammenstellung von ‚Israel und Juda' in der Quelle, dass der Chronist betonen wolle, dass Juda trotz eigenen Namens immer noch einen wesentlichen Teil Israels darstelle. Dennoch will der Chronist nach Williamson mit dem Titel ‚Juda' nicht behaupten, dass Juda allein Israel sei.
31 H.G.M. Williamson, Israel, 107.
32 Vgl. H.G.M. Williamson, Israel, 108ff. Nach seiner Auffassung werde Nordisrael am Ende des Verses 2. Chr 10,16 im Nachtrag erwähnt, indem der Chronist ein kleines Wort „ganz" (כל) von „Israel" (ישראל) Bezug nehmend nur auf die Nordstämme hinzufügt; in V.18 vermeide der Chronist nicht, den Ausdruck „ganz Israel" für das Nordreich zu verwenden; von daher soll der Ersatz von וירגמו כל־ישראל in 1. Kön 12,18 durch וירגמו־בו בני־ישראל in 2. Chr 10,18 Bezug nehmend auf das Nordreich so verstanden werden, dass die Bewohner beider Reiche gleich als „sons of Israel" genannt werden, ebenso wie ‚ganz Israel' für das Nordreich und für das Südreich; durch den Ausfall בית vor ישראל in 2. Chr 11,1 (להלחם עם־ישראל) von der Vorlage עם־בית ישראל behalte der Chronist seine Ansicht, dass „northern tribes too still remain Israel in a sense that goes beyond merely political terminology."

Williamson, dass der Chronist zeigen wolle: „either party has equal justification in terming itself Israel".[33]

Im Zusammenhang mit dieser Beobachtung geht er weiter auf die Untersuchung der chronistischen Darstellung der Reichsteilung ein. Williamson erkennt, dass Nordisrael nach dem Chronisten am Anfang gute Gründe hatte, gegen den judäischen König Rehabeam zu revoltieren (2. Chr 10,15; 11,4). Dafür beruft er sich auf den Vers 2. Chr 10,16, wo am Anfang וירא כל־ישראל (1. Kön 12,16) durch וכל־ישראל ersetzt worden ist. Dabei übersetzt er den Zusammenhang folgendermaßen: „… for it was brought about of God, that the Lord might establish his word, which he spake [sic!] by the hand of Ahijah the Shilonite to Jeroboam the son of Nebat *and all Israel*, for the king hearkened not unto them. And the people answered the king…".[34] Mit dieser Änderung bewirke somit der Chronist, dass weder ganz Israel noch Jeroboam verantwortlich für die Trennung waren, sondern allein Rehabeam.[35] Allerdings habe sich die Schuld durch den kultischen Abfall der Nordbewohner (2. Chr 11,14f.) und mit dem Regierungsantritt eines wahren Davididen Abija in Juda umgekehrt. Mit der Ablehnung der Aufforderung Abijas wurde nach Williamson die kultische und politische Rebellion der Nordbewohner während der Regierungszeit Abijas verstärkt, sodass sie nun in die Lage derjenigen gerieten, die JHWH verlassen hatten.[36] Doch aufgrund seiner Wortuntersuchung hält Williamson daran fest, dass die Nordbewohner trotz der Rebellion ihre Position als Gottes Söhne nicht eingebüßt hätten und dass sie in einer Lage gewesen seien, aus der sie hätten umkehren können. Auf diese Weise möchte Williamson in Einklang bringen, dass das Nordreich einerseits als Israel bezeichnet, andererseits als vom davidischen Königtum abtrünnig dargestellt wird. So bildet für Williamson der chronistische Gebrauch der ‚Israel'-Bezeichung eine Grundlage seiner These.

Einen Versuch, die ambivalente Position der Nordisraeliten auszugleichen, hat der Chronist nach Williamson in der Ahas-Erzählung unternommen. Durch die Bearbeitung der Vorlage und die Hinzufügung von 2. Chr 28,8-15 habe er zum einen ein genaues Gegenbild vom Süd- und Nordreich in 2. Chr 13 hergestellt,[37] wobei diesmal die Nordreichbewohner vergleichsweise besser wegkommen. Dabei habe der Chronist die

---

33   H.G.M. Williamson, Israel, 110; Ders, Chronicles, 239.
34   H.G.M. Williamson, Israel, 108. Hervorhebung durch die Verfasserin.
35   Vgl. H.G.M. Williamson, Israel, 108.
36   Vgl. H.G.M. Williamson, Israel, 131.
37   Vgl. H.G.M. Williamson, Israel, 114f.: die kultischen Verfehlungen des Jeroboam (2. Chr 13,8f.) gegenüber denen des Ahas (28,1.2a.3b.4.10-16.23ff.; 29,7); die Sünde des Volkes unter Jeroboam (13,11) gegenüber der unter Ahas (28,6) und der Umkehr der Israeliten (28,8-15); die militärische Niederlage des Nordreiches (13,15b-17a.18) gegenüber der des Südreiches (28,5b-6a.19).

Umkehr der Nordisraeliten nicht nur von ihren gegenwärtigen, sondern auch von ihren ursprünglichen Sünden als „vital Stepps" für die Einheit des Volkes gedeutet. Außerdem zeichne er eine vergleichbare bedauernswerte Situation beider Reiche: Beide stehen unter dem Zorn Gottes (28,9.11.13.25; 29,8.10; 30,8) und in einer Position der militärischen Niederlage, der Deportation oder des Exils (22,5.17; 29,9; 30,9); für beide werde die Aufmerksamkeit auf diejenigen gerichtet, die „remain for the possible continuation of the traditions of Israel (29,10; 30,8f.)".[38] Dadurch bereite der Chronist den Rahmen für „the vigorous moves towards restoration" unter Hiskia vor.[39] Williamson sieht in dem Gebrauch des Wortes ‚Israel' in 2. Chr 28,19.23.26.27 einen Hinweis darauf, dass das seit der Reichsteilung als rebellisch gekennzeichnete Nordreich der einzige Hinderungsgrund sei, legitimerweise von ‚ganz Israel' reden zu dürfen und damit mehr als nur einen Teilstaat zu bezeichnen. Insofern sei der Untergang des Nordreiches zu diesem Zeitpunkt besiegelt und die Umkehr der Nordbewohner habe bereits begonnen.[40]

Aus einer Untersuchung des Wortes ‚Israel' in der Zeit von Hiskia bis zum babylonischen Exil (2. Chr 29-36) folgert Williamson, dass sich das Wort ausnahmslos auf das ganze Volk bezieht. Das zeige sich in 29,24(2x); 30,6; 30,21; 31,1; 31,8; 34,33a; 35,3; 35,17 einschließlich 32,5.6. Sei es im geographischen Sinne (30,1.6.25[2x]; 34,21; 30,5; 34,7.33; 35,18) oder im nationalen Sinne zusammen mit Juda (32,32; 35,27; 36,8; [33,18]) betone das Wort ‚Israel' „the completeness of Israel on its own".[41] Zugleich würde Hiskia als zweiter Salomo beschrieben, der die durch die Trennung verlorene Position kultisch und politisch völlig wiederhergestellt habe. Ganz Israel sei wieder unter dem davidischen König beim Gottesdienst im Jerusalemer Tempel vereinigt. Nach der Auffassung Williamsons präsentiert der Chronist „a unique witness in the Bible to the reunification of the people in the land before the exile".[42]

Die Stärke der These Williamsons liegt in seiner Schlussfolgerung, dass die nachexilische Gemeinde als ‚ganz Israel' definiert wird. Trotz der prägenden Stellungnahme zur umfassenden „Israel"-Konzeption des Chronisten bleibt für ihn das Nordreich bis zum Ende seiner Existenz an die Ursprungssünde gebunden, sodass er einen klaren Unterschied zwischen dem Nordreich als Institution und dessen Bewohnern macht.[43] Insofern

---

38 H.G.M. Williamson, Israel, 118.
39 H.G.M. Williamson, Chronicles, 344.
40 Vgl. H.G.M. Williamson, Israel, 118.
41 H.G.M. Williamson, Israel, 130.
42 H.G.M. Williamson, Israel, 131.
43 Vgl. H.G.M. Williamson, Israel, 114f.; 118.

sind auch bei Williamson beide unverträglichen Ansichten des Chronisten gegenüber dem Königtum und seinen Bewohnern vorhanden.

Wie die ausführliche Darstellung der prägenden Forschungspositionen gezeigt hat, stimmen S. Japhet, H.G.M. Williamson und G. von Rad darin überein, dass der Chronist besonderes Gewicht auf die beiden Stämme Juda und Benjamin legt. Allerdings gehen die Erstgenannten zu Recht über von Rad hinaus, indem sie feststellen, dass der Chronist auch das Nordreich als einen Teil von Israel auffasst. Zu diesem Schluss kommt S. Japhet aus der ambivalenten Position des Chronisten gegenüber dem Nordreich bzw. dessen Bewohnern, H.G.M. Williamson hingegen aus der Wortuntersuchung des Sprachgebrauchs, dass die Bezeichnung des Nordreiches als ‚Israel' dessen Identität als Teil von Israel ausdrücke.[44] Dennoch ist ihre Deutung, dass der Chronist gegenüber dem nördlichen Staat und gegenüber dessen Bevölkerung geradezu gegensätzliche Einstellungen hegt, unbefriedigend. Es bleibt somit die Frage, wie die Positionen miteinander in Einklang zu bringen sind. Die Klärung dieser Frage soll im Folgenden geschehen.

Wie E. Ben Zvi deutlich gemacht hat, ist die Ahas-Erzählung von 2. Chr 28 die einzige Stelle, an der die Nordisraeliten eine ausgesprochen positive Beurteilung erfahren.[45] Von daher kann die Ahas-Erzählung insbesondere angesichts der in der Chronik zu beobachtenden Konzentration der Darstellung auf das Südreich helfen, einen neuen Aspekt in der chronistischen Sicht Nordisraels aufzuzeigen. Zugleich gibt dieses Kapitel die Möglichkeit, die Voraussetzungen der Hiskianischen Reform zu erfassen. Von daher soll die Ahas-Erzählung von 2. Chr 28 im nächsten Kapitel behandelt werden. Im Anschluss daran soll auch 2. Chr 10-13 detailliert auf die chronistische Einstellung gegenüber Nordisrael hin untersucht werden.

---

44 Vgl. H.G.M. Williamson, Israel, 108ff.
45 Vgl. E. Ben Zvi, Gateway, 217f.; R.J. Coggins, Chronicles, 259.

4.2   Die chronistische Ahas-Erzählung (2. Chr 28)

Die chronistische Ahas-Erzählung weist einige besondere Merkmale auf. In einem synoptischen Vergleich von 2. Kön 16 und 2. Chr 28 sollen zunächst die Gemeinsamkeit und Unterschiede gezeigt werden.

4.2.1   Synoptischer Vergleich

2. Chr 28		2. Kön 16	
V.1-4	Eingangsnotiz	V.1-4	Eingangsnotiz
		V.5	Syrisch-ephraimitischer Koalitionskrieg und Misserfolg
V.5a	Angriff und Gefangennahme der Aramäer	V.6	Vertreibung der Judäer aus Elat durch den König von Aram
V.5b-8	Angriff der Israeliten		
		V.7f.	Huldigungsgeschenk an Tiglat-Pileser durch Ahas zwecks Unterstützung gegen Pekach und Rezin
V.9-15	Bruderschaft der Nordisraeliten und Rückkehr der deportierten Judäer		
V.16	Hilferuf an Tiglat-Pileser		
V.17f.	Angriff der Edomiter und Philister		
V.19	Theologische Beurteilung		
		V.9	Eroberung von Damaskus durch die Assyrer
V.20	Bedrängnis durch Tiglat-Pileser		
V.21	Huldigungsgeschenk an Tiglat-Pileser		
V.22f.	Verehrung der Götter von Damaskus und deren Vergeblichkeit	V.10ff.	Errichtung eines neuen Altars
V.24a	Dezimierung der Tempelgeräte	V.14ff.	Kultanweisungen
V.24bf.	Kultischer Abfall des Ahas		
V.26f.	Abschlussnotiz	V.19f.	Abschlussnotiz

Wie die Tabelle zeigt, hält der Chronist für die Darstellung der Zeit des Ahas die Reihenfolge von 2. Kön 16 im Groben ein. Aber der Text wird weitgehend neu interpretiert[46]:

---

46   Vgl. J. Becker, 2 Chronik, 90.

1. In der Eingangsnotiz (2. Chr 28,1-4), die 2. Kön 16,2-4 entspricht, wird der Abfall des Ahas durch die Hinzufügung von 2. Chr 28,2b.3a, wo von der Aufstellung eines Kultbildes für Baal und von Opfern im Hinnom-Tal die Rede ist, präzisiert und gesteigert.[47]

2. Die chronistische Darstellung der Angriffe der Aramäer und der Israeliten weicht in einigen Punkten von der Darstellung des syrisch-ephraimitischen Krieges im DtrG ab:

a. Der syrisch-ephraimitische Krieg des DtrG findet im Gegensatz zu 2. Kön 16,5 in der Chronik in zwei gesonderten Angriffen wirklich statt und führt zu zwei schweren Niederlagen (2. Chr 28,5-8).[48]

b. Diese Kriegsgeschichte wird durch eine prophetische Rede an Israel erweitert, wobei sich 2. Chr 28,9-15 insgesamt als Sondergut des Chronisten erweisen.

c. Im DtrG ruft Ahas wegen der Bedrohung durch Rezin und Pekach Tiglat-Pileser zu Hilfe (2. Kön 16,5) und gibt dafür ein Huldigungsgeschenk (שחד, 16,8). Dagegen wird in der Chronik der Hilferuf mit zusätzlichen Angriffen der Edomiter und der Philister begründet (2. Chr 28,17ff.).[49] Während im DtrG das Hilfegesuch mit dem Geschenk einen zeitweiligen Erfolg der Politik des Ahas bringt (2. Kön 16,7aβ.b-8), führt es in der Chronik zu weiterer Bedrängnis (2. Chr 28,20f.).

3. Der Chronist interpretiert den Besuch des Ahas in Damaskus und die Einführung eines neuen Altars (2. Kön 16,10-16)[50] als Verehrung der Götter von Damaskus (2. Chr 28,23).[51]

4. Zu der Dezimierung der Tempelgeräte (vgl. 2. Kön 16,17) werden weitere schwere kultischen Sünden des Ahas hinzugefügt: die Schließung der Tempeltore, die Errichtung der Kulthöhen für fremde Götter in Jerusalem sowie in den Städten Judas (2. Chr 28,24-25).

Durch die Bearbeitung und neue Interpretation der Vorlage durch den Chronisten wird Ahas mehr noch als im DtrG als der schlimmste „Übeltäter" dargestellt.[52]

---

47 So auch J. Becker, 2 Chronik, 90; H.G.M. Williamson, Chronicles, 343.

48 E.L. Curtis - A.A. Madsen, Chronicles, 455; R.J. Coggins, Chronicles, 258; S.J. De Vries, Chronicles, 363; Ch. Begg, Ahaz, 32f.; K.A.D. Smelik, King Ahaz, 170.

49 Vgl. E.L. Curtis - A.A. Madsen, Chronicles, 459; H.G.M. Williamson, Chronicles, 92.

50 W. Zwickel, Kultreform, 252ff., vertritt die These, dass Ahas entsprechend den Wünschen der frommen Jahweanhänger und der Priesterschaft die regelmäßigen Brandopfer im Jerusalemer Kult eingeführt habe. Damit sei die Kultreform des Ahas zwar vergleichbar mit der eines Hiskia und Josia, aber Ahas würden das Molochopfer und das Fortbestehen der Kulthöhen vom Dtr, der sich an der Kulteinheit und dem Monotheismus orientiert, zum Vorwurf gemacht.

51 Vgl. S. Japhet, 2 Chronik, 347; Ch. Begg, Ahaz, 39.

52 So E.L. Curtis - A.A. Madsen, Chronicles, 456; S. Japhet, 2 Chronik, 349; K.A.D. Smelik, King Manasse, 183.

4.2.2   Besondere Merkmale der chronistischen Ahas-Erzählung

4.2.2.1   Juda unter Ahas

Nach der chronistischen Darstellung hatte das Südreich in der Regierungszeit des Ahas in religiöser und politischer Hinsicht seinen Tiefpunkt erreicht.[53] Dies zeigt der Chronist durch die Schilderung der schweren militärischen Niederlagen des Ahas und durch deren Deutung:

1) Nach dem Chronisten wurden viele Judäer von den Aramäern gefangen genommen und nach Damaskus deportiert (2. Chr 28,5a)[54]; dazu wurde durch die Israeliten eine große Zahl von Menschen zusammen mit den Würdenträgern entweder getötet (V.6f.) oder ins Nordreich deportiert (V.8). Die politischen Missstände Judas werden dadurch hervorgehoben, dass der in der Vorlage als ein gemeinsamer, aber erfolgloser[55] Angriff auf Jerusalem geschilderte syrisch-ephraimitische Krieg (2. Kön 16,5) in der Chronik als zwei siegreiche Feldzüge dargestellt wird, die tatsächlich stattgefunden haben (2. Chr 28,5-8).[56] Hinzu kommt der Tod höchster Würdenträger Judas in V.7, die singuläre Beamtentitel tragen. Verschlimmert wird diese Niederlage durch die Edomiter und die Philister, die nach V.17 „noch" (עוד) hinzukommen (V.17ff.).[57] Insbesondere haben die Philister mehrere Städte in „Juda", nämlich die Städte der Schefela und des Negeb, Bet-Schemesch, Ajalon, Gederot, Socho, Timna und Gimso samt seinen Tochterstädten, erobert und sich dort niedergelassen (V.18). Diese Darstellung steht dem Bericht des DtrG nahe, dass die Angriffe Sanheribs gegen Juda in der Regierungszeit Hiskias besonders den Städten Judas schwere Verluste zugefügt haben (2. Kön 18,13).[58] In diesem Zusammenhang führt die archäologische Einschätzung, dass Sanherib vor allem die Mehrzahl der Bewohner der Schefela[59] und insgesamt etwa 50-70 Prozent der

---

53   So J. Becker, 2 Chronik, 90; K.A.D. Smelik, King Ahaz, 182.

54   Nach dieser Darstellung begann für Juda die Exilierung mit dem syrisch-ephraimitischen Koalitionskrieg, bevor sie das Nordreich Israels 732 (2. Kön 15,29) bzw. 722 v. Chr (2. Kön 17,21f.) mit der Eroberung durch die Assyrer traf.

55   Diesen Charakter trägt der Angriff Sanheribs gegen Hiskia in 2. Chr 32,1aβb.9.21f.

56   Vgl. K.A.D. Smelik, King Ahaz, 170.

57   Grammatisch gesehen wird V.17 als Plusquamperfekt verstanden, so W. Rudolph, Chronikbücher, 291.

58   Vgl. G.N. Knoppers, History, 200.

59   Nach I. Finkelstein, Archaology, 173, hat Schefela „... reached a settlement and demographic peak in the second half of the eighth century". Nicht nur „the dramatic devastation of the Shephelah", sondern auch die Zerstörung des Siedlungssystems im 8. Jh. geht auf Sanherib zurück.

judäischen Bevölkerung getötet oder deportiert habe,[60] zu der Annahme, dass in der Chronik die schwere politische Katastrophe der Hiskiazeit bewusst in die Ahaszeit versetzt worden sei.[61] Mit einer solchen Verlegung will der Chronist offenbar die Zeit des Ahas als einen absoluten Tiefpunkt darstellen. Diese Auffassung zeigt sich auch in der Hiskia-Erzählung. In seiner Rede an die Leviten (2. Chr 29,5-11) weist Hiskia mit dem Ausdruck „wie ihr mit eigenen Augen gesehen habt" (2. Chr 29,8) konkret auf die Niederlagen des Ahas durch Aramäer, Israeliten, Edomiter, Philister und Assyrer zurück. Dort werden die in Kap. 28 beschriebenen Niederlagen mit den Worten „er machte uns zum Gegenstand des Schreckens,[62] Entsetzens und Spottes" noch schlimmer bewertet (29,8; vgl. Lev 26,32ff.) als der Untergang des Nordreiches (2. Chr 30,7) und des Südreiches (36,21).

2) Die Schilderung der Ahaszeit als Tiefpunkt ist darüber hinaus darin zu sehen, dass der Chronist die schweren Niederlagen Judas eindeutig als Zorneshandeln JHWHs für die Sünde des Ahas interpretiert, die in den gegossenen Bildern für Baal, im Opfer im Ben-Hinnom Tal, im Molochopfer[63] seiner Söhne[64] und im Höhenkult besteht (2. Chr 28,2b-4).[65] Dieses theologische Urteil des Chronisten zeigt sich eindeutig in dem Ausdruck נתן ביד (V.5[2x]): JHWH habe den König „in die Hand" des Königs von Aram und „in die Hand" des Königs von Israel gegeben. Außerdem hebt der Chronist hervor, dass der König die Demütigungen JHWHs nicht nur unbeachtet lässt, sondern die Verfehlungen weiter steigert. Dabei hängen die weiteren Verfehlungen des Ahas mit der Suche nach „Hilfe" (עזר) zusammen (28,16.21.23[2x]). Zunächst sucht Ahas wegen der Angriffe der Edomiter und Philister Hilfe bei Tiglat-Pileser (V.16), aber dies verstärkt die Bedrängnis: Tiglat-Pileser rückt nicht gegen die Edomiter und die Philister, sondern gegen Ahas vor (V.20). Sodann reagiert Ahas darauf mit einem Huldigungsgeschenk, das er durch die Ausplünderung des Tempels und Palastes zusammenbringen konnte (V.21). Dies erinnert an den schweren Tribut Hiskias an Sanherib (2. Kön 18,15f.). Berücksichtigt

---

60 Vgl. G.N. Knoppers, History, 195, 201; B. Halpern, Jerusalem, 19-34; R. Albertz, Exilszeit, 80.

61 Dagegen weist E. Ben Zvi, Gateway, 227, Anm. 23, darauf hin, dass die Liste von 2. Chr 28,18 dem geographischen Umfang der Provinz Yehud besser entspricht als Juda zur Zeit Ahas, weil zumindest Aijalon, besonders Gimso wahrscheinlich nicht zum Königtum des Ahas gehörte.

62 Das vorliegende Ketib הלזועה findet sich in Jes 28,19, hingegen das vorgeschlagene Qere לזועה als Ketib in Dtn 28,25 und Ez 23,46. Vgl. Jer 15,4.

63 LXX, Peschitta und Targum (vgl. 2. Kön 16,3) lesen ויעבר statt ויבער.

64 2. Kön 16,3 bezeugt den Singular.

65 Vgl. H.G.M. Williamson, Chronicles, 343.

Hiskias an Sanherib (2. Kön 18,15f.). Berücksichtigt man, dass die Tribute-Episode des DtrG in der chronistischen Hiskia-Erzählung keine Parallele findet, dann liegt die Vermutung nahe, dass erneut ein negatives Element der Hiskiazeit durch die Chronik in die Ahaszeit verlegt worden ist.[66] Doch während im DtrG das Hilfegesuch mit dem Geschenk angesichts der Bedrohung durch Rezin und Pekach (2. Kön 16,5) einen zeitweiligen Erfolg der Politik des Ahas brachte (16,7aßb-8), bleibt in der Chronik diese Hilfe aus (2. Chr 28,21). Durch eine solche Bearbeitung der Vorlage wird die Absicht des Chronisten deutlich, den politischen Misserfolg des Ahas hervorzuheben.

Doch damit nicht genug. In einem zweiten Schritt geht Ahas so weit, den Göttern seiner aramäischen Feinde zu opfern. Er hofft auf deren Hilfe, weil sie seinen Gegnern zum Sieg verholfen hätten (2. Chr 28,23a). Doch auch dies bringt keinen Erfolg (V.23b). So interpretiert der Chronist den dtr Bericht von der Anfertigung eines Brandopferaltars nach aramäischem Kultus.

Nach dem Urteil des Chronisten liegt die Schuld an dieser Kette von Demütigungen durch JHWH (2. Chr 28,19a) und der politische Misserfolg der Außenpolitik des Ahas gegenüber Assur (V.20.23) in dessen Sünden, nämlich in der Treulosigkeit (מעל) gegen JHWH (V.19bß.22a). Für den Chronisten hat Ahas mit seinen unaufhörlichen Verfehlungen zur Zugellosigkeit in Juda beigetragen (פרע hiph. V.19ba), was an die Erzählung vom Goldenen Kalb (Ex 32,25; vgl. פרע hiph.) erinnert.[67] So drückt der Chronist aus, dass das Volk Juda insgesamt gesündigt hat: „Sie verließen ihren Gott JHWH" (2. Chr 28,6b), und darum wird auch das Volk als Strafe für seine Sünden gedemütigt (V.19a; vgl. V.9aß). Darin wird Ahas mit Manasse verglichen, der Juda und die Bewohner Jerusalems verführen sollte (33,9). Doch anders als Manasse, der nach der Strafe durch die Deportation nach Babel eine Bekehrung erlebt und daraufhin eine partielle Kultreform durchführt hat (33,12-16), setzt Ahas seine Treulosigkeit gegen JHWH fort (28,22a). Der Chronist fügt hinzu: „So war König Ahas"[68] (28,22b). Dadurch verschärft der Chronist das Urteil des DtrG „er hat nicht getan, was Gott gefiel"[69] in der zusammenfassenden Beurteilung (V.1b).[70] Dementsprechend schlägt Ahas die Kultgeräte entzwei, schließt die Tempeltüren

---

66   Das gleiche vermutet auch S. Japhet, 2 Chronik, 357, aufgrund der fehlenden Angaben in 2. Chr 28,20-21, was genau bei dem assyrischen Feldzug gegen Ahas herauskam.

67   Vgl. S. Japhet, 2 Chronik, 356.

68   W. Rudolph, Chronikbücher, 289.

69   Dieses Urteil wird im DtrG für Salomo (1. Kön 11,33), Jerobeam (1. Kön 14,8) und Ahas (2. Kön 16,2b) und in der Chronik nur für Ahas (2. Chr 28,1b) gebraucht. Der Dtr scheint mit dem passiven Ausdruck eine Bewertung vermeiden zu wollen.

70   So auch S.J. De Vries, Chronicles, 365.

und errichtet überall in Jerusalem sowie in den Städten Judas Kulthöhen für fremde Götter (V.24-25). Zwar könnte als persönliche Vergeltung für Ahas sein frühzeitiger Tod im Alter von 36 Jahren[71] oder die Schande genannt werden, dass er nicht in den Gräbern der Könige von Israel in Jerusalem beigesetzt wurde (V.27; vgl. 2. Kön 16,20),[72] obwohl er keine schlimme Krankheit wie Asa (2. Chr 16,14) oder Uziah (26,21) hatte.[73] Aber der Chronist verdeutlicht, dass die schwere Kränkung JHWHs (28,25b; vgl. 29,6) durch den kultischen Abfall des Ahas nicht sofortige Folgen nach sich zog.[74] Mit der Steigerung der Sünde und der fehlenden Buße wird Ahas in der Chronik zum Übeltäter schlechthin. Hier wird ganz deutlich, dass Ahas in der Chronik den Platz einnimmt, den Manasse im DtrG erhalten hatte,[75] dessen Sünden JHWH zu dem Beschluss provozierten, Jerusalem zu vernichten und Juda zu verstoßen und dem Raub seiner Feinde preiszugeben (2. Kön 21,13-15).[76]

3) Dadurch, dass der Chronist einerseits die Zeit des Ahas als absoluten Tiefpunkt, andererseits Ahas als den schlimmsten Übeltäter darstellt, setzt er die Zeit des Ahas mit der Schlussphase der Geschichte Judas gleich. Insbesondere durch die Parallelisierung der Themen, Ausplünderung der Tempelgeräte (2. Chr 28,21; 36,6f.10), fehlende Buße (28,22; 36,12), Treulosigkeit (28,19.22; 36,14) und Sündigen der Könige (28,7; Joahas 36,4; Jojakim 36,6; Jojachin 36,10) und des Volkes (28,6.19; 36,16), wird die Zeit des Ahas zu einer Vorabbildung des Untergangs Judas. Die Zeit des Ahas stellt somit im Chronikwerk das Ende einer Epoche dar.[77]

---

71   So K.A.D. Smelik, King Ahaz, 168. Vgl. der Tod Josias.
72   Z.B., E.L. Curtis - A.A. Madsen, Chronicles, 462; S. Japhet, 2 Chronik, 359; S.J. De Vries, Chronicles, 366; K.A.D. Smelik, King Ahaz, 168.
73   Vgl. S.J. De Vries, Chronicles, 366. Einen unehrenhaften Tod erfahren Joram (2. Chr 21,20) und Joasch (2. Chr 24,25).
74   Vgl. W. Rudolph, Chronikbücher, 293.
75   So auch K.A.D. Smelik, King Manasseh, 183; Ders., King Ahaz, 171f.
76   Vielmehr scheint das absolute Urteil über Manasse „er hat das Böse getan" (2. Chr 33,2) dem Ahas nicht nur aufgrund der anhaltenden Übeltaten, sondern auch hinsichtlich der chronistischen Beurteilung „Treulosigkeit" zu entsprechen.
77   Nach E. Ben Zvi, Gateway, 218f. steht 2. Chr 28 auch literarisch und historiographisch an einem Wendepunkt.

4.2.2.2 Israel unter Ahas

Nach der Darstellung des Chronisten hatte in dieser Epoche nicht nur das Südreich, sondern auch das Nordreich seinen Tiefpunkt erreicht: 1) Von 2. Chr 28,8 an hört man von dem König von Israel nichts mehr (König von Israel in V.5; Pekach ben Remaljahu in V.6).[78] Stattdessen treten die „Häupter der Ephraimiten" auf (28,12), die auffälligerweise zwischen dem Propheten und dem Volk vermitteln und in der Angelegenheit eine Entscheidung treffen (V.13).[79] Außerdem besteht das Volk aus den „Oberen" (שרים) und der „Volksgemeinde" (קהל; V.14).[80] Hier wird Israel deutlich als „eine Gemeinde ohne König" dargestellt.[81] Dies weist immerhin auf den Tod Pekachs von Israel (2. Kön 15,30) und den Untergang des Nordreiches hin. Daraus geht hervor, dass anders als im DtrG, wonach Nordisrael unter Hosea in der Zeit Hiskias untergegangen sein soll (2. Kön 17,5f.20; 18,10), in der Chronik der Untergang Israels bereits in der Regierungszeit des Ahas geschehen ist (2. Chr 28,8-15).[82] Somit stellt die Zeit des Ahas auch für das Nordreich politisch das Ende einer Epoche dar.

In diesem Zusammenhang ist die Bemerkung auffällig, dass Ahas den Göttern der aramäischen Könige von Damaskus Opfer dargebracht habe, und dass diese Ahas selbst und „ganz Israel" zu Fall gebracht hätten (2. Chr 28,23). Nach der Meinung des Chronisten hat Ahas mit der Verehrung der aramäischen Götter sich selbst und auch „ganz Israel" in den Untergang getrieben. Dahinter steht implizit die schärfste Kritik an dem politischen Vorgehen des Ahas.[83] Die Forschung hat bisher V.23 zu wenig Aufmerksamkeit zugewandt. Der Terminus ‚ganz Israel' blieb weitgehend unbeachtet. W. Rudolph bezieht ihn auf „das ganze Gottesvolk Israel" und meint, dass der Chronist hier den späteren Untergang Jerusalems im Auge habe.[84] In ihrem ausführlichen Kommentar übersieht S. Japhet den eigentümlichen Sprachgebrauch. Sogar bei H.G.M. Williamson, der der Verwendung des ‚Israel'-Namens durch den Chronisten mehr Aufmerksamkeit gewidmet hat, wird dieser Beleg nicht behandelt. S.J. De Vries vermutet, dass hier mit „ganz Israel" „the ideal Israelite state" gemeint sei.[85] Aus den obigen Beobachtungen zur chronistischen Darstellung von

---

78 Vgl. E. Ben Zvi, Gateway, 238.
79 So auch S.J. De Vries, Chronicles, 363.
80 S. Japhet, 2 Chronik, 352, führt diese Spannung zwischen V.6f. und V.8-15 auf verschiedene Quellen zurück.
81 So E. Ben Zvi, Gateway, 217.
82 So auch H.G.M. Williamson, Chronicles, 344, 347; E. Ben Zvi, Gateway, 218.
83 Vgl. Jes 30,1-3.
84 Vgl. W. Rudolph, Chronikbücher, 292.
85 S.J. De Vries, Chronicles, 365.

Juda und Israel ist es sehr wahrscheinlich, dass hier mit „ganz Israel" sowohl Juda als auch Nordisrael gemeint sind. Diese Sicht begründet der Chronist offenbar aus seiner dtr Vorlage, wonach Ahas mit seiner Herrschaft die historische Entwicklung als Vasallenstaat der Assyrer einleite (2. Kön 16,10ff.),[86] und auch aus der historischen Tatsache, dass Ahas Assur zu Hilfe gerufen hat und dadurch den Untergang des Nordreiches mitbewirkt habe (vgl. Jes 7). Für den Chronisten war das Hilfegesuch des Ahas der entscheidende Faktor für den Untergang des Nordreiches. Im Zusammenhang mit der gesamten Darstellung der Ahas-Erzählung lautet die scharfe Kritik an seinem politischen Vorgehen: Ahas hat durch seine Hilferufe an Assur und die aramäischen Götter nicht nur den Niedergang seines Staates, sondern auch den Untergang des Nordreiches herbeigeführt. Jedenfalls wird hier die Verlagerung der Schuld am Untergang des Nordreiches auf Ahas deutlich erkennbar, was in der Forschung bisher nicht wahrgenommen wurde. In dieser Hinsicht unterscheidet sich der Chronist vom Dtr, der den Untergang Israels auf den kultischen Abfall der Israeliten (2. Kön 17,9-18.22) und Jerobeams (2. Kön 17,21) zurückgeführt hat.

2) Aus der chronistischen Darstellung wird deutlich, dass in der Zeit des Ahas das Nordreich untergegangen ist. Trotzdem ist erstaunlicherweise weder von einer Deportation der Nordisraeliten noch von der Neubesiedlung mit Fremdvölkern durch die Assyrer die Rede. Im Gegensatz zum DtrG, nach dessen Darstellung die Existenz Israels durch die Deportation der Israeliten (2. Kön 17,6.23) und die Ansiedlung von Fremdvölkern (17,24) ausgelöscht wurde (15,29), wird in der Ahas-Erzählung geschildert, dass Nordisrael nach seinem staatlichen Untergang als Gemeinde noch überlebt. Das bestätigt die Hiskia-Erzählung, in der zwar von einer Deportation der Israeliten die Rede ist (2. Chr 30,9),[87] aber die Nordisraeliten immer noch in ihrem ursprünglichen Gebiet, nämlich Ephraim (30,1.10), Manasse (30,1.10.11), Sebulon (30,10.11) und Ascher (30,11) siedeln.[88] Dennoch erweckt die Angabe, dass die Israeliten die judäischen Deportierten gerade in Jericho ablieferten (28,15), das als Grenze zwischen Süden und Norden angesehen wurde (vgl. Jos 16,1; 18,12),[89] den Eindruck, dass trotz des Untergangs

---

86 Vgl. K.A.D. Smelik, King Ahaz, 151.
87 S. Japhet, Exile, 39, weist darauf hin, dass der Untergang Nordisraels in der Chronik nur viermal zum Ausdruck kommt, davon dreimal in der genealogischen Einführung (1. Chr 5,6.22.26) und einmal in historischer Hinsicht (2. Chr 30). Wenn man aber genauer hinschaut, ist in allen Belegen überraschenderweise nicht von dem Untergang, sondern von der Deportation die Rede.
88 Schon S. Japhet, Exile, 40.
89 Vgl. H.G.M. Williamson, Chronicles, 347.

des Nordreiches keine politische Vereinigung stattfand.[90] Eigentümlicherweise wird Ahas in diesem Zusammenhang als „König von Israel" bezeichnet (2. Chr 28,19). Dass diese Lesart in der Vergangenheit auf Schwierigkeiten stieß, zeigt sich sowohl darin, dass schon in einigen hebräischen Handschriften und Versionen[91] „Juda" anstelle von „Israel" gelesen wird, aber auch darin, dass sie in der Forschung keine Beachtung fand.[92] Wie W. Rudolph zu Recht anmerkt, ist „Juda" die „naheliegende Korrektur".[93] Doch im Zusammenhang mit dem Ausdruck „ganz Israel" in V.23 kann der Titel „König von Israel" für Ahas nicht als ein *lapsus calami* gelten.[94] Vielmehr ist zu vermuten, dass er durchaus eine sinnvolle Bedeutung hat. Darüber wird unten noch ausführlich zu sprechen sein.[95]

3) Erstaunlicherweise werden die Nordisraeliten gerade in dieser Periode des Niedergangs positiv dargestellt (2. Chr 28,9-15): Dem Chronisten zufolge gab es in Samaria einen Propheten JWHWs namens Oded (V.9). Den mit ihren Gefangenen im Triumph zurückkehrenden Truppen tritt der Prophet in den Weg. In seiner Rede macht er deutlich, dass Nordisrael als Zuchtrute für Juda berufen wurde, dass sich aber die Nordisraeliten als Strafwerkzeug Gottes nicht an Gottes Anweisung hielten, sondern Juda weit über das von Gott gesetzte Maß hinaus dezimierten und unterdrückten (V.9b). Mit dem Argument „Ist denn das nicht Schuld bei euch gegenüber JHWH eurem Gott?"[96] fordert der Prophet die Israeliten auf, die judäischen Gefangenen freizulassen (V.10). Er begründet seine Aufforderung damit, dass die Nordbewohner ein brüderliches Verhältnis zu Juda hätten und der Zorn JHWHs auf ihnen laste (2. Chr 28,11). Angesichts der Warnung und der Aufforderung Odeds greifen die Häupter der Ephraimiten die Prophetenrede auf und fordern noch stärker als dieser zur Freilassung der Gefangenen auf (V.12): „Ihr sollt die Gefangenen nicht hierher bringen; denn ihr bringt Schuld

---

90   Dies bestätigt die archäologische Forschung, dass während der Herrschaft der Assyrer Jericho ein Teil der assyrischen Provinz Samaria war, vgl. E. Stern, The Eastern Border, 400.

91   Z.B., LXX, Vulgata, Peschita und Targum.

92   Gelegentlich wundert man sich über diese Bezeichnung, z.B. H.G.M. Williamson, Israel, 118. Später versteht Williamson, Chronicles, 348, „moving towards a presentation of the people as once again united".

93   W. Rudolph, Chronikbücher, 290.

94   So G. von Rad, Geschichtsbild, 31. Doch beruft sich von Rad für seine These, dass Juda und Benjamin das wahre Israel sei, auf diese Bezeichnung.

95   S. u. 4.5.

96   הלא רק־אתם עמכם אשמות ליהוה אלהיכם: Statt עמכם liest W. Rudolph, Chronikbücher, 288, עֲלֵיכֶם עמסם und übersetzt: „ladet ihr damit nicht lediglich euch selbst Verschuldungen gegen Jahwe, euren Gott, auf?"

vor JHWH über uns, so dass ihr unsere Sünde und Schuld nur noch größer macht. Es ist schon genug der Schuld, und der Zorn JHWHs ist über Israel entbrannt" (V.13). Daraufhin geben die Soldaten die Gefangenen und die Beute frei (V.14) und die besagten Häupter liefern die Deportierten in Jericho ab, nicht ohne sie generös mit Kleidung und Nahrung ausgestattet zu haben (V.15).

Dieses Sondergut des Chronisten ist in der Forschung zu wenig berücksichtigt worden. W. Rudolph versteht die Erzählung von Nordisrael als eine Einfügung, die allein zur Verstärkung des negativen Bildes des Ahas diene.[97] In Übereinstimmung mit Rudolph ist K.A.D. Smelik der Meinung, dass die Episode ein Beispiel dafür ist, wie man sich als Sünder verhalten soll, um weitere Sünde zu vermeiden.[98] Im Gegensatz dazu meint R.J. Coggins, dass das negative Bild des Ahas eine Folie zur positiven Darstellung der Nordisraeliten liefere.[99] Allen Genannten ist gemeinsam, dass sie einen Kontrast zwischen Ahas und den Israeliten feststellen.[100] Eine solche Deutung könnte sich auf die Beobachtung stützen, dass Nordisrael sonst in der Chronik im allgemein negativ geschildert wird.[101] Jedoch verdient bei der Analyse des chronistischen Sondergutes die Bemerkung „ihr macht unsere Sünde und Schuld nur noch größer. Es ist schon genug der Schuld" (2. Chr 28,13) besondere Beachtung. Etliche Kommentatoren beziehen „die Sünde und Schuld" auf den politischen und kultischen Abfall des Nordreiches bei der Reichsteilung und führen den Untergang des Nordreiches auf diese Schuld zurück.[102] So wird der Untergang des Nordreiches in der Forschung immer wieder im Sinne des dtr Vergeltungsprinzips erklärt. Diese Deutung entspricht aber nicht der sonstigen Vergeltungslehre des Chronisten, die auf eine direkte und persönliche Strafe zielt.[103] Berücksichtigt man, dass das Nordreich als Gottes Strafwerkzeug die Vergeltung Judas über das normale Maß hinaus ausgeübt hat, wie die kolossale Zahl 120.000 und 200.000 an judäischen Kriegsgefangenen zeigt (2. Chr 28,6.8), und dass diese Frage die Grundlage für die

---

97   Vgl. W. Rudolph, Chronikbücher, 289.
98   Vgl. K.A.D. Smelik, King Ahaz, 176. Er macht die dominante Position der Szene 28,9-15 in der chiastischen Struktur des Kapitels [a (V.1a) – b (V.1b-4) – c (V.5-8) – d (V.9-15) – c´ (V.16-21) – b´ (V.22-25) – a´ (V.26-27)] anschaulich.
99   Vgl. R.J. Coggins, Chronicles, 257.
100   So auch H.G.M. Williamson, Israel, 115.
101   So W. Rudolph, Chronikbücher, 291.
102   So z.B., E.L. Curtis - A.A. Madsen, Chronicles, 459; W. Rudolph, Chronikbücher, 291; S. Japhet, Ideology, 319; H.G.M. Williamson, Israel, 115ff.; Ders, Chronicles, 347; S.J. De Vries, Chronicles, 369.
103   In der Forschung wird die individuelle Vergeltung als Charakteristikum des Chronisten häufig erwähnt, H.G.M. Williamson, Chronicles, 31-33; R.L. Braun, 1 Chronicles, xxxvii-xi; R.B. Dillard, 2 Chronicles, 76-81; Ders, Reward, 164-172; R.L. Braun, 1 Chronicles, S. Japhet, Ideology, 150-198.

Aufforderung zur Befreiung der Brüder bildet, hat die Schuld hier keinen Bezug zu der ‚Ursünde' des Nordreiches, sondern meint die aktuellen Sünden, die das Nordreich in den Kampfhandlungen an Juda begangen hat. Doch diese sind kaum gewichtiger als die Verfehlungen Judas zur gleichen Zeit. Wie schon oben dargestellt, führt der Chronist den Untergang des Nordreiches nicht auf die Nordisraeliten, sondern auf Ahas „den König von Israel" (28,23) zurück. Bei den Begründungen der Aufforderung zur Freilassung der deportierten Judäer wird die Sünde der Unterdrückung des Brudervolkes betont. Diese wird noch einmal dadurch hervorgehoben, dass sie den Zorn Gottes (חֲרוֹן אַף־יהוה) herbeiführt (28,11; vgl. 29,10; 30,8). Allerdings steht die Hervorhebung der Sünde der Israeliten nicht im Zentrum. Der Aufforderung des Propheten Oded, die judäischen Gefangenen freizulassen, liegt zugrunde, dass die Nordbewohner ein brüderliches Verhältnis zu Juda haben (2. Chr 28,11). Neben dem Hinweis auf die weitere Verschuldung der Israeliten durch die Gefangennahme zahlreicher Frauen, Söhne und Töchter macht diese Aussage deutlich, dass der Chronist hier anstrebt, nicht die Sünde der Israeliten, sondern die Zusammengehörigkeit von Süd- und Nordreich hervorzuheben. So erweisen die Nordisraeliten „beispiellose Großherzigkeit"[104] gegenüber ihren Brüdern, wie die zehn verschiedenen Verben in V.15 deutlich machen[105]: Sie gingen hin (וַיָּקֻמוּ) und nahmen sich der Gefangenen an (וַיַּחֲזִקוּ); sie bekleideten (הִלְבִּישׁוּ) alle, die nackt waren, aus der Beute und versahen sie mit Gewändern (וַיַּלְבִּשׁוּם) und Schuhen (וַיַּנְעִלוּם); sie gaben ihnen zu essen (וַיַּאֲכִלוּם) und zu trinken (וַיַּשְׁקוּם), salbten (וַיְסֻכוּם) die Schwachen unter ihnen und setzten (וַיְנַהֲלוּם) sie auf Esel; so brachten (וַיְבִיאוּם) sie die Gefangenen in die Palmenstadt Jericho in die Nähe ihrer Brüder. Auf die Bruderschaft wird der Ton noch einmal dadurch gelegt, dass von den durch die Aramäer (V.5a) und Edomiter (V.17) Gefangenen nur die nach Israel Deportierten wieder frei kommen. Angesichts des sich in der Ahas-Erzählung durchziehenden direkten persönlichen Vergeltungsprinzips wird noch deutlicher, dass die Freigabe der Deportierten, obwohl Ahas und das Volk nicht umgekehrt sind, noch einmal die Großherzigkeit der Israeliten gegenüber ihren Brüdern, den Judäern, unterstreicht.

In der Forschung wird die von den Israeliten erwiesene Großzügigkeit wiederum mit der ‚Ursünde' des Nordreiches verbunden, indem sie gelegentlich als Umkehr bzw. Wiedergutmachung gedeutet wird.[106] Doch da nirgends im Kapitel ein solcher Zusammenhang hergestellt wird, bedarf

---

104 S. Japhet, 2 Chronik, 350.
105 E. Ben Zvi, Gateway, 244, hebt sogar hervor, dass der Chronist Nordisrael nicht als eine Kultgemeinde, sondern als eine ideale Gesellschaft darstellt, die richtig handelt; ähnlich W. Johnstone, 2 Chronicles, 176.
106 Z.B. H.G.M. Williamson, Chronicles, 347.

dieses Verhalten der Nordisraeliten einer anderen Erklärung. Diese soll zusammen mit der Frage, warum der Chronist das Motiv der Bruderschaft betont, weiter unten gegeben werden.[107]

Zusammenfassend kann gesagt werden: Für den Chronisten ist die Zeit unter Ahas das Ende einer Epoche für Juda und Israel. Das Südreich hatte in der Regierungszeit des Ahas in religiöser und politischer Hinsicht seinen Tiefpunkt erreicht. Somit nimmt Ahas den Platz ein, den Manasse im DtrG eingenommen hatte. Anders als im DtrG, wonach Nordisrael unter Hoschea in der Zeit Hiskias untergegangen ist (2. Kön 17,5f.20; 18,10), wird in der Chronik impliziert, dass der Untergang Israels bereits in der Regierungszeit des Ahas geschehen war (2. Chr 28,8-15). Ahas wird sowohl für den Niedergang Judas als auch für den Untergang des Nordreiches verantwortlich gemacht (V.23) und darum eigentümlicherweise als „König von Israel" bezeichnet (V.19; vgl. V.27). Doch Israel überlebt nach dem staatlichen Untergang noch als Gemeinde (V.8-15). Die Nordreichbewohner werden positiv dargestellt; dagegen stellt Juda wegen der unaufhörlichen Verfehlungen des Ahas keine Hoffnung mehr dar.

Um die Israel-Konzeption des Chronisten voll zu verstehen, soll im folgenden Abschnitt die chronistische Deutung der Reichstrennung untersucht werden.

4.3 Die chronistische Darstellung der Reichstrennung (2. Chr 10-13)

Zum Verständnis zur chronistischen Deutung der Reichstrennung soll nun die chronistische Darstellung derselben analysiert werden. In einem synoptischen Vergleich von 1. Kön 12-15 und 2. Chr 10-13 werden zunächst die Gemeinsamkeiten und Unterschiede aufgezeigt.

4.3.1 Synoptischer Vergleich

1. Zwar ist die Vorlage 1. Kön 12,1-24, wo es um den Abfall des Nordreiches und die Vermeidung des Bruderkriegs durch einen Prophetenspruch geht, im Wesentlichen in 2. Chr 10,1-11,4 übernommen, aber ohne hinreichenden Bezug ist vom harten Frondienst der Israeliten die Rede (2. Chr 10,4) und wird auf das Wort Ahias von Schilo hingewiesen (2. Chr 10,15; vgl. 1. Kön 11,26-39). Dabei fehlt das Krönungsorakel für Jerobeam, ebenso seine Krönung 1. Kön 12,20.

---

107 S. u. 4.5.

2. Chr 10-13		1. Kön 12-15	
10,1-19	Der Abfall des Nordreiches	12,1-19	Der Abfall des Nordreiches
		12,20	Die Krönung Jerobeams
11,1-4	Vermeidung des Bruder-kriegs durch Propheten-spruch	12,21-24	Vermeidung des Bruderkriegs durch Prophetenspruch
11,5-12	Festungsbau Rehabeams	12,25	Bautätigkeit Jerobeams
11,13-17	Auszug der Jahwetreuen	12,26-33; 13,33	Kultischer Abfall Jerobeams
		13,1-32	Prophetie der Zerstörung des Bethel-Heiligtums
11,18-23	Familie Rehabeams	13,34- 14,14	Das Orakel über den Tod des Sohnes Jerobeams und das Schicksal des Hauses Jero-beams
		14,15f.	Ankündigung des Untergangs des Nordreiches
		14,17f.	Tod des Sohnes Jerobeams und Trauer darüber
		14,19f.	Abschlussnotiz über Jerobeam
[12,13-14a]		14,21	Einleitungsnotiz über Reha-beam
12,1	Verlassen der Tora durch Juda	14,22-24	Kultischer Abfall Judas
12,2-12	Feldzug Sisaks gegen Juda	14,25-28	Feldzug Sisaks gegen Juda
V.2a.9aα	Einleitung	V.25	Einleitung
V.2b-8	Demütigung Judas		
V.9aβ-11	Angriff Sisaks	V.26-28	Angriff Sisaks
V.12	Abschluss		
12,13f.	Urteil über Rehabeam	[14,21]	
12,15f.	Abschlussnotiz	14,29-31	Abschlussnotiz
13,1-23	Abija-Erzählung	15,1-8	Abija-Erzählung
13,1-2a	Einleitung	15,1-2	Einleitung
13,2b	Einleitungsnotiz über Kriegsgeschichte zw. Abija und Jerobeam	[15,7b]	
13,3-20	Kriegsgeschichte zw. Abija und Jerobeam		
		15,3	Negatives Urteil über Abija und Erwählung Davids
		15,4-5	Erwählung Davids
		15,6	Notiz über Kriege zw. Reha-beam u. Jerobeam
13,21	Familie Abijas		
13,22	Quellenangabe	15,7a	Quellenangabe
[13,2b]		15,7b	Abschlussnotiz über Krieg zw. Abija und Jerobeam
13,23a	Abschlussnotiz	15,8	Abschlussnotiz

2. Das Thema Nordreich in 1. Kön 12,25-14,20 wird auf noch bezeich-
nendere Art umgestaltet[108]:

a. Völlig ausgelassen werden die dtr Materialien zu Jerobeam: die Bautätigkeit (1. Kön 12,25) und Einrichtung der Heiligtümer in Bethel und Dan
(1. Kön 12,26-33); die Prophetie der Zerstörung des Bethel-Heiligtums (1.
Kön 13); das Orakel über den Tod des Sohnes Jerobeams und das Schicksal
des Nordreiches durch Ahia von Schilo (1. Kön 14,1-20).

b. Zwar wird die Sünde Jerobeams in 1. Kön 12,26-33 nur kurz erwähnt (2. Chr 11,14b.15; vgl. 13,8), aber sie wird durch die Hinzufügung
von „Bocksgeistern" (שעירים) zu den goldenen Kälbern und der Errichtung
der Heiligtümer auch dadurch gesteigert, dass die Kälber von Bethel und
Dan, die im DtrG noch als Gott des Exodus gelten (1. Kön 12,28.32), in der
Chronik völlig dem Götzendienst zugeordnet werden.[109]

3. Anstatt auf die Bautätigkeit Jerobeams in Sichem (1. Kön 12,25) geht
der Chronist auf die Bautätigkeit Rehabeams (2. Chr 11,5-23) ein, und von
da an konzentriert er sich auf die Geschichte Judas.

4. Die Erzählung vom Feldzug Sisaks in 2. Chr 12,1-12 wird sorgfältig
ausgearbeitet:

a. Der Bericht von 1. Kön 14,25-28 ist fast wörtlich in 2. Chr 12,2a.9-11
wiedergegeben.[110]

b. Die Prophetenrede und ein Bericht von der Demütigung des Volkes
(2. Chr 12,2b-8) werden hinzugefügt, wobei V.2a und V.9 den Rahmen des
Sonderguts bilden.

5. Die Einleitungsformel von 1. Kön 14,21.22a steht in der Chronik am
Ende der Rehabeamgeschichte (2. Chr 12,13f.) und folgt der Abschlussno-
tiz in V.15f, wo nicht das Volk Juda (1. Kön 14,22-24), sondern der König (2.
Chr 12,14) „als Jahwe nicht suchender Übeltäter"[111] beschuldigt wird.

6. Die Abijageschichte des Chronisten ist ganz umgestaltet:

a. Für die Abija-Erzählung übernimmt der Chronist „aus der Vorlage 1.
Kön 15,1-8, … mehr oder weniger abgewandelt, allein die neutralen Rah-
mennotizen von 1. Kön 15,1-2.7-8."[112]

b. Das dtr negative Urteil über Abija wird ausgelassen (1. Kön 15,3)
und durch die Kriegsgeschichte kompensiert (2. Chr 13,2b-20).[113] Die Geschichte vom Krieg zwischen Abija und Jerobeam scheint von der Notiz in
der Vorlage (1. Kön 15,7b) ausgegangen zu sein, dass es Krieg zwischen

---

108 Vgl. J. Becker, 2 Chronik, 43.
109 Vgl. J. Becker, 2 Chronik, 43; S. Japhet, 2 Chronik, 149.
110 Vgl. W. Rudolph, Chronikbücher, 233.
111 J. Becker, 2 Chronik, 46.
112 J. Becker, 2 Chronik, 47.
113 Vgl. S. Japhet, 2 Chronik, 164.

Abija[114] und Jerobeam gab.[115] Dagegen wird die Notiz über ständige Kriege zwischen Rehabeam und Jerobeam (2. Chr 12,15b par. 1. Kön 14,30; 15,6) nur am Rande zitiert.

c. Zwar divergieren beide Bilder Abijas so stark, dass aus dem Übeltäter der Königsbücher in der Chronik ein treuer Jahweverehrer wird, aber ungewöhnlicherweise verzichtet die Chronik auf eine explizite positive Beurteilung Abijas und nimmt die Ungereimtheit in Kauf, dass Abijas Nachfolger Asa später Missstände zu beseitigen hat (2. Chr 14,2-4).[116]

Aus dem synoptischen Vergleich ergibt sich, dass die chronistische Darstellung der Abspaltung und der Frühgeschichte des getrennten Königtums auffallend stark vom DtrG abweicht.[117]

4.3.2 Ätiologie des Nordreiches

Nach der deuteronomistischen und der chronistischen zusammenfassenden Notiz haben das Nordreich und die Dynastie seines ersten Königs Jerobeam ihren Ursprung in dem Willen JHWHs, der durch den Propheten Ahia von Schilo angekündigt wurde (1. Kön 12,15 = 2. Chr 10,15; 1. Kön 12,21-24 = 2. Chr 11,1-4).

4.3.2.1 Deuteronomistische Darstellung

Als Grund für die Reichstrennung führt das DtrG aus, dass JHWH selbst wegen des Abfalls Salomos (1. Kön 11,4.6.9) und der kultischen Verfehlung aller Stämme (V.33[118]) Jerobeam (V.11ff.) zum König über zehn Stämme Israels bestimmt habe mit der bedingten Verheißung, dass er ihm beistehen, für ihn ein festes Haus aufbauen und ihm Israel geben werde (V.37-39). Jerobeam hatte wegen der Bautätigkeit Salomos gegen diesen revoltiert (V.26f.). Damit wird das Königtum Jerobeams fast so wie das davidische Königtum legitimiert. Im DtrG fungiert die Verhandlung Rehabeams mit dem Volk nur als Einleitung für die Erfüllung des Orakels Ahias (11,29-39; 12,15). Die Trennung verwirklicht sich einerseits als göttliche Vergeltung gegen Salomo, die Prophetie erfüllt

---

114 1. Kön belegt seinen Namen als Abijam.

115 So auch J. Becker, 2 Chronik, 48; M. Delcor, Hinweise, 283.

116 J. Becker, 2 Chronik, 47, kommentiert, dass der Chronist gerade in den Berichten über die Auseinandersetzungen mit dem Nordreich kein negatives Bild des Südens wünschte.

117 Vgl. G.N. Knoppers, Rehoboam, 430. Er weist darauf hin, dass die Chronik auch bei der Darstellung der letzten Zeit Judas (2. Chr 35,20-36,23) stark vom DtrG abweicht.

118 Einige Versionen, nämlich LXX, Peschitta und Vulgata, bezeugen den Singular.

sich andererseits durch die Errichtung des neuen Königtums der Nordstämme, über die Jerobeam zum König wird.[119] Ohne Einschränkung ist
die Errichtung des Nordreiches als politisch legitim dargestellt
(12,24).[120] Eine leichte Diskrepanz ergibt sich nur insofern, als die auf-
genommene Erzählung die Lossagung der Nordstämme vom Davids-
haus als Abfall (פשע) negativ beurteilt (12,19), denn die Reichstrennung
bzw. die Einrichtung des Königtums für sich ist durchaus legitim. Der
Abfall Israels vollzieht sich im DtrG primär durch den kultischen Abfall vom Jerusalemer Tempel (12,25-14,20). Während die politische
Trennung durch JHWH legitimiert wird, ist die kultische Trennung die
Sünde Jerobeams (Übertretung des Zentralisationsgebotes und des
Bilderverbotes). So liegt das wesentliche Merkmal der Entzweiung
Israels nach dem DtrG im Auseinanderfallen des Kultes.

4.3.2.2 Chronistische Darstellung

1) Trotz der zusammenfassenden Notiz über die Ätiologie des Nordreiches und der Dynastie seines ersten Königs Jerobeam (2. Chr 10,15;
11,1-4) wird in der Chronik zwar auch auf das Wort Ahias von Schilo
hingewiesen (2. Chr 10,15; vgl. 9,29; vgl. 1. Kön 11,29-39), allerdings
ohne dessen Verheißung mitzuteilen. Nur die Trennung wird von
JHWH bewirkt, nicht die Krönung Jerobeams (1. Kön 12,20). Außerdem
ist in der chronistischen Darstellung weder von den Sünden Salomos
noch von der kultischen Verfehlung Judas die Rede, sondern nur der
politische Missstand seiner Zeit wird angedeutet. Vor allem ersetzt der
Chronist seine Vorlage „er [Jerobeam] befand sich in Ägypten" (1. Kön
12,2b) durch „Jerobeam kehrte aus Ägypten zurück" (2. Chr 10,2b),[121]
was Jerobeam „als die zur Trennung treibende Kraft"[122] erscheinen
lässt.[123] Demnach habe „ganz Israel", unter Führung Jerobeams aus

---

119   Vgl. S. Japhet, 2 Chronik, 139; G. N. Knoppers, Rehoboam, 428.
120   Vgl. G.N. Knoppers, Two Nations, 135-223.
121   T.M. Willis, Kings, 37-41, weist darauf hin, dass in 3 Reg 11:43 und 3 Reg 12,2-3a die
      Rückkehr Jerobeams nach Sarerah erwähnt wird. Davon ausgehend schließt er im
      Anschluss an S.T. McKenzie, dass es sich im masoretischen Text sowohl in 1. Kön
      12,2-3a als auch in 2. Chr 10,2-3a um eine Haplographie handle. Aufgrund der zu-
      sammenfassenden Lesart der zwei älteren griechischen Handschriften, „then Jerobo-
      am dwelt in Egypt; and Jeroboam returned from Egypt", sei für ihn wahrscheinli-
      cher, dass 2. Chr 10,2b nicht ersetzt worden, sondern der erste Halbvers, der 1. Kön
      11,2b entspricht, weggefallen ist.
122   W. Rudolph, Chronikbücher, 227.
123   So W. Rudolph, Chronikbücher, 227; J. Becker, 2 Chronik, 40; S.J. De Vries, Chronic-
      les, 278; J.A. Thompson, Chronicles, 250.

politischem Grunde rebelliert (2. Chr 10; 1. Kön 11,27), wobei sich hier „ganz Israel" auf die häufig als das „Volk" (העם; 2. Chr 10,5.6.9.10.12.15.16) bezeichneten Nordstämme bezieht (10,1.3.16).[124] Hier wird ein Bild von Jerobeam als Stifter Nordisraels gezeichnet. Somit ist die Überheblichkeit und Torheit Rehabeams nur der scheinbare Anlass für die Reichstrennung. Diese Ansicht des Chronisten wird durch die interpretierende Rede Abijas in 2. Chr 13,6f. verdeutlicht: „Aber Jerobeam ben Nebat, Knecht Salomos ben David, erhob sich und empörte sich gegen seinen Herrn. Um ihn sammelten sich leichtfertige, nichtsnutzige Leute, und sie boten Rehabeam ben Salomo Trotz; Rehabeam war dagegen jung und sein Herz war weich, so dass er sich gegen sie nicht durchsetzen konnte." Beim Abfall Jerobeams handelt es sich also um den Bruch der Vasallentreue (מרד; 13,6) und die Ausnutzung der Unerfahrenheit Rehabeams. Mit dieser Deutung macht der Chronist Jerobeam von vornherein für die Reichstrennung verantwortlich.[125] In der Chronik wird somit Jerobeam vor allem wegen seiner politischen Rebellion verurteilt (פשע).

2) Auf den ersten Blick widerspricht diese Darstellung der Reichsteilung dem Hinweis auf die göttlichen Interventionen von 2. Chr 10,15: „So schenkte der König dem Volk kein Gehör, denn das war eine göttliche Schickung, damit JHWH sein Wort wahr machen wollte, das er durch Ahia von Silo zu Jerobeam ben Nebat, geredet hatte." Die Gottgewolltheit der Abtrennung des Nordens wird scheinbar durch die Notiz 11,1-4 (vgl. 1. Kön 12,21-24) noch einmal bekräftigt[126]: Gleich nach der Reichstrennung mobilisiert Rehabeam in Jerusalem 180.000 erlesene Krieger, um durch einen Krieg mit Israel das Königtum zu sich zurückzubringen. Das Wort JHWHs aber verbietet Rehabeam die kriegerische Unternehmung zur Zurückgewinnung des Königtums mit der Begründung, dass diese Sache von JHWH aus geschehen ist und dass auch die Nordisraeliten Brüder sind: „So spricht JHWH: Zieht nicht hinauf und kämpft mit euren Brüdern! Jeder kehre wieder heim, denn die Angelegenheit geschah von mir!" (2. Chr 11,4; vgl. 1. Kön 12,24).

---

124 Dies wird ganz klar mit der Feststellung 2. Chr 9,31b (1. Kön 11,43) „Rehabeam wurde König an seiner [Salomos] Statt". So M. Noth, 1 Könige, 272; E. Würthwein, Könige, 153; R.J. Coggins, Chronicles, 183.

125 Dagegen meinen H.G.M. Williamson, Israel, 108; Ders, Chronicles, 238ff.; W. Riley, King, 114; R. Mosis, Untersuchungen, 170, dass Rehabeam bzw. Juda für die Reichstrennung verantwortlich sind.

126 Vgl. R. Mosis, Untersuchungen, 170; A. Ruffing, Jahwekrieg, 65.

Mit Recht führt S. Japhet mehrfach aus, dass sowohl die vorliegende Kampagne Rehabeams[127] als auch die folgende Argumentation Abijas (2. Chr 13,4b-20) in Kontrast zu der Annahme der Reichsteilung als göttlicher Fügung stehen.[128] Was lässt sich daraus folgern? R. Mosis deutet die zweimalige Erwähnung der Gottgewolltheit als Freispruch des Nordens von der Schuld der Trennung, und er wendet sich gegen die These einer antisamaritanischen Tendenz des chronistischen Geschichtswerks.[129] W. Riley meint, dass die Erwähnung der Fügung Gottes vielmehr die Schuld Rehabeams bzw. Judas an der Reichstrennung betont.[130] Dagegen sieht R.J. Coggins in der göttlichen Intervention einen Hinweis auf den „divine plan for the rejection of the northerners".[131] Doch werden solche Ansichten durch die chronistische Darstellung der Reichsteilung im Ganzen nicht gestützt. Aus dieser sich widersprechenden Darstellung der Reichstrennung als Folge der Rebellion des Nordens einerseits und als göttliche Intervention andererseits ergibt sich für S. Japhet zwangsläufig die Identität des Nordreiches als ein Bestandteil des Volkes ‚Israel'.[132] Jedoch handelt es sich bei dem Widerspruch um das ganz spezifische Verständnis der Existenz des Nordreiches.

Wenn die Verhinderung der kriegerischen Unternehmung Rehabeams zweifach begründet wird, dass einerseits die Trennung von JHWH aus geschehen ist und dass andererseits auch die Nordisraeliten Brüder sind (2. Chr 11,3f.), schützt dieser doppelte Grund zum einen davor, dass „Bruder" im moralischen bzw. ideologischen Sinne missverstanden wird, und bestätigt zum anderen, dass der Wille Gottes trotz der Reichstrennung in der Einheit des Gottesvolkes besteht. Mit dieser Begründung lässt der Chronist die Trennung in ganz anderen Farben aufleuchten: Die Trennung ist nicht nur begrenzt, sondern sie hat auch das Ziel, die gemeinsame Identität als Brüder festzustellen. Denn in der Trennung kristallisiert sich die Identität heraus. Die Trennungszeit wird zu einer Probezeit für die Identität. Darum soll Juda das Nordreich nicht als politische Instanz, sondern

---

127 S. Japhet, 2 Chronik, 141, hält diesen Abschnitt 2. Chr 11,1-4 für sekundär und erklärt so, „weshalb Rehabeam Israels Auflehnung so passiv hinnahm und auf den größeren Teil seines Königreichs kampflos verzichtete."
128 Vgl. S. Japhet, 2 Chronik, 166; 168.
129 Vgl. R. Mosis, Untersuchungen, 170.
130 Vgl. W. Riley, King, 114ff. Anschließend behauptet er, dass der Chronist „portray[s] Yahweh as limiting the dynastic promise by his own free act". Dagegen ist A. Ruffing, Jahwekrieg, 71, der Meinung, dass nach der Einsicht des Chronisten „trotz der geschichtlichen *bruta facta* [des individuellen Versagens des Davididen Rehabeam] ... die Natanverheißung an das davidische Geschlecht uneingeschränkt Gültigkeit besitzt."
131 R.J. Coggins, Chronicles, 183.
132 Vgl. S. Japhet, Ideology, 318.

vielmehr als Brudervolk betrachten.[133] Somit wird die Existenz des Nordreiches als Gottes Wille erklärt und zugleich eine positive Einstellung gegenüber den Nordisraeliten begründet.

Hier ist zu beachten, dass sich das Wort JHWHs nicht auf das „Haus von Juda und Benjamin" (2. Chr 11,1), sondern an „Rehabeam und ganz Israel in Juda und Benjamin" richtet, wodurch die Wendung „ganzes Haus Judas und Benjamins" der Vorlage (1. Kön 12,23) ersetzt wurde (2. Chr 11,3). Die Formulierung „ganz Israel in Juda und Benjamin"[134] geht auf die Nachricht zurück, dass die in den judäischen Städten wohnenden Israeliten (בני ישראל הישבים בערי יהודה) sich der Davididenherrschaft unterstellten (2. Chr 10,17), die aus der Vorlage 1. Kön 12,17 unverändert übernommen wird.[135] Nach dem Chronisten wohnten in Juda nicht nur die Stämme Juda und Benjamin, sondern auch Angehörige der Nordstämme,[136] die der Chronist deutlich von den rebellischen Israeliten in 2. Chr 10,(16).18 unterscheidet.[137] Nun soll ganz Israel in Juda um die Feststellung der gemeinsamen Identität bestrebt sein.[138] Angesichts des Wortes JHWHs kehren die aufgebotenen Krieger unter Rehabeam ohne Widerrede heim und nehmen den vollzogenen Bruch als Tatsache hin. Aus dieser Haltung kann man

---

133 Dafür spricht, dass trotz der zahlreichen Hinweise auf den Untergang des Nordreiches in der Chronik nirgendwo davon explizit gesprochen wird. In dieser Hinsicht ist die Auslassung des Schelt- und Gerichtswortes gegen den von Jerobeam eingerichteten Kult sowie der Ankündigung des Untergangs des Hauses Jerobeams und des Nordreiches in 1. Kön 12,33-13,10 sehr verständlich.

134 Davon geht G. von Rad, Geschichtsbild, 31, für seine These aus, „Juda und Benjamin sind jetzt das wahre Israel". Zur Auseinandersetzung S. Japhets und H.G.M. Williamsons mit der Ansicht von Rads s.o. Kap. 1. die Forschungsdiskussion.

135 Aufgrund dessen, dass 1. Kön 12,17 in LXX fehlt, hält E. Würthwein, Könige, 157, diesen Vers für einen Zusatz. Nach seiner Meinung ist V.17 im Zusammenhang 2. Chr 11,16f. aus 2. Chr 10,17 in den Text eingedrungen.

136 Nicht erst in 2. Chr 11,3, sondern schon in 10,17 wird angedeutet, dass im Südreich nicht ausschließlich Angehörige der Stämme Juda und Benjamin lebten, vgl. S. Japhet, 2 Chronik, 141.

137 In dieser Hinsicht ist die Meinung S. Japhets, 2 Chronik 132, richtig, dass es sich nicht um eine Spaltung zwischen den zehn Stämmen und dem einen Stamm, Juda handle, sondern um den Abfall des Volkes Israel, das in Israel saß, von dem Volk Israel, das in Juda wohnte. Es handelt sich somit um einen rein geographischen Konflikt.

138 Nach der Untersuchung H.-J. Zobels, ישראל, 994, bezieht sich in 2. Chronik das Wort ,Israel' 61 Mal auf das Nordreich und 4 Mal auf Juda. Der Terminus ,Israel' wird als ein staatsrechtlicher Terminus auf das Nordreich verwendet. Dagegen wird das Südreich abwechselnd durch die Begriffe ,Juda und Jerusalem' (11,14; 20,5.15.17.18. 27; 21,11.13; 24,6.23; 29,8), ,Jerusalem' (12,2.4.5.8.9.13), ,Juda' (11,5.7; 12,4.12; 13,1.13. 14[4x].16; 15,15 „ganz Juda"; 16,1.6; 17,9.10.12.13; 19,5; 20,22.24; 21,11; 25,10.12; 31,20) oder ,Königtum Judas'(11,17; 12,1; 13,8) bezeichnet. Das Festhalten an der Bezeichnung „Juda" nach dem Untergang des Nordreiches spricht für die besondere Rolle des Südreiches.

folgern, dass „Juda" das rebellische Nordreich als Brudervolk ansieht und
die Reichstrennung für vorübergehend hält. Dies wird durch die Baumaß-
nahme Rehabeams bestätigt (11,5f.), die keine Befestigung gegen die Norden darstellen, sondern in der Schefela und in den „Judean hills on the
south and east" liegen.[139]

4.3.3 Juda und Israel nach der Reichstrennung

4.3.3.1 Juda und Israel unter Rehabeam (2. Chr 10-12)

1) Nach der Trennungserklärung wird im DtrG ausführlich darüber
berichtet, wie der Abfall des Nordreiches sich weiter vollzog: Aufstel-
len der goldenen Kälber, Einsetzen der nichtlevitischen Priester und
Abweichen vom Festkalender (1. Kön 12,28-33).[140] Im DtrG führt die
politische Trennung zum kultischen Abfall des Nordreiches. Ähnlich
behandelt der Chronist den kultischen Abfall des Nordreiches (2. Chr
11,13-17). In erster Linie geht es darum, dass Jerobeam den Priestern
und Leviten den Dienst verwehrt (V.14b), was „ein naheliegender
Schluss"[141] und eine Steigerung des Chronisten gegenüber 1. Kön 12,31
zu sein scheint. Nach dem Chronisten war dies der Grund für die
Auswanderung der legitimen Priester und Leviten nach Juda und Jerusalem (2. Chr 11,14a). Erst in zweiter Linie geht es ihm – offenbar von 1.
Kön 12,31f. und 13,33 ausgehend – darum, dass Jerobeam im Nordreich
nichtlevitische Priester einsetzte (2. Chr 11,15). Wie die Formulierung
„Jerobeam und seine Söhne" (11,14) andeutet, entstand nach dem
Chronisten in Nordisrael „die ständige Praxis"[142] eines illegitimen Kultes, sei es auf den Höhen (1. Kön 12,32a), oder sei es bei der Verehrung
goldener Kälber (1. Kön 12,28.32) und Bocksgeister (2. Chr 11,15). Aus
diesem Grund gingen manche, die ihr Herz darauf richteten, JHWH,

---

139 V. Fritz, Rehoboam's Fortresses, 48; vgl. J.A. Thompson, Chronicles, 254; D. Elgavish,
    Baasha's War, 148. In der Forschung ist es umstritten, ob die Baumaßnahme auf
    Hiskia oder auf Josia zurückgeht. Aufgrund dessen, dass der Ausdruck עָרִים לְמָצוֹר
    (Festungsstädte) in der Zeit der Monarchie nicht belegt ist, unterscheidet V. Fritz,
    Rehoboam's Fortresses, 46, die Einleitung V.5 von der Liste V.6-10aα. Nach ihm ge-
    hört die Liste in V.6-10aα in die Zeit Josias. Für den Chronisten sei nicht notwendig,
    die Bautätigkeiten Josias zu berichten, da er das Leben Josias vom Gesichtspunkt der
    Kultreform aus betrachtet habe. Dagegen habe der Chronist sie für die positive Dar-
    stellung Rehabeams und zur Begründung der Kampagne Sisaks verwendet.
140 Noch dazu 1. Kön 12,25-14,20.
141 Vgl. W. Rudolph, Chronikbücher, 231.
142 J. Becker, 2 Chronik, 43f.; von den Söhnen Jerobeams hatte nur Nadab die Herrschaft
    inne.

den Gott Israels, zu suchen, aus „ganz Israel" nach Jerusalem, um JHWH, dem Gott ihrer Väter, zu opfern (11,16). Jerobeams Befürchtungen von 1. Kön 12,26f., das Volk werde nach Jerusalem gehen, um dort zu opfern, gehen somit in Erfüllung. Die kultischen Sünden Jerobeams werden besonders stark in der Rede Abijas hervorgehoben, die er auf dem Berg Zemarajim vor dem Kampf an Jerobeam und ganz Israel gehalten hat (2. Chr 13,4b-20).

Allerdings darf nicht übersehen werden, dass der Chronist nicht so sehr an dem kultischen Abfall Jerobeams interessiert ist, sondern daran, wie Juda nach der Reichstrennung gefestigt wurde. In seiner Darstellung war Juda zuerst durch die Bautätigkeit in den Festungsstädten, dann durch den Zuzug der Jahwetreuen aus Israel nicht nur politisch, sondern auch kultisch erstarkt. So wird im abschließenden Vers 2. Chr 11,17 konstatiert, dass die Priester, Leviten und diejenigen, die sich ihnen anschlossen, die Kräfte waren, die am Anfang (drei Jahre lang) das Reich stärkten (ויחזקו) und die Herrschaft Rehabeams befestigten (ויאמצו). In der Chronik steht nicht die Klage über den kultischen Abfall Nordisraels im Zentrum der Darstellung, sondern die Feststellung, dass die Anwesenheit des Kultpersonals und der Gottsuchenden Rehabeam bzw. dem Südreich die religiöse Legitimation verliehen habe.[143] So werden für den Chronisten die ersten drei Jahre der Regierung Rehabeams durch seinen Gehorsam gegenüber dem Wort JHWHs im Krieg (2. Chr 11,2b-4), durch seine StädtePolitik (11,6-12) und durch den Zuzug der Jahwetreuen aus dem Nordreich (11,13-17) zu einer „Ära des Gottsuchens"[144]. Die eindeutige Vorordnung Judas verdeutlicht der Chronist an zwei Punkten: Erstens zeigt er, wie Juda nach der Trennung zum legitimen Nachfolger des davidisch-salomonischen Gesamtreiches wird. Nur in Juda ist die legitime Priesterschaft anwesend, und darum ist nur in Jerusalem der „Gott Israels", der „Gott der Väter" zu finden. Zweitens macht er deutlich, dass sich Israel durch die Auswanderung aus allen Stämmen von Nordisrael nach Jerusalem in Juda neu gebildet hat: Das Königtum Juda besteht aus allen Stämmen! (10,17; 11,3). Die Heiratspolitik Rehabeams (11,18-23), mit Hilfe derer er seine Söhne in die Gebiete von Juda und Benjamin, auf alle festen Städte verteilte (11,23aα), half mit, sein Königtum weiter zu befestigen (כהכין) und es stark (כחזקתו) zu machen (12,1a).[145] So weist der Chronist mehrfach darauf hin, wie sich Juda unter Rehabeam zum einzigen legitimen Königreich hin entwickelt.

---

143 So auch R.T. Boer, Utopian politics, 376.
144 J. Becker, 2 Chronik, 43.
145 So auch J.A. Thompson, Chronicles, 252.

2) Nach dem Chronisten begann der Abfall in Juda, von dem das DtrG zu berichten wusste, erst später (מעלו ביהוה; 2. Chr 12,2b).[146] Nach 12,1 ist der Ausgangspunkt der Ungehorsam des Königs, der dann die ganze Bevölkerung erfasst. Der Chronist stellt ausdrücklich fest, dass Rehabeam und „ganz Israel" (כל־ישראל!) das Gesetz JHWHs verließen (עזב את־תורת יהוה), als Rehabeam das Königreich befestigte hatte und er stark geworden war. Zwar erwähnt der Chronist nicht explizit, was die Sünde Rehabeams[147] und ganz Israels ausmachte, aber die beiden Ausdrücke in 12,1 כהכין und כחזקתו lassen das Vertrauen auf die eigene Stärke bzw. den Hochmut vermuten.[148] In 12,5 wird dies von dem Propheten Schemaja zusammengefasst: „Ihr habt mich verlassen".[149] Aus der Analogie zur Anklage Abijas, dass Israel JHWH verlassen habe (13,11b), kann man folgern, dass unter der Herrschaft Rehabeams das Südreich Juda und das Nordreich Israel auf gleiche Weise JHWH untreu wurden. Also wurde Juda drei Jahre nach der Trennung Israel im Abfall gleich. Es erging ihm sogar insofern noch schlimmer, als sich der Zorn JHWHs gegenüber Juda in einem gewaltigen Feldzug Sisaks, der mit einem großen Heer ägyptischer Soldaten, Libyern, Sukkiten und Kuschiten anrückte, entlud (12,3). Die befestigten Städte wurden eingenommen (12,4), die Eroberung Jerusalems stand kurz bevor. Da erhob der Prophet Schemaja Anklage im Namen JHWHs (12,5): „Ihr habt mich verlassen, darum habe ich euch der Hand Sisaks überlassen." Daraufhin demütigen sich Rehabeam und die Oberen von Israel (12,6). Neben „ganz Israel" (כל־ישראל) in 12,1 ist auch die Bezeichnung „Obere von Israel" (שרי־ישראל; 12,6; vgl. 21,4) auffällig.[150] In beiden Fällen ist die Bezeichnung „Israel" im engen Sinne auf Juda bezogen, was auch daran erkennbar wird, dass der Titel „Obere von Israel" in 12,5 durch den Titel „Obere von Juda" ersetzt werden kann (vgl. 22,8; 24,17). Doch ist die Bezeichnung „ganz Israel" bzw. „Israel" berechtigt, weil Juda Bewohner aus allen Stämmen Israels beherbergte (10,17; 11,3; 11,13ff.)

---

146 Es muss im 4.Jahr sein, da die ersten drei Jahre als Ära des Gottsuchens (2. Chr 11,17) beschrieben werden, so J. Becker, 2 Chronik, 45.

147 Die Sünde Rehabeams bezieht W. Rudolph, Chronikbücher, 233, nach 12,1 auf die Heiratspolitik Rehabeams. Dtn 21,15-17 spricht vom legitimen Erbe des Erstgeborenen. Danach könnte der Chronist darauf verweisen, dass Rehabeam die Tora darin vernachlässigte, dass er wegen des Vorzugs den Erstgeborenen benachteiligte (2. Chr 11,18-23; vgl. 21,3). Aber wie oben gesehen, gehörte diese Politik zu den Kräften, die das Königtum befestigten. Vgl. H.G.M. Williamson, Chronicles, 244.

148 So S. Japhet, 2 Chronik, 156. Der Hochmut bildet einen Anlass, JHWH zu verlassen. Weitere Beispiele sind in 2. Chr 26,16; 32,25-26 zu sehen.

149 Vgl. 2. Chr 7,19.22; 13,10b-11aα; 15,2; 21,10; 24,18.20; 28,6; 29,6; 34,25.

150 2. Chr 19,8 und 23,2 belegen einen anderen Titel mit Israel: Familienoberhäupter Israels (רָאשֵׁי הָאָבוֹת לִישְׂרָאֵל).

und trotz der Abspaltung des Nordreiches ganz Israel vertritt.[151] Durch die Demütigung wurde die drohende Gefahr abgewendet und Jerusalem verschont (12,7). Und Rehabeam durfte in Jerusalem, das von JHWH erwählt worden war, um seinen Namen dort hinzulegen, weiterhin regieren, insgesamt siebzehn Jahre lang (2. Chr 12,13; 1. Kön 14,21). Doch zuvor musste Juda Sisak, dem König von Ägypten, untertan sein (עבדים), „damit sie meinen Dienst (עבודתי) und den Dienst an irdischen Reichen (עבודת ממלכות) anerkennen" (2. Chr 12,8). Es handelte sich also um eine pädagogische Strafe. Die Strafe konkretisiert sich in der Ausplünderung der Schatzkammer des Tempels und des Palastes[152]: „Sisak nahm all die Schätze des Hauses JHWHs und die Schätze des Hauses des Königs und die goldenen Schilde von Salomo" (2. Chr 12,9; 1. Kön 14,26). Wenn mit dem Verlust der Tempel- und Palastschätze „der Dienst an irdischen Reichen" gemeint ist, werden die Schätze des Tempels und Palastes hier als Symbol für die Herrschaft Gottes dargestellt.[153] Dies wird durch die Erwählung Jerusalems bestätigt (2. Chr 12,13). Als Ausdruck seiner Selbstdemütigung ersetzt Rehabeam die goldenen Schilde Salomos durch die bronzenen, die eine zeremonielle Funktion haben.[154] Dadurch wertet Rehabeam Jerusalem als gesamtisraelitischen Kultort auf. In diesem Zusammenhang spricht der Chronist mit der Bezeichnung „ganz Israel" bzw. „Israel" für Juda (12,1.6) offensichtlich die Herrschaft Judas über Gesamtisrael an (vgl. 13,5).

Nach der Abschlussnotiz hat ständiger Krieg zwischen Rehabeam und Jerobeam (2. Chr 12,15b = 1. Kön 14,30; 15,6) geherrscht. Damit scheint der Chronist sagen zu wollen, dass trotz des Vorrangs Judas die Reichstrennung noch nicht endgültig vollzogen war.

---

151 So auch R.G. Kratz, Die Komposition, 39.
152 G.N. Knoppers, Treasures, 195-196, sieht die Bedeutung der Schätze (אוצרות) des Tempels oder des Palastes für den Chronisten in der Einführung der levitischen Schatzmeister (1. Chr 26,20-26), sowie auch darin, dass die Schatzkammern neben den Höfen und den umgebenden Gemächern Bestandteile des Tempelbaus bilden (1. Chr 28,12).
153 Sehr wahrscheinlich liegt hier eine Anspielung auf die Ausplünderung des Tempels und des Palastes vor, die in der Schlußphase Judas schließlich zur Entleerung und Verwüstung des Landes führte (2. Chr 36,18). 2. Chr 36,20 konstatiert, dass die Überlebenden dem König der Chaldäer und seinen Söhnen als Sklaven dienen mussten. In dieser Hinsicht ist auch die scharfe Kritik an dem Hilfegesuch des Asa (16,2) und des Ahas (28,21) verständlich.
154 Vgl. S. Japhet, 2 Chronik, 159.

4.3.3.2 Juda und Israel unter Abija (2. Chr 13)

1) Abija tritt seine Herrschaft im achtzehnten Jahr des Königs Jerobeam an (2. Chr 13,1 = 1. Kön 15,1f.). Gleich nach dem Regierungsantritt zieht er gegen seinen Rivalen in den Krieg.[155] Vor dem Kampf auf dem Berg Zemarajim, der von dem Chronisten im „Gebirge Ephraim" lokalisiert wird,[156] hält Abija eine große Rede an Jerobeam und ganz Israel (2. Chr 13,4). Hier erhebt Abija insbesondere große Vorwürfe gegen Jerobeam als Begründer Nordisraels (13,4b-20). Mit einer rhetorischen Frage (הלא) stellt Abija zuerst fest, dass JHWH, der Gott Israels, die Herrschaft über „Israel", womit Abija sehr wahrscheinlich alle zwölf Stämmen meint, David für immer gegeben hat, und zwar ihm und seinen Söhnen als einen Salzbund[157] (13,5; vgl. 12,1.6). Auffälligerweise ist nicht mehr von der Prophetie Ahias (2. Chr 10,15 = 1. Kön 12,15; 2. Chr 11,2-4 = 1. Kön 12,22-24), sondern allein von der „Erwählung Davids" die Rede (vgl. 2. Chr 12,13). Offenbar wird Bezug auf die Verse 1. Kön 15,4-5 genommen, die durch die negativen Urteile über Abija (1. Kön 15,3) und die Notiz über die ständigen Kriege zwischen Rehabeam und Jerobeam (1. Kön 15,6) gerahmt werden.[158] Im Unterschied zum DtrG, in dem das Thema „Erwählung Davids" eine entscheidende Rolle zur Begründung für die Erhaltung der Dynastie und Jerusalems trotz der Sünden Abijas und Rehabeams spielt,[159] begründet Abija in der Chronik damit seinen Vorwurf gegen Jerobeam: Entgegen der Erwählung Davids habe sich Jerobeam als Knecht Salomos ben David erhoben und sich gegen seinen Herrn empört (מרד, 2. Chr 13,6). Im Unterschied zu 1. Kön 11,26-40 wird Rehabeam dabei aufgrund seiner Jugend und Schüchternheit, die ebenfalls für Salomo (1. Chr 22,5; 29,1) und Josia (2. Chr 34,27) namhaft gemacht wird, trotz seiner Volljährigkeit[160] entschuldigt; dagegen „[wird] alle Schuld an der Spaltung dem rebellischen Jerobeam und seinen

---

155 So auch J. Becker, 2 Chronik, 48; S. Japhet, 2 Chronik, 166.
156 Nach 2. Chr 15,8; 17,2 eroberte Asa die Städte in Gebirge Ephraim; die Reform Je-
schafats ist begrenzt von Beerscheba bis zum Gebirge Ephraim, das in chronistischer
Vorstellung die Grenze des Südreiches zu bilden scheint (19,4). Nach dem DtrG soll
Jerobeam die Stadt Sichem auf dem Gebirge Ephraim aufgebaut haben (1. Kön 12,25).
Daraus wird klar, dass das Gebirge Ephraim geographisch als Grenze zwischen Süd-
und Nordreich verstanden wird.
157 Lev 2,13; Num 18,19; Ez 43,24; Esr 4,14. „Salzbund" als Ausdruck für die ewige
Dauer, vgl. W. Rudolph, Chronikbücher, 237; I. Kalimi, Zur Geschichtsschreibung,
299.
158 So auch das Thema „Erwählung Jerusalems" in 1. Kön 14,21-22 und 2. Chr 12,13-14,
wo die Erwählung Jerusalems zwischen dem negativen Urteil über Rehabeam hinzugefügt worden ist.
159 Vgl. E. Würthwein, Könige, 185.
160 Thronbesteigung im Alter von 41 Jahren (2. Chr 12,13).

nichtswürdigen Spießgesellen (אנשים רקים בני בליעל) zugeschoben"[161] (2. Chr 13,6f.). Als eine Reinterpretation von 10,1-4[162] wird hier die Anklage auf Jerobeam und eine kleine Gruppe zugespitzt. Von diesen Leuten, die der Chronist für die anfängliche Trennung verantwortlich macht, unterscheiden sich die Nordisraeliten eindeutig.[163] Es lässt sich somit eine positive Einstellung gegenüber den Nordreichbewohnern feststellen (vgl. 11,4).

2) Des weiteren behauptet Abija, noch stärker als in 2. Chr 11,13-15, mit einer weiteren rhetorischen Frage (הלא), dass Jerobeam die legitimen Priester vertrieben und nach der Sitte der Heiden irgendwelche Priester eingesetzt habe (13,9). Demgegenüber habe Juda an der rechten Kultordnung festgehalten. Er beruft sich auf die Anwesenheit der legitimen Priesterschaft (13,10) und auf ihre regelmäßige Opferpraxis im Jerusalemer Tempel, wie die Schaubrote und die heiligen Lampen bestätigen.[164] Regelmäßige Opferpraxis bildet den Kern des JHWH-Kultes im Jerusalemer Tempel. So hatte schon Salomo bei dessen Bau erklärt: „Siehe, ich werde dem Namen JHWHs, meines Gottes, ein Haus bauen, um es ihm zu weihen, um wohlriechendes Räucherwerk vor ihm darzubringen und ständig Schaubrote zuzurichten und Brandopfer zu opfern am Morgen und am Abend, an den Sabbaten und Neumonden und an den Festen JHWHs, unseres Gottes. Das ist für ewig Israel auferlegt" (2. Chr 2,3).

Aus diesen Gründen stellt Abija fest, dass das Losreißen vom Hause Davids (2. Chr 13,5) das erste und das Etablieren einer illegitimen Priesterschaft (V.9) das zweite Vergehen gegenüber JHWH war.[165] Nach dem Chronisten gibt es nur ein einziges Königtum, nämlich JHWHs Königtum, das sich in der Hand der Nachkommen Davids befinde (V.8), das JHWH, der Gott Israels, David als Königtum über „Israel" auf ewige Zeiten gegeben hat (13,5). Abija stellt fest, dass Nordisrael zwar doppelt so viele Krieger (800.000) wie Juda habe (V.3), doch würden sich die Israeliten nicht durchsetzen (V.12b), denn an der Seite Nordisraels stehe nicht JHWH, sondern stünden die von Jerobeam gemachten goldenen Kälber. Dagegen stehe JHWH an der Spitze Judas, wobei seine Anwesenheit besonders von den Kriegstrompeten des korrekten JHWH-Kultes symbolisiert wird (V.12aβ).[166] Abija zählt drei entscheidende Vorzüge gegenüber Israel auf:

---

161 W. Rudolph, Chronikbücher, 237.
162 Vgl. R. Boer, Utopian Politics, 371.
163 So auch H.G.M. Williamson, Israel, 112.
164 Vgl. 2. Chr 29,7.
165 In Anlehnung an W. Rudolph, Chronikbücher, 237.
166 1. Chr 13,8; 15,24.28; 16,6.42; 2. Chr 5,12-13.

das von Gott eingesetzte Königtum (V.5), das dem Gesetz entsprechende
Priestertum (V.12a) und der wahre Gott auf ihrer Seite (V.12aα).[167] Dennoch hält Abija daran fest, dass die Nordisraeliten wie die Judäer dem
‚Gott Israels', dem ‚Gott der Väter' dienen (V.12).[168] Nach Abija haben Juda
und Israel eine gemeinsame religiöse Identität. Aus diesen Gründen appel-
liert Abija an die Israeliten, nicht gegen JHWH zu kämpfen (V.12b). Über
die Vorwürfe hinaus geht es somit um eine indirekte Aufforderung zur
politischen und kultischen Einigung. Immerhin ist die Rede Abijas an
diesem Punkt eine verschärfte Fortsetzung des Wortes JHWHs von 2. Chr
11,4, in dem Juda gewarnt worden war, mit seinen Brüdern im Norden zu
kämpfen. So kann man die Abijarede als einen ersten Rückkehrversuch
zur ursprünglichen Einheit verstehen,[169] der seinen Höhepunkt unter
Hiskia erreichen wird.

Trotz dieser Aufforderung führt Jerobeam den Angriff gegen Juda
durch (2. Chr 13,13). Damit wendet er sich zugleich gegen JHWH. Mit dem
Verlust der Städte Bethel (!), Jeschana und Ephron, und dem Tod Jerobeams[170] wird sein Königtum endgültig nicht nur kultisch, sondern auch
politisch als eine falsche Institution erwiesen (V.19f.). Demgegenüber wird
Juda durch den Sieg über Jerobeam als Träger des Königtums JHWHs
erwiesen. Nach dem Chronisten besteht das Königtum JHWHs allerdings
nicht primär in seiner militärischen Stärke, sondern vielmehr in der Anwesenheit Gottes, die durch die legitime Kulthandlung garantiert wird. Erst
dadurch, dass Jerobeam das Königtum JHWHs trotz der Mahnungen nicht
anerkennen wollte, war die Reichstrennung endgültig vollzogen.

4.3.4 Zusammenfassung und Fragestellung

Aus obigen Beobachtungen ist als Ertrag Folgendes zusammenzufas-
sen: Der chronistischen Darstellung zufolge wird ganz Israel in der
Regierungszeit Rehabeams durch die politische Rebellion Jerobeams
zweigeteilt, nämlich in Juda und Israel. Nach der politischen Rebellion
ist Jerobeam auch kultisch abgefallen. Dagegen entwickelt sich Juda in
der Regierungszeit Rehabeams bereits zu einem legitimen Königtum
und vertritt das ganze Israel. In der Regierungszeit Abijas erweist sich
Juda als Träger des Königtums JHWHs. Demgegenüber wird sich das
Königtum Jerobeams als illegitim erweisen, und die Trennung in Süd-

---

167 Vgl. W. Rudolph, Chronikbücher, 238.
168 Vgl. S. Japhet, 2 Chronik, 169; H.G.M. Williamson, Israel, 113.
169 Vgl. S. Japhet, 2 Chronik, 166.
170 Ein chronologisches Problem entsteht mit der Angabe in 1. Kön 15,9; vgl. 1. Chr 5,11-
     17.

und Nordreich vollzogen. Doch sind die Bewohner des Nordreiches daran unschuldig, da die Schuld an der Abspaltung Jerobeam und seinen Leuten zugerechnet wird und sie entsprechend dafür bestraft werden. Daraus ergibt sich eine positive Einstellung des Chronisten gegenüber den Bewohnern des Nordreiches.

Dabei wird die Einrichtung des Nordreiches am Anfang der Reichsteilung zwar mit einer göttlichen Intervention begründet, aber bereits auf eine zukünftige Einheit des Volkes ausgerichtet. Damit wird die positive Einstellung des Chronisten gegenüber dem Nordreich schon bei der Darstellung der Reichsteilung sichtbar. Demnach richtet sich wahrscheinlich die weitere Darstellung der Geschichte der Trennungszeit auf die angestrebte Einheit des ganzen Volkes, solange das Nordreich existiert.

Dennoch scheint der Chronist, literarisch gesehen,[171] das Nordreich zu disqualifizieren, da die Auslassung der Geschichte des Nordreiches als "part of a David-centric interpretation of Israel's history" verstanden werden kann.[172] Berücksichtigt man allerdings, dass der Chronist eine positive Einstellung gegenüber dem Nordreich bzw. den Bewohnern mehrfach begründet, scheint er durch den Verzicht auf den synchronistischen Rahmen beabsichtigt zu haben, die Geschichte des einen (!) Israel darzustellen. Daher muss man bei der Bestimmung der Israel-Konzeption des Chronisten zusätzlich noch die weiteren Texte, die das Verhältnis der beiden Reiche während der Zeit der Trennung explizit oder implizit aufzeigen und die mit der Einstellung gegenüber dem Nordreich zusammenhängen, in die Betrachtung einbeziehen. Im folgenden Abschnitt soll darum die Darstellung der Trennungszeit in das Süd- und Nordreich untersucht werden, bevor die besonderen Merkmale der Ahas-Erzählung geklärt werden.

4.4 Juda und Israel nach der Trennung in Nord- und Südreich (2. Chr 14-25)

In diesem Kapitel soll die Darstellung der Trennungszeit untersucht werden. Als die Texte, die das Verhältnis der beiden Reiche und die Einstellung des Chronisten gegenüber dem Nordreich vermitteln, sollen die Kapitel 2. Chr 14-25 von der Zeit unter Asa über Joschafat bis Amazja behandelt werden.

---

171 Nur in 2. Chr 13,1 (1. Kön 15,1f.) behält der Chronist den dtr Synchronismus bei.
172 W.M. Schniedewind, Chronicler, 164; vgl. G. von Rad, Geschichtsbild, 31; R.B. Dillard, 2 Chronicles, 92.

4.4.1   Juda und Israel unter Asa (2. Chr 13,23b.; 14-16)

4.4.1.1   Synoptischer Vergleich

2. Chr 13,23b; 14-16		1. Kön 15,9-24	
13,23b	Friedensnotiz		
		15,9f.	Einleitungsnotiz
14,1	Beurteilung	15,11	Beurteilung
14,2	Kultreform Asas	15,12	Beseitigung von Götzenbildern
14,3-7	Kultreform, Bautätigkeit und die Armee		
14,8-14	Kuschitenkrieg		
15,1-7	Rede des Propheten Asarja		
15,8-15	Bundesschluss Asas		
15,16-18	Absetzung der Königsmutter	15,13-15	Absetzung der Königsmutter
15,19	Friedensnotiz	15,16	Kriegsnotiz
16,1-6	Auseinandersetzung mit dem Nordreich	15,17-22	Krieg zwischen Asa und Bascha
16,7-10	Gerichtsrede des Propheten Hannani		
16,11	Quellenangabe	15,23a	Quellenangabe
16,12	Krankheit Asas	15,23b	Krankheit Asas
16,13f.	Tod und Beisetzung Asas	15,24a	Tod und Beisetzung Asas

4.4.1.2   Juda und Israel unter Asa

1) Der Chronist beginnt die Geschichte Asas mit der Feststellung, dass das Land zehn Jahre Ruhe hatte (2. Chr 13,23b).[173] In dieser Zeit beseitigte Asa innenpolitisch nach dem Chronisten „die falschen Kultobjekte und Kultstätten"[174] (14,2.4) und forderte auf, JHWH zu suchen (V.3). Außenpolitisch baute er die Festungsstädte in Juda aus (V.5a.6), so dass „in jenen Jahren" nicht nur das Königtum (V.4b), sondern auch das Land Ruhe hatte und „niemand ihn bekriegte" (V.5b). Dies bekräftigt der Chronist mit der Notiz über die militärischen Rüstungen Asas in

---

173 So auch W. Rudolph, Chronikbücher, 240.
174 W. Rudolph, Chronikbücher, 240. Bei diesen Maßnahmen entsteht insofern ein Problem, als in der Chronik von kultischen Verfehlungen Salomos, Rehabeams und Abijas überhaupt nicht die Rede ist.

V.7. [175] Diese zehn Jahre Friedenszeit scheinen durch den Kuschitenkrieg unterbrochen worden zu sein (V.8).[176] In seiner Darstellung des Kuschitenkriegs hebt der Chronist die Glaubenshaltung des frommen Asa in seinem Bittgebet zu Gott (V.10) und im Zusammenhang seines militärischen Erfolgs hervor. Das Eingreifen JHWHs wird ausdrücklich erwähnt: JHWH schlägt die Feinde in die Flucht (V.12); die Furcht JHWHs lag über allen Städten ringsum Gerar (V.13). Der Kuschitenkrieg bedeutete für den Chronisten keine Unterbrechung, sondern eine Fortsetzung der Friedenszeit.[177] Für den Chronisten heißt Friedenszeit nicht Zeit ohne Krieg, sondern Zeit mit Gott.

2) Überraschenderweise folgt im Anschluss an den siegreichen Kuschitenkrieg eine Rede des Propheten Asarja (2. Chr 15,1-7). Verwunderlich ist, dass Asarja ben Oded trotz des errungenen Sieges über die Kuschiten durch Gottes Eingreifen von einer notwendigen Umkehr redet. Nach W. Rudolph zieht der Prophet „aus der Tatsache, daß sich soeben [im Kuschitenkrieg] gezeigt hatte, daß Jahwe mit ihnen war (V.2bα, ...), die allgemeine Folgerung ..., daß Jahwe sich finden läßt, wenn man ihn sucht, ..."[178] Gegen diese Annahme sprechen die Wendungen, dass Gottes Geist über Asarja kam (V.1) und dieser dem König entgegentrat (יָצָא לִפְנֵי; V.2), da diese sonst in einem konkreten Zusammenhang gebraucht werden.[179] Außerdem verweist der Prophet auf ein negatives Beispiel aus der Geschichte ‚Israels' (V.3.5f.), womit wahrscheinlich die Periode der Richter gemeint ist (Ri 2,11-13; 17,5-6).[180] Daraus kann man folgern, dass der Prophet unter dem Hinweis auf diese Periode offenbar von dem gegenwärtigen Zustand Judas spricht.[181] In seiner Rede charakterisiert der Prophet die „vorstaatliche Zeit als chaotische Periode ohne rechten Gottesdienst und Tora-Belehrung"[182] und stellt diese Zeit als kriegerisch dar, worauf die Wendungen wie „zum Hinausgehen und zum Hineingehen war kein Friede" (אֵין שָׁלוֹם לַיּוֹצֵא וְלַבָּא; 2. Chr

---

175 Zu den Heeresstatistiken als Zeichen der Hilfe JHWHs vgl. R. Mosis, Untersuchungen, 173.
176 W. Rudolph, Chronikbücher, 239; J.A. Thompson, Chronicles, 266; S.J. De Vries, Chronicles, 297ff. Aufgrund 15,10f. setzt W. Rudolph den Kuschitenkrieg in das 11. Regierungsjahr Asas, dagegen S.J. De Vries in das 15. Jahr.
177 Ähnlich W. Rudolph, Chronikbücher, 244.
178 W. Rudolph, Chronikbücher, 240f.
179 Ähnlich S. Japhet, 2 Chronik, 189.
180 So W. Rudolph, Chronikbücher, 245; R.J. Coggins, Chronicles, 203; H.G.M. Williamson, Chronicles, 267. Dagegen denkt S.J. De Vries, Chronicles, 301; 307, an Ägypten- und Wüstenzeit und R. Mosis, Untersuchungen, 174, an die Zeit der Eroberung Jerusalems durch Nebukadnezar und die Zeit des Exils.
181 So auch S. Japhet, 2 Chronik, 190.
182 R. Albertz, Religionsgeschichte, 612.

15,5) und „so stößt sich Volk an Volk" (וכתתו גוי־בגוי; 15,6) hinweisen.[183]
Wenn der Prophet auffordert, JHWH zu suchen (V.7), und danach aus-
führt, dass die Suche nach JHWH zu einer Ruhezeit für das Land führte
(V.15) und dass kein Krieg war (V.19), könnte er dies mit Blick auf den
Kuschitenkrieg gesagt haben.[184] Dann würde der Prophet die geistige
Erneuerung Judas nach dem materiellen Sieg fordern.[185] Doch wird ein
solches Verständnis nicht durch den Zusammenhang gestützt, weil,
wie oben gesehen, bei der Darstellung des Kuschitenkriegs Asas großes
Vertrauen auf JHWH und Gottes rettendes Eingreifen im Zentrum
standen (14,10-14; 16,8). Berücksichtigt man, dass der König nach der
Rede des Propheten eine ganz Israel umfassende Reform durchgeführt
hat (15,8-15),[186] ist die Rede des Propheten wohl auf ganz Israel zu beziehen. Hier stellt sich die Frage, worin der Vorwurf des Propheten
konkret liegt. Aufschlussreich ist, dass Asa die Städte auf dem Gebirge
Ephraim, das an der Grenze zwischen dem Süden und Norden liegt,
eingenommen hatte (15,8a; vgl. 17,2b). „Das Wort ,לכד' ist *terminus technicus* für die gewaltsame Einnahme des Landes oder einer Stadt (Dtn
2,34f.; 3,4; Jos 8,19; 10,1.28.32.35.37.39.42)."[187] Daraus lässt sich schließen,
dass Asa eine militärische Aktion gegen das Nordreich durchgeführt
hat.[188] Nach der chronistischen Darstellung könnte diese nach der zehn-
jährigen Friedenszeit (2. Chr 13,23) und vor der großen Feier im 15. Jahr
(15,10), nämlich zwischen dem 11. und 15. Regierungsjahr Asas erfolgt
sein. Hier ist beachtenswert, dass weitere Nordisraeliten zu Asa übergelaufen sind (15,9). Nach dem Chronisten war die Auswanderung des
Volkes trotz der Trennung möglich. In diesem Zusammenhang legen
die Ausdrücke, אין שלום ליוצא ולבא und וכתתו גוי־בגוי, die Vermutung nahe,
dass wegen des Kriegs zwischen dem Süden und Norden[189] der Verkehr
zwischen den beiden Völkern nicht mehr möglich gewesen war. Denn
„Asa fortified the border, something which Rehabeam refused to do (11,5-

---

183   S. Japhet, 2 Chronik, 191, verweist darauf, dass Bruderkrieg in der Bibel mehrere Male
      mit ähnlichen Ausdrücken wie אין שלום ליוצא ולבא oder כתתו גוי־בגוי geschildert wird.
184   So R. Mosis, Untersuchungen, 174; S.J. De Vries, Chronicles, 301; 306; S. Japhet, 2
      Chronik, 189.
185   So S. Japhet, 2 Chronik, 191; so ähnlich W. Johnstone, 2 Chronicles, 64.
186   Vgl. R.B. Dillard, 2 Chronicles, 121; 123.
187   V. Fritz, Josua, 71f.
188   Aufgrund dieser Angabe von 2. Chr 15,8 nimmt R.B. Dillard, 2 Chronicles, 121,
      militärische Auseinandersetzungen zwischen Juda und Israel an. Von 2. Chr 16,1
      ausgehend behaupten W. Rudolph, Chronikbücher, 247; H.G.M. Williamson, Chro-
      nicles, 270, dass die Eroberung Abijas (2. Chr 13,19) nicht lange anhielt und unter der
      Herrschaft Asas zum größeren Teil verloren gegangen war. Damit sprechen auch sie
      von der Fortdauer des Krieges zwischen Süd- und Nordreich.
189   W. Rudolph, Chronikbücher, 245, erwägt die Auseinandersetzung zwischen Asa
      und Bascha in 1. Kön 15,16.

12)".[190] Wenn in der Prophetenrede die Verhinderung des freien Verkehrs als Folge der Strafe Gottes für das menschliche Vorgehen dargestellt wird (15,6b), verdient Asa nach dem Chronisten den Vorwurf damit, dass er durch die Eroberung bzw. Festigung der Grenze das Aus- und Eingehen des Volkes blockiert hat.[191] In dieser Hinsicht sind die Worte des Propheten Oded[192] (15,8) an Asa und „Juda und Benjamin" (15,2) eine Fortsetzung des Verbotes des Bruderkriegs (11,1-4) und zugleich ein Hinweis auf die gemeinsame Identität. In dieser Dimension ist die umfassende Kultreform Asas zu verstehen.

Nach der chronistischen Darstellung sind die Nordisraeliten deswegen zu Asa übergelaufen,[193] weil sie sahen, dass Gott mit Asa war (2. Chr 15,9f.). Diese Notiz bezieht sich wahrscheinlich auf die zehn Friedensjahre (13,23). Die Auswanderung der Nordbewohner hatte unter Rehabeam nicht nur bei der Priesterschaft (11,13f.), sondern auch bei den Laien (11,16) bereits begonnen. Dadurch war das Reich Juda und die Macht Rehabeams gestärkt worden (11,17). Diese Auswanderung setzte sich nun unter Asa fort. Nach dem Chronisten bildet Juda als Nachfolger des vorstaatlichen Israels nach der Trennung eine neue Gestalt von „ganz Israel". Entsprechend der Warnungen des Propheten Oded richtet sich die Reform Asas auf die feierliche Erneuerung von ganz Israel: Asa säubert zunächst das ganze Land von Juda und Benjamin und die Städte, die er auf dem Gebirge Ephraim eingenommen hatte, von den gräulichen Götzen und erneuert den Brandopferaltar vor dem Tempel (15,8); Asa beruft eine Volksversammlung ein, die aus Juda, Benjamin und den Emigranten aus Ephraim, Manasse und Simeon besteht (V.9); sie versammelten sich in Jerusalem und opferten JHWH eine große Anzahl von Tieren aus der Beute des Kuschitenfeldzugs (V.10f.); nach einem großen Opfer schworen sie feierlich unter Androhung der Todesstrafe, JHWH von ganzem Herzen und von ganzer Seele zu suchen (V.12-15). Hier geht es um den ersten gemeinsamen Gottesdienst von Judäern und Nordisraeliten nach der Trennung. Insbesondere signalisiert die feierliche Schwurzeremonie einen neuen Anfang des neu gebildeten Volkes. In den Zusammenhang dieser gemeinsamen Selbstverpflichtung rückt der Chronist Asas schonungsloses

---

190 D. Elgavish, Baasha's War, 148.

191 Gegen S. Japhet. Neben der Auswanderung der Nordreichbewohner spricht S. Japhet, Ideology, 295; 2 Chronik, 192, von der territorialen Ausdehnung nach Nordisrael (2. Chr 13,9; 15,8; 16,6; 17,2) als einem durchgängigen Zug des chr Berichts. Doch steht die demographische Expansion für den Chronisten im Vordergrund.

192 2. Chr 15,1 liest „Asarja ben Oded". Diese Lesart „Oded" erinnert mit dem Ausdruck יצא לפני an den Propheten Oded in 2. Chr 28,9 im Nordreich.

193 Die Emigranten werden als Fremde (הגרים) bezeichnet: „die Fremden, die aus Ephraim und Manasse und aus Simeon bei ihnen wohnten." (15,9). Dagegen wird das Volk „Juda und Benjamin" genannt (15,2). Vgl. 2. Chr 30,25.

Vorgehen gegen Mitglieder der eigenen Familie, von dem das DtrG zu berichten wusste (1. Kön 15,13): „Auch seine Mutter Maacha setzte der König Asa von ihrer Stellung als Herrin ab, weil sie der Aschera ein Schandbild gemacht hatte. Und Asa zerschlug ihr Schandbild und zermalmte es und verbrannte es im Kidrontal" (2. Chr 15,16). Allerdings teilt auch der Chronist danach die Nachricht von 1. Kön 15,14 mit, dass Asa die Kulthöhen in Israel nicht beseitigt habe, aber das Herz Asas ungeteilt gewesen sei, solange er lebte (2. Chr 15,17). Hier sieht man einen Widerspruch zu 14,2.4, wo erwähnt wurde, dass Asa die Höhenheiligtümer „aus allen Städten Judas" beseitigte.[194] Aber diese Schwierigkeit ist leicht zu erklären, wenn man die Angaben wörtlich nimmt: Asa hat die Höhenheiligtümer in Juda, aber nicht in Israel beseitigt. Dies geht auf die politische Konstellation zurück. Nach dem Chronisten konnte Asa trotz seines ungeteilten Herzens wegen der politischen Trennung diese Maßnahme nicht in ganz Israel durchführen. So kommt in der gegensätzlichen Feststellung von 15,17 das Bedauern über den politischen Zustand der Trennung zum Ausdruck, aber auch das Selbstbewusstsein des neu gebildeten Volkes Juda als Repräsentant ganz Israels. Indem Asa schließlich das Schatzhaus des Tempels, der unter Rehabeam von Sisak geplündert worden war (2. Chr 12,9; 1. Kön 14,25-28) großzügig wieder auffüllt, wertet er Jerusalem als gesamtisraelitischen Kultort weiter auf (2. Chr 15,18; 1. Kön 15,15).

In der chr Darstellung folgt auf die Erneuerung Israels eine lange Friedenszeit: „Es war kein Krieg bis zum 35. Jahr der Regierung Asas" (2. Chr 15,19; vgl. 15,15b.). Die Friedenszeit dauerte also zwanzig Jahre, doppelt so lang wie zuvor (vgl. 13,23). Es gab zwischen Süd- und Nordreich keinen Krieg. Die Friedensnotiz steht aber im Gegensatz zu 1. Kön 15,16: „Es war Krieg zwischen Asa und Bascha, dem König von Israel, all ihre Tage." Die Notiz über die ständigen Kriege zwischen Juda und Israel ist in der Chronik nur am Anfang der Reichstrennung zu finden, nämlich bei der Erwähnung der Kriege zwischen Rehabeam und Jerobeam (2. Chr 12,15b = 1. Kön 14,30; 15,6; vgl. 2. Chr 13,2b; 1. Kön 15,7b). Daraus ergibt sich, dass der Chronist das Verhältnis zwischen dem Süden und dem Norden nicht als

---

194 Nach S. Japhet, 2 Chronik, 198, war das Thema der Kulthöhen für den Chronisten nicht so wichtig wie für seine Vorgänger. Für das Verständnis bietet R.B. Dillard, 2 Chronicles, 118, zwei Möglichkeiten der Deutung: 1) 14,2 beziehe sich auf die anfängliche Reform und 15,17 auf die spätere, nämlich nach 30 Jahren. Damit hält Dillard die unterschiedlichen Bemerkungen als „evidence of the resilience of the indigenous cults which plagued Judah's history and required repeated reformation". 2) „aus Israel" beziehe sich auf das Gebiet, das Asa kurzzeitig beherrschte. Der letzten Annahme schließt sich J.A. Thompson, Chronicles, 272, an. Dagegen sieht H.G.M. Williamson, Israel, 104, in der chronistischen Hinzufügung „aus Israel" einen Hinweis auf eine „authority of a southern king over the North".

eine grundsätzliche Konfrontation ansieht. Für den Chronisten bleibt das Verhältnis beider Reiche offen. Denn die Trennung ist ein Prüfstein für die Feststellung der gemeinsamen Identität.

3) Doch wird die lange Friedenszeit im 36. Regierungsjahr Asas[195] durch den Angriff Baschas, des Königs Israels, gegen Juda unterbrochen. Bascha baut Rama als Grenzfestung aus, um niemanden zu Asa, dem König von Juda, aus- und eingehen (יוצא ובא) zu lassen (2. Chr 16,1). Als Gegenmaßnahme bewirkt Asa durch Zahlungen aus dem Tempel- und Palastschatz die militärische Intervention Ben-Hadads gegen Nordisrael (V.2f.). Wegen der aramäischen Invasion, die sich gegen die israelitische Städte Ijon, Dan und Abel-Majim, sowie gegen weitere Gebiete von Naftali richtet (V.4), bricht Bascha seine Befestigungsarbeiten in Rama ab (V.5). Asa befestigt mit dem von Bascha für Rama herbeigeschafften Baumaterial die judäischen Städte Geba und Mizpa im Grenzgebiet zu Israel (V.6).[196]

Hier übernimmt der Chronist die dtr Geschichte wörtlich, wonach Bascha Rama als militärische Maßnahme ausbaut, „um so den für die dauernden Grenzauseinandersetzungen zwischen Israel und Juda wichtigen Anmarschweg nach Norden zu blockieren".[197] Angesichts der fehlenden Notizen über den ständigen Krieg zwischen Süd- und Nordreich (1. Kön 14,30; 15,7b; 15,16) einerseits und der mehrfach wiederholten Notiz über die Friedenszeit andererseits verliert die militärische Grenzbefestigung Baschas ihren Sinn. Die auffällige Bemerkung des Chronisten über die Auswanderung der Nordisraeliten nach Juda führt eher zur Annahme, dass der Chronist den Ausdruck „aus- und eingehen" (יוצא ובא) nicht militärisch versteht, sondern im lokalen Sinn den Verkehr der Bevölkerung im Blick hat. Daraus kann man folgern, dass die lange Friedenszeit zu einer weiteren Auswanderung von Nordreichbewohnern nach Juda führte. Für den Chronisten hat Asa nach der Mahnung des Propheten das Ein- und Ausgehen des Volkes wieder möglich gemacht. In Anbetracht des Bemühens Asas um die Offenhaltung der Grenzen zu Israel erscheint seine Maßnahme gegen die Grenzfestung Baschas verständlich. Dennoch wird dieses Vorgehen Asas von dem Seher Hanani als Mangel an Glauben verurteilt (2. Chr 16,7ff.). Berücksichtigt man, dass das negative Urteil über Ahas mit seinem Hilferuf an Tiglat-Pileser zusammenhängt (28,16-23), verdient Asa wahrscheinlich deswegen ein ähnlich negatives Urteil, weil er fremde Hilfe gegen das Brudervolk gerufen hat und diese sogar aus dem Tempel- und Palastschatz bezahlt hat. Der Vorwurf liegt auch darin,

---

195 Nach 1. Kön 15,33 und 16,8 starb Bascha schon im 26.Jahr Asas.
196 Vgl. J. Werlitz, Die Bücher der Könige, 152; S. Japhet, 2 Chronik, 203.
197 E. Würthwein, Könige, 188.

dass Asa durch seine Befestigung gegenüber dem Nordreich (2. Chr 16,6) erneut jegliche Verbindung zwischen Süd- und Nordreich verhinderte. Entsprechend hört man nach dieser Maßnahme nichts mehr von einer Auswanderung der Nordisraeliten. Unter Asa kommt es durch das Bündnis mit Aram wahrscheinlich zu einem Konfrontationsverhältnis zwischen Süd- und Nordreich. In Anbetracht der durch die Wiederholung betonten Friedensnotiz in der Asa-Erzählung (13,23; 14,4ff.; 15,15.19) macht die Ankündigung des als Strafe angedrohten ständigen Kriegs (16,9) deutlich, für wie wichtig der Chronist das Verhalten Judas gegenüber dem Brudervolk hält. Auffälligerweise wird die Quellenangabe in der Vorlage „Buch der Chronik der Könige von Juda" (1. Kön 15,23a) durch „Buch der Könige von Juda und Israel" ersetzt (2. Chr 16,11).[198] Der Chronist sieht in den Königen Judas die Könige von Gesamtisrael.[199] Darum ist das falsche Vorgehen Asas gegen das Brudervolk ein Wendepunkt seines Lebens.

4.4.2 Juda und Israel unter Joschafat bis Atalja (2. Chr 17-22)

Eine enge diplomatische Beziehung mit dem Nordreich beginnt unter Joschafat, als dieser sich mit Ahab verschwägert (2. Chr 18,1b). Diese Beziehung wird durch seine Nachfolger fortgesetzt, bis die Königsmutter Atalja beseitigt wird. Der Vorwurf gegen Asa in seiner letzten Regierungszeit war gewesen, dass er durch das Bündnis mit den Aramäern und durch die Befestigungsarbeiten gegenüber dem Nordreich jegliche Verbindung zwischen Süd- und Nordreich verhindert hatte (16,6). Nun hat Joschafat anscheinend den einzig richtigen Weg zur Einheit des Volkes eingeschlagen: Er zieht in den Koalitionskrieg mit Ahab (18,2) und baut am Ende seiner Regierungszeit gemeinsam mit Ahasja Schiffe in Ezjon-Geber, um nach Tarschisch zu segeln (20,36); Ahasja zieht mit dem König von Israel, Joram, dem Sohn Ahabs, in den Kampf gegen Hasael, den König von Aram, nach Ramot in Gilead (22,5). Unter Atalja kommen Juda und Israel schließlich unter eine Herrschaft. Doch werden alle diese Koalitionen verurteilt: Joschafat wird nach dem Koalitionskrieg getadelt (19,2) und sein Fehlschlag beim Bau einer Schiffsflotte wird aus der Zusammenarbeit mit Ahasja erklärt (20,37); die Wurzel des Übels in Juda wird in der Verknüpfung der beiden Königshäuser

---

198 Literarisch ist auffällig, dass die Krankheit Asas außerhalb des Erzählrahmens behandelt wird (2. Chr 16,12; 1. Kön 15,23b), was auf die Regentschaft Joschafats zurückgehen könnte. Doch macht der Chronist klar, dass Asa 41 Jahre regiert hatte (2. Chr 16,13).

199 Nach H.G.M. Williamson, Chronicles, 276; J.A. Thompson, Chronicles, 275, will der Chronist hier Juda als einen Teil des gesamten Israels darstellen.

durch eine Heirat gesehen (21,6b; 22,2ff.). Angesichts einer Fülle von Beurteilungen über die Verbindung mit dem Nordreich scheint der Chronist die Verschwägerung Joschafats als „einen verhängnisvollen Fehler"[200] anzusehen.

Im Blick auf die Israel-Konzeption des Chronisten stellt sich die Frage, ob der Chronist jede Verbindung mit dem Nordreich überhaupt verurteilt[201] und ob seine Kritik darauf zurückgeht, dass er nur die Davididen für die wahre Monarchie Israels hält. Dies soll im Folgenden untersucht werden.

4.4.2.1 Juda und Israel unter Joschafat (2. Chr 17-20)

4.4.2.1.1 Synoptischer Vergleich

2. Chr 17-20		1. Kön 15; 22	
17,1a	Thronbesteigung	15,24b	Thronbesteigung
		15,25-16,34	Geschichte von Nadab bis Ahab
		[17-19	Elija-Erzählungen]
		[20	Krieg zw. Israel und Damaskus]
		[21	Nabots Weinberg]
17,1b-2	Umfassende Befestigung des ganzen Landes		
17,3-6	Beistand JHWHs für Joschafat und Joschafats Suche nach JHWH; JHWHs Befestigung seines Reichtums; Joschafats Kultmaßnahme		
17,7-9	Belehrung des Volkes nach der Tora		
17,10f.	Beistand JHWHs und dessen Folge		
17,12-19	Militärische und administrative Vorkehrungen		
18,1a	Reichtum und Ehre Joschafats		
18,1b	Verschwägerung mit Ahab	[2. Kön 8,18.27	Notizen über die Verschwägerung mit Ahab]
		1. Kön 22,1	Frieden zwischen Aram und Israel

---

200 J. Becker, 2 Chronik, 60.
201 So W. Rudolph, Chronikbücher, 255; H.G.M. Williamson, Chronicles, 279; J. Becker, 2 Chronik, 60; 68; R.B. Dillard, 2 Chronicles, 144; S.J. De Vries, Chronicles, 316; J.A. Thompson, Chronicles, 276f.; G.N. Knoppers, Alliances, 612-622; J. Kegler, Prophetengestalten, 494f.

18,2-34	Koalitionskrieg von Ahab und Joschafat gegen Damaskus		22,2-35	Koalitionskrieg von Ahab und Joschafat gegen Damaskus
			22,36-40	Tod Ahabs
19,1-3	Rede des Propheten Jehu			
19,4	Auszug unter dem Volk			
19,5-7	Einsetzung der Richter in den Städten			
19,8-11	Einsetzung der Richter in Jerusalem			
20,1-30	Der Feldzug gegen die Koalition von Moabitern, Ammonitern und Mëunitern			
20,31	Biographische Zusammenfassung		22,41f.	Biographische Zusammenfassung
20,32f.	Religiöse Beurteilung		22,43f.	Religiöse Beurteilung
			22,45	Frieden mit Israel
20,34	Quellenangabe		22,46	Quellenangabe
			22,47	Kultmaßnahme
			22,48	Vasallität Edoms
			22,49	Gescheitertes Schiffsbau-Unternehmen
20,35	Bündnis mit Ahasja			
20,36	Gemeinsames Schiffsbauprojekt mit Ahasja		22,50	Gescheiterter Vorschlag Ahasjas zur Zusammenarbeit
20,37	Scheltrede des Propheten Scheitern des Projekts			
21,1	Tod und Nachfolger		22,51	Tod und Nachfolger

4.4.2.1.2   Juda und Israel unter Joschafat

1) Nach der Einleitungsnotiz über die Thronbesteigung beginnt der Chronist die Joschafat-Erzählung mit einer zusammenfassenden Schilderung: ויתחזק על־ישראל (2. Chr 17,1b). Der Ausdruck על־ישראל des Halbverses ist schwer zu deuten.[202] In der üblichen Übersetzung „gegen Israel" sieht W. Rudolph einen Widerspruch zwischen 18,1ff. und 20,35ff. und übersetzt: „Er erwies sich als stark über Israel."[203] Hier versteht Rudolph „Israel" wie in 21,2.4 als Südreich, weil sich die militärischen Maßnahmen von 17,2 nicht nur gegen das Nordreich richten.[204] Dagegen bezieht S.J. De Vries „Israel" im Blick auf Kap. 16 auf

---

202 Die Übersetzungen, „Joschafat erwies sich stark gegenüber Israel" (ELB), oder „er wurde mächtig in Israel" (EIN), treffen den Sinn des Textes nicht ganz.
203 W. Rudolph, Chronikbücher, 249f.
204 Vgl. W. Rudolph, Chronikbücher, 249; so auch H.G.M. Williamson, Chronicles, 281.

das Nordreich.[205] Obwohl bei diesen Lösungen ‚Israel' unterschiedlich gedeutet wird, laufen beide wie bei S. Japhet darauf hinaus, ‚Israel' allgemeiner als ‚das Volk' oder ‚das Königreich' zu verstehen.[206] Doch erhält der Begriff ‚Israel' im Hinblick auf 17,2 klar eine umfassendere Bedeutung: „Er legte Kriegsvolk in alle festen Städte Judas und setzte Statthalter ein im Land Juda und in den Städten Ephraims, die sein Vater Asa erobert hatte". Joschafat konnte seine Herrschaft erneut über Teile des nördlichen israelitischen Territoriums ausdehnen. In dieser Schilderung ist eine Parallele zu den Maßnahmen Asas zu sehen, die er in seinem 15. Regierungsjahr nicht nur für Juda und Benjamin, sondern auch für die Bewohner der von ihm eroberten Städte im Gebirge Ephraim umfassend durchgeführt hatte (15,8).[207] Dementsprechend sagt der Chronist ausdrücklich, dass Joschafat den früheren Wegen seines Vaters Asa[208] folgte (17,3bα; vgl. 20,32). Zusätzlich betont der Chronist, dass Joschafat JHWH, den Gott seines Vaters (17,4aα), und nicht die Baale suchte (V.3b) und darum nicht dem Irrweg des omridischen Israel folgte (V.4b).[209] Der Chronist sieht in dieser Hingabe an Jahwe den Grund für die glücklichen Verhältnisse im Inneren, den politischen Bestand (V.5aα) und die Liebe seines Volkes (V.5aβ), die sich in Gaben, Reichtum und Ehre äußerte[210]: „Darum befestigte JHWH das Königtum in seiner Hand. Und ganz Juda gab Joschafat Geschenke, und er hatte Reichtum und Ehre in Fülle" (V.5b).

Der König wurde so mutig, dass er in allen Bereichen weitgehende Neuerungen einführte: Er beseitigte zunächst die Höhen und Ascheren (2. Chr 17,6; vgl. 20,33). Im dritten Jahr sandte er fünf hohe Beamte, acht Leviten und zwei Priester in die Städte Judas, um das Volk auf Grund des „Buches des Gesetzes JHWHs" (ספר תורת יהוה) zu unterweisen (17,7-9). Schließlich verwandte Joschafat seinen großen Reichtum zum Bau von Festungen und Vorratsstädten (V.12), zur Ergänzung seiner Vorräte in den Städten Judas (V.13a) und für die Jerusalemer Garnison (V.13b-19). Über die religiöse Erneuerung Asas hinaus scheint Joschafat mit den militärischen und administrativen Vorkehrungen besondere Anstrengungen unternommen zu haben, um das von Juda aus neu gebildete ganze Israel zu stärken und abzusichern (17,1). Den Lohn für die Frömmigkeit des Königs

---

205 Vgl. S.J. De Vries, Chronicles, 310; er meint hier wahrscheinlich den Angriff Baschas, obwohl er von „Serach" spricht. Vgl. R.B. Dillard, 2 Chronicles, 133.

206 Vgl. S. Japhet, 2 Chronik, 214.

207 So auch R.B. Dillard, 2 Chronicles, 121.

208 MT liest „David", doch ist Asa gemeint. Denn der Chronist unterscheidet nicht zwischen der früheren und späteren Haltung, so H.G.M. Williamson, Chronicles, 281; S.J. De Vries, Chronicles, 310.

209 Diese Notiz fügt er, wie es scheint, aus der Perspektive des Nordreiches hinzu.

210 Vgl. W. Rudolph, Chronikbücher, 250.

bildete die Ruhe vor äußeren Feinden (17,10f.; vgl. 14,4b; 15,15b) und Reichtum und Ehre in hohem Maß (18,1a).

2) Nach dem innenpolitischen Erfolg verschwägert sich Joschafat mit Ahab (2. Chr 18,1b).[211] Im Blick auf seine Bemühungen um ganz Israel in 17,1f. scheint Joschafat mit der Verschwägerung noch aktiver auf das eine Israel hinarbeiten zu wollen.[212] Als erstes bildet er mit Ahab eine militärische Koalition und zieht mit ihm gemeinsam gegen Damaskus in den Krieg (18,2). Während Ahab im Kampf in Erfüllung des Wortes Gottes wegen der Vernachlässigung des Wortes JHWHs stirbt (18,25f.; vgl. 16,10), kann Joschafat nach Jerusalem zurückkehren. Dort erwartet ihn jedoch eine scharfe Kritik: „Sollst du so dem Gottlosen helfen und die lieben, die JHWH hassen? Darum kommt über dich der Zorn von JHWH" (19,1f.). Der Vorwurf soll im folgenden noch genauer untersucht werden.

Durch den Bericht über Reichtum und Ruhm Joschafats in 2. Chr 18,1a, der im DtrG keine Erwähnung findet, verschiebt der Chronist die Gewichtung der Könige zugunsten Joschafats.[213] Außerdem fügt der Chronist in 18,3a „Ahab" als Subjekt hinzu und lässt „Joschafat" gegenüber der Vorlage in 1. Kön 22,4 aus: „*Ahab*, der König von Israel, sagte zu Joschafat, dem König von Juda: Willst du mit mir nach Ramot in Gilead ziehen?" Dadurch kann man anders als in der Vorlage Ahab auch als Subjekt des zweiten Versteils verstehen: „Und *er* sprach zu ihm: Ich bin wie du, und mein Volk ist wie dein Volk. Ich ziehe mit dir in den Kampf" (2. Chr 18,3b). Berücksichtigt man, dass Ahab Joschafat ein festliches Mahl bereitete und ihn „verleitete" (ויסיתהו), gegen Ramot in Gilead hinaufzuziehen (18,2), dürfte der Chronist den Halbvers 18,3b als schmeichlerische Worte[214] verstehen und sie durch die Auslassung des Subjekts „Joschafat" in den Mund Ahabs legen wollen. Somit wird Juda in der Chronik im Unterschied zum DtrG nicht als abhängig vom Nordreich dargestellt, vielmehr

---

211 Auffälligerweise kommt im DtrG das Heiratsbündnis erst in der Joram- und Ahasja-Erzählung zur Sprache (2. Kön 8,18.27).

212 So, wenn auch aus anderer Sicht, J.A. Thompson, Chronicles, 283; R.B. Dillard, 2 Chronicles, 133. Sie sehen in 17,1 einen Hinweis auf die Feindschaft zwischen Süd- und Nordreich und deuten die Verschwägerung Joschafats als Versuch, friedliche Beziehungen zu unterhalten. Dagegen wird die Verschwägerung Joschafats häufig als Hybris gedeutet, so H.G.M. Williamson, Chronicles, 279; S.J. De Vries, Chronicles, 316; S. Japhet, 2 Chronik, 225.

213 Vgl. R.J. Coggins, Chronicles, 214.

214 Mit dieser Charakterisierung der Worte Joschafats nimmt J.A. Thompson, Chronicles, 283, an, dass Joschafat mit seiner Heiratspolitik die Wiedervereinigung im Auge hatte.

wird der Vorrang Judas und Joschafats betont,[215] wie er sich schon in Kap. 17 erwiesen hatte. Hinzu kommt, dass Joschafat in der Chronik als „der König von Israel" tituliert (21,2)[216] und Juda durchaus als ‚Israel' bezeichnet werden kann (17,1; 19,8[217]; 20,34; 21,4), obwohl in der gesamten Joschafat-Erzählung eindeutig „Juda" hervorgehoben wird.[218] Daraus lässt sich schließen, dass der Chronist Joschafat als stellvertretenden Herrscher von ‚ganz Israel' bezeichnen will. In dieser Hinsicht wird der Vorwurf des Chronisten gegen Joschafat verständlich.

Für Joschafat, der JHWH sucht (2. Chr 17,4a.5a), nicht die Baale (V.3b.4b), obwohl damals unter Ahab und Isebel der Baalskult in Blüte stand,[219] ist es wichtig, vor der Zustimmung zum Feldzug die Weissagung von einem Propheten JHWHs einzuholen (18,4.6). Er begnügt sich nicht mit dem positiven Bescheid von vierhundert israelitischen Propheten (V.5b). Ein weiterer Prophet JHWHs, Micha ben Jimla, „gibt zunächst eine Antwort, die als Zustimmung verstanden werden kann, aber doch wohl mehr Spott enthält"[220] (V.14b; 1. Kön 22,15). Dann folgt die „indirekte Antwort"[221] in einer Vision: „Ich sah ganz Israel zerstreut auf den Bergen wie Schafe, die keinen Hirten haben. Und JHWH sprach: Diese haben keine Herren. Sie sollen zurückkehren, jeder in sein Haus in Frieden!" (2. Chr 18,16; vgl. 1. Kön 22,17). Dennoch lässt sich Joschafat von den Worten dieses Propheten nicht beeindrucken, sondern zieht mit nach Ramot (2. Chr 18,2b).[222] Das führt zu der Kritik des Chronisten: „Solltest du so ‚dem Gottlosen' (רשע) helfen und die lieben, die JHWH hassen?" (19,2). Denn Joschafat hat als stellvertretender Herrscher für ganz Israel das geplante Unternehmen Ahabs nicht verhindert und damit den friedlichen Wohlstand (שלום) der Israeliten nicht gesichert. Er hatte dafür den Zorn JHWHs verdient, aber aufgrund seines sonstigen tadelfreien Verhaltens lässt JHWH Gnade ergehen (19,3a; vgl. 12,12).[223] Bei dem Guten, das an ihm gefunden wurde, handelt es sich darum, dass Joschafat die Ascheren aus dem Land ausgetilgt und sein Herz gefestigt hat, Gott zu suchen (19,3b). Damit scheint die Maßnahme, die Joschafat in Juda durchgeführt hatte, gemeint zu sein: „Er entfernte sogar die Kulthöhen und die Asche-

---

215 Gegen S. Japhet, 2 Chronik, 225. Nach Japhet stellt der Chronist die beiden Könige als gleichrangig dar.

216 Vgl. „König von Juda" in 18,3.9.28; 19,1; 20,31.35.

217 W. Rudolph, Chronikbücher, 257, versteht „Israel" in 19,8 als die Laien wie Esr 10,25.

218 Juda in 17,2(2x).5.6.7.9(2x).10.12.13.19; 18,3.9.28;19,1.5.11; 20,3.4(2x).5.13.15.17.18. 20.27.31.35.

219 Vgl. W. Rudolph, Chronikbücher, 250.

220 O. Bächli, Verhinderung, 293.

221 O. Bächli, Verhinderung, 293.

222 Umgekehrt W. Rudolph, Chronikbücher, 255.

223 W. Rudolph, Chronikbücher, 255.

ren (אשרים) von Juda" (17,6b). Wenn also der Prophet in Bezug auf das
Nordreich seinen Vorwurf ausspricht, dann haben offenbar auch die guten
Taten mit dem Nordreich zu tun. Hier erweitert der Chronist stillschwei-
gend „Juda" in 17,3 zu „im Lande". Damit scheint er sagen zu wollen, dass
Joschafat die Ascheren (אשרות) in ganz Israel zerstörte.[224] Das wirkt sich
auch in seiner Gesamtbeurteilung Ahabs aus. Der Chronist lässt nicht nur
die Elija-Erzählung (1. Kön 17,1-21,29), in der die Sünde Ahabs hervorgehoben wird, sondern auch die Verurteilung seines religiösen Verhaltens (1.
Kön 16,29-34) und die theologische Beurteilung des Todes Ahabs (1. Kön
22,36-40) aus, obwohl er die Erzählung von 1. Kön 22 annähernd wörtlich
aufnimmt.

3) In der Forschung wird abhängig von dem Vorwurf gegen den Koalitionskrieg Joschafats mit Ahab (2. Chr 19,1-3) die weitere Geschichte
Joschafats gedeutet. So meint H.G.M. Williamson, dass der Chronist
zeigen wolle, wie der Zorn JHWHs, den Joschafat durch die Verschwägerung mit Ahab (18,1b) und durch den Koalitionskrieg mit Ahab
(18,2) auf sich gezogen hat (19,2), abgewendet wird: Und zwar zuerst
durch eine Gerichtsreform (19,4-11) und dann durch einen Krieg
"without an alliance with Israel and in perfect dependence upon God"
(20,1-30).[225] Dagegen lehnt W. Rudolph aufgrund der neutralen Verknüpfung „danach" (אחרי־כן) die Ansicht ab, dass dieser Krieg als eine
Strafe im Sinne von 19,2 angesehen wird.[226] Nach Rudolph thematisiert
der Chronist diesen „politisch wohl nicht allzu bedeutenden" Feldzug,
um die richtige Haltung des Königs und Volkes von Israel, die das
Eingreifen JHWHs voraussetzt, aufzuzeigen.[227] Über diese Deutung
Rudolphs hinausgehend wird in den folgenden Kapiteln 19 und 20 im
Unterschied zu Kap. 18 ein ganz anderes Bild von Joschafat als stellver-
tretendem Herrscher für ganz Israel gezeichnet.[228]

---

224 Bei diesem Vorwurf handelt es sich nicht um die politische Ablehnung des Nordrei-
     ches, so auch R. Mosis, Untersuchungen, 176. Dagegen H.G.M. Williamson, Chronic-
     les, 286; J.A. Thompson, Chronicles, 288, die das Wort „lieben" und „hassen" in 19,2
     im politischen Sinne verstehen.
225 H.G.M. Williamson, Chronicles, 279. Ähnlich J. Becker, 2 Chronik, 62; S.J. De Vries,
     Chronicles, 320.
226 Vgl. W. Rudolph, Chronikbücher, 260; so auch S.J. De Vries, Chronicles, 308; 328.
227 Vgl. W. Rudolph, Chronikbücher, 260
228 P.R. Davies, Defending, 43-54, liest dieses Kapitel im Zusammenhang mit der Frage
     nach der Identität Israels in der nachexilischen Zeit, in der "the threat from these
     people [die Moabiter und die Ammoniter] in the time of the Chronicler (as in Ezra-
     Nehemia) will have been in terms of ethnic identity" (49). Möglicherweise handle es
     sich um ein „real issue", und zwar „the integrity of the society of 'Israel' as an ethni-
     cally and cultically defined group" (54).

Nach der Kritik an der falschen Verbindung mit dem Nordreich kehrt Joschafat zu seinen früheren Reformanstrengungen zurück: Er bemüht sich, das Volk zu Gott zurückzuführen (2. Chr 19,4), und führt eine Rechtsreform durch (19,5-11). Danach (אחר־כן) kommt der Feldzug gegen die Koalition von Moabitern, Ammonitern und Mëunitern[229] zur Sprache (20,1-30). Während der Dtr die sonstigen militärischen Aktionen Joschafats nur andeutet (1. Kön 22,46), berichtet der Chronist ausführlich davon. Angesichts der Kunde vom bevorstehenden Angriff der Koalition dreier Völker wendet sich Joschafat an JHWH und ruft ein Fasten aus (2. Chr 20,3). Juda versammelt sich aus allen Städten in Juda. Der dreimal wiederholte Gebrauch des Ausdrucks „JHWH-Suchen" (דרש יהוה) in Bezug auf den König (20,3), Juda (V.4a) und diejenigen, die aus allen Städten Judas kommen (V.4b), zeigt einerseits das Ausmaß der Bedrohung, andererseits das vollständige Vertrauen auf JHWH. Das Gottvertrauen findet seinen Lohn: Es kommt zu einem wunderbaren Sieg. Der König steht vor der Versammlung von Juda und Jerusalem im neuen Vorhof des Tempels (V.5) und betet als Stellvertreter des Volkes.[230] Im Gebet erinnert Joschafat daran, dass JHWH seinem Volk „Israel" durch die Verheißung an seinen ‚Freund' Abraham den Besitz des Heiligen Landes für immer garantiert (V.7.8a) und den Tempel als seine Offenbarungsstätte anerkannt hat, wo man in jeder Not um Hilfe schreien und der Erhörung sicher sein darf (V.8bf.).[231] Darum fühlt sich Joschafat in der gegenwärtig bestehenden militärischen Bedrohung berechtigt, seinen Hilferuf an JHWH zu richten.[232] Die Hoffnung auf JHWHs Eingreifen ist um so mehr berechtigt, „weil der Angriff der drei Völker auf das Heilige Land (V.11) ein Zeichen schnöden Undanks ist, nachdem Israel seinerzeit beim Zug nach Palästina auf JHWHs Geheiß ausdrücklich ihre Länder geschont hatte (2. Chr 20,10f.; vgl. Dtn 2,1-19; Ri 11,15-17)."[233] Hier wird Juda deutlich als Nachfolger des vorstaatlichen Israel hervorgehoben.[234] So werden die drei Völker als ‚die Feinde Israels' bezeichnet (2. Chr 20,29). Die Bezeichnung ‚Israel' umfasst über „de[n] religiöse[n] Würdenamen"[235] hinaus das ganze Israel (20,7.10.19.29). Hier wird Joschafat im Unterschied zu seiner Rolle im Koa-

---

229 Da die Ammoniter zweimal erwähnt werden, ist מהמעונים statt der Lesart מהעמונים in V.1 nach LXX zu lesen, vgl. 2. Chr 26,7.

230 Vgl. W. Rudolph, Chronikbücher, 261. P.C. Beenjes, Jehoshapat's Prayer, 266, charakterisiert das folgende Gebet als „national lament".

231 Vgl. W. Rudolph, Chronikbücher, 261.

232 Vgl. S. Japhet, 2 Chronik, 251.

233 W. Rudolph, Chronikbücher, 261.

234 R.J. Coggins, Chronicles, 223f., sieht darin Kontinuität und Identität des alten und gegenwärtigen Israels. Dieser Zug ist in dem juristischen System 2. Chr 19,8 zu sehen.

235 W. Rudolph, Chronikbücher, 263.

litionskrieg mit Ahab (V.32) als recht handelnder König dargestellt, der stellvertretend für ganz Israel handelt. Wenn 2. Chr 20 eine Umformung von 2. Kön 3 ist, in der Joschafat eine nur untergeordnete Rolle gespielt hatte,[236] dann wird die Absicht des Chronisten noch deutlicher, Joschafat nunmehr als Stellvertreter für ganz Israel darzustellen. Der Vorrang Judas und die Hervorhebung Joschafats als König Judas in der Joschafat-Erzählung stehen auf dieser Linie.

Nach der zusammenfassenden positiven Beurteilung teilt der Chronist von der Vorlage ausgehend mit: „Nur die Opferhöhen wurden nicht entfernt" (2. Chr 20,33a; 1. Kön 22,44a). Das führt zu einer gewissen Spannung mit 2. Chr 17,6b: „Er entfernte sogar die Kulthöhen und die Ascheren (אשרים) von Juda." Auffälligerweise erwähnt der Chronist von der Vorlage abweichend einen Grund für die fehlende Aufhebung der Kulthöhen: „Denn das Volk hatte sein Herz noch immer nicht auf den Gott seiner Väter gerichtet" (2. Chr 20,33b; vgl. 1. Kön 22,44b[237]). In 2. Chr 20,33 dürfte sich diese Angabe wohl auf Nordisrael beziehen. Wie wir festgestellt haben, hat Joschafat nach dem Chronisten zwar die Ascheren (אשרות) auch im Norden zerstört (19,3), aber die Opferhöhen blieben erhalten, weil das Volk im Norden sein Herz für den Gott ihrer Väter ‚noch' nicht bereitet hatte (20,33),[238] obwohl Joschafat selbst fest entschlossen war, Gott zu suchen (19,3). In diesem Fall hat Joschafat als stellvertretender Herrscher von ganz Israel keinen positiven Einfluss auf das Volk im Norden ausgeübt, obwohl er anders als Asa durch die Verschwägerung in der Lage gewesen wäre, im Norden die Opferhöhen zu entfernen (vgl. 14,2; 15,17). Diese Sicht der stellvertretenden Funktion Judas für ganz Israel ist dann noch einmal in der Umänderung der Quellenangabe sichtbar: Nicht mehr in der „Chronik der Könige von Juda" (1. Kön 22,46), sondern im „Buch der Könige Israel" (2. Chr 20,34) sind die Taten Joschafats verzeichnet.[239]

In der letzten Regierungszeit verbindet sich Joschafat wieder mit Ahasja (2. Chr 20,35). Anders als im DtrG geht der König von vornherein auf die Zusammenarbeit mit Ahasja ein (20,36). Noch kräftiger als in 19,2, wo der Zorn JHWHs über Joschafat aufgrund der guten Taten gemildert wird, wird er dafür verurteilt, dass er sich mit Ahasja einließ: „Weil du

---

236 So J. Werlitz, Könige, 200.
237 In der Vorlage: „das Volk opferte und räucherte noch auf den Höhen."
238 Aufgrund 2. Chr 20,33b versteht H.G.M. Williamson, Chronicles, 302, die fehlende Aufhebung der Kulthöhen als die Handlung des Volkes.
239 S. Japhet, 2 Chronik, 260, unterscheidet zwei Werke, die als Quelle vom Chronisten tatsächlich verwendet wurden, nämlich „das Buch der Könige von Juda und Israel" und „das Buch der Könige von Israel". Sie nimmt an, dass letzteres Werk als eine Art Chronik über Generationen hin vom jeweiligen Propheten geschrieben worden sei.

dich mit Ahasjahu verbündet hast, hat JHWH dein Werk zertrümmert!"[240] (20,37bα). Die Schiffe zerschellen und können nicht nach Tarschisch fahren. Wenn der Chronist Ahasja als „gottlos" (רשע; 20,35b) charakterisiert, was auf 1. Kön 22,52-54 zurückzugehen scheint, geht es bei diesem Vorwurf wohl um das Verhalten Joschafats in seiner Zusammenarbeit mit dem „frevelhaften" König Ahasja.

4.4.2.2 Juda und Israel von Joram bis Atalja (2. Chr 21-23)

4.4.2.2.1 Synoptischer Vergleich

2. Chr 21-23		1. Kön 22 - 2. Kön 1-11	
21,1	Einleitungsnotiz über Joram	1. Kön	Tod Joschafats und seiner
		22,51	Nachfolger
		22,52-54	Beurteilung Ahasjas
		[2. Kön	Elija- und Elischa-
		1,1-8,15	Erzählungen]
		8,16	Einleitungsnotiz über Joram
21,2f.	Familienpolitik Joschafats		
21,4	Brudermord Jorams		
21,5-7	Beurteilung Jorams	8,17-19	Beurteilung Jorams
21,8-10	Außenpolitische Misserfolge	8,20-22	Verlust Edoms und Libnas
21,11	Kultische Verfehlungen		
	Jorams		
21,12-15	Brief des Propheten Elija		
21,16f.	Weitere Misserfolge		
21,18.19a	Jorams Krankheit		
21,19b	Jorams Tod und Begräbnis		
21,20a	Ausgangsnotiz		
		8,23	Quellenangabe
21,20b	Begräbnis	8,24	Begräbnis
22,1	Ahasjas Thronfolge		
		8,25	Synchronisierung
22,2	Eingangsnotiz	8,26	Eingangsnotiz
22,3-5	Die bösen Wege des Ahasja	8,27f.	Die bösen Wege des Ahasja
22,6	Ahasjas Krankenbesuch bei	8,29	Ahasjas Krankenbesuch bei
	Joram		Joram
		[9,1-26	Elija-Erzählung]
22,7-9	Das Ende des Ahasja	9,27f.	Das Ende des Ahasja
		[10,1-36	Elija-Erzählung]
22,10	Gefährdung des Hauses	11,1	Gefährdung des Hauses Juda
	Juda durch Atalja		durch Atalja
22,11f.	Rettung von Joaschs Leben	11,2f.	Rettung von Joaschs Leben
23,1-11	Krönung Joaschs	11,4-12	Krönung Joaschs
23,12-15	Das Ende Ataljas	11,13-16	Das Ende Ataljas

---

240 W. Rudolph, Chronikbücher, 262.

4.4.2.2.2   Das Vakuum der Herrschaft von Joram bis Atalja

1) Der Chronist berichtet, dass Joram bald nach seiner Thronbesteigung seine sechs Brüder, die Joschafat mit reichen Mitteln und mit der Belehnung mit Festungsstädten ausgestattet hatte (2. Chr 21,2f.; vgl. 11,23), und einige Personen aus der führenden Schicht, offenbar deren Parteigänger, ums Leben brachte. Zwar bleibt das Motiv für Jorams Tat im Dunkeln, aber man kann sie als Ausdruck von Hybris sehen[241]: „Da erhob sich Joram über das Königtum seines Vaters, fasste Mut und tötete alle seine Brüder mit dem Schwert und auch einige von den Oberen Israels" (21,4). In diesem Brudermord sieht der Chronist die Bedrohung der davidischen Dynastie. Dies drückt die chronistische Umschreibung der Vorlage klar aus: JHWH wollte um seines Knechtes David willen Juda nicht vernichten (2. Kön 18,9), sondern das Haus Davids, dem wegen des Bundes mit David JHWHs Gnade gilt, erhalten (2. Chr 21,7).[242] Nach dem Chronisten besteht die Sünde Jorams darin, dass er auf dem Weg der Könige Israels ging (21,6). Der Chronist begründet den Abfall von Edom und Libna (V.8.10a) und die politischen Misserfolge Jorams mit der kultischen Verfehlung des Königs Joram: Joram baute Höhenheiligtümer auf den Bergen von Juda, verführte die Einwohner Jerusalems zur Abgötterei und machte Juda abtrünnig (V.10b.11).

Auch der Prophet Elija, der nach DtrG nie in Juda auftrat,[243] macht in einem Brief Joram zum Vorwurf, dass er nicht auf dem Weg Joschafats und Asas, sondern auf dem der Könige Israels ginge (2. Chr 21,12.13a).

Hier wird deutlich, dass es bei der vergleichenden Bewertung nicht um die Verwandtschaft mit Ahab, sondern um den Baalskult geht[244]: Joschafat „tat nicht wie Israel", insofern er nicht den Baalen, sondern JHWH folgte (2. Chr 17,3f.; 18,6; 22,9a). Die Verschwägerung mit Ahab schmälert demnach nicht das Urteil über Joschafat.

Der Prophet sieht den Grund für sein Versagen in der Anpassung an das Verhalten der Könige Israels: „Weil du *in dem Weg der Könige von Israel* gewandelt bist und Juda und die Bewohner von Jerusalem zur Hurerei verführt hast, *nach den Hurereien des Hauses Ahabs,* und weil du auch deine

---

241 Vgl. 2. Chr 12,1.
242 Vgl. W. Rudolph, Chronikbücher, 266.
243 Vgl. W. Rudolph, Chronkbücher, 267; B.J. Diebner, Überlegung, 210. Diebner beschäftigt sich mit der Frage, warum sich der Prophet Elia an einen König von Juda wendet. Er bemerkt: „Wenn das religiöse Israel exklusiv identisch ist mit der historischen Grösse JUDA, dann kann ‚Prophetie in Israel' auch nur ‚Prophetie gegenüber JUDA' sein. Somit muss die für dieses ‚Israel' bewahrenswerte prophetische Tradition auf JUDA konzentriert werden."
244 So auch S. Japhet, 2 Chronik, 267.

Brüder, das Haus deines Vaters, umgebracht hast, die besser waren als du" (2. Chr 21,13). Wenn der Chronist die Wurzel des Übels in der Verbindung der beiden Königshäuser durch die Heirat Ataljas, der Tochter bzw. Schwester[245] Ahabs mit Joram, dem Sohn Joschafats, sieht (21,6b; vgl. 22,2), geht es offensichtlich um den Einfluss des Nordreiches auf den König des Südreiches, das in der Sicht des Chronisten eigentlich eine stellvertretende Funktion für ganz Israel wahrnimmt.[246] Diese Sicht wird vom Chronisten mit dem Titel „König von Israel" für Joschafat (21,2b) und mit der Bezeichnung „Israel" für Juda (21,4) im vorhergehenden Zusammenhang hervorgehoben. Die Strafe für die Ermordung der Brüder Jorams und für den kultischen Abfall infolge des Einflusses des Nordreiches wird für alle Lebensbereiche, Familie, Besitz und Gesundheit, angekündigt (21,14f.). So werden alle Söhne Jorams außer Ahasja, des jüngsten Sohnes Jorams, von den Philistern und Arabern umgebracht (21,17b; 22,1).

2) Nach dem Chronisten geriet Ahasja in noch größere Abhängigkeit von Israel. So wird in der Ahasja-Erzählung mehrfach der unheilvolle Einfluss der Königinmutter Atalja unterstrichen: „Und auch er wandelte in den Wegen des Hauses Ahab; denn seine Mutter beriet ihn zu gottlosen Handeln. Und er tat, was JHWH missfiel, wie das Haus Ahab; denn sie waren seine Ratgeber nach seines Vaters Tod, ihm zum Verderben" (2. Chr 22,3f.). Atalja übernahm mit der Thronbesteigung ihres minderjährigen Sohnes Ahasja die Regentschaft. Unter dem Einfluss Ataljas, auf ihren Rat hin zog Ahasja mit Joram, dem Sohn Ahabs und König von Israel, in den Kampf nach Ramot in Gilead gegen Hasaël, den König von Aram (V.5). Damit ruft Ahasja eine „göttliche Fügung"[247] hervor, so dass er zwar einen Überfall der Araber überlebt, aber beim Besuch des verwundeten Joram in die Katastrophe hineingerissen wird, die durch Jehu über den König des Nordreiches kam (V.7.9a). Nach seiner Ermordung durch Jehu hatte das Haus Ahasjas niemand mehr, der zum Königtum fähig gewesen wäre (V.9b).

3) Die Chronik teilt mit, dass Atalja, die Mutter Ahasjas, nach dem Tod ihres Sohnes „das ganze Geschlecht des Königtums" (כל־זרע הממלכה) ausgerottet habe (2. Chr 22,10), so dass die davidische Dynastie zutiefst

---

245 2. Kön 8,26 und 2. Chr 22,2 belegen „Tochter von Omri", dagegen Peschitta und Vulgata „Schwester".

246 Daher ist nicht verwunderlich, dass sich der nordisraelitische Prophet Elija nicht an die Ahabiden, sondern an die Davididen wendet (2. Chr 21,12-15). Vgl. E. Ben Zvi, Secession, 86, bes. Anm 67; Ders, Ideological Constructions, Anm.7 und S.8f.

247 Nach dem Vorschlag W. Rudolphs, Chronikbücher, 268, wird in 2. Chr 22,7 נסבּ statt תבוסת‎ „Zertretung" gelesen.

gefährdet wurde.[248] „[Damit] erreicht die Bedrohung des davidischen Königshauses ihren Höhepunkt."[249] Darüber hinaus hat Atalja den Tempel und den Kult verfallen lassen und zu Abgötterei geführt: „Denn die gottlose Atalja und ihre Söhne haben das Haus Gottes verfallen lassen, und alle Weihegaben des Hauses JHWHs für die Baale verwendet" (24,7).

4) Aus der vergleichenden Bewertung der obigen Könige von Juda wird auf der negativen Folie des Nordreiches ersichtlich: Joram „wandelte auf dem Wege der Könige von Israel, wie das Haus Ahab tat" (2. Chr 21,6 = 2. Kön 8,19; 2. Chr 21,13); Ahasja „wandelte auf den Wegen des Hauses Ahabs" und „tat, was dem Herrn missfiel gleichwie das Haus Ahabs" (2. Chr 22,3f. = 2. Kön 8,27). Nach dem Chronisten gingen die Könige Judas, die als stellvertretende Herrscher für ganz Israel auf das Nordreich einen guten Einfluss hätten ausüben sollen, stattdessen auf den Wegen der Könige Israels. Hier wird deutlich, dass der Chronist den Grund für die katastrophalen Folgen nicht in der Verschwägerung selbst, sondern in dem schlechten Einfluss, den sie bewirkte, sieht. Wenn der Chronist die Quellenangabe der Vorlage (für Joram in 2. Kön 8,23) bewusst ausgelassen hat, dann will er wahrscheinlich die Zeit der beiden Könige, die sehr vom Nordreich abhängig waren, als ein Vakuum in der davidischen Herrschaft erscheinen lassen. Daraus wird ersichtlich, dass der Chronist nicht auf irgendeine Vereinigung beider Königtümer abzielt. Eine Vereinigung unter Führung des Nordens wäre ein Irrweg. Vielmehr geht es ihm um eine Vereinigung, in der die Könige von Juda als stellvertrende Herrscher ganz Israels ihre Verantwortung für das ganze Volk wahrnehmen. Diese Sicht wird verstärkt durch die Amazja-Erzählung, besonders in 2. Chr 25,17-24. Manche Exegeten wollen allerdings in dieser Erzählung ein besonders negatives Urteil über das Nordreich sehen.

---

248 Vgl. Notizen über die Familien-Verhältnisse aller Könige aus dem Hause Davids bis zu der Krise unter Atalja in 2. Chr 11,18-21; 13,21; 21,2-4, vgl. S. Japhet, 2 Chronik, 175.
249 S. Japhet, 2 Chronik, 284.

4.4.3 Juda und Israel unter Amazja (2. Chr 25)

4.4.3.1 Synoptischer Vergleich

2. Chr 25		2. Kön 14	
V.1	Eingangsnotiz	V.2	Eingangsnotiz
V.2	Beurteilung	V.3f.	Beurteilung
V.3f.	Tötung der Mörder Joaschs	V.5f.	Tötung der Mörder Joaschs
V.5-10	Anwerbung der Söldner		
V.11f.	Sieg über Edomiter	V.7	Sieg über Edomiter
V.13	Raubzug der Ephraimiten		
V.14-16	Amazjas Verehrung der edomitischen Götter		
V.17	Herausforderung Amazjas gegen Joasch von Israel	V.8	Herausforderung Amazjas gegen Joasch von Israel
V.18f.	Erwiderung	V.9f.	Erwiderung
V.20	Theologischer Kommentar		
V.21	Kampf Amazjas gegen Joasch von Israel	V.11	Kampf Amazjas gegen Joasch von Israel
V.22-23a	Niederlage der Judäer	V.12-13a	Niederlage der Judäer
V.23b	Zerstörung der Befestigungsanlagen Jerusalems	V.13b	Zerstörung der Befestigungsanlagen Jerusalems
V.24	Plünderung der Tempel- und Palastschätze	V.14	Plünderung der Tempel- und Palastschätze
		V.15f.	Übrige Geschichte von Joas
V.25f.	Weiteres Leben Amazjas und Quellenangabe	V.17f.	Weiteres Leben Amazjas und Quellenangabe
V.27f.	Ermordung in Lachisch	V.19f.	Ermordung des Amazja

4.4.3.2 Juda und Israel unter Amazja

1) In der Amazja-Erzählung kommt ausdrücklich zur Sprache, dass JHWH nicht mit Israel ist (2. Chr 25,7b): Als der König Amazja offenbar zur Vorbereitung eines Feldzuges[250] die wehrfähigen Männer aus Juda gemustert hatte(25,5), versuchte er wegen der vergleichsweise geringen Anzahl der Soldaten[251] seiner Streitmacht durch Anwerbung von Söldnern aus dem Nordreich aufzuhelfen (V.6).[252] Erst aufgrund eines Prophetenwortes, dass die Einreihung von israelitischen Söldnern ins judäische

---

250 So auch W. Rudolph, Chronikbücher, 281; S. Japhet, 2 Chronik, 315.

251 Vgl. die Zahl der Streitkräfte in 1. Chr 21,1.4; 27,23f.; 2. Chr 2,17; 14,7; 17,14-19; 26,11-13.

252 So auch W. Rudolph, Chronikbücher, 281; G.N. Knoppers, Alliances, 619.

Heer zu einer Katastrophe führen werde, da JHWH nicht mit Israel sei (V.7), trat Amazja von diesem Plan zurück. Auf den ersten Blick scheint der Chronist hier seine Einstellung gegenüber Nordisrael als "Anti-Israel" offen zu legen.[253] Angesichts der negativen Konsequenzen durch die Verschwägerung mit der Ahab-Dynastie scheint hinter dieser rigorosen Aussage eine entschlossene Ablehnung aller Nordreichbewohner bzw. des gesamten Nordreiches zu stehen.

Etliche Kommentatoren sind sich allerdings darüber einig, dass diese negative Aussage keine generelle Ablehnung des Nordreiches bedeutet.[254] Vor allem S. Japhet hat mit Recht darauf hingewiesen, dass diese Aussage auf den Beistand JHWHs im Sinne von 2. Chr 15,2[255] und auf den Krieg gegen die Edomiter beschränkt ist.[256] Doch wird bei ihr daraus dann doch eine "Anti-Israel"-Konzeption, wenn sie behauptet, dass die Beteiligung von Nordisraeliten an dem Krieg gegen die Edomiter wegen ihrer ursprünglichen Sünde jede Chance für den Sieg Judas zunichte mache.[257] In der Forschung werden das Nordreich und die Nordreichbewohner meist unter dem Gesichtspunkt der Ursünde der Rebellion bei der Errichtung eines Königreichs (13,4-12) beurteilt.[258] Die Betonung des Vertrauens auf JHWH in 25,11 spricht dagegen.

Der Chronist sieht schon an der Rekrutierung der Söldner aus Nordisrael, dass das Herz Amazjas nicht ungeteilt bei JHWH ist (2. Chr 25,2b). In dieser Rekrutierung hebt sich Amazja von Asa ab, der, obwohl sein Heer nur halb so groß ist wie das feindliche, diesem im Vertrauen auf JHWH entgegenzutreten wagt (14,10ff.). Bei der prophetischen Mahnung geht es also um das mangelnde Vertrauen des Königs zu JHWH. Nach dem Chronisten sind alle Bündnisse ein Ausdruck des Mangels an Vertrauen auf JHWH.[259] Amazja erweist seinen Gehorsam gegen das Gotteswort, indem er auf JHWH vertraut und die schon bezahlten Söldner aus dem Nordreich wegschickt. Sein Lohn für den Gehorsam gegen das Gotteswort

---

253 So G. von Rad, Geschichtsbild, 29ff. und W. Rudolph, Chronikbücher, IX; R.J. Coggins, Chronicles, 245; R.B. Dillard, 2 Chronicles, 199; W. Johnstone, 2 Chronicles, 154; G.N. Knoppers, Alliances, 621.

254 Z.B., H.G.M. Williamson, Chronicles, 329; S. Japhet, Ideology, 321.

255 „Wenn ihr ihn sucht, wird er sich von euch finden lassen. Werdet ihr ihn aber verlassen, so wird er euch auch verlassen."

256 Vgl. S. Japhet, Ideology, 322.

257 Vgl. S. Japhet, Ideology, 321; in ihrem Kommentar, 2 Chronik, 317, weist Japhet darauf hin, dass sich JHWH den Israeliten entzieht, weil sie schuldig sind. Dafür beruft sie sich auf 2. Chr 28,10.

258 In diese Richtung H.G.M. Williamson, Chronicles, 329; J.A. Thompson, Chronicles, 321; W. Johnstone, 2 Chronicles, 154.

259 Ein klares Beispiel ist Asa, der angesichts des Angriffs des Nordreiches durch die Auslieferung der Schätze des Tempels und des Palastes die militärische Intervention Arams gegen Nordisrael erkauft hat (2. Chr 16,2f.; vgl. 18,3ff.; 22,5).

war der Sieg über die Edomiter (2. Chr 25,11; 2. Kön 14,7). Daraus darf
man nicht schließen, dass der Chronist mit dieser Aussage jedes Sich-
Verbünden mit dem Nordreich kritisiert.[260] Diese Aussage bildet bloß die
Folie für Zusagen, die darauf verweisen, dass allein Gott über die Kraft zur
Hilfe verfügt (2. Chr 25,8). Nach dem Chronisten bringt nicht das Verbünden mit Nordisrael, sondern der "Mangel an Vertrauen" Unheil. Darin
kommt nicht so sehr zum Ausdruck, dass JHWH nicht mit Israel sei, vielmehr wird die Fehleinstellung Judas kritisiert, es könne mit Hilfe israe-
litischer Söldner besonders erfolgreich Krieg führen, da diese von Gott
unterstützt würden.

2) Es ist nicht ganz klar, warum die Söldner, nachdem Amazja wider
Erwarten auf ihre Dienste verzichtet hatte, in hellem Zorn heimzogen
(2. Chr 25,10) und in die Städte Judas einfielen (V.13). Wie manche Aus-
leger annehmen, könnte der Grund für die Plünderungen sein, dass sie
einen Anteil an der Kriegsbeute erwartet hatten.[261] Allerdings ist diese
Annahme nicht ganz schlüssig, denn die Söldner wurden bereits bezahlt, worauf der Dialog zwischen dem König und dem Mann Gottes
hinweist. Amazja trauert angesichts des Mahnwortes zunächst seinem
Geld nach: „Was wird dann mit den hundert Talenten, die ich der israelitischen Truppe gegeben habe?" (V.9aβ). Doch der Gottes Mann
spricht ihm Trost zu: „JHWH kann dir mehr geben als dies" (V.9bβ).
Außerdem macht die Art und Weise der übermäßigen Plünderungen
und Räubereien der Söldner den Eindruck, dass sie eine Art von Vergeltung üben: „Die Männer der Truppe, die Amazja hatte zurückkehren lassen, dass sie nicht mit ihm in den Kampf zögen, fielen in die
Städte Judas ein von Samaria bis nach Bet-Horon[262] und erschlugen
dreitausend Mann von ihnen und gewannen viel Beute" (V.13). So wird
das Verhalten der Söldner in Juda als eine Strafaktion gezeichnet. Allerdings bilden die verbundenen Plünderungen und Räubereien der abgewiesenen Söldner insofern ein Problem, als in der chronistischen
Amazja-Erzählung der Edomitersieg als Lohn für den Gehorsam des
Königs gegen das Gotteswort dargestellt wird (V.11f.). Aufgrund dieser

---

260 Gegen H.G.M. Williamson, Chronicles, 329; G.N. Knoppers, Alliances, 621.
261 H.G.M. Williamson, Chronicles, 329; J. Becker, 2 Chronik, 82; J.A. Thompson, Chro-
     nicles, 322; S. Japhet, 2 Chronik, 318; W. Johnstone, 2 Chronicles, 157.
262 Harmonisierend liest W. Rudolph, Chronikbücher, 279, „Samaria" als „Migron". So
     auch J.A. Thompson, Chronicles, 322. Auf Grund einer Hypothese über die geogra-
     phischen und politischen Verhältnisse nimmt S. Japhet, 2 Chronik, 318, an: „inner-
     halb des efraimitischen Territoriums, das sich von Samaria bis Bet-Horon erstreckte,
     könnte es Städte gegeben haben, die den Judäern gehörten." Dafür beruft sich S.
     Japhet 2. Chr 17,2 und 19,4.

uneinheitlichen Darstellung göttlicher Vergeltung[263] nimmt S. Japhet an, dass die chronistische Amazja-Erzählung lokale Feindschaft und Unruhe zwischen beiden Reichen während der Königszeit reflektiert.[264] Im Anschluss an die übliche Annahme, dass nach der Deportation Amazjas (V.23) sein Sohn Uzziah unter der Hegemonie des Joas als Regent bestimmt wurde (V.25),[265] schließt S. Japhet, dass Juda in der ganzen Regierungszeit Amazjas von Israel abhängig war.[266] Zum Verständnis dieses Abschnitts ist es hilfreich, zuerst die weitere Darstellung zu betrachten.

3) Ermutigt durch den Edomitersieg (2. Chr 25,19a) fordert Amazja den König von Israel heraus (V.17). Wie das Wort „sich beraten" (וַיִּוָּעַ) andeutet, bezieht sich die Herausforderung Amazjas aber wohl auch auf eine Satisfaktion für die schweren Verluste, die Juda durch die abgewiesenen Söldner aus dem Nordreich hatte hinnehmen müssen. [267] Nach dem Chronisten ist dieser Plan töricht und die Strafe wird bald folgen (V.16b). Er knüpft mit derselben Wurzel יעץ an das Vorhergehende (לְעֵצָה; יָעַץ; הֲלְיוֹעֵץ in V.16) an, in dem sich Amazja durch die Verehrung der Götter der besiegten Edomiter und durch die Misshandlung des Propheten als töricht erweist (V.14-16a).

Auf die Herausforderung Amazjas antwortet Joas, der König von Israel, Amazja, dem König von Juda, zuerst mit einer Parabel: „Der Dornstrauch auf dem Libanon sandte zu der Zeder auf dem Libanon und sagte: Gib deine Tochter meinem Sohn zur Frau! Aber das Wild auf dem Libanon lief über den Dornstrauch und zertrat ihn" (2. Chr 25,18). Diese Parabel beschreibt die Hybris und ihre Folgen. Zwar macht der Chronist deutlich, dass die Hybris Amazja zu Götzendienst (25,14b) und zur Selbstsicherheit führte. Daraus kann man aber nicht schließen, dass Joas mit dieser Parabel die vorliegende Situation meinte. Denn, wie S. Japhet formuliert, „Amazja hatte keine friedliche Verbindung angeboten, sondern zu einem Waffengang herausgefordert, Joas erteilt ihm eine Antwort, und Amazjas Verderben wird nicht durch einen Dritten bewirkt, sondern durch Joas selbst."[268]

---

263 In der Amazja-Erzählung spielt das Vergeltungsprinzip durchaus eine Rolle: Vergeltungsmaßnahme nach dem Gesetz (25,3f.); Verluste durch Nordisrael wegen der Verehrung der Götter von Edom (V.16.20); Verschwörung, Flucht und Tod aufgrund der Abweichung von der Nachfolge JHWHs (V.27).
264 Vgl. S. Japhet, 2 Chronik, 313.
265 Vgl. S. Japhet, 2 Chronik, 322.
266 Vgl. S. Japhet, 2 Chronik, 323. Aufgrund der Thronbesteigung Usijas durch „das ganze Volk von Juda" (2. Chr 26,1) vermutet Japhet, dass Juda erst mit Amazjas Tod unabhängig von Nordisrael wurde (325).
267 So auch I. Meyer, Gedeutete Vergangenheit, 131.
268 S. Japhet, 2 Chronik, 320.

Die Parabel bezieht sich darum sehr wahrscheinlich auf die vorhergehende Rekrutierung der Söldner und ihre Folgen. Diese Parabel legt die Vermutung nahe, dass Amazja von Joas, dem König von Israel, die Teilnahme am Krieg gegen die Edomiter verlangt hat, dass aber dieser dies aus irgendeinem Grund abgelehnt hat. Zwar wird dies nicht explizit ausgesprochen, aber Joas interpretiert diese Aufforderung auf jeden Fall als Überheblichkeit. Darum mag Amazja die Söldner durch private Abmachungen rekrutiert haben.[269] Doch ist Amazja nach der Hypothese von J.R. Bartlett von der Abmachung zurückgetreten, weil aufgrund der guten Beziehungen zwischen Israel und Edom "possibly the Israelite soldiers were not thought to be reliable against the Edomites".[270] Joas interpretiert die Plünderungen der Söldner jedenfalls als Strafe für diese Vorgänge. Vor allem durch die dreimal wiederholte Spezifizierung des Dornstrauches im Libanon, der Zeder im Libanon und des Wildes im Libanon, unterstreicht Joas die gemeinsame Identität.

Noch einmal bezeichnet Joas, der König von Israel, die Herausforderung Amazjas ausdrücklich als Hybris aufgrund des sogar ohne die israelitischen Söldner errungenen Sieges: „Du denkst: Siehe, ich habe die Edomiter geschlagen. Darüber erhebt sich dein Herz, und du suchst noch mehr Ruhm" (2. Chr 25,19a). Damit versucht König Joas von Israel den Bruderkrieg zu vermeiden[271]: „Bleib doch daheim (שבה בביתך)! Wozu willst du dich mit dem Unglück einlassen? Du kommst mitsamt Juda zu Fall!" (25,19b). Doch beginnt Joas den Krieg gegen Amazja, da dieser die Mahnung ignoriert (25,21). Dabei unterliegt Amazja dem Nordreich. Darüber hinaus gerät er selber in Gefangenschaft und muss das Einreißen der Mauer von Jerusalem erleben. Joas, der König von Israel, plündert den Tempel und das Haus des Königs (25,22-24). Damit wird das Symbol für das Königtum Gottes auf das Nordreich übertragen (vgl. 12,9).[272] Doch es handelt sich auch hier um eine pädagogische Strafe! (vgl. 12,8). Eindeutig wird das Konfrontationsverhältnis der beiden Königtümer reflektiert,[273] wie es vom DtrG vorgegeben ist. Aber der Chronist verdeutlicht, dass die

---

269 So W. Rudolph, Chronikbücher, 281; er spezifiziert diese Söldner als Leute, die im Nordreich kein Auskommen fanden und als Reisläufer in die Fremde gingen. So ähnlich nimmt S. Japhet, 2 Chronik 315, an, „dass zu jener Zeit im Herzen des Nordreichs paramilitärische Verbände auf lokaler Ebene bestanden, die der Zentralgewalt nicht unterstanden."

270 H.G.M. Williamson, Chronicles, 329, stellt die Meinung von J.R. Bartlett, JTS ns 20 (1969), 14 vor.

271 So auch S. Japhet, Ideology, 314.

272 Vgl. W. Johnstone, 2 Chronicles, 161.

273 Vgl. R.J. Coggins, Chronicles, 247; S. Japhet, 2 Chronik, 313. Dagegen spricht der Verzicht auf die dtr Notiz über Kriege zwischen dem Süden und Norden (1. Kön 14,30; 15,16).

Hybris Amazjas diese Konfrontation verursacht hat und dass dabei Gott
das Ignorieren der Warnung des Joas durch Amazja bewirkt hat. Zu dieser
sachlichen Erklärung kommt noch eine theologische Begründung für den
Krieg zwischen dem Süden und dem Norden hinzu, nämlich dass Amazja
die Götter der besiegten Edomiter nach Jerusalem geholt, ihnen gedient
und ihnen geopfert habe (25,14.20), wobei die Änderung des Verhaltens
Amazjas in der Abschlussnotiz durch die ergänzende Bemerkung „von
der Zeit, wo Amazja von JHWH abgewichen war" noch einmal klar gekennzeichnet wird (25,27). Wenn der Chronist die Niederlage Judas durch
das Nordreich mit dem Edomiterkrieg in Verbindung bringt und den
Hochmut Amazjas als göttliche Fügung interpretiert, dann scheint er hier
sagen zu wollen, dass dieses Konfrontationsverhältnis nicht grundsätzlicher Natur war, sondern ganz besonderen geschichtlichen Umständen
entsprang. Hier scheut sich der Chronist nicht, Nordisrael als ein Gotteswerkzeug für Juda darzustellen. Es ist verwunderlich, dass ausgerechnet
das Nordreich, vom dem gesagt wurde, dass JHWH nicht mit ihm sei
(25,7), als Strafwerkzeug JHWHs berufen wird.[274] Doch das Nordreich als
Gotteswerkzeug hat nicht die Funktion, Juda zu dauerhaft demütigen,
sondern soll dem pädagogischen Zweck dienen, die gemeinsame Identität
als Brüder zu erkennen. Obwohl Juda dem Nordreich unterliegt und
Amazja aufgrund seiner ruinösen Politik ermordet wird, wird auch dieser
König Judas als Herrscher von Juda und Israel gesehen. Wieder wird beim
Chronisten als Quelle das „Buch der Könige von Juda und Israel" (25,26;
vgl. 16,11) anstelle des „Buches der Könige von Juda" im DtrG angegeben.[275]

4.4.4 Zusammenfassung

Die obigen Beobachtungen lassen sich folgendermaßen zusammenfassen: Nach dem Chronisten hatte Asa am Anfang seiner Regierung mit
Vertrauen auf JHWH eine lange Friedenszeit bewirkt. Doch wird diese
Friedenszeit unterbrochen, indem Asa einige Städte auf dem Gebirge
Ephraim eingenommen hatte (2. Chr 15,8a; 17,2b). Nach dem Chronisten verdient Asa dafür einen Vorwurf, dass er durch die Eroberung
bzw. Befestigung der Grenze den freien Grenzverkehr des Volkes unterbunden hat. Infolge der Worte des Propheten Oded (15,8) an Asa
und „Juda und Benjamin" (15,2) führt Asa die umfassende Kultreform
als eine gesamtisraelitische Zeremonie durch. Dies hat erneut eine lange Friedenszeit und weitere Auswanderungen der Nordisraeliten nach

---

274 So auch I. Meyer, Gedeutete Vergangenheit, 131.
275 2. Chr 25,26b; 27,7b; 28,26b; 32,32b; 35,27b; 36,8b.

Juda zur Folge. Die unaufhörliche Auswanderung der Nordisraeliten veranlasst Bascha, die Grenze von Norden her militärisch zu sichern. Asa wiederum erkauft im 36. Regierungsjahr eine militärische Intervention Ben-Hadads gegen Nordisrael durch die Zahlung von Tempel- und Palastvorräten (16,2f.). Er baut zwei Städte, Geba und Mizpa, aus (16,6). Dieses Verhalten wird von dem Seher Hanani als Mangel an Glauben verurteilt (16,7f.). Als Strafe für das Bündnis mit Aram wird ihm ständiger Krieg angekündigt (16,9).

Eine enge Beziehung mit dem Nordreich beginnt unter Joschafat, als dieser sich mit Ahab verschwägert (2. Chr 18,1b). Berücksichtigt man das Konfrontationsverhältnis zwischen beiden Königtümern in der Zeit davor, besonders im 36. Jahr Asas (16,1-6), kann man vermuten, dass es Joschafat war, der durch die Verschwägerung eine engere Beziehung mit dem Nordreich gesucht hat und damit auf eine Wiedervereinigung Israels abzielte. Aber in der Folgezeit wurde der religiöse Verfall unter Joram und Ahasja unter dem Einfluss der Könige des Nordreiches immer stärker, so dass die Frage war, ob eine Wende überhaupt noch möglich war und von wem sie ausgehen konnte.[276] Zwar brachte das Heiratsbündnis faktisch die politische und geographische Einheit zwischen beiden Reichen, worauf der Brief Elijas hindeutet, aber das Bündnis mit den gottlosen Königen des Nordreiches bedrohte das davidische Königtum und führte zu keiner Lösung. Der schlechte Einfluss des Nordens auf das Südreich führte zu einer Kette von Übeltaten und deren katastrophale Folgen und zu Abgötterei und Verfall des Kultes im Süden. Der Chronist sieht den Grund für die negative Konsequenz nicht in der Verschwägerung selbst, sondern in der Anpassung an das Verhalten der Könige Israels.

In der Amazja-Erzählung wird deutlich, dass die Aussage, dass JHWH nicht mit Israel, mit allen Ephraimiten ist (2. Chr 25,7b), keine absolut negative Einstellung des Chronisten bezeichnet, sondern eine Mahnung angesichts des Mangels an Vertrauen darstellt. In der Amazja-Erzählung wird von der Zusammengehörigkeit des Süd- und Nordreiches noch deutlicher gesprochen, als der König Israels mit einer Parabel, die die gemeinsame Identität betont, den Bruderkrieg zu vermeiden versucht. Dagegen bemüht sich der König Judas trotz seiner gesamtisraelitischen Verantwortung nicht um die Einheit des Volkes, sondern er verursacht einen Konflikt innerhalb des Brudervolks. Die Herausforderung zum Bruderkrieg durch Amazja wird mit der Gefangenschaft des Amazja und mit dem Einreißen der Mauer von Jerusalem und der Plünderung des Tempels und des Palastes durch Joas bestraft (25,22-24). Dabei spielt das Nordreich die Rolle eines

---

276 Vgl. I. Meyer, Gedeutete Vergangenheit, 129.

Strafwerkzeugs Gottes gegen Juda. Diese Rolle des Nordreiches erregt die Feindschaft Judas gegen Nordisrael.

Die gesamte Darstellung der Trennungszeit zeigt, dass das Interesse des Chronisten nicht am Nordreich als einer politisch illegitimen Institution (2. Kön 17,7-18.21-23), sondern als Brudervolk besteht. Wie die Quellenangaben andeuten, werden die Könige von Juda in der Trennungszeit entweder als „Könige von Juda und Israel" (2. Chr 16,11; 25,26b; 27,7b) oder als „Könige von Israel" (2. Chr 20,34) bezeichnet. Also betrachtet der Chronist die Könige Judas als die Könige von Juda und Israel (Asa, Amazja) oder als die Könige für das vereinigte Israel (Joschafat). Daraus wird ersichtlich, dass der Chronist nicht irgendeine Vereinigung der beiden Königreiche im Auge hat, sondern dass er die Verantwortung der Könige Judas für das Nordreich zeigen will. So ist während der Periode der getrennten Monarchie das Verhalten der Könige Judas gegenüber dem Brudervolk von wesentlicher Bedeutung für ihre Bewertung. Die knappe Übernahme der Geschichte des Nordreiches von der Vorlage und das Fehlen der Darstellung einer speziellen Geschichte des Nordreiches gibt die Möglichkeit, das Süd- und Nordreich als das eine (!) Israel darzustellen. Damit wird die Chronik zu einer Geschichte ganz Israels aus der Perspektive des Südens, der die Verantwortung für das ganze trägt.

Nach dieser Übersicht der Geschichte der getrennten Reiche lassen sich die eigentümlichen Darstellungen der Ahas- und Hiskiazeit sehr viel besser verstehen.

4.5   Israel und Juda unter Ahas, „König von Israel" (2. Chr 28)

Nun lassen sich ausgehend von dem chronistischen Verständnis der Reichstrennung (2. Chr 10-13) und der Beurteilung der Nordisraeliten in der Zeit der getrennten Reiche (2. Chr 14-25) die besonderen Merkmale der chronistischen Ahas-Erzählung (2. Chr 28) klären.

Wie oben gesehen, ist für den Chronisten die Zeit unter Ahas das Ende einer Epoche für Juda und Israel. Dabei enthält die Ahas-Erzählung eine Fülle von besonderen Merkmalen:

1. Der Untergang Israels hat sich in der Regierungszeit des Ahas vollzogen (2. Chr 28,8-15).[277] Dafür ist Ahas verantwortlich (28,23). Dabei wird Ahas als „König von Israel" bezeichnet (28,19; vgl. V.27).

2. Im Gegensatz zur Sicht des DtrG, wonach Israel nach seinem Untergang durch die Deportation der Israeliten (2. Kön 17,6) und die Umsied-

---

277 Trotz der zahlreichen Hinweise auf den Untergang des Nordreiches wird in der Chronik nirgendwo explizit davon gesprochen, stattdessen ist nur von der Deportation der Nordreichbewohner die Rede (1. Chr 5,6.22.26; 2. Chr 30).

lung fremder Völker in das eroberte Land (17,24) nicht mehr existiert
(15,29), überlebt Israel auch nach dem Untergang noch als Gemeinde ohne
König (2. Chr 28,14).

3. Die Nordreichbewohner werden darauf aufmerksam gemacht, dass
die Bewohner Judas Brüder sind. Danach erweisen die Nordreichbewohner eine beispiellose Solidarität gegenüber den gefangenen Judäern (2. Chr
28,12-15).

4. Auf Grund zahlreichen Verfehlungen erreicht das Südreich in der
Regierungszeit des Ahas in religiöser und politischer Hinsicht seinen Tiefpunkt.

Um zu verstehen, wie der Chronist dazu kommt, Ahas für den Untergang des Nordreiches verantwortlich zu machen und das Bild Nordisraels
nach dem Untergang gegenüber der Darstellung des DtrG so stark zu
verändern, soll noch einmal auf die chronistische Darstellung der Reichstrennung Bezug genommen werden.

1) In der Chronik kommt die Abwertung des Königtums Jerobeams
dadurch zum Ausdruck, dass die für diesen positive Verheißung des
Ahia von Schilo zwar erwähnt (2. Chr 10,15), aber nicht wie im DtrG (1.
Kön 11,26-29) ihr Inhalt angegeben wird. In der Chronik wird nur die
Trennung von JHWH bewirkt, nicht aber die Krönung Jerobeams erwähnt (1. Kön 12,20). Nach dem Chronisten hat „ganz Israel" (2. Chr
10,1.3.16), genauer die Bewohner des Zehnstämmegebietes (vgl. 10,17),
unter Führung Jerobeams aus politischen Gründen rebelliert (2. Chr 10
= 1. Kön 11,27). Beim Abfall Jerobeams handelt es sich um einen Bruch
der Vasallentreue unter Ausnutzung der Unerfahrenheit Rehabeams (2.
Chr 13,6f.). Mit dieser Deutung macht der Chronist Jerobeam und seine
Anhänger von vornherein für die Reichstrennung verantwortlich. Die
Legitimität Rehabeams wird dagegen durch die Vertreibung der legitimen Priester und Leviten aus dem Nordreich und ihre Aufnahme in
Jerusalem gestärkt, und infolge der Zuwanderung aus allen Stämmen
von Nordisrael nach Jerusalem wird das Südreich zum Sammelbecken
für alle Stämme, so dass Juda unter Rehabeam politisch und kultisch
zum legitimen Nachfolger des davidisch-salomonischen Gesamtreiches
wird (11,13-17). Damit bekommt Juda und dessen König in der Trennungszeit eine stellvertretende Rolle für ganz Israel. Beim Kampf gegen
Abija, den Nachfolger Rehabeams, werden dagegen Jerobeam und
seine Generation, die sich gegen Juda, d.h. gegen JHWH, gewandt hatten, durch den Verlust von nordisraelitischen Städten und durch den
Tod des Königs bestraft (13,19f.). Aufgrund des individuellen Vergeltungsprinzips des Chronisten wird der Untergang des Nordreiches
nicht mehr wie im DtrG als Strafe für Jerobeams Verhalten angesehen

(gegen 2. Kön 17,21-23), sondern aufgrund der stellvertretenden Rolle
Judas für ganz Israel werden die kultischen und politischen Verfehlungen des Ahas (2. Chr 28,23) dafür verantwortlich gemacht: Die Götter
von Damaskus brachten Ahas und ganz Israel zu Fall. Für den Chronisten hat Ahas mit seiner Verfehlung sich selbst und auch „ganz Israel",
nicht nur Juda, sondern auch „Nordisrael", zum Niedergang gebracht.
Darin wird Ahas mit den Königen von Israel gleichgesetzt,[278] die nach
dem DtrG durch den kultischen Abfall Israel in den Untergang geführt
hatten und darum ganz und gar negativ beurteilt worden waren (2.
Kön 17,7-18.21-23). Ahas hat nach dem Chronisten mit seiner „Treulosigkeit" (מעל) gegen JHWH (2. Chr 28,19.22) den Untergang des Nordreiches verursacht, womit der Chronist schon den Untergang Sauls
begründet hatte (1. Chr 10,13). Von daher ist für Ahas der Titel „König
von Israel" (2. Chr 28,19.23.27) sachlich berechtigt.

2) Trotz des Untergangs des Nordreiches überlebt Nordisrael als Gemeinde ohne König (2. Chr 28,14). Darüber hinaus ist in der Chronik
davon die Rede, dass die Nordbewohner ein brüderliches Verhältnis zu
Juda haben (28,12-15). Das sich überraschend einstellende Motiv „Bruderschaft" bildet in der Chronik das Pendant zu dem Wort JHWHs in
11,4: Als Rehabeam gleich nach der Reichstrennung einen Krieg mit
Israel zur Zurückgewinnung des Königtums unternehmen wollte, erging das Wort JHWHs an „Rehabeam und ganz Israel in Juda und Benjamin", dass die Nordisraeliten Brüder seien (vgl. 1. Kön 12,24).
Zugleich markiert das Thema „Bruderschaft" das Ende der Trennungszeit als die Probezeit für die gemeinsame Identität. Wenn die Nordreichbewohner darauf aufmerksam gemacht werden müssen, dass die
Judäer Brüder sind, dann hängt dies wohl mit der Rolle des Nordreiches als Gottes Strafwerkzeug gegen Juda zusammen. In der Regierung
Amazjas wurde die Strafe für Juda vom Nordreich dadurch ausgeübt,
dass einmal die von Amazja abgewiesenen Söldner in Juda die Plünderungen und Räubereien unternommen haben (2. Chr 25,13) und dann
der König Joas Amazja gefangen nahm, die Mauer von Jerusalem einreißen ließ und den Tempel und das Haus des Königs plünderte (25,22-
24). Dies führte zur offenen Feindschaft zwischen Süd- und Nordreich.
Das Verhältnis zwischen Juda und Israel verschlechterte sich unter
Ahas nochmals dadurch, dass das Nordreich als Gottes Strafwerkzeug
die Vergeltung an Juda über das normale Maß hinaus vollzogen hat.
Auffälligerweise wird Nordisrael zu dem Zeitpunkt, zu dem es als

---

278 Ahas wird dahingehend bewertet, dass er auf den Weg der Könige von Israel wandelte (28,2). H.G.M. Williamson, Israel, 116f., hält diese Beurteilung aufgrund des
von ihm herausgearbeiteten Kontrastes zwischen 2. Chr 13 und 28 für angemessen.

Strafwerkzeug Gottes berufen wird, positiver als Juda dargestellt. Unter diesen Umständen wird deutlich, weshalb der Chronist das Thema „Bruderschaft" diesmal auf der Seite der Nordisraeliten aufgreift. Nun werden die Nordreichbewohner aufgefordert, die Judäer trotz ihrer Treulosigkeit als Brüder anzunehmen (vgl. 11,1-4). So beschreibt der Chronist den Weg zur Normalisierung im Verhältnis beider Volksteile mit dem Ziel der Versöhnung. Dieser Weg wird dadurch geebnet, dass die Nordreichbewohner Juda beispiellose Treue erweisen.

3) Auf diese Weise bekommt der Chronist nicht nur die große Katastrophe in den Blick, sondern er verleiht dem Untergang des Nordreiches eine neue und positive Bedeutung. Nach der chronistischen Schilderung gibt der Untergang des Nordreiches die Möglichkeit zur politischen Einigung des Volkes, wie die Kennzeichnung des Staatsgebietes unter Hiskia „von Beerscheba bis Dan" (2. Chr 30,5) zeigt.[279] Und das Einigungsstreben, das sich in der Auswanderung von nordisraelitischen Gottsuchenden nach Jerusalem bis zur Befestigung der Nordgrenze durch Asa (16,5f.) mehrfach manifestiert hatte (11,13ff.; 15,8f.; 16,1), konnte sich nach dem Untergang des Nordreiches in Richtung auf eine kultische Einigung des Volkes fortsetzen. So wie sich im 3. Monat des 15. Regierungsjahres Asas Judäer und Nordisraeliten in Jerusalem versammelt und JHWH geopfert hatten (15,10f.), bestand nun die Möglichkeit, ganz Israel in Jerusalem wieder zu vereinen. Mit der neuen Deutung des Untergangs des Nordreiches signalisiert der Chronist einen Neuanfang für Gesamtisrael.[280] In dieser Hinsicht ist der Titel für Ahas „König von Israel" völlig angemessen, ebenso wie Joschafat, der König von Juda, als stellvertretender Herrscher in der Zeit der Verwandtschaft zwischen den beiden Königshäusern als ‚König von Israel' tituliert werden konnte (21,2; vgl. 20,34). Mit der Bezeichnung ‚König von Israel' werden Ahas und das noch überlebende Südreich implizit dazu aufgefordert, sich um das königslose Brudervolk zu kümmern und darüber hinaus sich um die Einheit Gesamtisraels zu bemühen.

---

279 Die umgekehrte Reihenfolge findet sich ebenso in 1. Sam 3,20; 2. Sam 3,10; 17,11; 24,2.15 (vgl. Ri 20,1; 1. Kön 5,5). Für die beiden ersten Könige Saul und David wird die Größe des Königreiches durch die Formel „von Dan bis Beerscheba" bestimmt.

280 Diese Deutung dürfte nicht völlig aus der Luft gegriffen sein, wenn man berücksichtigt, dass Juda als Folge des Untergangs des Nordreiches, wie I. Finkelstein - N.A. Silberman, Keine Posaunen, 264, annehmen, „nicht nur ein plötzliches Bevölkerungswachstum [erlebte], sondern auch eine tiefgreifende gesellschaftliche Entwicklung [durchmachte]."

4) Für den Chronisten aber war Juda unter Ahas dazu nicht in der Lage, da das Südreich in der Regierungszeit des Ahas politisch seinen Tiefpunkt erreicht hatte: ein Teil seines Volkes wurde von den Aramäern gefangen genommen und nach Damaskus deportiert (2. Chr 28,5a); von den Israeliten wurde eine große Anzahl an Menschen (120.000) zusammen mit den Würdenträgern getötet (28,6f.) und 200.000 nach Nordisrael deportiert (28,8; vgl. V.9aβ); die Edomiter und Philister nutzten die Gelegenheit zu Eroberungen (28,17f.). Besonders die Philister ließen sich in mehreren Städten „Judas" nieder (28,18). So weist der Chronist nach, dass Juda unter Ahas politisch nicht in der Lage war, sich um das Brudervolk zu kümmern.

Außerdem hatte nach dem Bericht des Chronisten das Südreich in der Regierungszeit des Ahas auch in religiöser Hinsicht seinen Tiefpunkt erreicht: Das Volk Juda hatte insgesamt seinen Gott JHWH verlassen (2. Chr 28,6b); der König Ahas tat angesichts der von JHWH bewirkten Angriffe keineswegs Buße, sondern fuhr im Gegenteil in seiner Treulosigkeit gegen JHWH fort (28,22).[281] Wie die doppelte Begründung für die nicht rechtzeitig durchgeführte Feier des Passafestes (30,3) zeigt, war der Kult in Juda unter Ahas völlig zum Erliegen gekommen (28,24f.): Ahas hatte die Kultgeräte zerschlagen, die Tempeltüren geschlossen und überall in Jerusalem sowie in den Städten Judas Kulthöhen für fremde Götter errichtet. Darum konnten die Nordisraeliten, die angesichts des kultischen Abfalls häufig nach Jerusalem gezogen waren, um JHWH zu opfern (11,16; 15,9; 16,1), trotz des Untergangs des Nordreiches JHWH nicht mehr im Jerusalemer Tempel anbeten, denn nach der chronistischen Darstellung hatte sich das Südreich unter Ahas genauso vom Jerusalemer Tempel abgewandt wie früher schon das Nordreich (13,9-11).[282] So war ganz Israel unter Ahas am Tiefpunkt angelangt, wie auch die beiden Reden Hiskias ganz deutlich zeigen (29,5-11; 30,6-9). Die Zeit des Ahas stellte für Juda und Israel den Verlust der politischen und kultischen Identität dar. Weil Ahas, der König von Israel, nicht in der Lage war, sich um das Brudervolk zu kümmern, richteten sich alle Hoffnungen auf Hiskia.

---

281 Die Bewertung, dass Ahas auf dem Weg der Könige von Israel wandelte (28,2), wird in der Chronik nur für die Könige von Juda, die mit der israelitischen Dynastie der Omriden verschwägert waren, gebraucht (Joschafat, negativ, 2. Chr 17,4; Joram, 2. Chr 21,6 = 2. Kön 8,19; 2. Chr 21,13; Ahasja, 2. Chr 22,3f. = 2. Kön 8,27). Damit wird Ahas mit den Königen von Juda verglichen, die durch die negativen Einflüsse der Ahab-Dynastie das Königtum Juda in eine katastrophale Lage geführt hatten.
282 So auch E. Ben Zvi, Gateway, 241.

4.6 „Ganz Israel" unter Hiskia (2. Chr 29-31)

1) Eine neue Epoche wird damit eingeleitet,[283] dass Hiskia gleich nach seinem Regierungsantritt die von Ahas geschlossenen Tempeltore öffnet (2. Chr 28,24aβ; 29,3) und er eine Reihe der kultischen Verfehlungen des Ahas rückgängig macht.[284] Sein Wille zum Neuanfang erscheint schon in der Rede (29,5-11), die an die Priester und Leviten gerichtet ist. In der Absicht, einen Bund mit JHWH zu schließen, werden auf Befehl des Königs zunächst die von Ahas entweihten Kultgegenstände von dem Kultpersonal geweiht und vor dem Altar JHWHs bereitgestellt (28,24aα; 29,19). Wenn Hiskia auf diese Weise darauf abzielt, den Zorn „JHWHs, des Gottes Israels" rechtzeitig abzuwenden (29,10), dann schließt der Bundesschluss von vornherein die Nordisraeliten mit ein. Denn nach Hiskia haben sich sowohl Juda als auch Israel gleichermaßen den heftigen Zorn Gottes zugezogen (חרון אף; 29,10b; 30,8; vgl. 28,11b.13bβ). So verdeutlicht der Chronist mit der Wendung „ganz Israel" (29,24), dass auch die Nordisraeliten in die Sühnehandlungen am Tempel einbezogen sind.[285] In Analogie zu der Feier unter Asa (15,12) soll der Bundesschluss eine Neubildung des Volkes nach dem Untergang des Nordreiches besiegeln. Damit ist die Bedingung für die Feier Gesamtisraels erfüllt.

2) Die persönliche Sorge Hiskias für die Bewohner des alten Nordreiches findet insbesondere in der Einladung zur Feier des Passafestes ihren Ausdruck. Dies wird durch die Verschiebung des Passafestes auf den zweiten Monat bestätigt, um die Möglichkeit zu schaffen, die Nordisraeliten unterzubringen.[286] Ebenso wie die Judäer fordert Hiskia die Israeliten zur Umkehr zu JHWH auf (2. Chr 30,8; vgl. 29,5.31).[287] Dem Chronisten zufolge ist dies für die Überlebenden (הפליטה) der assyrischen Angriffe im Nordreich der einzige Weg, Gottes Zorn abzuwenden (30,8) und die Deportierten heimkehren zu lassen (30,9), dass sie zum Jerusalemer Heiligtum kommen, das JHWH für ewig geheiligt hat (30,8b): „Wenn ihr zu JHWH zurückkehrt, werden eure Brüder und Söhne Erbarmen finden bei denen, die sie gefangen weggeführt haben, so dass sie zu

---

283 So auch E. Ben Zvi, Gateway, 219, Anm. 6; H.G.M. Williamson läßt in seinem Kommentar mit der Hiskia-Erzählung einen neuen Abschnitt beginnen, der bis zum Exil reicht.

284 Darin kann die Ahas-Erzählung als Vorbereitung für die Hiskia-Reform aufgefasst werden, so P.R. Ackroyd, Interpretation, 253; S.J. De Vries, Chronicles, 365; K.A.D. Smelik, King Ahaz, 182; E. Ben Zvi, Gateway, 229.

285 So auch R.J. Coggins, Chronicles, 267; J.A. Thompson, Chronicles, 348.

286 Vgl. J.M. Myers, II Chronicles, 178.

287 Vgl. D.F. Murray, Dynasty, 92.

diesem Land zurückkehren. JHWH, euer Gott, ist gnädig und barm-
herzig und er wird sein Angesicht nicht von euch abwenden, wenn ihr
zu ihm zurückkehrt" (30,9). In diesen Worten wird also der Dienst am
Tempel mit der Treue zu JHWH gleichgesetzt.[288] Wenn dabei Hiskia die
Deportation und die Heimkehr der deportierten Israeliten im Auge hat,
dann soll offenbar seine Rede mit der Rede des Propheten Oded in
28,8-15 parallelisiert werden, die von der Deportation der Judäer durch
die Nordreichbewohner und ihrer Heimkehr handelt. Nun sollen die
deportierten Israeliten mit Hilfe der Brüder aus Juda heimkehren, so
wie es die deportierten Judäer zuvor durch die Bruderschaft der Nordisraeliten erfahren hatten.

Auf Befehl des Königs ziehen die Laufboten von Stadt zu Stadt im
Land Ephraim und Manasse bis hin nach Sebulon (2. Chr 30,10a). Zwar
nehmen nur einige im Norden die Einladung an (30,11), aber es versammelte sich dennoch eine große Volksgemeinde in Jerusalem (30,12f.), wie
dies zuletzt unter Asa (15,10-15) geschehen war. Die Sorge um die Bewohner des Nordreiches ist besonders an der Definition der Volksgemeinde
abzulesen. Nach 30,25 besteht sie aus verschiedenen Gruppen: den Priestern und Leviten; der ganzen Versammlung Judas; der ganzen Versammlung, die von Israel gekommen war; den Fremden, die aus dem Land Israel gekommen waren und als Emigranten in Juda lebten. Diese Gruppen
lassen sich anhand der Asa-Erzählung genauer bestimmen. In dem ersten
gemeinsamen Gottesdienst im 3. Monat des 15. Regierungsjahres Asas
werden die Emigranten, die aus Ephraim, Manasse und Simeon stammten
und bei den Judäern wohnten, als „Fremde" bezeichnet (15,9), während
das Volk „Juda und Benjamin" genannt wird (15,2). Nach 11,16 werden
die Fremden als Gottsuchende identifiziert, die nach der Reichstrennung
aus „ganz Israel" nach „Jerusalem" gekommen waren, um JHWH, dem
Gott ihrer Väter, zu opfern. Ebenso waren die Fremden unter Asa Gottes-
suchende, wenn sie aus Ephraim, Manasse und Simeon zu Asa überliefen,
weil sie sahen, dass JHWH bei ihm ist (15,9). Wenn sich in 30,25 „Gemeinde von Israel" auf die Bewohner des Nordreiches bezieht und eine Bezeichnung für diejenigen ist, die nach dem Untergang des Nordreiches
zum Passafest nach Jerusalem gekommen sind (vgl. קהל in 28,14), dann
kann man folgern, dass der Chronist zwischen den Nordreichbewohnern,
die sich auf Dauer in Juda angesiedelt haben (גרים) und den Nordreichbewohnern, die außerhalb Judas wohnen, aber zur Wallfahrt nach Jerusalem
kommen, unterscheidet. Hier wird noch deutlicher, dass Hiskia mit dem
Passafest nicht nur die Flüchtlinge[289] von Nordisrael nach dem Untergang

---

288 Vgl. R. Mason, Preaching the Tradition, 104.
289 Die archäologische Forschung ist sich darüber einig, dass „waves of refugees fleeting
     the Assyrian campaigns against the northern kingdom contributed to the increase of

des Nordreiches, sondern auch die Bewohner im Nordreichgebiet berück-
sichtigen will.

Zur Passafeier schlachten die Leviten die Passalämmer für alle Unreinen von der großen Volksgemeinde, um sie JHWH zu weihen (2. Chr
30,17). Vor allem hält der König Hiskia Fürbitte für das Überleben der
Nordisraeliten, die gegen die vorgeschriebene Passaordnung verstoßen
haben (30,18-20), so dass die Nordisraeliten mit Hilfe des Brudervolkes
Juda diesem im Kult gleichgestellt werden. Somit werden nicht nur Juda,
sondern auch Israel in den toragemäßen Kult voll integriert. Ganz Israel,
das sich in Jerusalem befand, feiert das Mazzenfest sieben Tage lang mit
großer Freude (30,21; vgl. 15,15) und noch einmal sieben Tage lang (30,23).
Dem Chronisten zufolge „herrschte große Freude in Jerusalem, weil seit
den Tagen Salomos, des Sohnes Davids, des Königs Israels, nie solches in
Jerusalem geschehen war" (30,26). Durch den Hinweis auf Salomo[290] betont der Chronist, dass ganz Israel unter einem davidischen König erneut
eine Einheit beim Gottesdienst im Jerusalemer Tempel bildete, wie in der
Zeit vor der politischen Spaltung. Der Chronist präsentiert somit "a unique
witness in the Bible to the reunification of the people in the land before the
exile".[291]

3) Darüber hinaus zeigt die weitere Darstellung des Chronisten, wie
sich der seit der Reichsteilung politisch außerhalb der Herrschaft des
Südreiches befindliche Norden erneut kultisch und politisch als ein
Volk restituiert. Dies zeigt sich darin, dass nach dem gemeinsamen
Passafest die Emigranten aus dem Nordreich nicht mehr als „Fremde" bezeichnet werden. Der Status der Nordisraeliten als Volk ist insbesondere an einer Reihe von Maßnahmen Hiskias und Josias deutlich
zu erkennen: Aufgrund der königlichen Aufforderung Hiskias, einen
Anteil den Priestern und Leviten zu geben (2. Chr 31,4), haben sowohl
die Israeliten als auch die Judäer an der Versorgung des Kultpersonals
teil (31,6); für die Tempelrenovierung im 18. Regierungsjahr Josias be-
schaffen neben den Judäern auch die Nordisraeliten, von denen besonders die Manassiten und Ephraimiten genannt werden, das nötige Geld
(34,9). So sind nicht nur Judäer, sondern auch die Israeliten als Gottesvolk für den Tempel verantwortlich. Der Chronist teilt weiter mit, dass
zwar unter Manasse der Kult auf den Höhen, d.h. an den Kultstätten
außerhalb Jerusalems noch fortgesetzt, aber auch dort allein JHWH

Jerusalem's population", vgl. M. Broshi, Expansion, 21-26; G.N. Knoppers, History,
      199.
290 Die Größe der versammelten Gemeinde (קהל) unter Salomo war „von Hamat an bis
      an den Bach Ägyptens" (2. Chr 7,8b).
291 H.G.M. Williamson, Israel, 131.

verehrt wurde (33,17).[292] Nach dem Chronisten kommt es somit unter Manasse fast überall zur JHWH-Verehrung. Bedenkt man, dass es unter Hiskia im Norden noch Verspottung und Verachtung gegen die Einladung zum Passafest am Jerusalemer Tempel gegeben hatte (30,10), will der Chronist damit aufzeigen, dass JHWH inzwischen nicht nur in Juda, sondern auch im Nordstämmegebiet verehrt wurde. Die JHWH-Verehrung wird unter Josia in ganzem Land fortgesetzt (34,33), so dass unter Josia eine noch größere Volksmenge als unter Hiskia in Jerusalem das Passafest feiern konnte (35,17f.; 2. Kön 23,21). Die Nordreichbewohner gelten somit am Ende ohne weiteres als JHWH-Verehrer!

Aus diesen Beobachtungen ergibt sich, dass es bei der Reform Hiskias um die Wiederherstellung der Identität auf zwei Ebenen geht: Erstens bildet ganz Israel eine Einheit als Brudervolk.[293] Zweitens erhält ganz Israel eine bestimmte, unverwechselbare Existenz in seiner Zugehörigkeit zu einem einzigen Heiligtum, das nach der Sicht des Chronisten nur Jerusalem sein kann. Ganz Israel findet zum Königtum JHWHs, indem ganz Israel an einem Heiligtum JHWH als "Gott Abrahams, Isaaks und Israels" (2. Chr 30,6b) sucht.[294]

4.7 Schlussfolgerung

Bisher wurde auf die Frage hin, warum der Chronist auf die Reform Hiskias eine stärkere Betonung legt, im Anschluss an die gängige Meinung die Israel-Konzeption des Chronisten untersucht. Zunächst wurde darauf hingewiesen, dass S. Japhet und H.G.M. Williamson zwar über G. von Rad hinaus eine umfassende Israel-Konzeption des Chronisten her-

---

292 Diese Notiz scheint wenigstens die Verdienste des Manasse nicht abzuwerten. S. Japhet, 2 Chronik, 452, unterscheidet zwei verschiedene Höhen, eine für die Götzen- und eine andere für die JHWH-Verehrung.

293 Nach dem genealogischen Vorspann besteht ganz Israel nicht nur aus den Süd-stämmen Juda (1. Chr 2,3-4,23), Levi (5,27-6,66) und Benjamin (8,1-40), sondern auch aus den Nordstämmen Simeon (4,24-43), Ruben (5,1-10), Gad (5,11-17), Issachar (7,1-5), Naftali (7,13), Manasse (5,18-26; 7,14-19), Efraim (7,20-29) und Ascher (7,30-40). Es fehlen allerdings die Stämme Dan und Sebulon (vgl. 1.Chr 6,63,77).

294 E. Ben Zvi, Ideological Constructions, 6/13, weist darauf hin, dass „even if these northerners appear to be successfully Israelitized in the accounts of Hezekiah and Josiah, they tend to disappear from the main Judahite/Israel narrative. […] they do not partake in any of the events crucial to Israel that occur afterwards in the world of the book (e.g., sinful actions that lead to the destruction of Jerusalem and Temple)." Ben Zvi meint, „Although the northerners are Israel, they remain peripheral to the history of Israrel whose main focus is Jerusalem/Zion/Temple". Doch geht dies auf die stellvertretende Rolle Judas und Jerusalems zurück, vgl. 2. Chr 34,30f. S.o. Kap. 4.3.3.

ausgearbeitet haben. Da die Ursünde des Nordreiches grundlegend ist, bleiben ihre Einstellungen gegenüber dem Nordreich widersprüchlich: Das Nordreich sei als politische Instanz illegitim, seine Bewohner seien Brüder. Unter dieser Voraussetzung wurde die chronistische Erklärung der Reichsteilung gesehen.

Der Chronist schildert, dass Jerobeam und seine Leute für die Reichsteilung verantwortlich sind (2. Chr 10; 13,4-12). Die Urheber der Reichsteilung werden durch die Niederlage des Nordreiches und den Tod Jerobeams bestraft (13,19f.). Darum werden das Nordreich als Ganzes und dessen Bewohner nach dem individuellen Vergeltungsprinzip unabhängig von der „ursprünglichen" Sünde gesehen. Zugleich schafft der Chronist in der Darstellung der Reichsteilung die Grundlage für die positive Einstellung gegenüber dem Nordreich, indem er zwei Erklärungen für die Reichstrennung gibt. Das Nordreich und die Dynastie seines ersten Königs Jerobeam entstammen dem Willen JHWHs, und das Nordreich ist das Brudervolk (2. Chr 10,15 = 1. Kön 12,15; 2. Chr 11,1-4 = 1. Kön 14,22-24). Damit wird die Existenz des Nordreiches unter dem Gesichtspunkt der gemeinsamen Identität bestimmt und die Trennungszeit in zwei politische Einheiten als Probezeit für die Überprüfung der gemeinsamen Identität gesehen. Aus diesem Grund betont der Chronist in der Darstellung der Trennungszeit das Verhältnis zwischen beiden Königtümern (2. Chr 14-25). Vor allem in der Darstellung der engen Beziehung beider Reiche durch die Verschwägerung zeigt der Chronist, dass Juda eine stellvertretende Rolle für ganz Israel hat und auf Nordisrael einen guten Einfluss ausüben soll. In der Amazja-Erzählung zeigt der Chronist, dass Nordisrael „die Rolle eines" Strafwerkzeuges Gottes gegen Juda einnimmt. Nordisrael soll Juda auf den richtigen Weg bringen, wenn Juda auf dem falschen Weg geht.

Die ‚Israel'-Konzeption des Chronisten bildet ihren Höhepunkt in der Ahas- und Hiskia-Erzählung. Denn der staatliche Zusammenbruch des Nordreiches bedeutet zunächst für ganz Israel den Verlust der Identität. Für den Chronisten war es notwendig, den Untergang des Nordreiches aufzugreifen, weil der Dtr der Meinung war, dass dieses nach dem Untergang nicht mehr existierte. Wie die besonderen Merkmale der Ahas-Erzählung zeigen, beleuchtet der Chronist das Nordreich angesichts des Untergangs von einer anderen Seite als Dtr, nämlich mit seiner ‚Israel'-Konzeption. Die ‚Israel'-Konzeption des Chronisten zeigt sich insbesondere darin, dass er die Verantwortung für den Untergang Nordisraels zu klären sucht (2. Chr 28). Nach seiner Lehre von einer direkten persönlichen Vergeltung sind weder die Nordreichbewohner noch Jerobeam, sondern Ahas für den Untergang des Nordreiches verantwortlich (28,23). Vor allem mit der markanten Bezeichnung des Ahas als „König von Israel" (28,19) zeigt der Chronist die besondere Verantwortlichkeit des Ahas für die

Nordisraeliten. Der Chronist ist nicht am Nordreich als einer politisch illegitimen Institution interessiert (vgl. 2. Kön 17,7-18,21-23), sondern an der Verbesserung des Verhältnisses der beiden Reiche. Der Chronist stellt fest, dass die Nordreichbewohner trotz des Untergangs noch existieren und das nordisraelitische Gebiet besitzen. Darüber hinaus sind sie nach dem Chronisten wie die Judäer weiterhin JHWH-Verehrer. Um ganz Israel wiederherzustellen, war es für den Chronisten notwendig, das ganze Gewicht seiner Darstellung der späten Königzeit auf Hiskia zu legen. Der Chronist macht deutlich, dass das Passafest unter Hiskia für ganz Israel, also nicht nur Juda, sondern auch Nordisrael, die Wiederherstellung der Identität als Brudervolk und als JHWH-Verehrer darstellt und eine neue Ära für ganz Israel sowohl auf der politischen als auch der kultischen Ebene markiert. Daraus wird ersichtlich, dass die Verschiebung der Gewichte von Josia auf Hiskia mit der ‚Israel'-Konzeption des Chronisten zusammenhängt. Es geht dem Chronisten somit nicht nur darum, den staatlichen Zusammenbruch des Nordreiches theologisch aufzuarbeiten, sondern ganz wesentlich auch darum, in der JHWH-Verehrung in Jerusalem den einzig richtigen Weg einer gesamtisraelitischen Identität zu weisen.

Über die politische und kultische Einigung des Volkes hinaus gestaltet ganz Israel nach der chronistischen Darstellung seine neue Ära im Rahmen des Gesetzes, wie eine Fülle von der Tora zugeordneten Begriffen zeigt. Der Chronist weist nach, dass nicht erst Josia, wie der Dtr schildert, sondern schon Hiskia mit seiner Kultreform „die Chance für eine Fortsetzung der Geschichte Gesamtisraels über die nationale Krise hinweg bot."[295] Dies soll im nächsten Kapitel behandelt werden.

---

295 R. Albertz, Exilszeit, 230.

5. Die Hiskianischen und Josianischen Reformen

Wie bereits gesehen, gibt der Chronist dem Untergang des Nordreiches eine neue und positive Bedeutung, nämlich die Möglichkeit zur politischen und kultischen Einigung des Volkes. Das beinhaltet einen Neuanfang für ganz Israel. In dieser Sicht zeichnet sich der Anbruch einer neuen Zeit erst unter Hiskia ab. Vor allem das Passafest im Jerusalemer Tempel, wo sich nicht nur Judäer, sondern auch Nordisraeliten versammelten, markiert eine neue Ära für ganz Israel sowohl auf der politischen als auch auf der kultischen Ebene. Dieser Aufschwung setzt sich unter Manasse und Josia fort. Diese politische und kultische Einigung des Volkes vollzieht sich nach der chronistischen Darstellung im Rahmen des Gesetzes. Dies zeigt sich insbesondere in einer Fülle von der Tora zugeordneten Begriffen, die in der Schilderung der Hiskianischen und Josianischen Reformen häufig vorkommen. Zunächst sollen die Einzelheiten der Kultmaßnahmen Hiskias und Josias genauer untersucht werden.

5.1 Einzelheiten der Maßnahmen Hiskias und Josias

5.1.1 Maßnahmen Hiskias (2. Chr 29-31)

5.1.1.1 Einsetzung der Leviten für die Tempelreinigung (2. Chr 29,5)

1) Gleich nach dem Regierungsantritt Hiskias werden die Leviten und die Priester aufgerufen und beauftragt (2. Chr 29,4): „Höret mich an, ihr Leviten! Weihet euch (התקדשו) nun und weihet das Haus JHWHs (קדשו יהוה את־בית), des Gottes eurer Väter, und bringt das Abscheuliche aus dem Heiligtum heraus" (V.5). Hiskia sieht die Sünde der Väter darin, dass sie JHWH verlassen und ihm den Rücken gekehrt haben, dass sie die Türen der Tempelvorhallen schlossen, den Leuchter außer Betrieb setzten, kein Rauchopfer und keine Brandopfer darbrachten (V.6f.). Bei seinem Befehl handelt es sich um die Vorbereitung des Kultpersonals für den heiligen Dienst und um die Tempelreinigung für die ständige Opferpraxis. Der König schließt seine Rede mit folgender Begründung ab: „JHWH hat euch erwählt, dass ihr vor ihm steht und ihm dienet,

und dass ihr seine Diener werdet und ihm Ruachopfer darbringt" (29,11b). Zwar werden in V.5 nur die Leviten angesprochen,
aber die Rede richtet sich inhaltlich auch an die Priester.[1] So wird der
Befehl des Königs nicht nur von den Leviten, sondern auch von den
Priestern ausgeführt (V.15f.17f.). In der Vergangenheit versuchte man
die Spannung, die sich daraus ergibt, zu harmonisieren, indem man in
29,4 entweder „Leviten" oder „Priester" einem Ergänzer zuschrieb.[2]
Zwar weist Th. Willi auf den deuteronomischen Gebrauch des Begriffs
„Leviten" hin, der alle Kultdiener umgreift, aber für ihn erweist sich
der Abschnitt von V.12-15, in dem der Terminus „Leviten" erkennbar
den *clerus minor* bezeichnet, folgerichtig als sekundär.[3] In diesem Zusammenhang macht S. Japhet auf die flexible Verwendung des Terminus
„Leviten" (הלוים) in der Chronik (z.B. 1. Chr 15,11 und V.12) aufmerksam und hält den Begriff „Leviten" in der Anrede von 2. Chr 29,5a für
eine umfassende Bezeichnung beider Gruppen, nämlich Leviten und
Priester.[4] Doch stellt sich dann die Frage, warum der Chronist nur in
der Anrede einen solchen umfassenden Sprachgebrauch verwendet.[5]
Denn der Text stellt sonst weitgehend die Leviten als eigenständige
Gruppe den Priestern gegenüber (29,16-17; 29,26; 30,15.21.27; 31,2.9.20;
35,10.11). In der Rede aber sind die Priester implizit mit angesprochen.
Demgegenüber sind hier die Leviten sehr wahrscheinlich bewusst angeredet. Man kann daher die Anrede von 29,5 „ihr Leviten" als Bevorzugung der Leviten durch den Chronisten verstehen, wie es W. Rudolph
tut.[6] Dagegen sieht S.J. De Vries darin die stellvertretende Rolle der
Leviten.[7] Um zu verstehen, warum sich der Befehl des Königs besonders an die Leviten richtet, ist die Rede des Königs genauer zu betrachten.

Beim Befehl des Königs an das Kultpersonal geht es um die Tempelreinigung für den Neuanfang (2. Chr 29,5). In der Begründung der Beauftragung ist von der Erwählung des Tempelpersonals, genauer der Leviten,

---

1 So W. Rudolph, Chronikbücher, 293; H.G.M. Williamson, Chronicles, 353; S. Japhet,
   2 Chronik, 366.
2 Zur Auseinandersetzung vgl. G. Steins, Chronik, 117f.
3 Vgl. Th. Willi, Chronik, 199.
4 Vgl. S. Japhet, 2 Chronik, 366; so auch G. Steins, Chronik, 120. Steins verweist auf ein
   weiteres Beispiel in 2. Chr 11,13-15.
5 Zwar weist G. Steins, Chronik, 119f., keine Kohärenzstörung zwischen V.4 und V.5
   auf und beseitigt das inhaltliche Kohärenzproblem in V.5-11 dadurch, dass er sich
   auf Dtn 10,8 und 18,5 für 2. Chr 29,11 beruft. Doch ist seine Lösung insofern nicht
   überzeugend, als er einen „Wechsel in der Bedeutung von הלוים im Übergang von
   V.5-11 zu V.12ff." und von V.4 zu V.5 postuliert.
6 Vgl. W. Rudolph, Chronikbücher, 293.
7 Vgl. S.J. De Vries, Chronicles, 374f.

die Rede (V.11). Demnach werden die Leviten wie die Priester als Diener JHWHs zum Opferdienst erwählt. Für diesen Anspruch beruft sich der Chronist wahrscheinlich auf die dtn formulierte Aussage von Dtn 18,5: „Denn ihn [den Stamm Levi] hat JHWH, dein Gott, aus allen deinen Stämmen erwählt, damit er im Dienst im Namen JHWHs stehe, er und seine Söhne, alle Tage." In Dtn 18,1-8 werden alle Priester als levitisch betrachtet, während Ezechiel (Ez 44) und P (Num 2; 3; 18) das Kultpersonal in Priester und Leviten unterteilen. Wenn Dtn 18,5 von der Erwählung der „levitischen Priester" spricht, dann könnte dies vom Chronisten in der Weise interpretiert werden, dass darin die Erwählung der „Leviten" (im Sinne des *clerus minor*) eingeschlossen ist (vgl. Dtn 33,8-11; Mal 2,4.8).[8] Der Chronist verzichtet auf die Sammelbezeichnung von Dtn und übernimmt nur die Konzeption der Zusammengehörigkeit und Gleichberechtigung der Priester und Leviten. Wenn sich die Rede in 2. Chr 29,5-11 besonders an die Leviten richtet und dabei von ihrem kultischen Anspruch die Rede ist, dann will der Chronist vom Anfang an klar stellen, dass die Wiederherstellung des Kultes für den Neuanfang mit einer Berücksichtigung der Position der Leviten im Kult zusammen gehen soll. Also ist die Instandsetzung des Kultes nach der Meinung des Chronisten mit der Wiederherstellung der Funktion bzw. des Status der Leviten eng verbunden. Somit präsentiert der Chronist in der Rede die Richtung der Reform. Dabei bildet Dtn 18,5 die Grundlage für die Reform Hiskias.

2) Bei der Ausführung des Befehls tritt die Aktivität der Leviten stark in den Vordergrund (2. Chr 29,12-15). Die Leviten führen eifrig den Befehl des Königs aus, wie das Bewegungswort יקמו von 29,12 zeigt. Die Namensliste der vertretenen levitischen Familien, nämlich Kehat, Merari, Gerschon, Elizafan und der Familien der Tempelmusiker, Asaf, Heman und Jetutun,[9] deutet auf eine umfassende Aktivierung levitischer Tätigkeiten in der Reform Hiskias hin. Die in V.12-14 namentlich genannten vierzehn Familienhäupter von Leviten versammeln ihre Stammesgenossen und vollziehen zunächst die in V.5 befohlene Selbstheiligung (התקדשו) für die vom König geforderte Aufgabe (V.15aα), nämlich die Weihe des Tempels (קדשו את־בית יהוה).[10] Sehr wahrscheinlich

---

8   Offenbar hat der Chronist diese Konzeption schon in 2. Chr 11,14 vorgelegt, wenn er dort den Kultdienst der Leviten mit dem Verb כהן beschreibt.

9   2. Chr 6,5-15 handelt von der levitischen Genealogie.

10   In dieser Hinsicht besteht eine Ähnlichkeit zwischen 2. Chr 29,5-11 und 1. Chr 15,4-12, wo zwar die Priester und die Leviten von David zusammengerufen werden, die Rede des Königs sich aber besonders an sechs namentlich genannte Levitenhäupter richtet: „ihr seid die Häupter der Sippen unter den Leviten; so heiligt nun euch (התקדשו) und eure Brüder, dass ihr die Lade JHWHs, des Gottes Israels, heraufbringt an den Ort, den ich ihr bereitet habe" (1. Chr 15,12). Dies zeigt die Bedeutung des

gehört die erste Maßnahme des Königs, die Öffnung und Ausbesserung der Tempeltore (29,3; vgl. V.17), in ihren Aufgabenbereich (משמרת), wie 1. Chr 9,27 die Funktion der Leviten als Wächter am Tempel beschreibt. Dann gehen sie dem Befehl des Königs nach, den Tempel zu reinigen (2. Chr 29,15aβb). Nach dem Chronisten leisten auch die Priester dem Aufruf des Königs Folge, wenn es heißt: „Auch die Priester gingen in das Innere (לפנימה) des Hauses JHWHs hinein, um zu reinigen" (V.16aα). Die Priester und die Leviten arbeiten zusammen! Priester sind für das Innere des Tempelgebäudes zuständig, Leviten für die Außenbereiche: „Die Priester brachten alle unreinen Kultgegenstände, die sie im Tempel (בהיכל) JHWHs fanden, auf den Vorhof des Hauses JHWHs heraus. Dort nahmen die Leviten sie in Empfang und brachten sie an den Kidronbach hinaus" (V.16aβγb). Zusammenfassend berichtet der Chronist die Verwirklichung der den Kult betreffenden Maßnahmen in zeitlicher Abfolge: „Am ersten Tag des ersten Monats begannen sie zu reinigen, und am achten Tag des Monats waren sie zur Vorhalle JHWHs gekommen und dann reinigten sie das Haus JHWHs acht Tage lang, und am sechzehnten Tage des ersten Monats waren sie fertig" (V.17). Die Kleriker erstatten dem König Bericht über den Vollzug der Instandsetzungsarbeiten: „Wir haben das ganze Haus JHWHs gereinigt, nämlich den Brandopferaltar mit all seinen Geräten und den Schaubrottisch mit all seinen Geräten. Alle Geräte, die der König Ahas während seiner Regierungszeit durch seine Treulosigkeit entweiht hat, haben wir wiederhergestellt und gereinigt. Siehe da, sie sind vor dem Altar JHWHs!" (V.18f.). Dem Chronisten zufolge wurde also die Tempelreinigung durch die enge Zusammenarbeit von Priestern und Leviten vollzogen.[11]

In dem Bericht über den reibungslosen Ablauf der Tempelreinigung ist auffallend, dass der Chronist in Bezug auf die Durchführung des Befehls durch die Leviten in 2. Chr 29,15 erklärend hinzufügt, dass der Befehl des Königs sich auf die „Worte JHWHs" gestützt habe: „Sie [die Leviten] gingen nach dem Befehl des Königs aufgrund des Wortes JHWHs, den Tempel zu reinigen" (V.15aβb). Hier bezieht sich der „Befehl des Königs" auf die Beauftragung Hiskias an die Leviten in V.5 und V.11, mit den Worten JHWHs ist wahrscheinlich die dtn Levitengesetzgebung von Dtn

---

Akts der Einholung der Lade und der dabei den Leviten zugewiesenen Rolle, wie sie vom König mit der „Erwählung" als Begründung der Beauftragung der Leviten ausdrücklich festgestellt wird (V.2). Also sollen sich nicht nur die Leviten, die für das Tragen der Lade zuständig sind (V.1), sondern auch die Priester, die für die Ausrichtung der Lade und für die Bedeckung der Geräte verantwortlich sind (vgl. Num 4,15), durch die Heiligung für ihre wichtige Aufgabe vorbereiten. Auf Befehl des Königs heiligen sich die Priester und die Leviten (1. Chr 15,14).
11   So auch S.J. De Vries, Chronicles, 374.

18,5 gemeint. Trotz der eifrigen Ausführung des Befehls durch die Leviten macht die genauere Darstellung der Zuständigkeit des Kultpersonals von 2. Chr 29,16aβγb, nämlich einerseits der Priester im Tempel, andererseits der Leviten auf dem Vorhof des Hauses JHWHs, den Eindruck, dass den Leviten der Zutritt zum inneren Vorhof nicht gestattet war,[12] und dass die Leviten von den Priestern stark abhängig waren.[13] Hier wird eine scharfe Trennung zwischen Priestern und Leviten durch deren Dienste in getrennten Tempelhöfen sichtbar. Die Leviten erscheinen als eine von den Priestern unterschiedene Gruppe, als *clerus minor*.

Die Unterscheidung der priesterlichen und levitischen Dienste, die die Bezeichnung משמרת tragen, wird insbesondere in Num betont (Num 3f.; 8; 18,1-7).[14] Die Priester verrichten den Dienst im Heiligtum (Num 3,38) bzw. am Heiligtum und am Altar (18,5), hingegen die Leviten den Dienst am Begegnungszelt (אהל מועד, 3,25; 4,28; 8,26; 18,3f.) bzw. an der Lade und den Kultgeräten (3,31).[15] Der Dienst der Leviten wird durchweg als von den Priestern abhängige Arbeit dargestellt (16,8-11). Durch die dienende Rolle werden die Leviten in Num den „aaronitischen" Priestern als Helfer zugeordnet (3,5-10; 8,19.22.26; 18,6.22).[16] Im zweiten Teil des „Verfassungsentwurfs" in Ez 44-46 wird betont, dass der Dienst am Altar und im inneren Vorhof ausschließlich der alten zadokidischen Jerusalemer Priesterschaft (Ez 44,15f.) zusteht, die Leviten dagegen als Hüter an den Türen (44,11) die Funktion als Mittler zwischen den Priestern im inneren und den Laien im äußeren Vorhof übernehmen sollen.[17] So scheint nach Sicht der Chronik das Betreten des Tempelhauses den Leviten nicht erlaubt gewesen zu sein, wenn es heißt, dass die Leviten auf den Befehl des Königs in den Tempel (בית יהוה) gingen (2. Chr 29,15). Hier sieht der Chronist eine Trennung mehr zwischen Priestern und Leviten in ihrem Wirken "in den getrennten Tempelhöfen" als in den unterschiedlichen Aufgaben. Wenn der Chronist die Leviten wie die Priester als Diener JHWHs bezeichnet (29,11), dann will er damit sagen, dass die Einschränkung der levitischen Dienste in den getrennten Vorhöfen ein Hindernis sei, ihre ursprüngliche Funktion als Diener JHWHs zu erfüllen. Hier wird deutlich, warum sich der Befehl des Königs in V.5 besonders an die Leviten gerichtet hat, obwohl auch die Priester gerufen wurden (V.4). Mit der ausführlichen Darstellung (V.16) bringt der Chronist die gegenwärtigen Verhältnisse zutage, doch mit sei-

---

12 Der Chronist unterscheidet zwischen zwei Vorhöfen des Tempels (2. Chr 33,5; vgl. 1. Chr 28,12; 2. Chr 7,7; 20,5).

13 So W. Rudolph, Chronikbücher, 296; darüber hinaus sieht S.J. De Vries, Chronicles, 373, dahinter eine scharfe Rivalität zwischen Priestern und Leviten.

14 Vgl. auch Ez 40-48; Ex 28; 29,1.9.29.44; 30,30f.; 31,10; 40,13-15; Lev 8f.

15 Vgl. J. Schaper, Priester, 215.

16 Vgl. J. Schaper, Priester, 213.

17 Vgl. R. Albertz, Exilszeit, 277.

ner Darstellung der königlichen theologisch begründeten Reform (V.15) reklamiert er zugleich die Besserstellung der Leviten als Diener JHWHs (V.11).

5.1.1.2 Einsetzung der Leviten für den musikalischen Dienst
(2. Chr 29,25f.)

In seiner weiteren Darstellung der Reform entwickelt darum der Chronist eine schrittweise Aufgabenerweiterung der Leviten. Beim Sühneopfer setzt König Hiskia während der Opferhandlung die Leviten für die musikalischen Aktivitäten ein (2. Chr 29,25aα). Die Leviten stellen sich mit Cymbeln, Harfen und Zithern, die Priester mit Trompeten beim Brandopfer auf (V.25-27). Damit erhalten die Leviten eine weitere Aufgabe zusätzlich zu den Diensten am Begegnungszelt (Num 3,25; 4,28; 8,26; 18,3f.) bzw. an der Lade und den liturgischen Geräten (1,48ff.; 3,31) sowie bei Kultfeiern, die der Pentateuch bezeugt (Num 3,57ff.; 4,17-20; 8; 18; Dtn 31,25).

Der Chronist hatte schon berichtet, dass David die levitische Sängerschaft nicht nur bei der Herbeiholung (1. Chr 15,16-24),[18] sondern auch nach der Unterbringung der Lade für den ständigen Kult sowohl an der Lade (16,4-6.37f.)[19] als auch am Höhenheiligtum in Gibeon (16,39-42)[20] eingesetzt hatte,[21] damit sie JHWH erinnern, ihm danken und ihn preisen (16,4.41f.).[22] Somit stellten sich nach dem Chronisten schon zur Zeit Davids

---

18 David beauftragt die Obersten der Leviten (שרי הלוים), die Sänger mit Musikinstrumenten zu bestellen (1. Chr 15,16). Daraufhin werden Heman, Asaf und Etan mit ihren Brüdern als Sängerschaft bestellt. Dabei spielen die Instrumente eine große Rolle. Die Leviten spielen die Instrumente Harfen, Leiern und Cymbeln, dagegen bleiben die Trompeten den Priestern vorbehalten (V.24; vgl. 2. Chr 5,12; 7,6; 13,12.14; 29,26). Berechja und Elkana (1. Chr 15,23) und das Geschlecht Obed-Edom und Jehija werden zum Torhüterdienst vor der Lade bestellt (V.24b; vgl. 16,38; 26,4ff.).

19 An der Lade amtieren die levitischen Sänger, Asaf und seine Brüder mit ihren Instrumenten Psaltern, Harfen und Zimbeln, und die Priester, Benanja und Jahaziel, mit den Trompeten (V.5f.). Dazu versehen Obed-Edom mit seinem Brüder, Obed-Edom, Sohn des Jeduthuns, und Hosa das Amt der Torhüter an der Lade (V.38).

20 An dem Höhenheiligtum zu Gibeon in der Stiftshütte werden Zadok und seine Brüder eingesetzt, damit sie dort das tägliche Morgen- und Abendbrandopfer vollziehen (1. Chr 16,39f.). In Gibeon amtieren Heman und Jeduthun und der Rest der Auserlesenen, die wahrscheinlich in 1. Chr 15,20-21 aufgeführt waren, als Kultsänger, und die Söhne Jeduthuns versehen das Amt der Torhüter (1. Chr 16,42).

21 P.D. Hanson, Chronicles, 73, ist der Meinung, dass 15,16-24 eine Ausweitung von 1. Chr 16,4-6 und 16,37-42 ist.

22 In 1. Chr 6,17 wird zusammenfassend erwähnt, dass die Leviten den musikalischen Dienst seit der Einholung der Lade vor der Stiftshütte bis zur Erbauung des Tempels ausgeübt haben. Nach dem Chronisten wird diese levitische Aufgabe כמשפט durchgeführt. Hier steht כמשפט für die Dienstabteilungen der levitischen Sänger,

die Leviten mit den davidischen Instrumenten, Cymbeln, Harfen und Zithern (1. Chr 15,16ff.; 16,4; 23,5; vgl. 2. Chr 5,12f.; 7,6), und die Priester mit ihren Trompeten (1. Chr 15,24; 16,6; vgl. 2. Chr 5,12; 7,6) auf.

Vor allem ist in 1. Chr 25,1 von der Institution der Sängerschaft im Kult die Rede. Dort wird ausdrücklich erwähnt, dass David mit seinen „Anführern der Diensttruppe"[23] (שרי הצבא) die Nachkommen Asaf, Heman und Jeduthun zum Dienst ausgesondert hat (ויבדל). Mit dieser Maßnahme wird das Amt der levitischen Sänger, die schon bei der Einholung der Lade und für den ständigen Kult nach der Unterbringung der Lade eingesetzt wurden, nun unter David institutionalisiert (vgl. 2. Chr 8,14; 23,18; 35,4). An dieser Stelle ist die Vokabel בדל hiph., die diese Maßnahme eindeutig auf David zurückführt,[24] zu beachten. Das Wort בדל ni. wurde in 1. Chr 23,13 für die „Absonderung der Aaroniden" verwendet. Offenbar stellt der Chronist mit demselben Verb die Funktion der Sänger mit ihren Instrumenten dem Dienst der Aaroniden als vergleichbar dar. Somit besteht der Kult nach dem Chronisten aus dem musikalischen Dienst und dem Opferdienst und zwar auf gleicher Ebene. Jedenfalls erweist sich die Sängerschaft als eine Innovation! Denn diese Maßnahme hat keinen Anhalt im Pentateuch. Wenn in diesem Zusammenhang Asaf, Heman und Jeduthun als Propheten bezeichnet werden (1. Chr 25,1) und Heman nachdrücklich als Seher des Königs mit der Wendung „nach dem Wort Gottes" tituliert wird (V.5), wird damit gesagt, dass die Anweisung durch David unter Vermittlung seiner Propheten ergangen war.

Aus obigen Beobachtungen ergibt sich, dass es bei der Maßnahme Hiskias eindeutig um die Wiederherstellung der alten Ordnung Davids geht.[25] Auffälligerweise wird in der Hiskia-Erzählung die Anordnung zu musikalischer Begleitung nicht nur David, sondern auch dem Seher[26] Gad und dem Propheten Natan zugeschrieben (2. Chr 29,25aβ). Durch die Erläuterung von V.25b erklärt der Chronist, warum neben David die beiden Propheten genannt sind: die Anweisung Davids erging auf göttlichen

---

geführt. Hier steht כמשפטם für die Dienstabteilungen der levitischen Sänger, wie sie in der Genealogie der drei Obersänger in V.18-32 ausführlich aufgezeichnet werden. Zwar geht diese levitische Ordnung nach 2. Chr 8,14 und 23,18 auf David (כמשפט דויד) zurück, doch wird dort die Herkunft nicht erwähnt.

23 So mit S. Japhet, 1 Chronik, 399.

24 Vgl. S. Japhet, 1 Chronik, 399.

25 J.W. Wright, Narrative, 229-242, argumentiert, dass die Hinweise auf die Aufgabe der Leviten in 1. Chr 6,31f.; 9,22; 2. Chr 8,14f.; 23,18f.; 29,25 und 35,4 die Kapitel von 1. Chr 23-27 voraussetzen; so auch S. Japhet, 2 Chronik, 406-409.

26 LXX[B] übersetzt חזה „Seher" mit τοῦ προφήτου „(des) Propheten".

Befehl unter Vermittlung seiner Propheten.[27] Somit erhält die davidische Anordnung göttliche Autorität und bildet damit ein Pendant zur Mose-Tora.[28]

Interessanterweise sind an beiden Stellen (2. Chr 29,26; 1. Chr 15,24; 16,6) die Trompeten den Priestern vorbehalten[29] ohne einen Hinweis auf die Tora, obwohl es im Pentateuch als ewige Ordnung (חקת עולם) für die Israeliten gilt, dass die Söhne Aarons, die Priester, mit den Trompeten blasen (Num 10,2.8.9.10; 31,6). Der Grund dafür liegt wahrscheinlich darin, dass der Chronist Wert auf den Bericht der Neuregelung des kultischen Dienstes der Leviten legt, wie schon in 2. Chr 29,11 deutlich wurde. Wenn nur der musikalische Dienst der Leviten auf David zurückgeführt und unter Hiskia erneut geregelt wird, dann werden hier die Leviten noch einmal besonders im Kult gewürdigt. Außerdem wird in V.26 die Zusammenarbeit beider Klassen des Kultpersonals im musikalischen Bereich hervorgehoben.

Neben dem musikalischen Dienst mit den davidischen Instrumenten[30] werden die Leviten beauftragt, nach dem Opfer die Lieder Davids und des Sehers Asaf vorzutragen (2. Chr 29,30). Dem Chronisten zufolge wurde nach der Aufstellung der Lade in dem Zelt zu Jerusalem der Sängerdienst Asafs und seiner Brüder vor der Lade eingesetzt, dass sie JHWH, den Gott Israels, preisen, ihm danken und ihn loben (1. Chr 16,4-6). Die Lade bekommt keinen Opferkult, sondern der Dienst an der Lade beschränkt sich auf den Kultgesang. Dagegen wird an dem Höhenheiligtum zu Gibeon in der Stiftshütte „der vollständige Kult mit sämtlichen rituellen Funktionen"[31] verrichtet (1. Chr 16,39f.). Dies geht wahrscheinlich darauf zurück, dass für den Chronisten das Heiligtum in Gibeon das Vorbild des

---

27   Aufgrund dessen, dass ביד in diesem Zusammenhang immer nur „durch Vermittlung von" bedeutet, was bei JHWH unmöglich ist, schlägt W. Rudolph, Chronikbücher, 296, vor, anstelle von בדויד היה ביד־יהוה zu lesen.

28   S.J. De Vries, Moses, 620, nennt den auf David zurückführenden Bezug „the regulation formula" im Kontrast zur „authorization formula", die sich auf Mose bezieht. Ausgehend davon, dass hier der Torabezug für die Regelung der musikalischen Kulthandlung fehlt (1. Chr 6,17; 2. Chr 8,14; 29,25; 35,15), hält J.W. Kleinig, Institution, 76, diese Innovation für problematisch. Nach ihm löst der Chronist das Problem auf zweierlei Weise, explizit und implizit. Zuerst dadurch, dass, wie gesehen, der Chronist die prophetische Vermittlung hinzufügt, dann durch den Hinweis auf die Vorschriften im Pentateuch. Nach Kleinig bildet Dtn 10,8; 18,5 und Num 10,10 die Basis für die Innovation.

29   So auch 1. Chr 15,24; 16,6; 2. Chr 5,12; 7,6; 13,12.14; vgl. 1. Chr 13,8; 16,42; 2. Chr 15,14; 20,28; 23,13; Esr 3,10.

30   In 1. Chr 23,5 und 2. Chr 7,6 ist von der Erfindung von Musikinstrumenten durch David, aber auch durch Salomo in 2. Chr 9,11 die Rede.

31   S. Japhet, 1 Chronik, 307.

späteren Tempels ist.[32] Die beiden Gruppen, die vor der Lade und am Höhenheiligtum zu Gibeon eingesetzt werden, werden sich im zukünftigen Tempel zusammenschließen.[33] So wird der levitische Dienst mit dem die Opfer begleitenden Gesang sowohl beim täglichen Morgen- und Abendbrandopfer als auch bei den für die einzelnen Festtage vorgeschriebenen Brandopfern für den künftigen Kult unter David institutionalisiert (1. Chr 23,30f.; vgl. 2. Chr 5,13; 35,15). In dieser Hinsicht zeigt die Beauftragung der Leviten mit dem Vortrag von Worten Davids und Asafs (2. Chr 29,30) die Integration der Sängerschaft Asafs und seiner Brüder, die vor der Lade ihren Dienst geleistet haben (1. Chr 16,4-6), in den Jerusalemer Tempel (so auch schon unter Salomo in 2. Chr 5,12).

Die erste Funktion der Leviten als „Diener JHWHs" zeigt sich für den Chronisten in der Kultmusik.

5.1.1.3 Einsetzung der Leviten für den Opferdienst (2. Chr 29,34)

Wenn sich die Rede des Königs in 2. Chr 29,5 ausdrücklich an die Leviten richtete, dann stellt sich die Frage, ob die Erwählung des Kultpersonals zum Opferdienst in V.11 auch die Leviten mit einbezieht, vor allem deshalb, weil in V.20-30 die unterschiedlichen Aufgaben der Priester und Leviten geschildert werden: Die Priester beschäftigen sich mit dem Opfer und die Leviten mit der Musik und den Liedern.

In den verschiedenen Bestimmungen der Tora für den Priesterdienst werden die Opfer nur als Sache der Priester dargestellt (Ex 28; 29,1.9.29.44; 30,30f.; 31,10; 40,13-15; Lev 8f.; Num 3,3.10; 18,1.7; 25,10-13). In Num wird den Leviten vorgeworfen, dass sie das Priestertum beanspruchten: „Er [der Gott Israels] hat dich [Korach] und alle deine Brüder, die Söhne Levi, mit dir zu sich nahen lassen, und ihr sucht auch noch das Priestertum?" (Num 16,10). Zwar belegt auch Ezechiel 44,11 eine Beteiligung der Leviten am Opferkult. Doch wird sie dort deswegen den Leviten zugewiesen, weil Israel Fremde in das Heiligtum eingelassen und sie dort zum Dienst eingesetzt hat (Ez 44,6-8). Nach Ezechiel werden zwar die Leviten dafür weniger getadelt. Jedoch soll die „Verfehlung der Leviten bei einem Abfall der Israeliten dadurch geahndet werden, dass sie am Tempel keinen

---

32 So P.D. Hanson, Chronicles, 73; S. Japhet, 1 Chronik, 308. Die Vorrangstellung des Altars in Gibeon kommt durch die Aussage Davids in 1. Chr 21,29 zum Ausdruck: „aber die Wohnung JHWHs, die Mose in der Wüste gemacht hatte, und der Brandopferaltar waren zu der Zeit auf der Höhe bei Gibeon; David aber konnte nicht hingehen und vor ihn treten, um Gott zu befragen, so erschrocken war er vor dem Schwert des Engels JHWHs."

33 Vgl. P.D. Hanson, Chronicles, 73.

Priesterdienst, also nur noch niedere Dienste ausüben dürfen."[34] Also wird die Beteiligung der Leviten am Opferkult als eine Degradierung aufgrund ihres Götzendienstes (Ez 44,11) gesehen.[35] Dagegen hat der Chronist für die Beteiligung der Leviten am Opferkult eine ganz andere Konzeption. Er setzt sich für die Beteiligung der Leviten am Opferkult schrittweise und programmatisch ein.

1) Auch der Chronist zeigt, dass die Opfer eine Sache der Priester sind. Schon in 1. Chr 23,13b wurde klar gestellt, warum die Aaroniden, die ihrer Herkunft nach auch zur Sippe Kehat gehören, aus dieser Sippe ausscheiden (ויבדל): „Aaron wurde ausgesondert, das Hochheilige zu heiligen, er und seine Söhne für alle Zeiten, vor JHWH zu opfern und ihm zu dienen und in seinem Namen zu segnen für alle Zeiten." Der Chronist macht deutlich, dass den Aaroniden das Priesteramt vorbehalten ist.[36] Ähnliches zeigt sich auch in 2. Chr 29,20-25: Nach dem Befehl des Königs Hiskia an die aaronitischen Priester werden alle Sühneopfer-Zeremonien für „das Königtum, das Heiligtum und Juda" unter Leitung der Priester vollzogen (29,21). Die Laien schlachten[37] zwar die Rinder (בקר), Widder (אילים) und Lämmer (כבשים) für die Brandopfer, die Priester aber besprengen den Altar mit dem Blut der Opfertiere (V.22). Anschließend werden von den Priestern die Ziegenböcke für das Sündopfer vor den König und die Volksgemeinde geführt. Darauf folgt das priesterliche Handaufstemmen auf den Kopf des Opfertieres (V.23). Die Priester schlachten die Tiere für die Sühneopfer[38] und bringen deren Blut auf dem Altar dar, um für „ganz Israel" Sühne zu schaffen

---

34   K.-F. Pohlmann, Hesekiel 20-48, 586.
35   Vgl. W. Rudolph, Chronikbücher, 325; J.M. Myers, II Chronicles, 212. Dagegen ist R.K. Duke, Punishment, 61-81, der Auffassung, dass es sich um die Restoration der levitischen Aufgabe handelt.
36   Vgl. W. Rudolph, Chronikbücher, 155.
37   Das Verb steht in der 3. Pers. Plur. Das Subjekt beim Schlachten der Rinder, Widder und Lämmer in V.22 wird allerdings nicht genannt, anders als in V.24, wo die Priester die Ziegenböcke als Sündopfer schlachteten. In V.22 handelt es sich um Brandopfer, wobei die Opfernden schlachten, so W. Rudolph, Chronikbücher, 297; H.G.M. Williamson, Chronicles, 357; S. Japhet, 2 Chronik, 374. Die Schlachtung als Tätigkeit der Priester ist in Ex 29,16; Lev 8,19 und Lev 9,12 belegt: Während nach Ex 29,16 und Lev 8,19 Mose in der Funktion des Priesters das Schlachten übernimmt, schlachtet und bringt Aaron die Brandopfer nach Lev 9,12 für sich selbst dar. In Lev 14,19 ist das Subjekt beim Schlachten wahrscheinlich der Priester. Dagegen wird in Lev 1,5a.11a das Schlachten des Opfertieres vom Opferherrn selbst ausgeführt. Nach Ez 44,11 sollen die Leviten die Brandopfer für das Volk schlachten, vgl. D. Kellermann, עלה/עולה, 109.
38   Vgl. Lev 9,15; 16,15.

(V.24).[39] So besteht für den Chronisten kein Zweifel, dass die Opfer Sache der Priester sind (vgl. 1. Chr 5,36; 6,33f.; 16,39f.; 23,13; 2. Chr 26,18). Aber er modifiziert diese Ordnung.

2) Dem Chronisten zufolge konnte der Kult nach dem Sühneopfer nicht reibungslos ablaufen, da es zu wenig Priester gab, so dass sie nicht alle Brandopfer abhäuten konnten (2. Chr 29,34). Den Mangel an Priestern führt der Chronist nicht auf Nachlässigkeit der Priester,[40] sondern auf die große Zahl der Opfergaben zurück.[41] Die Volksgemeinde hatte nämlich eine große Zahl an Opfergaben für Brandopfer, Schlachtopfer (vgl. Lev 3) und Dankopfer (vgl. Ex 29,40; Num 15,1-15) dargebracht, die alle Priester benötigen (2. Chr 29,32.33.35a). Im Verhältnis dazu waren die geweihten Priester zu wenige (V.34a),[42] was durch die Stellung des Verses zwischen beiden Aufzählungen der Opfergaben (V.33.35) betont wird.[43] Es hätten sich mehr Priester zur Verfügung stellen müssen. Angesichts des Mangels an geweihten Priestern verlangte der reibungslose Ablauf des Opferkultes nach Meinung des Chronisten eine Ausweitung der Funktion der Leviten im Kult. Denn die Leviten waren dienstbereit. Sie hatten sich nach dem Befehl des Königs (V.5) geheiligt (V.12-15aα) und waren dabei williger als die Priester gewesen (V.34b). Die Heiligung ist zentrales Kriterium des kultischen Dienstes! Hier wird noch einmal deutlich, warum der König besonders die Leviten zur Heiligung aufgefordert hatte (V.5) und worauf sich diese Maßnahme bezog (V.11). Die Leviten konnten den Priestern bei den Brandopfern mit dem Abhäuten der Tiere helfen, bis der Dienst der Priester getan war und sich mehr Priester geweiht hatten (V.34b). Dies war zunächst ein einmaliges Provisorium! Doch will der Chronist die Beteiligung der Leviten am Kultopfer als *rite* erweisen, wenn er hervorhebt, dass die Leviten bereitwilliger bei ihrer kultischen Reinigung gewesen seien als die Priester (V.34), und dass allein durch

---

39   Schon 1. Chr 6,34 weist eindeutig darauf hin, dass das Sündopfer für Israel den Aaroniden zugeordnet wird.

40   Gegen W. Rudolph, Chronikbücher, 298; J. Fries, Im Dienst, 187.

41   Hinter dem Lob der Leviten in 2. Chr 29,34b, dass die Leviten sich redlicher geheiligt hätten als die Priester, scheint sich einerseits der Vorwurf gegen die Priester und andererseits die Bevorzugung der Leviten zu verbergen, so W. Rudolph, Chronikbücher, 298. Doch richtet sich die scheinbare Kritik an den Priestern eigentlich eher gegen die Überlastung durch ihre Aufgabe.

42   So auch S. Japhet, 2 Chronik, 378.

43   Dass die Zahl der Opfergaben und die Anzahl der Priester eng miteinander verbunden sind, zeigt sich auch in 30,23-27. Nach dem Chronisten war die Verlängerung des Festes einerseits durch die vielen Spenden, andererseits durch die große Zahl der geweihten Priester möglich.

ihren verantwortungsvollen Einsatz der Kult im Haus JHWHs (עבודת בית יהוה) wiederhergestellt worden sei (V.35b). Für den Chronisten konnte der Kult nur durch die Hilfe der Leviten reibungslos ablaufen und durch eine neuartige Kooperation von Priestern und Leviten wiederhergestellt werden. Zwar werden die Leviten hier als Helfer den aaronitischen Priestern zugeordnet (vgl. Num 3,6; 8,26; 18,2), doch war die Beteiligung der Leviten am Opfer eine Innovation! Der Chronist sieht dahinter eine glückliche Fügung Gottes: „Hiskia und das ganze Volk freuten sich über das, was Gott für das Volk bereit machte. So trug sich diese Angelegenheit plötzlich zu" (2. Chr 29,36).

Berücksichtigt man, dass die Beteiligung der Leviten am Kultopfer als Ad-hoc-Maßnahme charakterisiert wird, so scheint der Chronist 2. Chr 29,11 offenbar bewusst umfassend formuliert zu haben, um schon hier im Voraus auf die spätere Beteiligung der Leviten am Kultopfer zu verweisen und ihr Legitimität zu verleihen: „JHWH hat euch erwählt, dass ihr vor ihm steht und ihm dienet, und dass ihr seine Diener werdet und ihm Opfer darbringt." Hier wird deutlich, dass der Chronist mit der Formulierung von 29,11.15 in Anlehnung an Dtn 18,5 programmatisch eine Beteiligung der Leviten am Opferkult fordert. Dies ist im Passafest unter Hiskia noch deutlicher zu sehen.

5.1.1.4 Zentrale Passafeier durch die Verschiebung auf den zweiten Monat (2. Chr 30,1ff.)

1) Hinsichtlich des Datums wird in der Chronik selbstverständlich der 14. Tag des ersten Monats als toragemäß für das Passafest angesehen (2. Chr 30,2ff.; 35,1).[44] Allerdings konnte das Passa unter Hiskia aufgrund des Mangels an geweihten Priestern[45] und wegen des fernbleibenden Volkes (30,3) nicht rechtzeitig gefeiert werden.[46] Daher beschlossen der König, seine Fürsten und die Volksgemeinde das Passafest auf den zweiten Monat zu verschieben (V.2). Immerhin hat Num 9,10-13 eine vergleichbare Lösung gekannt, weil hier eine neue Regelung für den Fall getroffen wird, dass jemand aus irgendwelchen Gründen, z.B. we-

---

44 Vgl. Ex 12,1-7.43-49; 13,3-10; 23,14f; 34,18.25; Lev 23,5-8; Num 9,1ff.; 28,16ff; Dtn 16,1-8; vgl. Jos 6,10.

45 Dies wird in der Forschung häufig als Kritik an den Priestern verstanden, so W. Rudolph, Chronikbücher, 299; H.G.M. Williamson, Chronicles, 366. Doch ist der Mangel an Priestern als Grund für die notwendige Verschiebung des Passafestes verständlich, wenn von vornherein geplant ist, das Passafest mit dem Volk aus dem Nordreich zusammen zu feiern. Denn die Anzahl der Priester hängt mit der Größe der Gemeinde eng zusammen, so auch in 2. Chr 30,23-27.

46 Dieser doppelte Grund geht auf die Einladung der Nordisraeliten zurück.

gen Unreinheit oder wegen einer Reise, an der normalen Feier nicht teilnehmen konnte. Die neue Passaordnung gibt den Verhinderten die Möglichkeit, einen Monat später das Passa nachfeiern zu können. Im Fall der Chronik könnte eine kollektive Anwendung der individuellen Regelung von Num 9 vorliegen.[47] Allerdings wird in der Chronik nicht ausdrücklich auf diese mosaische Vorschrift (Num 9,1-14) zur Verschiebung des Passafestes verwiesen. Der Chronist macht keine Feststellung darüber, ob die Verschiebung des Passafestes toragemäß ist oder nicht.

2) Stattdessen wird begründet, warum der König und die Volksgemeinde beschlossen, einen Ruf in ganz Israel von Beerscheba bis Dan ergehen zu lassen, das Passa für JHWH, den Gott Israels, in Jerusalem zu halten (2. Chr 30,5a): „Denn es wurde nicht groß gehalten, wie es geschrieben war" (V.5b). Damit ist die Passafeier des gesamten Volkes im Zentralheiligtum gemeint. Der Ausdruck „wie es geschrieben steht" bezieht sich dann auf Dtn 16,1-8,[48] wo das Passa als zentrales Wallfahrtsfest etabliert wird.[49]

Der Chronist teilt ferner mit, dass nach dem Befehl des Königs die Boten von Stadt zu Stadt im Land Ephraim und Manasse bis nach Sebulon zogen. Zwar gab es Verspottung und Verachtung der Botschaft Hiskias durch viele Nordisraeliten (2. Chr 30,10), aber einige Männer aus Asser, Manasse und Sebulon kamen nach Jerusalem (V.11). Während in Nordisrael die Reaktion gespalten war, herrschte in Juda Einmütigkeit, den Befehl des Königs und der Fürsten zu befolgen (V.12). Nach dem Chronisten spricht dieser Erfolg in Juda dafür, dass Gott selber das Unternehmen förderte und somit der Beschluss des Königs und der Oberen und des Volkes, das Passa Gesamtisraels in einem Heiligtum zu feiern, dem „Wort JHWHs" entspreche. Der Chronist erwähnt ausdrücklich, dass der Befehl des Königs und der Fürsten sich auf das „Wort JHWHs" stützte (V.12). Auf diese Weise legitimiert der Chronist das gesamtisraelitische Passafest unter Hiskia, das als eine Sondermaßnahme durch den improvisierten Beschluss des Königs und seiner Fürsten eingeleitet wurde, ausdrücklich als toragemäß.

---

47 So W. Rudolph, Chronikbücher, 299; H.G.M. Williamson, Chronicles, 366; J.A. Thompson, Chronicles, 352.
48 So auch K.L. Spawn, "As It Is Written", 112.
49 Dagegen handelt es sich in Ex 12 um eine Familienfeier!

5.1.1.5 Beteiligung der Leviten am Passaopfer (2. Chr 30,16)

1) Nach der kultischen Reinigung in Jerusalem (2. Chr 30,14) schlachtet die sich zur Passafeier versammelte Gemeinde die Passalämmer am 14. Tag des zweiten Monats (V.15). Eigentümlicherweise ist hier im Zusammenhang der Heiligung von einem Schuldbekenntnis der Priester und Leviten die Rede (V.15a), bevor sie die Brandopfer darbrachten. Weil „[sich d]ie früheren Bemerkungen bezüglich Nicht-Heiligung von Kultpersonal ... nur auf die Priester bezogen [hatten] (29,34; 30,3), vor denen sich die Leviten rühmlich ausgezeichnet hatten (29,12-15.34)"[50], sind Harmonisierungsversuche gemacht worden. W. Rudolph liest anstelle von „die Priester und die Leviten" den dtr Terminus „die levitischen Priester", indem er das kopulative Waw (וֹ) vor „Leviten" streicht.[51] Damit kann er den Vorgang als Reaktion auf den Eifer der Laien interpretieren. Rudolph aber kann nicht erklären, warum der Chronist hier diesen Terminus gebrauchte. H.G.M. Williamson schließt sich insofern Rudolph an, als er das Schuldbekenntnis und die Heiligung als Reaktion auf den Eifer der Laien deutet. Doch weicht Williamson darin von Rudolph ab, dass er als Subjekt der Darbringung der Brandopfer die Laien sieht. Nach ihm muss der Opferakt der Laien (30,15bβ) den Handlungen des Kultpersonals (V.15bα) vorangegangen sein.[52] Diese Lösung ruft aber ein neues, nämlich ein syntaktisches Problem hervor, weil sich dann das Subjekt in V.16a, wo es wahrscheinlich um priesterliche Tätigkeiten geht (vgl. 35,10), auf die Laien beziehen müsste. Fraglich ist ja, warum sich das Kultpersonal, Priester und Leviten, heiligt und die Schuld bekennt. Nach S. Japhet liegt die Heiligung und das Schuldbekenntnis der Priester und der Leviten an ihrem Säumen, das mit der Verschiebung des Festtermins zu tun hatte (30,3),[53] wobei der Vorgang der Heiligung die Darbringung von Brandopfern umfasst.[54] Japhet konnte aber die Darbringung von Brandopfern nicht erklären. Außerdem stellt sich bei ihr die Frage, warum sich die Priester und Leviten heiligen. Denn die Durchführung des Passafestes setzt schon die Heiligung des Kultpersonals, zumindest der Priester, voraus, da der Mangel an geweihten Priestern ein wesentlicher Grund für die notwendige Verschiebung des Passafestes war (30,3abα).

---

50   S. Japhet, 2 Chronik, 394.
51   Vgl. W. Rudolph, Chronikbücher, 301.
52   Vgl. H.G.M. Williamson, Chronicles, 369.
53   S. Japhet, 2 Chronik, 394. So auch J. Becker, 2 Chronik, 100. Becker versteht die Darbringung der Brandopfer als eine Art Wiedergutmachung für die Säumigkeit bezüglich der Terminverschiebung des Passafestes.
54   Vgl. S. Japhet, 2 Chronik, 394f.

Zum Verständnis dieser Eigentümlichkeit muss man davon ausgehen, dass der Text von einer Ad-hoc-Maßnahme spricht.

Wie die meisten Kommentatoren ausdrücklich betonen, nennt 2. Chr 30,16b diejenigen, von denen die Priester bei dem Passafest unter Hiskia das Schlachtopfer empfingen: „Die Priester versprengten das Blut aus der Hand der Leviten". Denn die unbestimmte Formulierung von V.15 hatte eigentlich nahegelegt, dass es das Laienvolk von V.13 gewesen ist, welches die Schlachtung des Passa vorgenommen hatte (vgl. Dtn 16,6; Ex 12,6).[55] Durch 2. Chr 30,16b stellt der Chronist klar, dass die traditionellen Laienopfer unter Hiskia durch Leviten dargebracht wurden. Das ist eine Neuerung![56] Allerdings war dies eine improvisatorische Maßnahme. Dem Chronisten zufolge wird die Schlachtung beim Passa unter Hiskia deswegen teilweise durch die Leviten vorgenommen, weil sich ein großer Teil der Festpilger nicht im Zustand der kultischen Reinheit befand (2. Chr 30,17a.18aα) und darum die Schlachtung der Opfer (30,15a) nicht selbst vollziehen konnte. Nach der Regelung von Num 9,10 dürfen die Unreinen am 14. Tag des zweiten Monats das Passa feiern. Für diesen Fall gilt dies aber nicht, weil das Passa schon einmal verschoben worden war. Hier wird verständlich, warum sich das Kultpersonal schuldig fühlte. Die Kultpersonen hätten damit rechnen müssen. Nun müssen sich mehr Priester zur Verfügung stellen. Aufgrund der vollen Beanspruchung der Priester beim Passafest[57] war die Einsetzung von weiterem Kultpersonal für die Unreinen notwendig. Deshalb heiligten sich die Priester und die Leviten und brachten Brandopfer für die Unreinen dar (2. Chr 30,16a). Insbesondere für die Schlachtung zugunsten der Unreinen war die Einsetzung der Leviten unumgänglich (V.15b). Darum wurde das Laienopfer teilweise durch die Leviten dargebracht. Während sich die Priester mit dem Blutritus beschäftigten, vollzogen die Leviten die Schlachtung (V.17).

Nach dem Chronisten konnte ganz Israel am 14. Tag des zweiten Monats das Passa vollständig feiern. Dies war möglich einerseits durch die Kooperation der Priester und der Leviten zugunsten der unreinen Laien, die nicht in der Lage waren, die Schlachtung der Opfer zu vollziehen (2. Chr 30,15ff.), zum anderen durch das Bittgebet des Königs für diejenigen, die trotz ihres gesetzwidrigen Zustands am Opfermahl teilnahmen (30,18; vgl. Lev 7,19-21; Num 9,6). Zum Schluss des Passa- und Mazzenfestes erteilt der König den Leviten ein Extralob für ihren Dienst, den sie so gut versehen hatten (2. Chr 30,22a). Hier wird die gute Einsicht der Leviten in

---

55   Vgl. W. Rudolph, Chronikbücher, 301.
56   So auch S. Japhet, 2 Chronik, 395.
57   Dafür spricht, dass der Mangel an Priestern als Grund für die notwendige Verschiebung des Passafestes erwähnt wird (30,3abα).

Bezug auf JHWH betont.[58] Dies erklärt die Aufgabenerweiterung der Leviten eindeutig als eine erfolgreiche improvisatorische Maßnahme. Erstaunlicherweise führt der Chronist diese Ad-hoc-Maßnahme auf das Gesetz des Mose zurück: „Danach standen sie auf ihrem Posten gemäß ihrer Anordnung (כמשפטם) nach der Anweisung Moses (תורת משה), des Gottesmannes" (2. Chr 30,16a). Nach der chronistischen Schilderung beschäftigen sich die Priester mit dem Blutritus und die Leviten mit dem Schlachten „nach ihrer Anordnung". Da der Blutritus der Priester zwar in Lev 17,6 belegt ist, es für die Levitenopfer im Pentateuch aber keine Belegstellen gibt,[59] erweist sich die Schlachtung des Passalamms durch die Leviten als Innovation! Doch will offenbar der Chronist sie nicht als neue, sondern als regelgerechte Praxis definieren, wenn er beschreibt, dass die Leviten כמשפטם auf ihrem Posten standen, wobei כמשפטם offenbar die Bedeutung „Sitte", „Gebrauch", „Gewohnheit", „Praxis" und „wie vorher" hat.[60] Hier könnte ein Hinweis auf die gebräuchliche Praxis gemeint sein.[61] Vor allem weist die Verwendung des pronominalen Suffixes auf die vorangehende Tradition hin.[62] Dann bezieht sich כמשפטם auf den Fall in 2. Chr 29,34, wo die Leviten aus dem Notfall heraus am Abhäuten der Opfertiere beteiligt waren. Es liegt die Vermutung nahe, dass die Beteiligung der Leviten beim Opfer zur Zeit der Chronik zwar nicht fest geregelt, aber schon längst, abhängig von der Situation, praktiziert wurde, wie dies auch 2. Chr 29,34 darstellt. Der Hinweis auf die Tora in 30,16 gibt eine schon längst durchgeführte gebräuchliche Praxis der Leviten (כמשפטם) als toragemäß aus. Zwar fehlen in der Tora entsprechende Anweisungen (vgl. aber Dtn 18,1-8; 33,10; Ez 44,12f.), aber die Neuregelung entsprach dennoch dem Geist der Tora. Versahen doch die Leviten ihren Dienst nicht nur für Gott, sondern auch für die ganze Gemeinde an der Wohnung des Gesetzes bzw. vor der Stiftshütte, „damit nicht ein Zorn über die Gemeinde der Israeliten komme" (Num 1,53; vgl. 3,7f.; 8,19; 18,5). Es handelt sich in 2. Chr 30,16 somit um Auslegung der Tora. Ihre Funktion kennzeichnet die Leviten als Diener JHWHs. Wenn der Chronist ein Lob für den Dienst der Leviten zum Schluss des Passa- und

---

58 Vgl. S. Japhet, 2 Chronik, 399. Japhet meint, „Leviten" hier auf alle Leviten, einschließlich der Priester, beziehen zu können.

59 Vgl. G. von Rad, Geschichtsbild, 63; E.M. Dörrfuss, Mose, 228.

60 Vgl. B. Johnson, משפט, 93-107. Vgl. Lev 5,10; 9,16; Num 9,3.14; 15,24; 29,6ff.; Esra 3,4; Neh 8,18; 1. Chr 6,17; 15,13; 23,31; 24,19; 2. Chr 30,16; 35,13.

61 S.J. De Vries, Moses, 630, bezieht den Torabezug nicht auf die Schlachtung des Passalamms durch die Leviten, sondern auf die Posten der Priester und Leviten. Dies ist aber nicht überzeugend, weil die Leviten später auch unter Josia im Passopfer eingesetzt werden (2. Chr 35,4). Später erkennt S.J. De Vries, Chronicles, 386, „an oral tradition of what Moses' law was and what it required" an.

62 Vgl. W.M. Schniedewind, Chronicler, 174.

Passa- und Mazzenfestes in den Mund des Königs legt (2. Chr 30,22a),[63] verleiht er dieser einmaligen Maßnahme zusätzliche Legitimation. Darin zeigt sich eine Entwicklung auf der Linie der improvisatorischen Maßnahme von 2. Chr 29,34. Wenn sich aber der Chronist daneben explizit auf die Autorität des Mose beruft (30,16), hat er, wie es scheint, die Begründung für die Beteiligung der Leviten am Opferkult einerseits und auch schon die Dauerregelung Josias in 2. Chr 35 andererseits im Blick.

Nach den Maßnahmen zur Wiederherstellung des von Ahas entweihten Kultes und nach der Passafeier des gesamten Israel bemüht sich Hiskia um eine Reform der ständigen Kultpraxis.

5.1.1.6 Wiederherstellung der regelmäßigen Opferpraxis (2. Chr 31,2f.)

Zuerst stellt König Hiskia die Abteilungen (מחלקות) der Priester und Leviten für ihre Dienste nach ihrer Einteilung auf (2. Chr 31,2). Aus V.2, „damit jeder gemäß seinem priesterlichen und levitischen Dienst beim Brandopfer und Heilsopfer loben und preisen und in den Toren der Lagerplätze[64] JHWHs diene", wird deutlich, dass es sich bei מחלקות um „Abteilungen" im kultisch funktionalen Sinne handelt.[65] Der Terminus wird nicht nur zur Bezeichnung der levitischen Ordnung (1. Chr 23,6; 26,1), sondern auch der Priesterordnung (1. Chr 24,1) gebraucht. Nach 1. Chr 24,7-18 und 25,9-31 führt David eine Institution der vierundzwanzig priesterlichen und levitischen Abteilungen ein. Nach dem Tempelbau bestellt Salomo entsprechend der Vorschrift (כמשפט) Davids die Abteilungen (מחלקות) der Priester für ihren Dienst (עבדתם) und die Leviten für ihre Aufgabe (משמרותם), „Loblieder zu singen und an der Seite der Priester Dienst zu tun, wie es für jeden Tag vorgeschrieben war" (2. Chr 8,14aα). Dazu kommt der Dienst der einzelnen Abteilungen als Torwächter für die einzelnen Tore (V.14aβ). Schon bei der Anweisung Salomos in Bezug auf die Abteilungen der Priester und der Leviten wird David als Gottesmann bezeichnet, eine Bezeichnung, die ihn neben Mose stellt (V.14b).[66] Die Anweisung Davids ist damit ein Pendant zu der Tora des Mose.

---

63   Vgl. W. Rudolph, Chronikbücher, 303.

64   So mit W. Rudolph, Chronikbücher, 304. In LXX ist מחנות durch ἐν ταῖς αὐλαῖς οἴκου (חצרות „Vorhöfe") wiedergegeben.

65   Jos 11,23; 12,7; 18,10; Ez 48,29; Neh 11,36; 1. Chr 23,6; 24,1; 26,1.12.19; 27,1.2.4f.6.7-15; 28,1.13.21; 2. Chr 5,11; 8,14; 23,8; 31,2.15.16.17; 35,4.10.

66   So auch J. Becker, 2 Chronik, 35.

Daraus ergibt sich, dass Hiskia die alte Vorschrift Davids für den ständigen Kult wiederherstellt (so auch Jojada in 2. Chr 23,18). Sofern der Torabezug von 31,3b „wie in der Tora JHWHs geschrieben steht" auch schon in Vers 2 gemeint ist,[67] wird hier die Gleichsetzung der davidischen Vorschrift mit der Mose-Tora noch deutlicher als in 2. Chr 8,14.

Anschließend besinnt sich Hiskia auf die königliche Pflicht zur Finanzierung der täglichen, wöchentlichen, monatlichen und jährlichen Brandopfer (2. Chr 31,3).[68] Nach dem Chronisten geschieht dies entsprechend der „Tora JHWHs". Wie J. Becker mit Recht beobachtet hat, bezieht sich der Ausdruck „wie im Gesetz vorgeschrieben ist" auf die Festordnung,[69] nämlich das Tamidopfer, wahrscheinlich in der Priesterschrift Ex 29,38ff; Lev 6,1-6; 23; Num 28,1-8.[70] Dann geht die königliche Pflicht zur Finanzierung der Opfer über die Tora JHWHs hinaus.

5.1.1.7 Versorgung des Kultpersonals (2. Chr 31,4-19)

1) In 2. Chr 31,4 ergeht der Befehl Hiskias an die Bewohner Jerusalems und die Israeliten sowie die Israeliten und Judäer in den Städten Judas, für die Sicherung der Einkünfte des Kultpersonals, der Priester und Leviten, zu sorgen. Hier wird schon auf die Zentralisierung des Kultes hingedeutet.

Die verschiedenen Arten von Abgaben, die das Volk für die Versorgung des Kultpersonals einzubringen hat, bestehen aus Ersterträgen der Landwirtschaftsprodukte, den Erstlingen (ראשית) von Getreide, Most und Öl, Honig und allen Erträgen des Feldes, dem Zehnten (מעשר) von allem (2. Chr 31,5), dem Zehnten (מעשר) von Rindern und Schafen und dem Zehnten (מעשר) von Weihegaben (V.6). An manchen Stellen im Pentateuch haben die Abgaben und der Zehnte zwar breiten Niederschlag gefunden: Von den auferlegten Abgaben des Volkes (Ex 22,28-29; Dtn 14,22-29; 18,1-5) über die Erstlingsgaben (Ex 22,29; Num 18,11-19), den Zehnten (Num 18,20-24; Dtn 14,22-27) und den Zehnten vom Vieh (Lev 27,32) bis hin zu den „Weihegaben" (Num 8,8-9; Dtn 12,26.). Doch es ist nur von den Abgabepflichten allgemein die Rede (vgl. Dtn 12,6f.11f.17-19; 14,22-29). In der Chronik wird deutlich ein Rechtsanspruch des Kultpersonals auf

---

67 Dieser Torabezug scheint für die Dienste der Abteilungen der Priester und Leviten in V.2 zu gelten, da V.3 das Verb fehlt.

68 Vgl. 1. Chr 23,31; 2. Chr 2,3; 8,13; Esr 3,5; Neh 10,34.

69 Vgl. J. Becker, 2. Chronik 102. So auch H.G.M. Williamson, Chronicles, 373f.; K.L. Spawn, "As It Is Written", 113.

70 Vgl. Ez 45,17.21-25; 46,4-7.11; Esr 6,9; 7,21-23.

Unterhalt durch das Volk formuliert (vgl. Neh 10,35-39; 12,47; 13,10-13; Mal 3,8-10).

Die Versorgung des Kultpersonals wird auf der Grundlage des Zehnten festgelegt (vgl. Dtn 14,22-27; 18,1-5.6-8a; 26,2-13). Num 18,21.23f. (vgl. Dtn 18,6-8a) präzisiert vor allem die Versorgung der Leviten: „Der Zehnte sollte … Jahwe am Heiligtum gegeben und in Verantwortlichkeit der Priester den Leviten zugeleitet werden."[71] In 2. Chr 31,4 kommt dieselbe prinzipielle rechtliche Gleichstellung von Leviten und Priestern deutlich zum Ausdruck.

In der Chronik kommt besonders zur Sprache, warum man alle Kultpersonen versorgen muss: „damit sie an der Tora JHWHs festhalten können" (2. Chr 31,4). Danach hat die Tätigkeit der Leviten und der Priester mit der Tora zu tun (vgl. 2. Chr 17,7-9; 35,3; Neh 8,7f.). Die Priester und die Leviten haben sich gemäß der Tora um eine korrekte Ausübung des Kultus und die Reinerhaltung des Tempels zu widmen.[72] Das wird durch die auf den Zehnten festgelegte Versorgung des Kultpersonals gewährleistet.[73] Nach Dtn 14,23 müssen die Erstgeburten des Viehs und der zehnte Teil des gesamten Ernteertrages zum Zentralheiligtum gebracht werden, „damit du lernst, JHWH, deinen Gott, alle Tage zu fürchten". Dazu wird der Zehnte eines jeden dritten Jahres für den Unhalt der „Leviten" und der Fremden, Waisen und Witwen vorgesehen (Dtn 14,29; vgl. 26,12). Hier wird der Zehnte theologisch und soziologisch gedeutet. Dagegen wird in der Chronik die Versorgung des Kultpersonals anders begründet. Im Unterschied zur sozialen Begründung im Pentateuch (Dtn 14,22-29; 18,1-8; 26,12f.) wird hier die Abgabe religiös begründet.[74] In der Chronik lässt sich also deutlich eine Theologisierung und Gewichtung kultischer Fragen erkennen.

2) Auf den Befehl des Königs begann das Einbringen der Ernte zur Versorgung des Kultpersonals im dritten Monat wahrscheinlich mit einem „neuen Speisopfer" bzw. einer „neuen Gabe" (Lev 23,16-17) und endete mit dem landwirtschaftlichen Ertrag im siebten Monat (Lev 23,39; vgl. Ex 23,16; Dtn 16,13ff.), der sehr reichlich ausfiel (2. Chr 31,7-10).[75] Auf die erfreuliche Beteiligung des Volkes reagiert Hiskia mit zwei praktischen Vorkehrungen, ohne dass dazu auf die Tora hingewiesen wird. Hiskia sorgt zunächst für die Einbringung der reichen Gaben in die Tempelzellen zur Aufbewahrung und dann für deren

---

71   H. Seebass, Numeri, 221.
72   Vgl. U. Kellermann, Anmerkungen, 54.
73   Vgl. J. Schaper, Priester, 110.
74   In Dtn 14,29; Mal 3,8 ist von der Segensfolge des Gehorsams die Rede.
75   Vgl. S. Japhet, 2 Chronik, 410.

Verwaltung (2. Chr 31,11.12a; vgl. Neh 10,38f.; 12,44; 13,12; Mal 3,8). Berücksichtigt man, dass in Dtn 14,23 der Zehnte zum Verzehr am Heiligtum bestimmt ist, ist dies eine Innovation! Diesem Befehl zufolge sollen die Aufbewahrungsräume im Tempel beaufsichtigt werden (2. Chr 31,12b). Dafür sind die Leviten zuständig. Der Chronist führt aus, dass für die Oberaufsicht über die Vorratskammern vom König und vom Hohenpriester zwei Leviten mit zehn Assistenten eingesetzt werden (31,13). Das ist eine weitere Ausweitung der levitischen Aufgaben.

Aus diesem detaillierten Bericht kann man folgern, dass der oben genannte Hinweis auf die Tora von 2. Chr 31,4 sehr wahrscheinlich eher mit den Leviten als mit den Priestern zu tun hat. Möglicherweise waren zur Zeit des Chronisten die Leviten für die Aufsicht der Vorratskammern verantwortlich. Dann handelt es sich um eine Legalisierung der gegenwärtigen Praxis. Damit dürfte der Chronist auch die Reform Nehemias, der den Leviten für die Vorratskammer im Tempel die Verantwortung übertragen hatte (Neh 13,13), auf Hiskia zurückführen.

3) Daraufhin wird von der Verteilung der Abgaben gesprochen (2. Chr 31,14-19). Für die Verteilung erhält ein anderer Levit mit sechs Assistenten die Verantwortung (V.14-15). Dabei ist von einer Berechtigung zum Empfang von Anteilen nach Abstammung, Alter und Wohnort die Rede. S. Japhet hat besonders klar auf Struktur und Thematik dieses Abschnittes hingewiesen. Hier wird ihre Auslegung herangezogen, weil sie gut zu dem in dieser Arbeit geschilderten Gesamtkonzept des Chronisten passt: Die Wiederherstellung des Kultes geht mit der Verbesserung der Position der Leviten im Kult einher (29,5.11).

Nach S. Japhet bildet 2. Chr 31,14-19 gattungsmäßig "a separate literary unit".[76] Japhet weist darauf hin, dass die Priesterstädte ערי הכהנים in V.15 und die Landstädte שדי מגרש ערהם in V.19 denselben Wohnort bezeichnen.[77] Ihrer Meinung nach erweist sich also V.15 gegenüber V.19 als redundant. Von daher liest Japhet בערי in V.15 nach der griechischen Lesart (διὰ χειρὸς) als על יד (durch die Hand).[78] Durch diese Rekonstruktion wird einerseits deutlich, dass in V.15-18 von den in Jerusalem amtierenden Kultbeamten, dagegen in V.19 von „the members of the tribe of Levi who live in the provincial town" die Rede ist.[79] Nach ihrer Beobachtung weist diese Rekonstruktion ein anderes Problem auf, weil das Hochheilige nur den in Jerusalem diensttuenden Priestern zum Verzehr überlassen wird (vgl.

---

76 S. Japhet, Distribution, 5f., danach stammt dieses Dokument aus der zweiten Tempel-Periode.
77 Vgl. S. Japhet, Distribution, 8.
78 Vgl. S. Japhet, 2 Chronik, 412; Dies, Distribution, 8f.
79 S. Japhet, Distribution, 9.

Num 18,9). Im Unterschied dazu benennt der erste Abschnitt 2. Chr 31,15-
18 nach Japhet das Kriterium für den berechtigten Empfang von Anteilen
sowohl durch die Priester (V.15) als auch durch die Leviten (V.17b-18).
Danach hätten unter den Priestern nur die Männer Anspruch auf Anteile
(V.17a), unter den Leviten dagegen alle eingeschriebenen Familien
(V.17b).[80] In Bezug auf die unterschiedlichen Anteile von Priestern und
Leviten liege eine Entsprechung dieses Dokuments mit dem Pentateuch,
besonders mit Num 18 vor.[81] Japhet macht darauf aufmerksam, dass die
Kategorien der Anteile und deren Empfänger zwischen beiden Stellen
nicht identisch sind. Während Num 18 drei unterschiedliche Kategorien
von Anteilen benennt: „Most holy offerings" (קדש הקדשים) nur für die
Priester (Num 18,9), „Light holy offerings" (תרומת מתנם) für die priesterliche
Familie (V.11) und „the Levite gifts" (tithe; מעשר ראשון) für die levitische
Familie (V.21ff.),[82] kenne die Chronik nur zwei Kategorien, nämlich „every
male among the priests" und „everyone among the Levites who was
registered by genealogy" (2. Chr 31,19). In der Chronik fehle „die Abgabe
für die priesterliche Familie". Japhet bringt die unterschiedlichen
Bestimmungen dadurch in Einklang, dass sie die Jahweabgaben (לתת תרומת
יהוה) in 2. Chr 31,14 mit „their gift contribution" (תרומת מתנם) für die
priesterliche Familie und „the Levite gifts" in Num 18,11-18 identifiziert.[83]
Damit deckt sie auf, dass der Chronist hier implizit einen Rechtsanspruch
der Leviten auf die priesterliche Abgabe erhebt, der im Pentateuch für die
Priester festgelegt wurde.[84] Die ursprüngliche Zusammengehörigkeit der
Leviten und der Priester zeige sich in der Registrierung der Leviten, „who
was registered by genealogy" (2. Chr 31,19). Vor allem präsentiere der
Chronist die Heiligung der Leviten als „justification for their
eligibility" (V.18).[85] Somit zeigen V.14-19, nach Auffassung Japhets anders
als im Pentateuch die erweiterte Funktion der Leviten, den höheren Status
und das gewachsene Maß an Heiligkeit.[86] Die gesteigerte Heiligkeit der
Leviten rechtfertigt ihren Rechtsanspruch auf priesterliche Anteile. Somit
bildet die letzte Maßnahme den folgerichtigen Abschluss der
Hiskianischen Reform: Nicht nur der Kult wurde vollständig
wiederhergestellt, sondern auch die Position und der Status der Leviten
wurden deutlich verbessert (vgl. 29,5.11).

---

80   Vgl. S. Japhet, 2 Chronik, 415.
81   Vgl. S. Japhet, Distribution, 12.
82   Vgl. S. Japhet, Distribution, 13f.
83   Vgl. S. Japhet, Distribution, 16.
84   Vgl. S. Japhet, Distribution, 18.
85   S. Japhet, Distribution, 17.
86   Vgl. S. Japhet, Distribution, 17.

5.1.2 Die Maßnahmen Josias (2. Chr 35)

Nach der chronistischen Darstellung hat Josia bereits im 12. Regierungsjahr die gesamtnationalen kultischen Säuberungsmaßnahmen durchgeführt (2. Chr 34,3ff.). Im 18. Regierungsjahr Josias wurde die Tempelrenovierung als eine großartig geplante und lang vorbereitete Maßnahme sowie die Reinigung des Landes zur Vorbereitung der Passafeier des gesamten Volkes vorgenommen (34,8a.33a). Das Passafest bildet somit den krönenden Abschluss der Josianischen Reform im 18. Regierungsjahr.

Der Bericht über die Passafeier unter Josia beginnt mit der Feststellung, dass das Passafest am 14. des ersten Monats in Jerusalem stattfand (2. Chr 35,1). Nach dem Chronisten wurde die zentrale Passafeier unter Josia anders als in der Hiskiazeit termingerecht abgehalten. Die Besonderheit des Passafestes unter Josia besteht nun darin, dass der König die Leviten für den Dienst beim Passaopfer einsetzte. Die Verwendung des Wortes „ermuntern" (חזק pi.)[87] von V.2 macht den Eindruck, dass die Priester mit ihren Diensten, die die Bezeichnung משמרת tragen und die sich von selbst ohne besondere Erwähnung verstehen, überlastet sind und deshalb für die Opfer die Einsetzung neuen Kultpersonals neben den Priestern unumgänglich ist. Nach dem Chronisten sind die Leviten sehr geeignet, weil sie seit der Überführung der Lade in den Tempel ihres Trägerdienstes entbunden sind: „Bringt die heilige Lade in das Haus, das Salomo, der Sohn Davids, der König von Israel, gebaut hatte. Ihr habt keine Last mehr auf den Schultern[88]" (V.3). So weist ihnen König Josia eine neue Aufgabe bei der Passafeier zu, wobei es sich um eine neue Regelung handelt: „Macht euch bereit[89] für das Haus eurer Väter gemäß euren Abteilungen, nach der Schrift (כתב)[90] Davids des Königs von Israel, und nach dem königlichen

---

87 2. Chr 29,34 im Sinne von „helfen"; vgl. 2. Chr 29,3; 34,8.10 für das Ausbessern von Gebäuden.

88 In 1. Chr 15,15 wird mit „nach Vorschrift" konkret angegeben, wie die Lade transportiert werden soll: „das Tragen auf der Schulter an Stangen". Nach dem Chronisten geht diese Art des Transportes auf das Wort JHWHs zurück: „wie Mose geboten hat nach dem Wort JHWHs." Diese Technik findet sich im Pentateuch. Ex 25,13f. (vgl. 37,4f.) beschreibt: „mache Stangen von Akazienholz und überziehe sie mit Gold und stecke sie in die Ringe an den Seiten der Lade, dass man sie damit trage". Dagegen wird in Num 7,9 angegeben, dass die Söhne Kehat die Lade auf ihren Schultern tragen müssen. In 1. Chr 15,15 handelt es sich um eine Kombination der Traditionen.

89 Das Verbum והכונו ist von der syrischen Bibel, dem Targum, der versio Arabia und 3 Esr 1,4 wie Qere als hiph. והכינו „für jem. bereiten" interpretiert, dagegen aber in LXX und Vulgata als ni. הכונו „fest stehen, sich bereit machen" aufgefasst.

90 Einige hebräische Handschriften, LXX, Peschitta, Vulgata und 3 Esr 1,4 lesen das ב von בכתב als כ.

Reskript (מכתב)[91] von Salomo. ... Schlachtet das Passalamm und 'zieht die Häute ab'[92] und macht euch bereit für eure Brüder, um nach dem Wort JHWHs, das durch Mose vermittelt worden ist, zu tun" (V.4.6).

5.1.2.1 Einsetzung der Leviten beim Passaopfer (2. Chr 35,3-6)

5.1.2.1.1 Begründung der Einsetzung der Leviten (2. Chr 35,3)

1) Von dem Levitenvorrecht, die Lade zu tragen, ist in 1. Chr 15,16-22 und 16,4f. die Rede (vgl. 1. Chr 25,5; 2. Chr 5,12; 8).

Nach dem Scheitern des ersten Unternehmens, die Lade nach Jerusalem herbeizuholen (1. Chr 13,5-14; vgl. 2. Sam 6,1-11), greift David auf einen speziellen göttlichen Auftrag für die Leviten zurück: „Niemand darf die Lade Gottes tragen außer den Leviten, denn sie hat JHWH erwählt, die Lade JHWHs zu tragen und ihm zu dienen, für alle Zeiten" (1. Chr 15,2). Dafür beruft sich der Chronist auf Dtn 10,8[93]: „In jener Zeit sonderte JHWH den Stamm Levi aus, die Lade des Bundes JHWHs zu tragen und vor JHWH zu stehen, ihm zu dienen und in seinem Namen zu segnen bis auf diesen Tag." Zur Überführung der Lade versammelt[94] David einerseits ganz Israel (1. Chr 15,3), andererseits die Priester und die Leviten (V.4)[95], die in V.5-10 nach der genealogischen Einordnung unter Voranstellung Kehats (!) ausführlich aufgezählt werden. Die Voranstellung von Kehat in V.5-10 weist wahrscheinlich auf die Hauptrolle der Kehatiter bei der Ein-

---

91 So lesen zwei hebräische Handschriften, Peschitta und Vulgata כ in ובמכתב statt ב. LXX übersetzt „und durch eine Hand".

92 Lies והפשיטו nach V.13. Denn die Schlachtung setzt die Heiligung (והתקדשו) voraus, s.o. 37, Anm. 86.

93 So W. Rudolph, Chronikbücher, 117; S. Japhet, 1 Chronik, 290; P.D. Hanson, Chronicles, 70; Ch.T. Begg, Ark, 137.

94 Interessanterweise wird das Verb jeweils anders gebraucht, nämlich für ganz Israel קהל, für das Kultpersonal אסף. Nach J.W. Wright, Narrative, 230, haben diese Verben jeweils eine andere Funktion. Das erste habe in der Chronik die Bedeutung „a formal assembly that culminates in a cultic ceremony" (1. Chr 28,1; 2. Chr 20,26), das zweite dagegen werde für „the gathering of persons to receive of fulfill instructions, usually from the king" verwendet (1. Chr 23,2; 2. Chr 24,11; 28,24; 29,4.5). Mit der unterschiedlichen Verwendung des Wortes unterstreicht der Chronist die Bedeutung des Kultpersonals für die Überführung der Lade.

95 Da in V.11 noch einmal berichtet wird, dass der König die Priester Zadok und Abjatar und die in V.5-10 namentlich genannten Levitenhäupter ruft, werden in der Forschung V.4-10 für Zusätze gehalten, so W. Rudolph, Chronikbücher, 123; P.D. Hanson, Chronicles, 69. Doch präzisieren V.11ff. die Anweisung des Königs an das Kultpersonal.

holung der Lade hin. In Num 7,9 wird angegeben, dass die Söhne Kehat die Lade auf ihren Schultern tragen müssen (vgl. Num 4,5).

Zwar setzt David die Leviten nicht nur bei der Herbeiholung der Lade (1. Chr 15,16-24), sondern auch nach deren Unterbringung für den Kultgesang im Rahmen des ständigen Kultes sowohl an der Lade (16,4-6.37f.) als auch am Höhenheiligtum in Gibeon (16,39-42) ein. Doch ist dort nicht davon die Rede, dass die Leviten deswegen eingesetzt werden, weil sich nach der Unterbringung der Lade ihre Aufgabe erübrigt habe (vgl. 2. Chr 35,3).[96] Dort steht nicht die Einsetzung der Leviten, sondern die Errichtung eines ständigen Kultes im Zentrum.[97] Von einer Umwandlung der Obliegenheiten der Leviten nach der Überführung der Lade ist erst in 1. Chr 23 die Rede. Als David alt und lebenssatt geworden ist, versammelt (אסף) er alle Fürsten Israels und die Priester und die Leviten (1. Chr 23,2) und gibt Anweisungen für den künftigen Tempeldienst. Für den ständigen Opferkult an den Sabbaten, Neumonden und Festen nach der Vorschrift (כמשפט) wird Kultpersonal gebraucht (V.31). David setzt das Dienstantrittsalter der Leviten von 30 Jahren (V.3) auf 20 Jahre (V.24b.27) herunter.[98] Dadurch, dass die Lade weitgehend zur Ruhe gekommen war (V.25: „JHWH, der Gott Israels, hat seinem Volk Ruhe verschafft und wohnt in Jerusalem für immer."), wird begründet, dass die bisherige Aufgabe der Leviten, die Lade zu tragen, erledigt sei: Stattdessen bekommen sie neue Aufgaben im künftigen Tempeldienst (V.26).[99] Somit wird der Dienst der Leviten vom Transport der Stiftshütte und seines Zubehörs (vgl. Num 3,25.31.36-37) zu einem Dienst im Haus Gottes verändert. Die von David neu zugewiesenen Aufgaben bestehen in der Bewachung und Reinhaltung der Tempelanlage (1. Chr 23,28a), der Unterstützung der Priester bei den eigentlichen Opferhandlungen, der Bereitstellung der Schaubrote und der Speiseopfer, der Überprüfung der Hohl- und Längenmaße (V.28b-29) und der musikalischen Begleitung der regelmäßigen Gottesdienste (V.30-31), so dass sie den Dienst an der Stiftshütte, am Heiligtum sowie an den Söhnen Aaron, ihren Brüdern, versehen, um damit im Hause JHWHs zu dienen (V.32). Hier wird der Trägerdienst eindeutig auf den Dienst im Hause JHWHs umgestellt. Die Leviten bekommen durch die Überführung der Lade in den Tempel eine neue Aufgabe und damit eine selbstständige Position.[100] Dies zeigt sich besonders darin, wie G. Knoppers mit Recht beobachtet hat, dass die Aufgabe, feinstes Mehl zum Speiseopfer, die ungesäuerten Fladen, die

---

96   Gegen S. Japhet, 2 Chronik, 380.
97   Gegen W. Rudolph, Chronikbücher, 121; P.D. Hanson, Chronicles, 72.
98   Die Herabsetzung des Dienstantrittsalters hängt wohl mit der physischen Kraft zusammen, wie die neuen Aufgaben zeigen.
99   Vgl. W. Rudolph, Chronikbücher, 156.
100   So auch J.C. Endres, Theology, 170.

Pfanne sowie das Rösten vorzubereiten, auf die Leviten übertragen wird, deren Verantwortlicher im Pentateuch (Ex 29,1-30; Lev 6,1-7,10; Num 6,1-21; 15,1-16; 28,1-31) und bei Ezechiel (46,11-14) unbestimmt bleibt.[101] Hinzu kommt, dass im Pentateuch für die rechten Maße und Gewichte die ganze Gemeinde (Lev 19,35f.; Dtn 25,13-16), in Ezechiel der Fürst verantwortlich ist (Ez 45,9-12).[102] „[So ist] der Aufgabenbereich der Leviten über das im Pentateuch Gebotene hinaus ausgedehnt".[103] Jedoch bleibt der Status der Leviten teilweise noch der von Helfern für die Priester,[104] wenn es heißt, „ihr Platz ist an der Seite der Söhne Aaron zum Dienst im Hause JHWHs" (1. Chr 23,28aα). Die dienende Rolle der Leviten, die Num bestimmt (Num 3,5-10; 8,19.22.26; 18,6.22), zeigt sich zunächst an ihren Aufgaben in weniger heiligen Tempelbezirken, nämlich in Vorhöfen und Kammern (1. Chr 23,28aβ),[105] und dann an ihren Kultdiensten für die Priester (Zubereiten der Schaubrote und die Vorbereitung der Speiseopfer, 23,28bf.). Wenn in 1. Chr 23,13 betont wird, dass Aaron ausgesondert wurde, „das Hochheilige zu heiligen, er und seine Söhne für alle Zeiten, vor JHWH zu opfern und ihm zu dienen und in seinem Namen zu segnen für alle Zeiten," so haben die Leviten, wie schon W. Rudolph festgestellt hat, „mit dem Brandopfer (23,30f.) ... überhaupt nichts zu tun, ihre einzige Aufgabe ist hier der die Opfer begleitende Gesang sowohl beim täglichen Morgen- und Abendbrandopfer als auch bei den für die einzelnen Festtage vorgeschriebenen Brandopfern"[106] (23,31b; vgl. 6,16; 25,1). In 1. Chr 23,32 wird der Dienst der Leviten für den Tempel zusammengefasst als Dienst am Begegnungszelt (משמרת אהל־מועד), am Heiligtum (משמרת הקדש) und an den Söhnen Aaron, ihren Brüdern (משמרת בני אהרן אחיהם). All diese Aufgaben der Leviten sollen dem Zweck dienen, „alle Brandopfer JHWH zu opfern an den Sabbaten, Neumonden und Festen ständig vor JHWH nach der

---

101 Vgl. G. Knoppers, Levites, 62.
102 Vgl. G. Knoppers, Levites, 62f.
103 S. Japhet, 1 Chronik, 380.
104 So auch W. Rudolph, Chronikbücher, 157; H.G.M. Williamson, Chronicles, 162; Ch.T. Begg, Ark, 141, Anm.24. Diese abgestufte Darstellung des Kultpersonals führte die Forschung zur Hypothese der zwei literarischen Schichten der Chronik, nämlich pro-levitische und pro-priesterliche, weil sonst in der Chronik die Leviten positiv dargestellt werden (bes. 2. Chr 20,19-23; 23; 29,5-36; 34,8-14; 36,14). Dagegen wendet sich G. Knoppers, Levites, 59, indem er mit der Wendung ליד in 1. Chr 23,28 „a coordinate relationship" der Priester und der Leviten betont. Vor kurzem bekräftigt K.-J. Min, Levitical Authorship, 65-70, die Hypothese der zwei Schichten der Chronik. Doch zeigt der Chronist bei der Darstellung der Hiskianischen und Josianischen Reform vielmehr, dass sich die Leviten schrittweise und programmatisch zu einer den Priestern gleichwertigen Berufsgruppe entwickelt haben.
105 Vgl. Ez 40-48; Ex 28; 29,1.9.29.44; 30,30f.; 31,10; 40,13-15; Lev 8f.; Num 3,38; 18,5; 3,25; 4,28; 8,26; 18,3f.
106 W. Rudolph, Chronikbücher, 157.

ihnen vorgeschriebenen (כמשפט) Zahl" (23,31). Wenn David die Leviten für die neuen Aufgaben einsetzt mit der Begründung, dass die Leviten die Lade nun nicht mehr zu tragen brauchten, da die Lade in Jerusalem zur Ruhe gekommen war (23,25; vgl. 16,7), dann hat David mit der Einholung der Lade für den künftigen Kult die Grundlagen geschaffen. Hier bildet die Einholung der Lade die theologische Basis für die weitere Etablierung des Kultes.[107] So legt der Chronist die Grundlagen für die große kultische Bedeutung, die er den Leviten sowohl im Zusammenhang mit der Lade als auch mit dem Tempel zukommen lässt.[108] Darin erscheint David als Gründer des Kultes für den neuen Tempel.[109]

Unter Salomo tragen die Leviten, nicht die Priester, die Lade zum Tempel (2. Chr 5,5; gegen 1. Kön 8,3; vgl. 1. Chr 15,1) und ihnen obliegen die Tempelmusik und das Hymnensingen (2. Chr 5,12).

Die Einsetzung der Leviten in der Passafeier kann damit nicht direkt den königlichen Anweisungen von David und Salomo zugerechnet werden, sondern sie geht erst auf die Ordnung Josias zurück, wie 2. Chr 35,16 deutlich macht: „So wurde der Dienst JHWHs an jenem Tag wiederhergestellt, so dass man das Passaopfer feierte und Brandopfer auf dem Altar JHWHs darbrachte, nach dem Befehl des Königs Josia". Wie bei David und Salomo bildet die Lade die Grundlage für die Funktionserweiterung der Leviten.[110] Hält man sich in diesem Zusammenhang vor Augen, dass in der Hiskia-Erzählung gezeigt wurde, dass die Schlachtung beim Passa noch grundsätzlich von opfernden Laien vorgenommen wurde (2. Chr 30,15; vgl. Ex 12,3-6.21; Dtn 16,5-6), jedoch schon danach die Leviten für die Unreinen einsprangen (2. Chr 30,17), dann legt sich die Schlußfolgerung nahe, dass Josia die Maßnahmen Hiskias erneut und dauerhaft geregelt hat, die sich zuvor aus der Not heraus ergeben hatten (2. Chr 29,34; 30,17).[111] Für die Umsetzung der improvisatorischen Maßnahme in die regelgerechte Praxis bieten die königlichen Anweisungen Davids und Salomos das Vorbild und haben die Funktion, der Maßnahme Josias Legitimität zu verleihen.

2) Wie David und Salomo setzt Josia die Leviten im Passaopfer ein in der Verbindung mit dem alten Levitenvorrecht, die Lade zu tragen: „Bringt die heilige Lade in das Haus, das Salomo, der Sohn Davids, der

---

107 So Mosis, Untersuchungen, 54; P. Welten, Lade-Tempel-Jerusalem, 83; Ch.T. Begg, Ark, 142.

108 Vgl. N. Dennerlein, Bedeutung, 66.

109 Zwar werden hier eine Reihe Maßnahmen ohne Torabezug durchgeführt, doch ist zu sagen, dass auch die Etablierung des Kultes durch David auf Gottes Aufforderung beruht, s.u. IV.2.2.

110 So auch G. von Rad, Geschichtsbild, 100; Ch.T. Begg, Ark, 142.

111 So auch W. Riley, King, 137.

König von Israel, gebaut hatte. Ihr habt keine Last mehr auf den Schultern" (2. Chr 35,3a). Es sind zahlreiche Deutungsversuche unternommen worden, um den ersten Versteil „bringt die heilige Lade in das Haus" (תנו את־ארון־הקדש בבית) zu erhellen. Dies wird allgemein aufgrund der Mitteilung von 2. Chr 5,7ff., dass Salomo nach dem Tempelbau die Lade in den Tempel hineingebracht habe, metaphorisch interpretiert.[112] Hier handelt es sich um Bestätigung der salomonischen Aktivität. Demgegenüber weist W. Johnstone darauf hin, dass die griechische Übersetzung von תנו mit καὶ ἔθηκαν auf eine aktuelle Handlung zielt.[113] Ch. Begg interpretiert diesen Versteil anhand von 1. Chr 13,3 als ein Zeichen der Vernachlässigung der Lade, die zum totalen Gericht führte.[114] L.C. Jonker steuert einen weiteren Erklärungsversuch bei. Nach ihm markiert der Befehl des Königs Josia ein Ende der Periode, in der die levitische Aufgabe unterschiedlich definiert wurde.[115] Für die Interpretation dieses Versteils ist zu beachten, dass es um „die Schaffung einer Rechtsbasis für die neue Arbeitsteilung"[116] geht (2. Chr 35,3bff.). Wenn der König aus dem alten Levitenvorrecht, die Lade zu tragen (Num 4,15; Dtn 10,8; 31,9.25), das Recht ableitet, im Opferdienst tätig zu sein (2. Chr 35,3), will der Chronist mit V.3a verdeutlichen, dass die Leviten immer noch in den Trägerdienst eingebunden sind, obwohl die Lade ja schon längst in den Tempel überführt und ein eigentlicher Trägerdienst nicht mehr notwendig ist. Hinter dieser dem König zugeschriebenen Anordnung verbirgt sich vermutlich der gegenwärtige Zustand, nämlich die Unterscheidung der priesterlichen und levitischen Dienste. Für diese Maßnahme Josias bilden die Maßnahmen Davids und Salomos als Präzedenzfälle die Grundlage (1. Chr 15,2.12-15.26; 16,37f.; 2. Chr 5,3-5), die aufgrund des Levitenrechts, die Lade zu tragen, nach deren Unterbringung den neuen Dienst der Leviten bestimmt haben. Noch grundsätzlicher als bei David und Salomo begründet König Josia die Einsetzung der Leviten mit der doppelten Kennzeichnung (2. Chr 35,3): „die ganz Israel unterwiesen" (המבונים לכל־ישראל) und „die sich JHWH geweiht hatten" (הקדושים ליהוה). Nach dem König besteht die Aufgabe der Leviten darin, dass sie JHWH und seinem Volk dienen: „Nun dienet JHWH, eurem Gott, und seinem Volk Israel!" (V.3b). Die Begründung Josias für die Einsetzung der Leviten hat Ähnlichkeit mit der Hiskias darin, dass die Leviten als Diener

---

112 So S.J. De Vries, Chronicles, 414; S. Japhet, 2 Chronik, 485; H.G.M. Williamson, Chronicles, 405; R.B. Dillard, 2 Chronicles, 284f.; J. Becker, 2 Chronik, 120f.

113 Vgl. W. Johnstone, 2 Chronicles, 247.

114 Vgl. Ch.T. Begg, Ark, 144.

115 Vgl. L.C. Jonker, Reflections, 40.

116 S. Japhet, 2 Chronik, 482.

JHWHs bezeichnet werden und auf den Opferdienst Anspruch haben (vgl. 29,11). Daraus leiten sich neue Aufgaben ab, die das „nun" (עתה) in 35,3b signalisiert.[117] Die den Leviten zugewiesenen Aufgaben bestehen in der Schlachtung der Opfertiere, dem Abhäuten und dem Dienst für die Brüder (35,6.11). Somit wird hier die Orientierung der Reform Josias angedeutet. Zugleich wird diese als Fortsetzung der Reform Hiskias verstanden.

5.1.2.1.2 Einsetzung der Leviten im Passaopfer (2. Chr 35,4ff.)

1) Weitere Befehle Josias machen deutlich, dass die Maßnahme auf den Anweisungen von David und Salomo basiert: „Macht euch bereit für eure Väterhäuser gemäß euren Abteilungen, nach der Schrift (כתב) Davids des Königs von Israel, und nach dem königlichen Reskript (מכתב) von Salomo; und stellt euch im Heiligtum auf, entsprechend den Abteilungen der Väterhäuser (לפלגות בית האבות) eurer Brüder aus dem Volk je eine Abteilung einer Sippe der Leviten (וחלקת בית־אב ללוים). Schlachtet das Passalamm und zieht die Häute ab und macht euch bereit für eure Brüder, um nach dem Wort JHWHs, das durch Mose vermittelt worden ist, zu tun" (2. Chr 35,4-6).

Bei der königlichen Anweisung handelt es sich um die Zubereitung des Passa durch die Leviten, die das Abhäuten und das Schlachten einschließt. Dafür werden den Leviten ihre Plätze zugewiesen. Hier bezieht sich כתב Davids und מכתב Salomos wohl auf das System der Abteilungen (מחלקות) der Priester und der Leviten (1. Chr 23-27; 2. Chr 8).[118] Dem Chronisten zufolge hat David die Leviten für den künftigen Tempeldienst in Abteilungen nach den Söhnen des Levi, nach Gerschon, Kehat und Merari eingeteilt (1. Chr 23,6). Demnach werden die Leviten nach ihren Väterhäusern (לבית אבתיהם), nämlich nach den Häuptern der Väterhäuser (ראשי האבות), gemustert und Mann für Mann nach den Namen aufgezählt, die das Amt im Hause JHWHs verrichten (V.24a). Nach der Rede, in der David zu Salomo von dem zu bauenden Tempel spricht, steht das System der Abteilungen (מחלקות) der Priester und der Leviten in einer Schrift: „Das alles hat er mich gelehrt in einer von der Hand JHWHs[119] zuteilgewordenen Schrift, alle Werke des Entwurfes" (1. Chr 28,19; vgl. 2. Chr 2,11). Die schriftlichen Entwürfe umfassen nicht nur den architektonischen Aufriss des Tempelgebäudes (1. Chr 28,11), sondern auch die Vorkehrungen für den Tempel-

---

117 Vgl. L.C. Jonker, Reflections, 41.
118 Vgl. Esr 6,18 und Neh 11,36.
119 W. Rudolph, Chronikbücher, 188, weist darauf hin, dass eine enge Verknüpfung von עליו mit מיד יהוה „den Offenbaungsempfang bezeichnet (2 Rg 3,15; Ez 1,3 u.a.)".

dienst (V.12ff.). In diesem Zusammenhang sind mit מכתב des Salomo die Entwürfe Davids gemeint, die er Salomo übergab (V.11) und die ihm durch die Eingebung des Geistes in den Sinn gekommen waren (V.13).

Auf Befehl des Königs Josia stehen die Leviten einschließlich der Priester nach ihren Abteilungen auf ihrem Posten. Die Sänger stehen auf ihren Plätzen und die Torhüter an den einzelnen Toren (2. Chr 35,15). Auffälligerweise werden die musikalischen Dienste auf den Befehl Davids, Asafs, Hemans und Jeduthuns zurückgeführt. Noch auffälliger ist, dass hier Asaf, Heman und Jeduthun als Seher[120] des Königs bezeichnet werden, während in 1. Chr 25,5 nur Heman als Seher tituliert wurde. Berücksichtigt man, dass das Sängeramt durch die Anweisung Davids im Kult den gleichen Rang wie der Opferdienst bekommen hatte (1. Chr 25,1ff.), will der Chronist offenbar hier mit der Bezeichnung Asafs, Hemans und Jeduthuns als Seher zeigen, dass die davidische Anweisung göttlichen Ursprung hat, und ihr Autorität verleihen.

Nach 2. Chr 35,5 waren die Volksabteilungen[121] eine feste Einrichtung: „Stellt euch im Heiligtum auf, entsprechend den Abteilungen (פלגה) der Vaterhäuser eurer Brüder, der Leute des Volkes je eine Abteilung eines Vaterhauses der Leviten." Daraus ergibt sich, dass der König Josia aufgrund des Systems der kultischen Abteilungen die Leviten für die Volksabteilungen eingesetzt hat. So fasst 35,10 zusammen, dass der Dienst angeordnet war, indem nach dem Befehl des Königs die Priester auf ihrem Platz (עמדם) und die Leviten bei ihren Abteilungen (מחלקותם) standen. Nach dem Chronisten diente die Einsetzung der Leviten beim Passaopfer dazu, dass sich nicht nur die Priester, sondern auch die Sänger und Torhüter problemlos mit ihren Diensten beschäftigen konnten, ohne ihren Dienst zu verlassen (V.14f.): „Denn die Leviten, ihre Brüder, bereiteten auch für sie zu" (V.15bβ). Bei dem Befehl des Königs Josia geht es also eindeutig um eine Weiterentwicklung des Systems der Abteilungen von David und Salomo.

2) Aus der chronistischen Darstellung wird deutlich, dass das Abhäuten und die Schlachtung des Passalammes nicht als eine Notmaßnahme (2. Chr 30,16), sondern als Privileg den Leviten übertragen wird:[122] Die Leviten sind Lehrer ganz Israels und Geweihte, Diener JHWHs und des

---

120 MT liest hier Sigular, während manche Versionen den Plural bezeugen. Analog zu 1. Chr 25,1 , wo Asaf, Heman und Jeduthun als Propheten bezeichnet werden, lese ich hier den Plural.

121 Hier wird פלגה nicht nur zur Bezeichnung der levitischen Ordnung, sondern auch im Hinblick auf das Volk gebraucht (vgl. Esr 6,18). Vgl. J. Schaper, Priester und Leviten, 216f.

122 So W. Rudolph, Chronikbücher, 325; J.M. Myers, II Chronicles, 212.

Volkes (35,3). Wie bisher gesehen wurde, setzt der Chronist bei der Beteiligung der Leviten am Opferkult schrittweise und programmatisch ein (29,34; 30,16f.). In diesem Zusammenhang ist die weitere Begründung für die Einsetzung der Leviten beim Passaopfer unter Josia besonders auffällig: „um nach dem Wort JHWHs, das durch Mose vermittelt worden ist, zu tun" (35,6). Anders als in der Zeit Hiskias (29,34; 30,17)[123] werden beim Passafest unter Josia nicht nur das Abhäuten und Schlachten,[124] sondern auch die Zubereitung des Familienmahls den Leviten zugewiesen (35,6-14) um der Einhaltung des Wortes JHWHs durch die Laien[125] willen (V.6). So ist der Dienst der Leviten nicht nur für Gott, sondern auch für das Volk bestimmt (V.3). Der Grund für die Übertragung des Schlachtens und des Zubereitens auf die Leviten könnte in der Sorge um eine geordnete Feier des Passa am Zentralheiligtum liegen. Berücksichtigt man, dass in Ex 12 das Passa zu Hause gehalten wird, ist hier offensichtlich ein Ausgleich der Traditionen vonnöten.

Hier ist einerseits eine Tendenz zu erkennen, die divergierenden Bestimmungen der deuteronomischen und priesterlichen Tradition auszugleichen. R. Albertz bemerkt: „Wie in Dtn 16,1-8 angeordnet, war das Passa ein Wallfahrtsfest am zentralen Heiligtum und dem Mahlopfer angenähert; da nun aber die priesterliche Gesetzgebung Ex 12 auf den Brauch des familiären Passa zurückgegriffen hatte, schufen sie den Kompromiss, daß auf Seiten des Kultpersonals und der Laien Opfer und Verzehr des Passa in familiärer Gliederung zu geschehen habe (2. Chr 35,4.12)."[126] Andererseits ist hier noch einmal ein großer Unterschied zwischen der Chronik und Ezechiel erkennbar. In Ezechiel werden die Leviten wegen ihr Verfehlungen beim Abfall der Israeliten vom Priesterdienst ausgeschlossen (Ez 44,6-8), doch wird ihnen das Schlachten der privaten Laienopfer aus Gründen der Heiligkeit übertragen (Ez 44,10-14). Mit seiner Begründung macht der Chronist deutlich, dass das Schlachten und das Abhäuten des Opfers, das die Leviten unter Josia erlangten, keine Degradierung wegen ihres Götzendienstes (Ez 44,11) bedeutet.[127] Der Chronist bringt den Opferdienst der Leviten nicht in Verbindung mit der Strafe für das Volk,[128] sondern mit der Einhaltung der Tora. Hier handelt es sich um eine neue Interpretation mit zusätzlicher Zweckbestimmung!

---

123 S.o. S. 125ff. und 130ff.
124 Subjekt von V.11a können nach V.6 nur die Leviten sein.
125 Wörtlich „ihre Brüder". S.J. De Vries, Chronicles, 415, bezieht es auf die Leviten, dagegen H.G.M. Williamson, Chronicles, 406.
126 R. Albertz, Religionsgeschichte Israels, 611.
127 So W. Rudolph, Chronikbücher, 325; J.M. Myers, II Chronicles, 212.
128 Vgl. L. Harper - J. Milgrom, משמרת, 83.

5.1.2.2 Passaopfer als Familienmahl unter Josia

Während in Ex 12 jede Familie selbst ihr Passalamm zu besorgen hat, werden die Opfertiere beim Passa unter Josia vom König sowie von den Häuptern der Priester und Leviten bereitgestellt. Dazu kommen noch die von den Fürsten gespendeten freiwilligen Opfer (2. Chr 35,7f.). Hier werden als Opfertiere Lämmer, junge Ziegen und Rinder genannt. Nach der Beobachtung von Z. Talshir handelt es sich um eine Harmonisierung der divergierenden Traditionen in Ex und Dtn. Denn Ex 12,5 bestimmt für das Passaopfer Lämmer, Schafe und Ziegen, während in Dtn 16,2 Schafe und Rinder (צאן ובקר) genannt werden.[129]

Nach der Einsetzung der Leviten ist von der Zubereitung des Familienmahls die Rede. Es handelt sich zuerst um das Abhäuten, Schlachten (2. Chr 35,11) und Beiseitelegen der für das Brandopfer bestimmten Tiere (V.12aα). Nach dem Chronisten steht dies im Buch Moses (V.12aβb). „Wie geschrieben steht im Buch Moses" (ככתוב בספר משה) könnte sich auf das Familienmahl beim Passa in Ex 12,1-11.21 beziehen.

Nach dem Beiseitelegen des Brandopfers kochen die Leviten das Passaopfer und die Weihegaben für das Volk, für sich und für die Priester, Sänger und Torhüter (2. Chr 35,13ff.). Auffallend ist die Zubereitungsart „Kochen des Passaopfers mit Feuer" (ויבשלו הפסח באש), die der Chronist für „satzungsgemäß" (כמשפט) hält (35,13a; vgl. 1. Chr 15,13; 2. Chr 30,16).[130] Denn Dtn 16,7 gibt nur das „Kochen" (ובשלת ואכלת) und Ex 12,8f „am Feuer gebraten" (צלי־אש) an. Darin erweist sich die Zubereitungsart in der Chronik als Kombination von Dtn 16,7 und Ex 12,8f.[131] Hier ist noch einmal erkennbar, dass der Chronist die divergierenden Bestimmungen der deuteronomischen und priesterlichen Tradition ausgleicht.[132] G. von Rad weist darauf hin, dass bei P ein Verbot des Kochens vorliegt (Ex 12,9) und daher der Chronist hier grundsätzlich den deuteronomischen Standpunkt vertritt.[133] Jedenfalls ist diese Zubereitungsart eine Innovation! Diese soll der Torabezug כמשפט offenbar legitimieren.[134] Im Unterschied zu dem Passaopfer kochen die Leviten die Weihgaben in Kesseln, Töpfen und Schüsseln (2. Chr 35,13b; vgl. 1. Sam 2,13f.; 1. Kön 19,21). Das Passafest unter Josia wurde somit als eine Art Mischung des Festes im Privathaus (Ex 12,1-11)

---

129 Vgl. Z. Talshir, Several Concepts, 390.

130 כמשפט bezieht sich auf ויבשלו הפסח באש in V.13a, vgl. K.L. Spawn, "As It Is Written", 207.

131 So J.M. Myers, II Chronicles, 213; H.G.M. Williamson, Chronicles, 407; W.M. Schniedewind, Chronicler, 175; Z. Talshir, Several Concepts, 389.

132 Vgl. R. Albertz, Religionsgeschichte Israels, 611.

133 Vgl. G. von Rad, Geschichtsbild, 53.

134 Vgl. W.M. Schniedewind, Chronicler, 175.

und am Zentralheiligtum (Dtn 16,1-8) gefeiert. Hier ist die Kombination der unterschiedlichen Tora-Traditionen offensichtlich.

5.1.3 Zusammenfassung

Aus den obigen Betrachtungen lässt sich die chronistische Sicht der Reform Hiskias und Josias folgendermaßen zusammenfassen.

In der Reform Hiskias stehen die Wiederherstellung des Kultes und die Verbesserung der Position der Leviten im Kult in direktem konzeptionellen Zusammenhang (2. Chr 29,5.11). Dabei ergreift der König Hiskia die Initiative. Mit einer ausführlichen Darstellung definiert der Chronist den konkreten Zustand des Kultes und bringt die Probleme der Opferpraxis zutage. Auf diese Weise betont er auch nachdrücklich die Notwendigkeit der Kultreform. Nach der chronistischen Darstellung greift Hiskia bei der Wiederherstellung des Tempelkultes die jeweils in der Opferpraxis ans Licht gekommenen Probleme auf und trifft umfassende Maßnahmen, entweder improvisatorisch (29,5.34; 30,2.16; 31,11-13) oder auch regelgerecht (29,25.30; 30,5; 31,2f.; 31,4; 31,14-19). Somit erweist sich Hiskia als echter Reformkönig. Die Maßnahmen sind überwiegend mit den Leviten verbunden. In dieser Hinsicht zeigt die Hiskianische Reform eine erkennbare Entwicklung der Leviten zu einer den Priestern fast gleichwertigen Berufsgruppe. Darauf geht die Darstellung mit einer erkennbaren Vorliebe für die Leviten und einem scheinbaren Vorwurf gegen die Priester zurück.[135] Dabei betont der Chronist die Kooperation und die Solidarität zwischen beiden Kultpersonalgruppen,[136] indem er als Folge der jeweiligen Maßnahmen Leviten und Priester parallelisiert (29,16-17; 29,26[137]; 30,15.21.27; 31,2.9.20). Vornehmlich werden die Ad-hoc-Maßnahmen durch den von Gott geschenkten Erfolg bzw. durch die damit verbundene große Freude (29,30.36; 30,12; 30,21.23.26; 31,9f.) legitimiert.[138] Dennoch macht der Chronist durch zusätzliche Verweise auf die Tora deutlich, dass der König seine Reformmaßnahmen auf Grundlage der Tora bzw. des Wortes JHWHs durchgeführt hat.[139] Die Hiskianische Reform führt schließlich zur Wiederherstellung des Kultes und hat eine Aufgabenerwei-

---

135 Die Bevorzugung der Leviten und der Vorwurf gegen die Priester wird häufig als ein Zug des Chronisten erwähnt, W. Rudolph, Chronikbücher, 293; H.G.M. Williamson, Chronicles, 353; J. Myers, II Chronicles, 171.

136 So auch G.N. Knoppers, Levites, 71f.

137 Auffallenderweise werden die Leviten an erster Stelle vor den Priestern aufgezählt.

138 Vgl. M.P. Graham, Setting the Heart, 138.

139 2. Chr 29,15 (Dtn 18,5); 30,5 (Dtn 16,1-8); 30,16 (Num 1,53; 3,7f.; 8,19; 18,5; Dtn 18,5); 30,18 (Lev 7,19-21); 31,3 (Ex 29,38ff.; Lev 6,1-6; 23; Num 28,1-8); 31,4 (Ex 22,28-29; Lev 27,32; Num 8,8f.; 18,11-19.20-24; Dtn 12,26.50; 14,22-29; 18,1-5).

terung der Leviten zur Folge. Dabei bildet Dtn 18,10, das noch vom Konzept einer einheitlichen levitischen Priesterschaft ausgeht, eine zentrale Grundlage für die Hiskianische Reform (2. Chr 29,11). Daneben ist die Reform Hiskias auch eine Fortsetzung und Weiterentwicklung der königlichen Innovation Davids.

Anders als bei der Hiskianischen Reform, in der überwiegend Improvisationsmaßnahmen durchgeführt wurden, handelt es sich bei der Josianischen Reform um deren ständige Regelung. Wie bei Hiskia werden die Maßnahmen durch den Befehl des Königs mit dem expliziten Bezug auf die Tora bzw. auf die Anweisungen Davids verbunden.[140] Dabei wird in der chronistischen Darstellung die Kooperation und die Solidarität zwischen beiden Kultpersonalgruppen betont. Erst die Einsetzung der Leviten hat das reibungslose Ablaufen des Passafestes zur Folge; Leviten und Priester werden miteinander parallelisiert (2. Chr 35,10.11). Auch in der Reform Josias verbinden sich die Maßnahmen mit den Leviten und haben schließlich die ständige Funktionserweiterung der Leviten zur Folge. Darin erweist sich die Reform Josias als eine konsequente Fortsetzung der Reformen Hiskias und Davids.

Aus diesem Überblick der Reformen Hiskias und Josias wurde deutlich, dass bei der Hiskianischen und Josianischen Reform alle Maßnahmen entweder auf der Tora oder auf königlichen Anweisungen beruhen. Darum soll anschließend der Torabezug als ein Wesenszug der Hiskianischen und Josianischen Reformen noch einmal im Zusammenhang des Chronikwerkes untersucht werden.

5.2 Charakterisierung der Hiskianischen und Josianischen Reformen

Wie die ausführliche Untersuchung der einzelnen Maßnahmen Hiskias und Josias gezeigt hat, beruft sich der Chronist für diese Maßnahmen häufig auf die Tora. Dies drückt sich in einer Fülle von der Tora zugeordneten Begriffen aus: „Tora JHWHs" (2. Chr 29,25; 31,3.4; 35,6; vgl. 31,3.21; 35,26), „Tora des Mose" (30,16), „nach der Vorschrift" bzw. „satzungsgemäß" (30,16; 35,13), „Worte bzw. Wort JHWHs" (29,15; 30,12; 35,6), „wie geschrieben steht" (30,5.18), „wie in dem Buch des Mose geschrieben steht" (31,3; 35,12). Um zu verstehen, welche Bedeutung der Chronist dadurch der Reform Hiskias und Josias verleihen möchte, erscheint es sinnvoll, nun einen Blick auf das Vorkommen des

---

140 2. Chr 35,4 (1. Chr 23-24; 28); 2. Chr 35,6 (Ex 12); 2. Chr 35,12 (Ex 12); 2. Chr 35,13 (Dtn 16,7 und Ex 12,8f.).

Torabezugs und verwandter Ausdrücke hinsichtlich des Kultes im gesamten Chronikbuch zu richten.

5.2.1 Torabezug in der Chronik

Inhalt	Der Tora zugeordnete Begriffe	David+ Salomo	Hiskia +Josia	Sonst-iges
1. Die levitische Sänger-schaft	כמשפטם			1. Chr 6,17
2. Opferdienst der Aaron-iden	ככל אשר צוה משה עבד האלהים			6,34
3. Transport der Lade durch die Leviten	כמשפט	1. Chr 15,13		
4. Transport der Lade durch die Leviten	כאשר צוה משה כדבר יהוה	15,15		
5. Opferkult	ולכל־הכתוב בתרת יהוה אשר צוה על־ישראל	16,40		
6. Wohnstatt JHWHs	אשר־עשה משה במדבר	21,29		
7. Zahl der Tamidopfer	כמשפט	23,31		
8. Zuordnung des Pries-terdienstes auf Aaron	כמשפטם ביד אהרן אביהם כאשר צוהו יהוה אלהי ישראל	24,19		
9. Bezeichnung Hemans als Seher des Königs	בדברי האלהים	25,5		
10. Die Stiftshütte Gottes in Gibeon	אשר עשה משה עבד־יהוה במדבר	2. Chr 1,3		
11. Anfertigungsweise der Leuchter	כמשפטם	4,7		
12. Brennen der Leuchter mit Lampen	כמשפט	4,20		
13. Zwei Tafeln, die Tafeln des Bundes	אשר־נתן משה בחרב	5,10		
14. Tamidopfer	כי כן מצות דויד איש־האלהים	8,13		
15. Tamidopfer	משמרת יהוה			2. Chr 13,11
16. Gesetz über den Zu-tritt zum Tempel	משמרת יהוה			23,6
17. Kultische Ordnung für das Brandopfer	ככתוב בתורת משה			23,18
18. Abgabe des Mose	משאת משה עבד־יהוה			24,6
19. Abgabe für das Zelt des Zeugnisses	משאת משה עבד־האלהים על־ישראל במדבר			24,9
20. Tempelreinigung	כמצות־המלך בדברי יהוה		2. Chr 29,15	
21. Zentrale Passafeier	ככתוב		30,5	
22. Beschluss der zentra-len Passafeier	מצות־המלך והשרים בדבר יהוה		30,12	
23. Schlachtung der Passa-lämmer durch die Leviten	כמשפטם כתורת משה איש־האלהים		30,16	

24. Passaordnung	כתוב		30,18	
25. Tamidopfer	כתוב בתורת יהוה		31,3	
26. Begründung der Versorgung des Kultpersonals	למען יחזקו בתורת יהוה		31,4	
27. Passaopfer der Leviten	כדבר־יהוה ביד־משה		35,6	
28. Zuteilung	כתוב בספר משה		35,12	
29. Kochen des Passaopfers	כמשפט		35,13	
Summe		7+5	7+3	7

Aus der Tabelle ist zu ersehen, dass die Bezugnahme auf die Tora in der Chronik überwiegend im Bericht über die Maßnahmen David-Salomos (7+5) und Hiskia-Josias (7+3) vorkommt.[141] Schon die Tatsache, dass der Torabezug für beide Zeiten etwa gleich häufig belegt ist, zeigt, welche Bedeutung der Chronist diesen beiden Zeitabschnitten beimisst. Zunächst soll die Bedeutung der Reform Davids und Salomos skizziert werden.

5.2.2   Die Reformen Davids und Salomos zur Gründung des Tempelkults in Jerusalem

1) In der Forschung ist man sich einig, dass in der Chronik David genauso wie Mose als Kultgründer dargestellt werden soll.

Nach der chronistischen Darstellung holt König David die Lade nach Jerusalem als gesamtisraelitisches Unternehmen. Schon in der theologischen Begründung für die Ladeüberführung ist zu sehen, wie sich David für den toragemäßen Kult eingesetzt hat[142]: „Denn zu Sauls Zeiten fragten wir nicht nach ihr" (1. Chr 13,3). Hier wird die beabsichtige Überbringung der Lade nach der Konstituierung Israels mit seinen zwölf Stämmen[143] als ein Ausdruck des Gott-Suchens bewertet.[144] Ein Beleg dafür ist besonders die Definition der Lade als „die Lade Gottes, JHWHs, der über den Cherubim thront" (1. Chr 13,6; 28,18; vgl. 2. Sam 6,2) und die Bezeichnung der Lade als Ort, „wo sein Name angerufen wird".[145] So präsentiert der Chro-

---

141 Nach S.J. De Vries, Moses, 626, werden weder der Ausdruck כתוב noch die Terminologie Buch oder Gesetz gebraucht, und auch Mose wird nicht erwähnt.

142 Vgl. N. Dennerlein, Bedeutung, 47.

143 1. Chr 11,3b hält fest, dass die Königssalbung gemäß dem Wort JHWHs durch Samuel erfolgte.

144 In 1. Chr 22,19 explizit in einer Bauaufforderung das „Suchen JHWHs" als Errichtung einer Stätte für die Lade.

145 Stattdessen liest S. Japhet, 1 Chronik, 277, אשר נקרה שם „die zufällig dort war".

nist die Lade als Ort der Gegenwart Gottes (1. Chr 13,10).[146] Für den Chronisten war Gottes Gegenwart der wesentliche Grund für die Überführung der Lade nach Jerusalem.[147] An dieser Stelle verdient eine weitere Definition der Lade Gottes besondere Aufmerksamkeit. Die Bestimmung der Lade als Ort, „wo sein Name angerufen wird", erinnert an die in Dtn mehrfach wiederholte Bestimmung, „die Stätte, die JHWH erwählt, wo sein Name daselbst wohne".[148] Es geht um die Identifizierung des in Dtn nicht näher bestimmten Kultortes als Jerusalem. In dieser Hinsicht erhält die Geschichte der Eroberung Jerusalems einen Sinn. P. Welten meint, „dass nach 1. Chr 11,4-9 Jerusalem zwar erobert aber noch nicht funktionsfähig ist",[149] bei den Feldzügen gehe es um die „Vorherrschaft über die Region westlich Jerusalems, die David nach dem Chronisten erst hier erringt".[150] Für den Chronisten ist Jerusalem nun die Stätte, die JHWH erwählt hat (2. Chr 6,5f.20).[151] Wenn dennoch der erste Versuch, die Lade nach Jerusalem zu holen, gescheitert war (1. Chr 13,5-14; vgl. 2. Sam 6,1-11), geht dies nach der chronistischen Sicht darauf zurück, dass „nicht nach dem Gesetz vorgegangen wurde (1. Chr 15,13)."[152] Mit der Ladeüberführung hat David eine Grundlage für den Einsatz der Leviten im künftigen Kult gelegt.[153] So setzt David die Leviten für den Kult an der Lade (1. Chr 16,4-6.37f.) und auch an dem Höhenheiligtum zu Gibeon in der Stiftshütte ein (16,40f.). Mit dem Verweis auf die Israel gebotene Weisung JHWHs (vgl. Ex 29,38ff.; Lev 6,1-6; Num 28-29) versteht der Chronist wohl David als Kultgründer. Nach

---

146   Vgl. N. Dennerlein, Bedeutung, 45.

147   Vgl. S. Japhet, 1 Chronik, 279.

148   Dtn 12,5.11.21; 14,23.24; 16,2.6.11; 26,2. Vgl. die Verwendung „die Stätte, die JHWH erwählt" in Dtn 12,18.26; 15,20; 16,7.16; 17,8.10; 18,6.

149   P. Welten, Lade-Tempel-Jerusalem, 176.

150   P. Welten, Lade-Tempel-Jerusalem, 176.

151   I. Kalimi, Jerusalem, 192f., weist darauf hin, dass die Jerusalem-Konzeption als die von Gott erwählte Stadt auch schon in der theologischen Perspektive der Königsbücher (DtrH) vorhanden ist (1. Kön 8,44.48 // 2. Chr 6,34.38; 2. Kön 21,7 // 2. Chr 33,7). Aufgrund des Ausfalls von 2. Kön 23,27 sieht Kalimi die Besonderheit der chronistischen Konzeption in der Charakteristik: „*unconditional* and permanent" (193).

152   R. Albertz, Religionsgeschichte, 610.

153   Der Torabezug „wie Mose befohlen hatte, gemäß dem Wort JHWHs" (כאשר צוה משה כדבר יהוה) in 1. Chr 15,15aβ bestätigt die Aussage in 15,2, dass die Leviten die berufenen Träger der Lade sind. Hier wird mit dem Torabezug der Anspruch auf dieses Amt, nämlich die Lade zu tragen, legalisiert, nachdem die Lade aufgestellt sein wird. T. Eskenazi, Ark Narrative, 270f., weist darauf hin, dass der Chronist die Lade unterschiedlich bezeichnet, nämlich „die Lade Gottes" (15,1), „die Lade JHWHs" (15,3) bzw. „die Lade" (15,23) und gleich nach der Bestellung der Leviten für das Tragen die Terminologie „die Lade des Bundes" erscheint (15,25.26.28.29). In dieser auffälligen Transformation der Titel der Lade sieht Eskenazi die Leviten als „the actual bearers of the covenant". Eskenazi folgert, "the ark narrative expresses this eternal covenant through the unique role of the Levites" (vgl. Dtn 33,9; Mal 2,8).

der chronistischen Darstellung führt David nach der Aufstellung der Lade im Zelt eine umfassende Kultmaßnahme durch. Der König gibt den Fürsten Israels und dem Kultpersonal Anweisungen für den künftigen Tempeldienst (1. Chr 23,2ff.). Die Anweisungen umfassen zunächst die Herabsetzung des levitischen Dienstalters (23,24) und die Zuweisung der neuen levitischen Aufgaben (23,24-32). Die Überführung der Lade führt also nach der chronistischen Sicht zur Kultgründung.[154] Zu den Anweisungen Davids kommen die Zuordnung der Priesterdienstgruppen[155] (24,1), die Aufstellung der levitischen Sängerschaft[156] (25,1) bis hin zur Erstellung eines Tempelentwurfs (28,11ff.)[157], wonach „der ganze Kult in dessen [Davids] Nachfolge und in Ergänzung zu ihm bis ins einzelne geregelt wird."[158] Vor allem erwähnt der Chronist ausdrücklich, dass David wie Mose das Modell (תבנית) für den Tempelbau geoffenbart bekam (28,12.19). Mit der Neuregelung legt David die Grundlagen für den Tempelkult. Insofern erweist sich David als toragemäßer Kultgründer.

In der Forschung ist bisher übersehen worden, dass die Etablierung des Jerusalemer Kultes, auf die David mit der Neuordnung abzielt, durch das dtn Gesetz gefordert wird. Heißt es doch schon in Dtn 12,10f.[159]: „Ihr werdet aber den Jordan überschreiten und in dem Land wohnen, das euch JHWH, euer Gott, erben lässt, und er wird euch Ruhe verschaffen vor all euren Feinden ringsum, dass ihr sicher wohnen werdet. Wenn nun JHWH, euer Gott, eine Stätte erwählt, seinen Namen dort wohnen zu lassen, sollt

---

154 So Mosis, Untersuchungen, 54; P. Welten, Lade-Tempel-Jerusalem, 83; Ch.T. Begg, Ark, 142.

155 Diese Maßnahme geht auf die Vorschrift (כמשפטם) zurück, „die ihnen ihr Vater Aaron gegeben hat, wie ihm JHWH, der Gott Israels, geboten hatte." In 1. Chr 6,34 beruft sich der Chronist für die Opferdienste der Aaroniden ausdrücklich auf Mose, der als Gottes Knecht dazu den Befehl gegeben hatte (ככל אשר צוה משה עבד האלהים). Demnach geht die Priesterschaft der Aaroniden auf Mose zurück, wie es der Pentateuch belegt (Num 18,1-7; Lev 16).

156 Diese Institution wird durch die Bezeichnung Hemans als Seher des Königs mit der Wendung „nach dem Wort Gottes" (1. Chr 25,5) legitimiert. Mit der Zurückführung des musikalischen Dienstes der Leviten auf David wird die Parallelisierung von David und Mose deutlich.

157 Das Modell umfasst das Tempelgebäude (1. Chr 28,11f.) einschließlich der Höfe, der umgebenden Gemächer und der Schatzkammern; ferner die Abteilungen von Priestern und Leviten für die liturgischen Verrichtungen (V.13), die Geräte zur praktischen Durchführung des Tempeldienstes (V.13f.), das Gewicht der goldenen Leuchter und der zugehörigen Lampen (V.15a), die silbernen Leuchter und die zugehörigen Lampen (V.15b), die goldenen Tische für die Schaubrote (V.16a) und die silbernen Tische (V.16b), die goldenen Gabeln, Becken und Becher (V.17), die goldenen Schüsseln (V.17b), die silbernen Schüsseln (V.17b) sowie den goldenen Räucheraltar und den goldenen Wagen der Kerubim (V.18).

158 R. Albertz, Religionsgeschichte, 609.

159 Vgl. S. Japhet, 1 Chronik, 380.

ihr dahin bringen alles, was ich euch gebiete: eure Brandopfer, eure
Schlachtopfer, eure Zehnten, das Hebopfer eurer Hand und all das Auser-
lesene eurer Gelübde, die ihr JHWH geloben werdet." Somit kann eine
Reihe von Maßnahmen Davids zur Etablierung des Jerusalemer Kultes als
Antwort auf die Aufforderung Gottes verstanden werden. Nach der
Landnahme wird der Opferkult an einem Heiligtum, das JHWH erwählt,
bereits in Dtn 12,1ff. programmatisch gefordert[160]: „Dorthin sollt ihr
bringen eure Brandopfer und eure Schlachtopfer, eure Zehnten und das
Hebopfer eurer Hand, eure Gelübde, eure freiwilligen Gaben und die
Erstgeburt eurer Rinder und Schafe" (Dtn 12,6). David hat also toragemäß
die notwendigen Maßnahmen für den neuen Tempel getroffen und damit
den Kult etabliert. Aus chronistischer Sicht hat David mit der Überführung
der Lade eine neue Epoche für die Kultgeschichte eröffnet und unter
Wahrnehmung veränderter Zeitbedingungen den Grundstein für den
neuen Tempel gelegt. Dabei ist die Aussage des Königs in 1. Chr 23,25f.,
die auf Dtn 12,1ff. beruht, programmatisch in dem Sinne, dass David mit
der Gründung des Jerusalemer Kultes nur die dtn Gesetzgebung des Mose
ausführt.[161]

Zu beachten ist die Begründung der Herabsetzung des Dienstantrittsalters der Leviten und der Umgestaltung ihrer Aufgabe, dass die Leviten
die Lade nun nicht mehr zu tragen brauchten, da JHWH, der Gott Israels,
seinem Volk Ruhe gegeben habe und zu Jerusalem ewiglich wohnen werde (1. Chr 23,25f.).[162] Damit proklamiert der König den Anbruch einer
neuen Zeit in Bezug auf den Kult, die mit der Ladeüberführung eingeleitet
wurde. Zwar beschränkt sich noch die Neuregelung der levitischen Aufgaben, doch bilden diese Maßnahmen Davids schon die Grundlage für
den weiteren Ausbau des Jerusalemer Kultes.[163] Nach dem Chronisten hat
Israel mit der Aufstellung der Lade in Jerusalem eine weitere Stufe seiner
Kultgeschichte erreicht.

---

160 Vgl. Ex 12,25; Lev 23,10; Nu 15,2.
161 Vgl. Mosis, Untersuchungen, 54; P. Welten, Lade-Tempel-Jerusalem, 83; Ch.T. Begg,
     Ark, 142, halten die Einholung der Lade für die theologische Basis der weiteren Etab-
     lierung des Kultes.
162 Ähnlich heißt es in 1. Chr 6,17, dass die Leviten den musikalischen Dienst seit der
     Einholung der Lade vor der Wohnstätte der Stiftshütte bis zur Erbauung des Tem-
     pels ausgeübt haben. Nach dem Chronisten wird diese levitische Aufgabe כמשפט
     durchgeführt. Hier steht כמשפט für die Dienstabteilungen der levitischen Sänger,
     wie sie in der Genealogie der drei Obersänger in V.18-32 ausführlich aufgezeichnet
     werden. Zwar geht diese levitische Ordnung nach 2. Chr 8,14 und 23,18 auf David
     (כמשפט דויד) zurück, doch wird die Herkunft nicht erwähnt.
163 Vgl. S. Japhet, 1 Chronik, 380.

2) Salomo steht in der gleichen mosaischen Sukzession, indem er ausführt, was David für den Tempelbau vorbereitet hat.[164] Auf den Befehl Davids hin vollzieht Salomo den Tempelbau und daran anschließend die Anfertigung der Kultgeräte.[165] Nach dem Tempelbau veranlasst er nach dem Befehl Davids (1. Chr 22,19), die Bundeslade und Kultgeräte in den von ihm errichteten Tempel zu überführen (2. Chr 5,1).[166] Zwar übernimmt der Chronist im Tempelweihgebet Salomos die dtr Charakterisierung des Tempels als „die Stätte des Namens JHWHs" (1. Kön 8,23-53), doch bezeichnet er den Tempel zusätzlich als „Schlachtopferstätte" (2. Chr 7,12b; vgl. 2. Chr 2,3.5 und Dtn 12,6.).[167] Nach der Überführung der Lade und der Kultgeräte in den Tempel an den ihnen zukommenden Platz setzt Salomo den Tempelkult in Kraft (2. Chr 8,13f.). Bei der Aus-

---

164 Vgl. G. von Rad, Geschichtsbild, 129; H.G.M. Williamson, Accession, 356-361.

165 Eigentümlicherweise kommt der der Tora zugeordnete Begriff bei der Darstellung des Tempelbaus und der Anfertigung der Geräte nur in Bezug auf die Leuchter vor. In 2. Chr 4,7 wird betont, dass zehn goldene Leuchter nach Vorschrift (כמשפטם) angefertigt werden. Hier geht es um die Machart der goldenen Leuchter, die wahrscheinlich das Modell (תבנית) Davids beinhaltet (1. Chr 28,13). Während im Modell Moses ausführlich beschrieben wird (Ex 25,31-39), wie man den Leuchter anfertigen soll, ist im Modell Davids nur von dem Gewicht die Rede. Außerdem besteht der Unterschied des Salomonischen Tempels zum Wüstenheiligtum darin, dass in letzterem nur ein Leuchter stand (Ex 25,31-38). Der besondere Torabezug geht offenbar auf diese Erneuerung zurück, so S. Japhet 2 Chronik 62-66. Berücksichtigt man, dass in Ex 26,30 mit משפט die Machart der Stiftshütte bezeichnet und in Ex 25,40 betont wird, dass alles nach dem Modell (תבנית) hergestellt werden soll, vgl. B. Johnson, משפט, 105, scheinen mit משפט terminologisch die „einzelnen Bestandteile des Gesetzes" gemeint zu sein. In 2. Chr 4,20 kommt der Ausdruck כמשפט noch einmal ohne Suffix im Zusammenhang mit den Leuchtern vor. Hier bezieht sich כמשפט anders als in V.7 nicht auf die Machart der Leuchter, sondern auf die Aufgabe des Hohenpriesters in Ex 30,8, nämlich täglich am Morgen die Leuchter zu löschen und die Lampen zu reinigen und am Abend das Licht anzuzünden. Damit macht der Chronist deutlich, dass Salomo mit der Anfertigung der Leuchter die Vorbereitung für die exakte Durchführung des Tamidopfers, das als ewige Anordnung für Israel beschrieben wird (2. Chr 2,3), getroffen hat.

166 In 2. Chr 5,10 (1. Kön 8,9) ist insbesondere von den zwei Tafeln die Rede. Nach dem Chronisten enthält die Lade nur zwei Tafeln. Dabei verweist der Chronist darauf, dass Mose die Tafeln am Horeb in die Lade beim Bundesschluss zwischen JHWH und den Israeliten nach dem Auszug aus Ägypten gelegt habe. Hier wird die Bedeutung Moses im Zusammenhang mit dem Tempel hervorgehoben. Berücksichtigt man, dass nach Ex 16,33 die Lade noch ein Gefäß mit Manna enthielt und nach Num 17,25 in der Lade Aarons Stab aufbewahrt wurde, so greift der Chronist offenbar auf Dtn 31,26 zurück. Wenn man dabei bedenkt, dass der explizite Hinweis auf Vorschriften der Tora in Bezug auf die Rolle des levitischen Kultpersonals gehäuft auftritt, will sich der Chronist wahrscheinlich dadurch, dass er zwar den Tempelbau und die Einholung der Lade ausführlich beschreibt, aber Aarons Stab unerwähnt läßt, gegen das Monopol der Priesterschaft im Tempeldienst wenden.

167 Vgl. M. Noth, Studien, 163.

übung der Opferordnung spielen nicht nur das Gebot Moses (מצבות משה), sondern auch die Anweisungen Davids eine Rolle, wie der ausdrückliche Hinweis bestätigt (8,14: כי כן מצות דויד איש האלהים; כמשפט דויד־אביו). David und Mose werden nebeneinander als Autorität hervorgehoben, wobei hier die Autorität Davids noch verstärkt wird durch seine Benennung als „Gottesmann" (V.14b).

In der Chronik wird die Zeit Davids und Salomos als eine Gründungszeit in der Kultgeschichte Israels beurteilt. W. Riley hat mit Recht betont, dass David in der Chronik als ein zweiter Mose und Salomo als ein zweiter Josua, „who is there not to innovate, but to bring to completion", gekennzeichnet wird.[168] Der chronistischen Darstellung nach nimmt David veränderte Zeitumstände wahr und erstellt dementsprechend den formalen Rahmen für den neuen Jerusalemer Kult, Salomo konkretisiert ihn inhaltlich.

In diesem Zusammenhang lässt das häufige Vorkommen von der Tora zugeordneten Begriffen in dem Bericht über die Maßnahmen Hiskias und Josias schon vermuten, dass der Chronist auch der Reform Hiskias und Josias eine besondere Bedeutung einräumt. Offenbar wertet der Chronist die Zeit unter Hiskia und Josia als eine zweite Gründungszeit. Dabei stellt sich dann die Frage, welcher Schwerpunkt für diese zweite Gründungszeit hervorgehoben wird.

5.2.3   Die Reformen Hiskias und Josias zur zweiten Gründung des Tempelkultes in Jerusalem

1) Wie oben gesehen, geht der Reformprozess Hiskias und Josias mit der Besserstellung der Leviten einher, die sich neue kultischen Kompetenzen erwerben. Blickt man auf die Reform Davids zurück, erweist sich die Reform Hiskia-Josias teilweise als Wiederherstellung der davidischen Anweisungen. Hierher gehören: die musikalischen Aktivitäten der Leviten bei der Opferhandlung (2. Chr 29,25aα; 35,15; 1. Chr 16,41f.; 23,1ff.; 25,1ff.), die Beauftragung der Leviten mit den Worten Davids und Asafs (2. Chr 29,30; 1. Chr 16,5ff.), die Dienstabteilungen der Priester und Leviten (2. Chr 30,2f.; 35,4; vgl. 1. Chr 23-27; 28,11.13) und die levitische Aufgabe der Tempelmusik und des Hynmensingens (2. Chr 29,30). Darüber hinaus ist eine Weiterentwicklung der Anweisungen Davids darin zu sehen, dass unter Hiskia die Leviten am Opferkult

---

168 W. Riley, King, 82. Er formuliert weiter, „just as the giving of the written Mosaic Tora had been closely associated with the commissionig of Josua in Dtn 31,7-13.23-27, so the Davidic *Tabnit* is associated with the commissioning of Solomon in a narrative already linked by the Chr to the Josua episode by verbal correspondence".

(29,34; 30,16f.) und an der priesterlichen Abgabe (31,14-19) beteiligt werden, und dass unter Josia die Leviten als Lehrer ganz Israels und Geweihte, d.h. als Diener JHWHs und des Volkes, bestimmt werden (35,3). Auch beim Passopfer werden sie aktiv beteiligt (35,6). In dieser Hinsicht bemerkt L.C. Jonker ganz richtig, „what was started under David and Solomon and symbolized and embodied in the building of the temple was completed in the Passover celebrations during King Josiah's reign."[169] Dabei verweist Jonker auf die ähnlich lautenden Abschlussnotizen über die Wiederherstellung des Kultes durch Salomo, Hiskia und Josia in den jeweiligen Abschnitten, nämlich in 2. Chr 8,16aα (ותכן העבודה), 35,10 (ותכון עבדת בית־יהוה), 29,35 (ותכן כל־מלאכת שלמה), 35,16 (ותכון כל־עבדת יהוה) und 35,20 (אחרי כל־זאת אשר הכין יאשיהו את־הבית).[170] Seiner Meinung nach wird der davidische und salomonische Reformprozess von Hiskia und Josia mit der Einsetzung der Leviten fortgesetzt.[171] Doch hat Jonker die Reform Hiskias noch zu gering bewertet. Wenn David mit der Proklamation einer neuen Epoche (1. Chr 23,25f.) in Anlehnung an die göttliche Aufforderung in Dtn 12,11 den Grundstein für den Tempelkult gelegt hat (1. Chr 23-28), so setzt sich Hiskia mit der Proklamation der Erwählung der Leviten (2. Chr 29,11) in Anlehnung an Dtn 18,5 zugunsten der Leviten ein und setzt eine umfassende Kultreform durch (2. Chr 29-31).[172] Angesichts der umfassenden Wiederherstellung der Tempelordnungen durch Hiskia bleibt für Josia nur noch die Aufgabe, die Neuordnung des Passa, die unter Hiskia noch provisorisch war, dauerhaft zu etablieren.[173] So wird das Verhältnis zwischen Hiskia und Josia bei der Hiskianischen und Josianischen Reform analog zu dem zwischen David und Salomo bestimmt.

L.C. Jonker übersieht auch, dass die Maßnahmen Hiskias und Josias nicht nur auf die Autorität Davids, sondern ebenfalls auf die Anweisungen seiner Propheten zurückgeführt werden. Der Prophet Natan und der Seher Gad werden zusammen mit David als die Vermittler des göttlichen Befehls für die Anordnung der levitischen Tempelmusiker genannt (2. Chr 29,25).[174] Neben Heman[175] werden sowohl Asaf (29,30; 35,15) als auch Je-

---

169 L.C. Jonker, Reflections, 57.
170 Vgl. L.C. Jonker, Reflections, 57.
171 Vgl. L.C. Jonker, Reflections, 60.
172 Hier ist die deuteronomische Beeinflussung auffallend: Dtn 10,8 auf 1. Chr 15,2; Dtn 12,11 auf 1. Chr 23,25; Dtn 18,5 auf 2. Chr 29,11. Die dtn Aussage charakterisiert sich bei jeder großen Maßnahme als programmatisch.
173 Gegen W. Riley, King, 136; L.C. Jonker, Reflections, 59. Sie sehen im Passafest unter Josia den Höhepunkt des Tempelbaus von David-Salomo.
174 Vgl. J. Kegler, Prophetengestalten, 489.
175 In 1. Chr 25,5 wird die Einsetzung Hemans zum Seher des Königs auf „Gottes Wort" zurückgeführt.

duthun (35,15) als Seher bezeichnet. Man geht gemeinhin davon aus, dass der Chronist mit der Umakzentuierung der prophetischen Gestalten den Anweisungen Davids, die schon mit seiner königlichen Autorität ausgestattet waren, das Siegel göttlichen Ursprungs aufprägen wollte. Dies dient nun ebenso zur Autorisierung der Hiskianischen und Josianischen Reform und lässt die Anweisungen Davids als Pendant zur Mose-Tora erscheinen.[176] Somit erhalten die Anweisungen Davids in der Hiskianischen und Josianischen Reform noch deutlicher als bei der Darstellung der davidischen und salomonischen Kultgründung das gleiche Gewicht wie die Tora bzw. das Buch des Mose. Daraus ergeben sich zwei Autoritäten zu ihrer Legitimation: die Autorität des Gesetzes bzw. Pentateuchs und die Autorität Davids.

2) Dass der Chronist die Reform Hiskias und Josias als zweite Gründung des Kultes in der Kultgeschichte bewertet, lässt sich weiter an dem Torabezug erkennen. Wie gesehen, kann der Chronist mit dem Torabezug auf konkrete einzelne Torabestimmungen verweisen,[177] sie auslegen,[178] oder sich auf den Geist der Tora berufen.[179] Darüber hinaus zeigt die chronistische Darstellung der Hiskianischen und Josianischen Reform, dass die Maßnahmen durch eine Auswahl unterschiedlicher Tora-Traditionen[180] oder durch eine Kombination solcher[181] zur Legitimation herangezogen worden sind.[182] Somit wird als Wesenszug der Hiskianischen und Josianischen Reform eine Harmonisierung der unterschiedlichen Tora-Anweisungen deutlich. Dies lässt sich folgendermaßen umreißen:

---

176 Gegen Flanagan, David's Social Drama, 212f. Flanagan ist der Meinung, dass David die Aktivität Salomos legitimiert.

177 Tamidopfer, 31,3; Passafeier am Zentralheiligtum, 30,5; Verzehr des Passa, 30,18. Zum Verweis auf die konkreten Bestimmungen im Pentateuch wird die Wendung „wie geschrieben steht" (2. Chr 30,5.18), „wie geschrieben steht in der Tora JHWHs" (1. Chr 16,40; 2. Chr 31,3; 35,26) bzw. des Mose (2. Chr 23,18); „wie geschrieben steht in der Tora, im Buch des Mose" (2. Chr 25,4) und „wie geschrieben steht in dem Buch des Mose" (2. Chr 35,12) gebraucht. Diese Begriffe sind noch konkreter als „Tora JHWHs".

178 Die Verschiebung des Passafestes in 30,12 von Num 9.

179 Die Beteiligung der Leviten am Passaopfer in 2. Chr 30,16.

180 Die Einsetzung der Leviten, 29,5.15; 35,4.

181 Die Einsetzung der Leviten, 29,5.15; die zentrale Passafeier, 30,5.12; 35,1; die Zubereitung des Passa durch die Leviten, 35,4.12; die Zubereitungsart des Passa, 35,13.

182 Offenbar ist für den Chronisten der Ausdruck „Tora JHWHs" ein umfassender Begriff für die Kultordnungen. Auch der Begriff „Anordnung JHWHs" (משמרת יהוה) handelt von den Kultordnungen (1. Chr 23,32; 2. Chr 13,11; vgl. 1. Chr 9:27).

Tora-Anweisung I	Tora-Anweisung II	chronistische Anwendungen	Art des Torabezuges
Priester u. Leviten als Diener JHWHs: Dtn 18,5; 33,10	Leviten als Diener der Priester: Num 1,48ff.; 3f.; 8; 18	Erwählung der Leviten als Diener JHWHs (2. Chr 29,11)	Hinweis auf Dtn 18,5; „aufgrund der Worte JHWHs" (2. Chr 29,15)
Opferdienst der Leviten: Dtn 18,5; (Ez 44,11)	Trägerdienst: Ex 28; 29 u.a.; Lev 8f; Num 3,3.10; 18,1.7; 25,10-13; 16,10	Erwählung der Leviten für den Opferdienst (29,11.34)	mit dem impliziten Hinweis auf Dtn 18,5 (2. Chr 29,5)
Passafest am Zentralheiligtum: Dtn 16,2.6f.	Passafest zu Hause: Ex 12,1	Passafest am Zentralheiligtum (30,5)	„wie geschrieben steht" (30,5)
Individuell mögliche Verschiebung des Passa: Num 9,1-14		gesamtisraelitisches Passafest durch die Terminverschiebung (30,2)	„aufgrund des Wortes JHWHs" (30,12)
Dienst der Leviten für die Gemeinde: Num 1,53; 3,7f.; 8,19; 18,5; Dtn 18,5 Opferdienst: Dtn 18,5; Ez 40-44	Schlachtung des Opfertieres durch die Laien beim Passa: Ex 12,6; Dtn 16,6	Opferrecht der Leviten: teilweise Schlachten beim Passa (30,16)	„entsprechend der Tora des Mose" (30,16)
Verzehr des Passa: Lev 7,19-21		Verzehr des Passa (30,18)	„wie geschrieben steht" (30,18)
priesterliche und levitische Dienste: Dtn 18,5; 33,10	Priesterlicher Dienst: Ex 28,1; 29,1.9.29.44; 31,10; 40,13-15; Lev 1,7ff.; 2; 8; 9; 10,6ff; 21,6.8; Num 3,3.10; 18; 25,10-13 Levitischer Dienst: Num 1,48ff; 3+4; 8; 18.	priesterliche und levitische Dienste (31,2)	„wie in der Tora geschrieben steht" (31,2)
Tamidopfer: Ex 29,38-41; Lev 6,1-6; Num 28,3-8		Tamidopfer (31,3)	„wie in der Tora JHWHs geschrieben steht" (31,3)
Dtn 18,1-5.6-8a; Num 18,2-24	soziale Begründung: Dtn 14,22-29; 18,1-8; 26,12f.	Versorgung des Kultpersonals (31,4)	mit der Begründung zur toragemäßen Ausübung des Kultes (31,4)
	Verzehr am hl. Ort: Dtn 14,22-29	Aufbewahrung der Abgaben im Tempel (31,12)	nach königlicher Anweisung

Mahlopfer: Dtn 16,1-8	familiäres Passa: Ex 12	Opfer des Passa durch die Leviten (35,4ff.)	„wie in dem Buch des Mose geschrieben steht" (35,12)
Kochen: Dtn 16,7	am Feuer gebraten: Ex 12,8f.	Zubereitungsart des Passalamms: Kochen am Feuer	„satzungsgemäß" (35,13)

Wie aus dieser Tabelle zu ersehen ist, lassen sich die Maßnahmen Hiskias und Josias als ein kreativer Umgang mit den Traditionen der Tora verstehen. Dieser erneute Schwerpunkt der Rückbezüge auf die Tora in der Hiskianischen und Josianischen Reform legt die Vermutung nahe, dass es dem Chronisten darum geht, die hier geschaffenen Neuerungen des Jerusalemer Kultes als dennoch toragemäß zu erweisen. Dazu macht er sich die divergierenden Traditionen in der Tora selbst zunutze.[183] Es geht damit bei der Reform Hiskias und Josias um eine Neubegründung des Jerusalemer Kultes. Somit bildet der Reformprozess Hiskias und Josias eine zweite Gründungszeit über die Kultgründung Davids und Salomos hinaus.

5.2.4 Zusammenfassung

Aus der obigen Untersuchung lässt sich folgendes zusammenfassen: Bei der Darstellung der Reformen Hiskias und Josias beruft sich der Chronist häufig auf die Tora. Damit macht der Chronist deutlich, dass die Könige Hiskia und Josia Kultreformen durchgeführt haben, die entweder mit der Tora oder mit königlichen Anweisungen begründet wurden. Aus der Untersuchung des Vorkommens des Torabezugs und verwandter Ausdrücke hinsichtlich des Kultes im gesamten Chronikbuch ergab sich, dass der Chronist mit dem Torabezug den Zeitabschnitten David-Salomo und Hiskia-Josias eine besondere Bedeutung einräumt.

Nach dem Chronisten hat David in Anlehnung an die göttliche Aufforderung in Dtn 12,11 eine Epoche hinsichtlich der Kultgeschichte Israels proklamiert und mit einer Reihe von Maßnahmen sowohl einen Grundstein für den Jerusalemer Kult als auch eine Grundlage für den Einsatz der Leviten für den künftigen Kult gelegt. Salomo hat mit dem Tempelbau die Anweisungen Davids ausgeführt und fortgesetzt. Somit werden die Re-

---

183 Wie von Rad bemerkt, Geschichtsbild, 41, kennt der Chronist die beiden großen Gesetzeskorpora Dtn und P. Hinsichtlich des levitischen Anspruchs erweist sich der Chronist aber als Träger deuteronomischer Traditionen.

formen Davids und Salomos in der Chronik als Gründung des Jerusalemer Tempelkultes dargestellt.

Gleich nach seiner Thronbesteigung richtet Hiskia den Jerusalemer Kult für den Neuanfang ganz Israels wieder ein. Wie David hat Hiskia in Anlehnung an die Tora-Anweisung (Dtn 18,5) mit der Proklamation der Erwählung der Leviten eine umfassende Kultreform durchgeführt und hat damit den Jerusalemer Kult für das vereinte Israel wiederhergestellt. Für diese Wiederherstellung waren die Toraanweisungen maßgeblich. Josia setzte dann die Reform Hiskias fort. Nach der Sicht des Chronisten wird hier mit dem Jerusalemer Kult eine neue Grundlage für das unter Hiskia vereinigte Gesamtisrael geschaffen. So konstituiert sich das vereinigte Gesamtisrael unter Hiskia und Josia im Rahmen der Tora kultisch neu. Somit werden die Reformen Hiskias und Josias als zweite Gründung der Kultgeschichte Israels dargestellt und bewertet.

Aus der bisherigen Untersuchung wurde deutlich, dass die Hiskianische und Josianische Reform von zwei thematischen Klammern umgriffen wird: der Einheit Israels einerseits und dem toraorientierten Kult andererseits. Dieser Zug ist insbesondere in der Passafeier unter Hiskia deutlich zu sehen. Angesichts des Untergangs eines Teils konnte ganz Israel politisch vereinigt werden, darüber hinaus konnte sich eine neue Kultgemeinde bilden. Die Hiskianische und die Josianische Reformen haben also zum einen die Identität des vereinigten Israel, zum anderen den der Tora gemäßen Jerusalemer Kult wiederhergestellt. Mit den Reformen Hiskias und Josias konnte die Geschichte Gesamtisraels über die staatliche Krise hinaus fortgesetzt werden. Dieses Ergebnis soll abschließend in den Rahmen der Geschichte und Religionsgeschichte Israels eingeordnet werden.

6. Historische und theologische Einordnung

6.1 Die Datierung der Chronik in der Forschungsdiskussion

Die Entstehung der Chronik wird in der heutigen Forschung mit unterschiedlichen Argumenten von der ersten Hälfte des 6. Jh.s bis ins 2. Jh., also in die Makkabäerzeit, angesetzt. Dabei lässt sich die Frühdatierung in die Zeit der Rückkehr aus dem babylonischen Exil, die Frühzeit der persischen Epoche,[1] relativ leicht entkräften.[2] „Eine Datierung in die spätpersische oder frühhellenistische Zeit, d.h. im Zeitraum zwischen 350 und 250 v.Chr."[3] findet dagegen breiten Konsens. Allerdings rechnet die Forschung der jüngsten Zeit mit einer Entstehung in einer noch späteren Zeit. Diese Datierungsdebatte soll hier kurz skizziert werden.

Viele Forscher neigen dazu, die Abfassung der Chronik gegen Ende der persischen oder in den Anfang der hellenistischen Epoche zu verlegen.[4] Für diese zeitliche Ansetzung wird am häufigsten die Liste der Davididen von 1. Chr 3,19-24 herangezogen. Darin sieht etwa I. Kalimi „das wichtigste Indiz eines *terminus a quo* für die Abfassung der Chronik."[5] Nach seiner Rekonstruktion „enthielt die ursprüngliche Lesart sechs Generationen nach Serubbabel",[6] wie der masoretische Text überliefert, während die Septuaginta, Peschitta und Vulgata elf Generationen nach Serubbabel zählen.[7] Somit liege der *terminus a quo* für die Entstehung von 1./2. Chronik um 400 v.Chr. Aufgrund der Daten aus der Zeit der babylonischen Gefangenschaft in Jeremia 27,6f. (drei Generationen) und 25,11f. (70 Jahre)[8] rechnet Kalimi mit 23-24 Jahren für die Dauer einer Generation

---

1 So etwa M. Thronveit; A.C. Welch; D.N. Freedman; F.M. Cross; R. Braun; R.B. Dillard.
2 Etwa H.G.M. Williamson, Chronicles, 15f., beruft sich erstens auf die Erwähnung der „Dareiken" (אדרכנים) in 1. Chr 29,7, die erst seit 515 v.Chr. nachzuweisen sind, zweitens auf 2. Chr 16,9, das ein Zitat aus Sach 4,10 ist, und drittens darauf, dass in 1. Chr 3,19-24 die Aufzählung der Söhne Serubbabels mindestens zwei Generationen umfasst.
3 G. Steins, Chronik, 491.
4 Z.B., E.L. Curtis - A.A. Madsen; Th. Willi; P. Welten; H.G.M. Williamson; S. Japhet; I. Kalimi; R. Albertz.
5 I. Kalimi, Abfassungszeit, 229.
6 I. Kalimi, Abfassungszeit, 231.
7 I. Kalimi, Abfassungszeit, 229.
8 Vgl. I. Kalimi, Abfassungszeit, 230f.

und kommt zum Schluss, „dass die Chronik im ausgehenden 5. / frühen 4. Jh. v. Chr verfasst sein dürfte, jedenfalls nicht später als im 1. Viertel des 4. vorchristl. Jh."[9] Somit ist die Abfassungzeit der Chronik für Kalimi um 400-375 v.Chr.

S. Japhet geht daneben auf die Darstellung der Kulteinrichtungen und den Umgang mit anderen Texten durch den Chronisten ein. So spreche „ein entwickelteres Stadium der kultischen Organisation" und der Rückgriff der Chronik auf Esr-Neh (Esr 1,1-3a = 2. Chr 36,22f.; Neh 11,3-19 = 1. Chr 9,2-17) für die Ansetzung der Chronik nach Esra-Nehemia. Hier hängt die Datierung der Chronik an der von Esra-Nehemia. Japhet spricht als Abfassungszeit der Chronikbücher „vom Ende der persischen oder vom Anfang der hellenistischen Epoche, vom späten 4. Jh. v.Chr."[10] Aufgrund des Fehlens hellenistischer Einflüsse stellt S. Japhet die Datierung der Chronik in die hellenistische Zeit in Frage,[11] aber auch sie macht zugleich auf „die markante Abwesenheit nicht nur von ausgesprochen persischem Vokabular ..., sondern auch von neutraleren Ausdrücken" aufmerksam und erklärt sie „als ein Anzeichen dafür, dass das Werk nicht aus der persischen Epoche stammt".[12] Damit neigt Japhet eher zu der Datierung zum Ende des 4. Jhs.

P. Welten versucht eine historische Einordnung auf andere Weise, nämlich nach der Untersuchung der drei verschiedenen Topoi Bauten, Heeresverfassung und Kriegsberichte. Aufgrund der Topoi „Bauten" und „Heeresverfassung" stellt Welten fest, dass sie „als Kompositionselement chronistischer Geschichtsschreibung"[13] „historische Verhältnisse der nachexilischen Zeit" spiegeln.[14] Bei der Untersuchung der Kriegsberichte sieht Welten in der bedrohlichen außenpolitischen Lage den Anlass für die Entstehung der Chronikbücher: „Diese Darstellung im Rahmen der Geschichte des königszeitlichen Juda bringt für die militärisch schwache, politisch weitgehend unselbständige, von außen bedrohte Provinz Jehud einerseits Trost und Zuversicht durch die Aussicht auf einen von Gott gewirkten Erfolg; andererseits ist der paränetische Unterton nicht zu überhören. Die Reden und Gebete sind in besonderer Weise an die Gemeinde selbst gerichtet zu deren Ermahnung und Erbauung. So begegnet in der Zusammenschau der vier Kriegsberichte das überraschende Bild der Jerusalemer Kultgemeinde, die in Demut und Gehorsam ihre Gottesdienste hält durch legitimes Kultpersonal, die Gott anruft und ihn sucht, die Ruhe

---

9   I. Kalimi, Abfassungszeit, 231.
10   S. Japhet, 1 Chronik, 54.
11   S. Japhet, 1 Chronik, 52.
12   S. Japhet, 1 Chronik, 52.
13   P. Welten, Geschichte, 98.
14   P. Welten, Geschichte, 98.

gewinnt, Ruhe geschenkt erhält, im Norden und im Süden, im Osten und im Westen."[15] Dadurch gelangt Welten mit seiner Datierung der Chronik „in die erste Hälfte des dritten Jh. v.Chr.", „eine Zeit permanenter äußerer Bedrohung".[16] Zwar schließt Welten auch „die Auseinandersetzung mit den Samaritanern" nicht aus, jedoch betrachtet er sie nicht als „Hauptanlaß"[17]: „Im Vordergrund steht nach den vier Kriegsberichten das allseitig bedrohte Juda."[18] Dabei denkt er an „die erste Phase der Auseinandersetzungen zwischen Ptolemäern und Seleukiden".[19] Doch trifft seine Feststellung, dass „die Berichte über militärische Bauten keine Beziehung zu den zahlreichen Feldzügen innerhalb des chronistischen Werkes haben",[20] eher auf die Zeit der inneren Restauration zu als auf die der äußeren Bedrohung. Damit passt die Chronik besser in die Zeit der Erneuerung der nachexilischen Zeit hinein.[21]

R. Albertz sieht den aktuellen Anlass für die Entstehung der Chronik im Schisma der Samarier und setzt die Chronik im beginnenden 3. Jh. an.[22] Als die Samarier, deren Anspruch „auf gleichberechtigte religiös-kultische Mitbestimmung in der spätpersischen Zeit"[23] schroff abgelehnt wurde, ihren eigenen Tempel auf dem Garizim mit Berufung auf den Pentateuch bauten, antwortete der Chronist im beginnenden 3. Jh. mit der Schaffung der Chronik „im Sinne einer Ergänzung",[24] um damit dem Jerusalemer Tempel und dem davidischen Königtum die offizielle Anerkennung zu verschaffen. Eine präzise Verortung der Chronik durch Albertz' These „im Prozeß der Entstehung des hebräischen Bibelkanons"[25] führte zu einer „Umorientierung in der Datierungsdebatte".[26]

Eine Datierung zu Anfang des 3. Jh. überlegt zwar auch U. Kellermann, er begründet aber die Intention der Chronik anders. Nach ihm zeigt die Übereinstimmung zwischen 1./2. Chr und 1./2. Makkabäer „die gleiche Grundeinsicht" und „die Wiederholung der bedrohlichen Ereignisse".[27] Daraus folgert Kellermann: „Was der Chron[ist] in der Rückerinnerung der Geschichte des ersten Tempels für seine Gegenwart zu befürchten

---

15 P. Welten, Geschichte, 171f.
16 P. Welten, Geschichte, 203.
17 P. Welten, Geschichte, 204.
18 P. Welten, Geschichte, 172.
19 P. Welten, Geschichte, 203.
20 P. Welten, Geschichte, 10.
21 Weitere Einwände gegen die hellenistische Zeitordnung P. Weltens sieht H.G.M. Williamson, Israel, 85f.
22 Vgl. R. Albertz, Religionsgeschichte, 608.
23 R. Albertz, Religionsgeschichte, 607.
24 G. Steins, Zur Datierung, 88.
25 G. Steins, Zur Datierung, 88.
26 G. Steins, Zur Datierung, 88; vgl. Ders, Chronik, 503.
27 U. Kellermann, Anmerkungen, 87.

scheint, wird während der hellenistischen Wirren in Jerusalem und Juda zur Wirklichkeit. Es liegt der Verdacht nahe, dass die Grundstrukturen des Abfalls von der kultischen Tora bei der Begegnung mit dem religiösen Hellenismus in den Wirren unter Antiochos IV. nur ihre letzte Eskalation erreicht haben dadurch, dass es um offizielle und mit der politischen Einstellung zu den Seleukidenherrschern verbundene Maßnahmen ging."[28] Mit dem Hinweis „auf die immer wieder aufgewiesenen Bundesschlüsse in der Geschichte des Jerusalemer Kults ruft der Chron[ist] seine Zeitgenossen bei der Begegnung mit dem Hellenismus prophetisch warnend und mahnend zur ganzen Kulttora und damit sein Volk zur Identität zurück."[29]

H.-P. Mathys stützt die Ansetzung der Chronik in die frühhellenistische Zeit mit der These: „Der durch Alexander ausgelöste Schock und die durch ihn sowie [durch] die Diadochen bewirkte Umgestaltung des Nahen Ostens bilden einen Hauptgrund für die Abfassung der Chronikbücher."[30] Diese These entfaltet Mathys mit zwei Elementen, die P. Welten übersehen habe: „das ausgeprägte Interesse an (Land)Wirtschaft, das der Chronist mit den Ptolemäern teilt, und die Art seiner Geschichtsschreibung."[31] Der Chronist habe angesichts der starken Änderung der Welt im 3. Jh. mit anderen „Historikern" das Ziel verfolgt, „sich ihrer selbst zu vergewissern"[32], wie andere Historiker Berossos, Manetho und Hekataios von Abdera es tun. Für Mathys ist die Chronik „das erste und älteste alttestamentliche Buch, das sich *ausführlich* mit dem Hellenismus auseinandersetzt."[33]

Eine Spätdatierung vertritt J. Kegler, der sich zwar vorrangig mit dem Prophetenbild der Chronik beschäftigt, dabei aber auch eine zeitgeschichtliche Einordnung vorschlägt. Danach weise die chronistische Darstellung der Prophetengestalten als „Träger der zentralen chronistischen Theologie"[34] auf eine Epoche der Geschichte Israels, „in der die Bedrohung der jüdischen Identität durch Fremdkulte besonders intensiv war. Die scharfe Abgrenzung von »Israel« und »Juda« einerseits und die Konzipierung eines »wahren Israel« andererseits, das sich durch Festhalten an der davidischen Monarchie, an der Legitimität levitischer Priesterschaft, an einer Kultpraxis, in deren Mitte die Pflege von Tempelmusik steht, am Verlassen auf JHWH allein und in der strikten Ablehnung jedweder Art des Götzendienstes und der Fremdgötterverehrung zeigt, ferner am Verzicht auf

---

28   U. Kellermann, Anmerkungen, 88f.
29   U. Kellermann, Anmerkungen, 89.
30   H.-P. Mathys, Anfang, 51.
31   H.-P. Mathys, Anfang, 50.
32   H.-P. Mathys, Anfang, 59.
33   H.-P. Mathys, Anfang, 134.
34   J. Kegler, Prophetengestalten, 495.

Machtpolitik durch Vertrauen auf JHWH allein, deutet auf eine zeitgeschichtliche Situation, in der eben diese Form der judäischen Identität aufs
tiefste in eine Krise gerät."[35] Damit hält Kegler die hellenistische Zeit für
die Abfassungszeit der Chronik.

    G. Steins schließt sich einerseits Welten an, der anhand von Kriegsbe-
richten in der Chronik die Zeit des Chronisten als Bedrohungssituation
bestimmt, andererseits stimmt er mit Kellermanns Ausführungen zur
Intention der Chronik überein, aber er sieht bei ihren Ansätzen den zeitgeschichtlichen Verweis „eher auf die Periode der sich fortschreitend ver-
schlechternden Verhältnisse in Palästina, die nach dem Niedergang der
Herrschaft Antiochos' III. ab 190 v. Chr. einsetzt"[36], als auf das 3. Jh.

    Nach G. Steins ist die Berücksichtigung „neuartige[r] Gesichtspunke
[notwendig], um einen Fortschritt in der Datierungsfrage zu erreichen,"[37]
weil in der Chronik „direkt historisch auswertbare Indizien fehlen."[38] In
diesem Zusammenhang zieht er „die Einsicht in den ‚kanonischen' Charakter der Chronik" in Betracht,[39] die von R. Albertz' These ausgeht. Steins
konstatiert, „die Chronik ist nicht die Wegbereiterin der Kanonisierung
des zweiten Kanonteils [wie Albertz meinte], sondern … die Erbin eines
schon weit vorangeschrittenen kanonischen Prozesses."[40] Nach ihm weist
„die Art, wie auf die Prophetie, auf den Psalter und auf Esra/Neh Bezug
genommen wird, auf den Abschluß des Kanonteils ‚Propheten'" und auch
„auf die hohe Autorität von Teilen des dritten Kanonteils"[41] hin. So bilde
die Entstehung des dritten Kanonteils den zeitgeschichtlichen Rahmen für
1. und 2. Chronik.[42] Aufgrund der „große[n] synthetisierende[n] und in-
tegrierende[n] Leistung der Chronik", die R. Albertz herausgestellt hat,
äußert Steins die Vermutung, „die Chronik könnte eigens zu dem Zweck
verfaßt worden sein, die disparate Sammlung der »Schriften« im dritten
Kanonteil abzuschließen und über die dargelegte Synthese mit den ersten
beiden Teilen des Kanons zu verbinden."[43] Seine Datierung hängt mit der
Frage nach dem Zeitpunkt des Abschlusses des dritten Kanonteils zusammen. Im Anschluss an Kegler schlägt Steins die frühmakkabäische Zeit
als Abfassungszeit vor.[44]

---

35   J. Kegler, Prophetengestalten, 496.
36   G. Steins, Chronik, 494.
37   G. Steins, Zur Datierung, 87.
38   G. Steins, Zur Datierung, 87.
39   G. Steins, Zur Datierung, 88.
40   Vgl. G. Steins, Chronik, 503; Ders, Zur Datierung, 88.
41   G. Steins, Zur Datierung, 90.
42   G. Steins, Zur Datierung, 90.
43   G. Steins, Zur Datierung, 91.
44   Vgl. G. Steins, Zur Datierung, 91f.

Steins geht auch auf den Einwand ein, die Entstehung der Chronik wegen des Fehlens hellenistischer Einflüsse im Vergleich z.B. mit 1. Makk nicht in der Makkabäerzeit anzusetzen, indem er erwägt: „der ganz auf die eigene Tradition ausgerichtete Charakter des Werkes kann das Ergebnis eines fehlenden hellenistischen Einflusses sein; dies müßte dann folgerichtig zu einer Datierung in die spätpersische oder frühhellenistische Zeit führen. Die Eigenart des Werkes kann jedoch auch das Ergebnis einer bewußten Entscheidung sein, in der sich eine restaurative Gesinnung ausdrückt, die die eigene Identität nur in der konsequenten Abkehr von "modernen" Einflüssen gewährleistet sieht."[45]

Zusammenfassend wird in der Debatte um die Datierung der Chronik als *terminus a quo* 400 v.Chr., als *terminus ad quem* das Jahr 190 v.Chr. genannt. Die Spannweite hängt damit zusammen, dass „der Chronist keinerlei Ereignisse oder Erinnerungen aus seiner eigenen Zeit erwähnt".[46] Darum „muß sich die Datierung seines Werks auf die indirekte innere Evidenz stützen."[47]

Blickt man auf die in der kritischen Forschung vertretenen Ansätze zur Datierung, wird dort weitgehend als Anlass für die Abfassung der Chronikbücher die politische oder kultische zeitgeschichtliche Bedrohungssituation der jüdischen Identität von innen oder außen genannt (Welten, Kegler, Kellermann, Albertz, Steins, Mathys). Dabei bleibt nun die genaue Datierung anhand der Intention der Chronik umstritten. Hier kann jedoch die chronistische Hiskia- und Josia-Erzählung zusätzliche wichtige Anhaltspunkte für eine genauere Datierung der Chronik bieten. Wie wir gesehen haben, werden bei der chronistischen Darstellung zwei zusammenhängende Themen hervorgehoben, nämlich zum einen die Einheit Israels und zum anderen der schriftorientierte Jerusalemer Kult. Beide prägen durchgängig die Darstellung David-Salomos und Hiskia-Josias. Dass die Zeit Hiskias und Josias parallel zur Zeit David-Salomos gestellt und als zweite Gründungszeit bewertet wird, verrät m.E. einen zeitgeschichtlichen Hintergrund: die Auseinandersetzung mit den Samaritanern. Diese wurde schon von M. Noth[48] und W. Rudolph[49] in Erwägung gezogen, soll aber im folgenden Abschnitt noch einer genaueren Untersuchung unterzogen werden.

---

45 G. Steins, Chronik, 498.
46 I. Kalimi, Abfassungszeit, 224.
47 I. Kalimi, Abfassungszeit, 224.
48 Vgl. M. Noth, Studien, 164ff.
49 Vgl. W. Rudolph, Chronikbücher, IX.

6.2 Die Abspaltung der Samaritaner

Die Quellen, die über die Geschichte der Samaritaner Aufschluss geben, sind sehr dürftig. Als biblische Schlüsseltexte für die Erforschung der Samaritaner sind 2. Kön 17,24-41, Esr 4,1-5ff. sowie Neh 2-6 und 13 zu nennen. Keine dieser Quellen berichtet über den Bau des samaritanischen Heiligtums. Außerbiblisches Quellenmaterial für die Auseinandersetzung zwischen Samaritanern und Juden findet sich hauptsächlich in dem Werk des Flavius Josephus, vor allem im Buch XI der Antiquitates. Auf ihn geht die allgemeine Ansicht zurück, dass „die Samaritaner seit dem ausgehenden 4. Jahrhundert v.Chr. auf dem Garizim einen Tempel hatten."[50] Im folgenden sollen die wenigen „klassischen" Texte zur Entstehungsgeschichte der Samaritaner untersucht werden.

6.2.1 Ätiologie der Samaritaner

6.2.1.1 Biblische Texte

1) Für die Ätiologie der Samaritaner wird in der Forschung immer wieder 2. Kön 17 herangezogen. Danach habe der König von Assyrien nach der Eroberung Samarias im 9. Jahr Hoscheas die Israeliten nach Assur weggeführt und in Halach und am Habor, dem Fluss von Gosan, und in den Städten der Meder angesiedelt (2. Kön 17,6). Der dtr Darstellung zufolge werden die Israeliten also nach dem Fall des Nordreiches vom Assyrerkönig „vollständig nach Assur deportiert"[51] und bleiben dort „bis auf diesen Tag" (17,7-23). Zugleich hat der König von Assyrien Leute von Babel, von Kuta, Awa, Hamat und Sefarwajim in Samarien angesiedelt (V.24). Anlässlich einer Löwenplage werden die in Samaria neu angesiedelten Fremdvölker von einem zurückbeorderten Jahwepriester über die Verehrung des Landesgottes belehrt (V.28)[52] und nehmen die Heiligtümer der früheren Israeliten, die in V.29 als השמרנים „die Samarier" bezeichnet werden, wieder in Betrieb (V.29).[53] Nach der dtr Darstellung verehrten sie neben ihren Volksgöttern den Landesgott JHWH (V.30-33) „bis auf diesen Tag" (V.34a). Somit werden die neuen Bewohner Samarias als „fremdländische Synkretisten

50 F. Dexinger, Ursprung, 102.
51 R. Albertz, Religionsgeschichte, 578. Diese dtr Auffassung entspricht der chr Darstellung der letzten Zeit Judas.
52 Vgl. R. Albertz, Religionsgeschichte, 578f.
53 Vgl. R. Albertz, Religionsgeschichte, 578f.

gekennzeichnet".[54] Wenn in V.34b-40[55] von den im Land verbliebenen Israeliten[56] die Rede ist,[57] leben sie trotz des Unheils nach ihren früheren Bräuchen (V.40), wovon in V.7-23 berichtet wurde. Der Dtr stellt abschließend fest, dass sowohl die neu angesiedelten Fremdvölker als auch die im Land verbliebenen Israeliten zugleich JHWH und ihren Götzen dienten (V.41). Somit werden die Bewohner des Nordreichsgebietes ganz und gar als Synkretisten charakterisiert. Jedoch richtet sich die Polemik nicht gegen die Fremdvölker, sondern gegen das Nordreich mit seiner Mischbevölkerung.[58] Bedenkt man, dass im DtrG die JHWH-Religion im Nordreich von vornherein als Synkretismus beurteilt wird, setzt sich der Abfall des Nordreiches nach seinem Untergang aus dieser Sicht nur fort.[59] Hier spielen also die Gesichtspunkte einer antisamaritanischen Polemik keinesfalls in die Überlegungen hinein.[60]

Die Anwendung der Charakterisierung von 2. Kön 17,24ff. auf die Samaritaner geht wahrscheinlich auf Flavius Josephus zurück. Er schreibt: „Alsdann verpflanzte er [Salmanasar] andere Völkerschaften aus der Gegend Chutha, die von einem Flusse in Persien ihren Namen hat, nach Samaria und dem Lande der Israeliten. So wanderten also die zehn Stämme aus Judaea aus, neunhundertsiebenundvierzig Jahre nach der Eroberung dieses Landes durch ihre Vorfahren, die aus Aegypten ausgezogen waren" (Ant.IX.14.1). Für ihn sind die neu angesiedelten Völker Kuthäer, die von den Griechen Samariter genannt wurden (IX.14.3). Bei Josephus wird von diesen Kuthäern im Zusammenhang mit dem Tempelbau in der frühnachexilischen Zeit erneut gesprochen (XI.2.1+4.3).

---

54 R. Albertz, Religionsgeschichte, 578; so auch I. Hjelm, Brothers, 214. M. Cogan, For We, Like You, 290, nimmt an, dass die Bemerkung von 2. Kön 17,24-33 "provides the ideological basis for Josiah's attack on the Bethel sanctuary and his violent eradication of the high places throughout the cities of Samaria (2 Kgs xxiii 15-20)".

55 R. Albertz, Religionsgeschichte, 579f., betrachtet 17,34b-40 als exilischen Zusatz und weist ihn „der auf Jerusalem fixierten dtr Gruppe" zu. Seiner Ansicht nach handelt es sich hierbei um „ein neues Werben um den israelitischen Anteil der samarischen Mischbevölkerung".

56 Historisch gesehen wurden nicht alle Israeliten des Nordreiches deportiert. Nach Inschriften Sargons habe er 27.290 (Prunkinschrift) oder 27.280 (Kalach-Prisma) Leute im Jahre 722 bzw. 720 aus Samaria deportiert, was nach Schätzung von B. Diebner nur 8-10% der Einwohner des Nordreiches ausmachte, vgl. R. Albertz, Exilszeit, 78. Abgesehen von 2. Chr 30 und 35,17f. weisen auch die Wallfahrer aus Sichem, Siloh und Samaria im Jahr 586 (Jer 41,4f.) auf die Existenz von Israeliten im nordisraelitischen Gebiet hin, vgl. O. Margalith, Zerubbabel's Mission, 314f.

57 So R. Albertz, Religionsgeschichte, 578; I. Hjelm, Brothers, 214.

58 Vgl. J.T. Walsh, 2 Kings 17, 315-323.

59 Vgl. F. Dexinger, Ursprung, 85.

60 So R. Albertz, Religionsgeschichte, 578; B.J. Diebner, Polemik, 80; J.T. Walsh, 2 Kings 17, 323.

R. Albertz stellt die Relevanz von 2. Kön 17,24-41 für die Entstehung der Samaritaner[61] in Frage und führt dafür an, „daß sie [die Samaritaner] die Tora in ihrer ganzen monotheistischen Zuspitzung übernahmen, sich später als penible 'Wahrer des Gesetzes' verstanden und auch nicht im geringsten erkennen lassen, dass für sie der Synkretismus eine besondere Gefahr darstellte."[62] Für ihn „wird eine religionsgeschichtliche Herleitung von 2. Kön 17,24ff. völlig sinnlos".[63] Seine Folgerung daraus ist: Josephus' Polemik „setzte den endgültigen Ausschluß aus dem israelitischen Volksverband schon voraus und stand nicht am Anfang, sondern erst am Ende der Entwicklung."[64] Die klassische Verknüpfung von 2. Kön 17 mit den Samaritanern ist dann also „als die theologische Legitimation des Ausschlusses der 'Samaritaner' vom Wiederaufbau des Tempels (520-515) an[zu]sehen."[65] Diese Feststellung von Albertz lässt sich durch Beobachtungen an Esr 4,1ff. stützen.

2) In Esr 4,1 begegnet man einer Gruppe, die als „Feinde (צרים) Judas und Benjamins" bezeichnet wird. Sie beansprucht von der judäischen führenden Oberschicht der Rückkehrer die Mitbeteiligung am Tempelbau mit der Begründung, dass sie JHWH-Verehrer seien, seitdem sie von dem König von Assyrien verpflanzt wurden: „Wie ihr suchen wir auch euren Gott und opfern ihm seit der Zeit Asarhaddons, des Königs von Assur, der uns hierher gebracht hat" (Esr 4,2). Der genaue Grund für die Ablehnung dieses Anspruchs wird nicht angegeben. Es ging dabei wohl nicht um den Vorwurf des Synkretismus. Denn der in 2. Kön 17,24-41 bezeichnete Synkretismus der Fremdvölker bzw. der nach dem Fall des Nordreiches daheimgebliebenen Israeliten spielt in Esr 4,1ff. keine Rolle. Es wird sogar ihre Selbstidentifikation als JHWH-Verehrer von den heimgekehrten Exulanten nicht bestritten.[66] Stattdessen betonen die Judäer den Alleinanspruch der Angehörigen der Gola auf den Tempelbau mit dem Verweis auf das Kyros-Edikt (Esr 4,3; vgl. 1,3).[67] Hier steht offensichtlich die Auseinandersetzung um die Frage nach dem wahren Israel im Hintergrund. Nach 4,1 besteht für die „Häupter der Vaterhäuser Israels" dieses „Israel" nur aus den aus dem Exil Zurückgekehrten, genauer aus „Juda und Benjamin".

---

61 In der Lutherbibel wird der Titel des Abschnittes 2. Kön 17,24-41 „die Entstehung des Volkes der Samaritaner" angegeben.
62 R. Albertz, Religionsgeschichte, 578.
63 R. Albertz, Religionsgeschichte, 578.
64 R. Albertz, Religionsgeschichte, 578.
65 R. Albertz, Religionsgeschichte, 579; vgl. Ders, Exilszeit, 226.
66 Vgl. M. Cogan, For We, Like You, 288.
67 Vgl. W. Rudolph, Esra u. Nehemia, 33.

Neben den „Feinden Judas und Benjamins" (Esr 4,1) wird als weitere Bezeichnung in Vers 4 „das Volk des Landes" (עם־הארץ) genannt,[68] das „dem Volk Judas" gegenübersteht. Danach wird von feindlichen Aktionen während der Regierung von Xerxes und Artaxerxes berichtet. Berücksichtigt man, dass die Darstellung daran orientiert ist, die verspätete Verwirklichung des Kyros-Ediktes (538) zu erklären (Esr 4,24),[69] sieht der Autor die Verzögerung des Tempelbaus bis ins 2. Jahr des Darius (520) in den Feindseligkeiten des „Volkes des Landes" (עם־הארץ) begründet.[70] In 4,7.9 wird näher bestimmt, auf wen die Unterbrechung des Tempelbaus zurückgeht: „Bischlam, Mitredat, Tabeel und ihre andern Genossen" (V.7) und „Rehum, der Befehlshaber, und Schimschai, der Schreiber, und die übrigen Genossen, die Richter, die Befehlshaber, die Schreiber, die Beamten, die Männer von Erech, Babel und Susa, das sind die Elamiter, und die übrigen Völker, die der große und berühmte Asenappar hergebracht und in den Städten Samariens und in den übrigen Orten jenseits des Stromes wohnen ließ" (V.9f.). Danach stehen „Samaria und die damit in Verbindung stehenden Befehlshaber" im Zentrum der Feindseligkeiten gegenüber Juda.[71] Also ist mit dem „Volk des Landes" (V.4) die fremdländische Oberschicht gemeint.[72] Es handelt sich um einen politischen Konflikt zwischen einer neuen, vom Großkönig privilegierten judäischen Bevölkerungsgruppe und der samarischen führenden Oberschicht in der frühnachexilischen Zeit. Doch daran, dass „das Volk des Landes" mit der assyrischen Ansiedlungspolitik in Verbindung gebracht wird, lassen sich die Bemühungen erkennen, den Alleinanspruch auf den Wiederaufbau des Tempels theologisch zu legitimieren.

3) Der Konflikt bzw. die Gegnerschaft zwischen beiden Oberschichten steigert sich, als Nehemia im 20. Regierungsjahr des Artaxerxes[73] mit

---

68 Vgl. 1. Chr 5,25, wo diese Wendung für die Kananäer gebracht wird.
69 Der ohne Zusammenhang erwähnte Mauerbaubericht (Esr 4,11-23) geht wahrscheinlich darauf zurück, vgl. H.G.M. Williamson, Ezra and Nehemiah, 44f.
70 Vgl. W. Rudolph, Esra u. Nehemia, 33.
71 Ch. Karrer, Ringen, 106.
72 So auch H. Donner, Geschichte, 447; F. Dexinger, Ursprung, 98; J. Frey, Temple, 185; O. Margalith, Background, 314. Dagegen identifiziert M. Delcor, Hinweise, 285, „das Volk des Landes" als „die Samaritaner, die geschworenen Feinde derer, die aus der Gefangenschaft zurückgekehrt waren."; so auch J. Becker, Esra/Nehemia, 28. Die Identifizierung „des Volkes des Landes" als Samaritaner geht auf Josephus zurück (Ant. XI, 4.3).
73 Historisch gab es drei Herrscher unter diesem Namen: 465-424; 405-358; 358-337 v.Chr. P. Sacchi, History, 135f., rechnet mit dem Jahr 445 v. Chr., nämlich das 20. Regierungsjahr des 1. Artaxerxes, weil nach der Liste der Priester in Neh 12,10f.22 Eljaschib jedenfalls früher als Yehohanan/Johanan amtierte, der in einem Elephantine-Papyrus aus dem Jahr 408 belegt ist.

der Zustimmung des persischen Königs in Jerusalem angekommen ist: „Als Sanballat, der Horoniter, und Tobija, der ammonitische Knecht, davon hörten, verdross es sie sehr, dass einer gekommen war, das Wohl der Israeliten zu suchen" (Neh 2,10). Die Gegnerschaft ist schon daran zu erkennen, dass die Bezeichnungen Sanballats und Tobijas von Nehemia „offenbar abwertend"[74] gemeint sind.

Als Sanballat, Tobija und „der Araber" Geschem von dem Beschluss des Nehemia und der Männer Jerusalems zum Wiederaufbau der Stadtmauer und der Tore erfuhren, greifen sie mit Spott und der intriganten Frage ein, „Was ist das für eine Sache, die ihr da tut? Wollt ihr euch gegen den König empören?" (Neh 2,19b). Nehemia reagiert darauf mit der festen Überzeugung: „Der Gott des Himmels, er lässt es uns gelingen. Und wir, seine Knechte, wollen uns aufmachen und wieder aufbauen" (V.20a). Darüber hinaus spricht Nehemia ihnen „alle hoheitlichen Rechte mit der darauf beruhenden Regierungs- und Verwaltungsbefugnis über Jerusalem"[75] ab: „Für euch gibt es keinen Anteil (חלק), kein Anrecht (צדקה) noch Gedenken (זכרון) in Jerusalem" (V.20b). Dies entspricht ganz auffällig der Antwort des Serubbabel und seiner Umgebung in Esra 4,3.

Angesichts der Fortschritte bei der Restaurierung der Stadtmauer Jerusalems verstärkt sich der äußere Widerstand gegen Jerusalem (Neh 4,1f.). Sanballat und Tobija haben sich „offenbar zu einem militärischen Vorgehen gegen die mit dem Mauerbau beschäftigten Juden entschlossen und dafür die Nachbarvölker der Juden als Bundesgenossen zu gewinnen versucht"[76] (4,7ff.). Ihnen schließen sich die Araber, an deren Spitze Geschem stand, die Ammoniter und die Asdoder an (V.7), so dass zu den im Norden und Süden befindlichen Gegnern über „das Volk des Landes" von Esr 4,4 nun auch solche im Osten und Westen kommen.[77] Wiederholte Einladungen zu einem Treffen werden ausgeschlagen (Neh 6,2-4).

Allerdings werden die bei Sanballat und Tobija sowie bei Geschem vorliegenden Motive für ein Bündnis gegen die Restaurierung der Stadtmauer Jerusalems nicht erwähnt. Doch lässt sich der Grund leicht erkennen: Sanballat war „Statthalter der [zur] Satrapie Abarnahara gehörenden Provinz Samaria"[78] (vgl. Neh 3,34). Von der Bezeichnung עבד העמני her wird Tobija für den Unterbeamten Sanballats gehalten, der „speziell für die

---

74 K.-D. Schunck, Nehemia, 46. Schunck weist darauf hin, dass Sanballat nie von Nehemia als פחה bezeichnet wird, sondern nur als Horoniter (2,10; 13,28).
75 K.-D. Schunck, Nehemia, 74; vgl. T. Reinmuth, Bericht, 75; H.G.M. Williamson, Ezra and Nehemiah, 193.
76 K.-D. Schunck, Nehemia, 132.
77 Vgl. W. Rudolph, Esra u. Nehemia, 123; P. Welten, Geschichte, 169; O. Margalith, Zerubbabel's Mission, 313; K.-D. Schunck, Nehemia, 133.
78 K.-D. Schunck, Nehemia, 46; vgl. Ch. Karrer, Ringen, 107.

Angelegenheiten Judas zuständig war".[79] Ihr Missfallen an dem Erscheinen Nehemias (2,10) ist sehr verständlich, da dieser als Statthalter (פחה; 5,14) der „einzige[n] achämenidischen Zentralmacht in Juda"[80] auf die Wiederherstellung der zerstörten Mauer samt ihrer verbrannten Tore aus war (vgl. 1,3; 2,3.8.13.17; 6,1; 7,3; 12,30). Das Streben Nehemias nach stärkerer politischer Eigenständigkeit Judas und die rechtliche Diskriminierung der samarischen Führungsschicht bedeutet für Sanballat und Tobija „eine Beeinträchtigung ihrer Machtstellung und ihres Einflusses in Jerusalem".[81] „Versuchte Sanballat als Statthalter der Provinz Samaria nur von außerhalb auf die Ereignisse in Jerusalem Einfluß zu nehmen, so wirkte Tobija als der für das judäische Gebiet zuständige Untergouverneur in Jerusalem und Juda und unterhielt hier auch enge Beziehungen zu den einflussreichen Familien der Vornehmen (vgl. 6,17f.) und zu den Priestern (vgl. 13,4)."[82] Ein Bündnis zum gemeinsamen Vorgehen des Geschem, der der Herrscher über die Territorien der Ammoniter, der Edomiter und der Philister war,[83] erklärt sich dadurch, dass er „mit der Herrschaft über das Südgebiet des 587 v.Chr. zugrunde gegangenen Reiches Juda aber auch jüdische Bevölkerungsteile in seinem Herrschaftsbereich hatte".[84] Ein Bündnis sollte davor schützen, „dass sich in Jerusalem unter den Juden durch die Erneuerung der Stadtbefestigung ein neues Selbstbewusstsein entwickelte und dieses sich dann auch auf die unter seiner Herrschaft lebenden Juden übertrug."[85] Diese Interessengemeinschaft versucht die Etablierung der eigenständigen Provinz Juda möglichst zu verhindern. Hier spiegelt sich deutlich ein Konkurrenzverhältnis wider.

Auf diesem Hintergrund wird verständlich, dass Nehemia während seines zweiten Aufenthaltes in Jerusalem (um 430-425) einen Sohn des Hohenpriesters Jojada,[86] der eine Tochter des „aus der Mauerbau-Erzählung hinreichend bekannten"[87] samarischen Statthalters Sanballat geheiratet hat, aus dem judäischen Gemeinwesen vertrieben hat (Neh 13,28). Berücksichtigt man, dass die Maßnahme Nehemias in V.29 dadurch begründet wird, dass das Priestertum befleckt und der Bund des Priestertums und der Leviten gebrochen wird, geht es um die Reinhaltung der Gemeinde durch die Sonderstellung und die besondere Verpflichtung der

---

79 K.-D. Schunck, Nehemia, 49f.
80 Ch. Karrer, Ringen, 116.
81 K.-D. Schunck, Nehemia, 45.
82 K.-D. Schunck, Nehemia, 179f.
83 Vgl. K.-D. Schunck, Nehemia, 71.
84 K.-D. Schunck, Nehemia, 72.
85 K.-D. Schunck, Nehemia, 72.
86 R. Albertz, Religionsgeschichte, 581.
87 T. Reinmuth, Bericht, 303.

Priesterschaft (Lev 21,7.9)[88] und um eine verschärfte Anwendung seiner „allgemeine[n] Mahnung ... an die Judäer, doch besser keine Mischehen einzugehen"[89] (Neh 13,23-27). Jedoch scheint „das Eingreifen Nehemias innerhalb des Kultpersonals angesichts des konkreten Falls einer Mischehe innerhalb der hohenpriesterlichen Familie"[90] Anlass zum Schisma zwischen Juden und Samariern gewesen zu sein. In diesem Zusammenhang ist besonders die Arbeit von M.Z. Segal über die Maßnahmen Nehemias zu erwähnen, die einen Einblick in die Abspaltung der Samaritaner gibt. Segal weist auf den Gebrauch des Verbums „vertreiben" (במר, sic! gemeint wohl ברח hiph.) in Neh 13,28 hin. Aus diesem „Begriff der Gewaltanwendung, der Gewalttätigkeit und des Kampfes" (vgl. 1. Chr 8,13) schließt er, „dass sich der Sanballat-Schwiegersohn sicherlich mit Unterstützung seines Schwiegervaters und dessen Verbündeter in Jerusalem dem Nehemia heftig widersetzt hat und Nehemia gegen ihn mit Waffengewalt vorgegangen ist."[91] Dafür beruft er sich auf die Nennung mehrerer Personen in Neh 13,29, die sich auf den Schwiegersohn des Sanballat und seine Unterstützer beziehen soll[92]: „Gedenke es ihnen, mein Gott, wegen der Befleckungen des Priesteramtes und des Bundes der Priester und der Leviten!" (Neh 13,29). Segal geht davon aus, „dass es neben dem Sanballat-Schwiegersohn Priester und auch Leviten gab, die fremde Frauen geheiratet hatten und eine Verunreinigung des Priester- und Levitentums verursachten".[93] Daraufhin habe Nehemia den Priester- und Levitenstand dadurch gereinigt, dass „er die Priester und Leviten, die mit fremden Frauen gesündigt hatten, aus ihrem Dienst im Heiligtum entfernte."[94] Diese Deutung wird durch die Beobachtung von T. Reinmuth zum kultisch geprägten Sprachgebrauch in 13,30a gestützt. Er macht darauf aufmerksam, dass im Unterschied zu dem Wort בדל in 13,3 oder יצא hiph. im Zusammenhang der Mischehenfrage (Esr 10,3.19) hier טהר verwendet wird.[95] Aufgrund der Bemerkung der „Befleckungen des Priestertums" und dem „Bund der Priester und Leviten" in Neh 13,29 kommt Reinmuth zum Schluss, dass „sich bei der Formulierung וטהרתים V.30 Verbform und Suffix konkret auf das Kultpersonal beziehen. Der Vers besagt dann sinngemäß: ,Und ich reinigte sie - Priester und Leviten - von allem Fremden.'"[96] Ausgehend von dieser Deutung stellen Segal und Reinmuth fest, dass Nehemia darüber hinaus

---

88   W. Rudolph, Esra u. Nehemia, 209.
89   T. Reinmuth, Bericht, 305.
90   T. Reinmuth, Bericht, 305.
91   M.Z. Segal, Heirat, 200.
92   M.Z. Segal, Heirat, 201.
93   M.Z. Segal, Heirat, 201.
94   M.Z. Segal, Heirat, 201f.
95   Vgl. T. Reinmuth, Bericht, 304.
96   T. Reinmuth, Bericht, 304.

„als Konsequenz aus dieser Absetzung"[97] „*Dienstordnungen für die Priester und die Leviten*" [98] aufgestellt habe. Also heißt Vers 30 nach der Deutung Reinmuths: „Nehemia reinigte die Priester und die Leviten von allem Fremden und stellte Dienstordnungen für sie auf."[99] Die von Nehemia durchgesetzte Neuordnung unter der Priesterschaft legt die Vermutung nahe, dass sich die Priester und Leviten auf Mischehen eingelassen hatten. An dieser Stelle verdient die Rekonstruktion des Verhältnisses der Priesterschaft in der frühnachexilischen Zeit von P. Sacchi Aufmerksamkeit: „The fact that they [priesthood] were unable to control the wealth of the land and the lack of armed forces necessarily led them to seek contact and ties with the neighbouring peoples, because without money and military might it is impossible to seize or to exercise power. ... This situation led to the practice of mixed marriages, that is to political and economic alliances binding the priesthood of Jerusalem to the powerful families of Samaria and Ammon. This was a financial activity that control of the temple permitted, since in antiquity the temples also functioned as banks".[100] An solche aufgeschlossene Priesterkreise in Jerusalem könnte sich die samarische Oberschicht angeschlossen haben, „indem sie ihre Töchter mit Angehörigen der hohenpriesterlichen Familie verheirateten",[101] um „offiziell Einfluß auf den Jerusalemer Kult"[102] erhalten zu können. Nach P. Sacchi war die Mischehe als politische Heirat vor allem unter Zadokiden verbreitet (vgl. Neh 6,17-19).[103] Es ist sehr wahrscheinlich, dass ein Teil der Priesterschaft, der von der Mischehe betroffen war, zusammen mit dem Sanballat-Schwiegersohn gegen Nehemia opponierte, sich dem Schwiegersohn des Sanballat anschloss und aus Jerusalem zu Sanballat überging.[104] Möglicherweise war diese Maßnahme Nehemias Ausgangspunkt für die kultische Trennung zwischen Juden und Samaritanern, bei der die Mischehenproblematik im Zentrum stand. Die Mischehen-Debatte der nachexilischen Zeit findet bei Josephus eine Parallele.[105]

---

97 M.Z. Segal, Heirat, 201f.
98 T. Reinmuth, Bericht, 304.
99 T. Reinmuth, Bericht, 304.
100 P. Sacchi, History, 117f.
101 R. Albertz, Religionsgeschichte, 586f.
102 R. Albertz, Religionsgeschichte, 586f.
103 Vgl. P. Sacchi, History, 121.
104 Vgl. M.Z. Segal, Heirat, 201f.
105 Ant. XI, 320-347.

6.2.1.2 Josephus

Josephus berichtet im Buch XI der Antiquitates über die Vertreibung des Schwiegersohns des Sanballat. Darin sieht Josephus den ersten Schritt zur Abspaltung der Samaritaner. Sein Bericht soll hier in der Zusammenfassung von R. Albertz referiert werden:

> „Zur Zeit Darius III. (338-331) habe der samarische Statthalter Sanballat seine Tochter Nikaso mit Manasse, dem Bruder des Hohenpriesters Jaddua verheiratet (302f.); dieser sei aber durch die "Ältesten von Juda" vor die Alternative gestellt worden, sich entweder scheiden zu lassen oder aber das Priesteramt aufzugeben, um nicht ein schlechtes Beispiel für weitere Nachahmer zu geben (306-308). Als Manasse seinem Schwiegervater sein Dilemma vorhielt, habe dieser ihm versprochen, bei Darius um Erlaubnis nachzusuchen, einen Tempel auf dem Garizim zu bauen, an dem er als Hoherpriester fungieren solle, um dann nach seinem Tode auch seine Herrschaft zu übernehmen. Darauf sei Manasse zu Sanballat übergegangen und "viele Priester und Israeliten, die in solche Ehen verwickelt waren", seien zu ihm abgefallen und von Sanballat mit Geld, Land und Wohnung ausgestattet worden (310-312). Wohl habe sich das Vorhaben mit Darius nicht mehr verwirklichen lassen, weil dieser unerwartet in Issus von den Makedoniern geschlagen worden sei, doch als Alexander nach Syrien einmarschierte und Tyros belagerte, habe Sanballat seine Chance ergriffen, habe sich Alexander als treuer Vasall unterworfen, ihm 8000 Soldaten angedient und um Zustimmung zum Tempelbau für seinen Schwiegersohn gebeten (313.317a+320b-322). Dabei habe er sowohl auf den Wunsch vieler Landsleute nach einem Tempel in seinem Herrschaftsbereich verwiesen als auch den politischen Vorteil einer "Teilung der Macht der Juden" geltend gemacht (322-323). Darauf habe Alexander seine Zustimmung gegeben und Sanballat habe alle Kraft aufgewendet, den Tempelbau so schnell wie möglich fertigzustellen und Manasse als Hohenpriester einzusetzen (324), bevor er nach neun Monaten gestorben sei (325a)."[106]

Bei der Darstellung des Josephus ist die Vertreibung des Schwiegersohnes Sanballats auf eine mehr als 100 Jahre spätere Zeit verlegt, sodass in der Forschung Sanballat bei Josephus im Unterschied zu dem Sanballat unter Nehemia als Sanballat III., Zeitgenosse von Darius III. (336-330 v.Chr) und Alexander, identifiziert wurde.[107] In der heutigen Forschung ist aber gängige Meinung, dass es sich bei den beiden Versi-

---

106 R. Albertz, Religionsgeschichte, 581f.
107 So F.M. Cross, Reconstruction, 5f., aufgrund Wadi-ed-Daliyeh; F. Dexinger, Ursprung, 109; N. Schur, Samaritans, 35ff.; R. Albertz, Reiligionsgeschichte, 582ff. N. Schur, Samaritans, 35, wundert sich: „even a hundred years after Nehemiah ... the existence of a faction in Jerusalem which still had not accepted his tenets of exclusiveness, and preferred to continue to keep close ties to the Samaritan aristocracy".

onen um dasselbe Geschehnis handelt.[108] E. Haag bemerkt, dass „der Bericht des Flavius Josephus literarisch das Resultat einer Verschmelzung von zwei ursprünglich selbständigen Traditionen [ist]: einer samaritanischen über Sanballat, den persischen Statthalter von Samaria, und den Tempelbau auf dem Garizim sowie einer jüdischen, die von einem Abstecher Alexanders nach Jerusalem gehandelt hat."[109] Nach Haag hat die samaritanische Tradition offenbar aus dem Legitimationsbedürfnis des Garizim-Tempels „die im Buch Nehemia überlieferte Heirat eines Mitglieds der hohenpriesterlichen Familie mit einer Tochter Sanballats von Horon (Neh 13,28), die zur Zeit des Darius II. Nothos (423-405 v.Chr) stattgefunden hat, in die Zeit des Darius III. Kodomannon (336-331 v.Chr) verlegt".[110] Wenn dies richtig ist, war die Abspaltung der Samaritaner bereits zur Zeit Nehemias geschehen.[111]

Aus obiger Untersuchung der literarischen Quellen lässt sich schließen, dass sich das samaritanische Schisma schon in der zweiten Hälfte des 5. Jh. zwischen 433 und 424, nämlich während des zweiten Aufenthalts Nehemias in Jerusalem vollzog und dass es sich bei Samaritanern weder um fremde Völker, wie sie in 2. Kön 17 und Esr 4,1ff. beschrieben werden, noch um Nichtexilierte handelt. Die Samaritaner waren die JHWH-Gläubigen in der Provinz Samaria, die über die Samarier hinaus aus den jüdischen Laien bestanden (vgl. Ant.XI.8.4) und über eine legitime zadokidische Priesterschaft verfügten (vgl. Neh 13,28f.).

6.2.2 Historische Rekonstruktion

Die Schlussfolgerung aus den literarischen Quellen wird durch die jüngsten Ergebnisse der archäologischen Forschung gestützt, die Y. Magen im Anschluss an seine Grabungen auf dem Garizim dargestellt hat. Auf der Basis von Keramik- und Münzfunden datiert Magen die Existenz des heiligen Bezirks (מתחם מקודש) auf dem Garizim in das 5. Jh., nicht in das ausgehende 4. Jh. v.Chr.,[112] d.h. schon in die Zeit Sanballats

---

108 P. Sacchi, History, 152.
109 E. Haag, Zeitalter, 38; so auch M.Z. Segal, Heiriat, 207.
110 E. Haag, Zeitalter, 38; so auch M.Z. Segal, Heirat, 208f. im Anschluss an die Argumente Büchlers; vgl. Y. Magen, הר גריזים, 117. Die Bezugnahme auf die Autorität Alexanders wird auch dadurch geklärt, wie Y. Magen, Mount Gerizim, 135, tut, „the destruction of the city of Samaria, its transformation into a Macedonian city by Alexander and the overthrow of the governmental structure in all Samaria enabled Samaritans of Israelite descent to establish a new national center on Mt. Gerizim".
111 So auch P. Sacchi, History, 153.
112 Vgl. Y. Magen, הר גריזים, 114.

und Nehemias.[113] Dabei meint Magen sogar, den Bau des Garizim-
Tempels schon vor der Vertreibung des Schwiegersohnes Sanballats
durch Nehemia datieren zu können, seiner Meinung nach gehe ihr
Anfang bis zum Beginn des 5. Jh. zurück. Dabei beruft er sich auf
Münzfunde. Eine solche Frühdatierung sei dahingestellt. Wenn aber
zahlreiche Münzen aus der ersten Hälfte des 4. Jh. v.Chr., und zwar vor
der Eroberung durch Alexander und der Zerstörung der Stadt Samaria,
gefunden wurden, während 68 Münzen aus persischer Epoche im 5. Jh.
stammen,[114] kann man mit Sicherheit feststellen, dass es schon am Ende
des 5. Jh. v.Chr den Tempel auf dem Garizim gab. Sowohl Sanballat als
auch Tobija waren Jahweverehrer.[115] Der Bau des Garizim-Tempels ist
sehr wahrscheinlich von der persischen Regierung legitimiert worden.[116] Hinsichtlich der frühen Datierung des Garizim-Tempels führt
eine Überlegung von J. Frey weiter. Nach den archäologischen Ergeb-
nissen von Naveh und Magen, dass der Garizim-Tempel nicht nach
dem Modell des Jerusalemer Tempels gebaut wurde, geht Frey davon
aus, dass die Versuche, dem Tempel auf dem Garizim eine Legitimation zu verleihen, nachträglich unternommen worden sind.[117] Also war
in dieser frühen Phase der Garizim-Tempel noch keine Konkurrenz
zum Jerusalemer Tempel. Offenbar führten erst die Vertreibung des
Schwiegersohnes des Sanballat und daran anschließend die Reinigung
der Priesterschaft durch Nehemia zur kultischen Abspaltung. Denn die
von Nehemia ausgegrenzten Priestergruppen aus Juda hielten sich zu
dem Heiligtum auf dem Garizim (Neh 13,28). Insbesondere die Zadokiden kamen wohl erst jetzt zum Heiligtum am Garizim, „since the
Zadokites's power was essentially based on marriages into the big families of the surrounding region".[118] Auf diese Weise erhielten „die in
Jerusalem nicht mehr beschäftigten Zadokiden ... auch außerhalb Jerusalems wieder einen Wirkungsbereich".[119] Andererseits könnte der

---

113 Vgl. Y. Magen, הר גריזים, 116f.; vgl. J. Frey, Temple, 184; L.L. Grabbe, Betwixt, 211.
114 Y. Magen, הר גריזים, 114.
115 Vgl. H.H. Rowley, Schism, 217; K.-D. Schunck, Nehemia, 46. In einem Elephantine-
    Papyrus trugen die Söhne des Sanballat, Delaja und Schelemja, jahwehaltige Namen
    und eine Tochter Sanballats war mit einem Angehörigen der hohepriesterlichen Fa-
    milie verheiratet (Neh 13,28). Tobija führt den jahwehaltigen Namen. Vor allem,
    dass der Priester Eljaschib einem Verwandten des Tobija eine große Kammer gege-
    ben hat, spricht dafür (Neh 13,4f.).
116 Diese Annahme geht davon aus, dass der Wiederaufbau des jüdischen Tempels von
    Elephantine durch Bagohi, den Gouverneur Judas, und Delaiah, den Sohn des San-
    ballat, den Gouverneur Samarias, gebilligt wurde, allerdings ohne blutige Opfer.
    Diese Tatsache spricht für die persische Legitimation, vgl. J. Frey, Temple, 177.
117 Vgl. J. Frey, Temple, 185.
118 P. Sacchi, History, 144.
119 F. Dexinger, Ursprung, 127.

Garizim-Tempel durch den Zuzug der aus Jerusalem vertriebenen Priesterschaft eine höhere Legitimation erhalten und auch immer mehr Laien angezogen haben. Diese Annahme wird durch den Bericht des Josephus gestützt. Nach den Worten des Sanballat an Alexander „ ... befänden sich bei ihm [Manasse] noch viele Juden, die gern in seiner Provinz einen Tempel bauen möchten" (Ant.XI.8.4). Josephus berichtet weiter: Nach dem Tod Alexanders blieb „der Tempel auf dem Berge Garizim bestehen", und „wenn nun zu Jerusalem jemand des Genusses verbotener Speise, der Entheiligung des Sabbats oder eines anderen Vergehens angeklagt war, floh er zu den Sikimitern und behauptete dort, ungerecht beschuldigt zu sein. Um diese Zeit starb auch der Hohepriester Jaddus, und es folgte ihm in der Würde sein Sohn Onias" (Ant.XI.8.7). Dies deutet darauf hin, dass der Garizim-Tempel inzwischen eine ähnlich gewichtige Bedeutung wie der Jerusalemer Tempel gefunden hatte.

Nach den archäologischen Funden können wir mit Sicherheit sagen, dass der Kult auf dem Garizim ein JHWH-Kult, der Garizim also ein JHWH-Heiligtum wie der Jerusalemer Tempel war.[120] Entsprechend hat die Garizim-Kultgemeinde den Pentateuch übernommen. Mit der Berufung auf den Pentateuch „konnten die Samarier gute Gründe für ihre Legitimation geltend machen",[121] denn „der Name Jerusalems war im Dtn ... nicht genannt worden", „stattdessen war explizit von Kulthandlungen Moses auf dem Ebal (Dtn 27,4) und Garizim (27,11f.) die Rede[. U]nd in Bethel (Gen 28,10-20) und Sichem (12,6; 33,18ff.; 35,4) hatten schon die Ahnväter heilige Stätten begründet."[122] Nach der samaritanischen Chronik geht die samaritanische Priesterschaft auf Aaron zurück.[123] Außerdem war die religiöse Praxis zwischen Juden und Samaritanern sehr ähnlich: „the same Sabbath observance, the same food laws, much the same purity laws, the same requirement of circumcision. The primary distinction between them was the question of God's chosen place for his temple".[124] Mit dem Bau des Konkurrenztempels auf dem Garizim einerseits und mit der Tora andererseits verlor Jerusalem für die Samaritaner seine religiöse und kultische Relevanz.[125] Damit wurde immer mehr umstritten, welcher Kultort der legitime sei, wie es sich in der Auseinandersetzung zwischen den deportierten Juden und Samaritanern in Ägypten im 3. Jh. (Ant.12.7-19) zeigte. In dieser Hinsicht ist anzunehmen, dass der Chronist „mit der Schaf-

---

120 Vgl. schon L.L. Grabbe, Betwixt, 212.
121 R. Albertz, Religionsgeschichte, 608.
122 R. Albertz, Religionsgeschichte, 588.
123 Vgl. L.L. Grabbe, Josephus, 238.
124 L.L. Grabbe, Samaritans, 206.
125 Vgl. F. Dexinger, Samaritaner, 752.

fung des Chronikwerks" nicht nur darauf gezielt hat, „den Führungsanspruch der Judäer zu retten",[126] sondern sich auch in die Auseinandersetzungen über den richtigen Kultort einschalten wollte. Stimmt diese Annahme, kann eine präzisere Fixierung der Abfassungszeit erfolgen. Jedenfalls müsste das Schisma einige Zeit vor der Entstehung der Chronikbücher angesetzt werden. Dann ist der *terminus a quo* der Chronik nach 400
v.Chr zu datieren. Wenn die rigorose Politik von Esra-Nehemia ein Ausgangspunkt für das Schisma war, sind die Verfasser der Chronik nicht
allzu weit von der Zeit Esra-Nehemias entfernt. Daran ergibt sich eine
Entstehungszeit im 4. Jh. v.Chr. Wenn die Samarier mit dem Tod Darius III.
330 v. Chr über die persische Legitimation hinaus von den hellenistischen
Herrschern die offizielle Anerkennung für ihren Tempel zu erhalten suchten,[127] markiert dies die völlige Trennung, auch wenn es zu dem endgültigen Schisma wohl erst zwei Jahrhunderte später kam, als Johannes Hyrkanus I. (135/4-104 v.Chr) im Jahr 128 bzw. 104 v. Chr[128] Sichem und Garizim eroberte.[129] Berücksichtigt man die werbende Tendenz der Chronik,[130]
ist das Schisma in der Zeit des Chronisten noch nicht endgültig und die
Auseinandersetzung über den wahren Tempel noch heftig im Gange. Somit ist der *terminus ad quem* 330 v.Chr.[131] Zu denken wäre an die spätpersische Zeit bzw. an die Mitte des 4.Jhs. für die Abfassungszeit der Chronik.[132]

6.3 Die Abfassung der Chronik

6.3.1 Positionen der Forschung

M. Noth hatte schon längst gesehen, dass die politische und vor allem
die kultische Separation der Samarier die Entstehung der Chronikbücher veranlasst hat. Noth schreibt: „damals [*sc.* im 3. Jh.] war die Loslö-
sung der Samaritaner vom Kult in Jerusalem als Vorgang der jüngeren

---

126 R. Albertz, Religionsgeschichte, 608.
127 Vgl. M. Noth, Studien, 165; H. Haag, Zeitalter, 38f.
128 Die Datierung der Zerstörung ist umstritten. L.L. Grabbe, Samaritans, 212, bemerkt:
    „in the light of present data ... the final destruction of the city could have come dur-
    ing the reign of Alexander Jannaeus rather than of John Hyrcanus".
129 Vgl. B.J. Diebner, Polemik, 90; R. Albertz, Religionsgeschichte, 584.
130 S.u. 3.3.
131 Gegen die Ansetzung der Chronik in die hellenische Zeit, vgl. I. Kalimi, Date, 355-
    359.
132 So auch H.G.M. Williamson, Chronicles, 16, aufgrund der priesterlichen Institution
    in 1. Chr 23-27; I. Kalimi, Date, 366.

Vergangenheit noch frisch im Gedächtnis der Jerusalemer Gemeinde und bildete für diejenigen, die in der um den Jerusalemer Kult gesammelten Gemeinde die unmittelbare Nachfolgerin des alten Volkes Israel sahen – und auch Chr gehörte zu diesen –, insofern ein drückendes Problem, als damit notwendige Glieder des israelitischen Volkes aus dem Verband des Ganzen ausgeschieden waren, der die gleichen Ansprüche auf alte, durch die israelitische Geschichte geheiligte Überlieferung erhob."[133] Noth kommt zu dem Schluss, dass „die Trennung der Samaritaner vom Jerusalemer Kult eine der geschichtlichen Voraussetzungen für die Arbeit von Chr war..."[134] In ähnlicher Richtung vertrat W. Rudolph die Auffassung: „Das Leitmotiv des Chronisten, daß das wahre Israel nur in Juda und Jerusalem zu finden sei, hat unverkennbar eine Spitze gegen die Ansprüche der Samaritaner."[135] Rudolph bezeichnet die Chronik mit den Worten von P.H. Pfeiffer als „the first apology of Judaism".[136]

Es ist auffallend, dass die Versuche, die Chronik vom Schisma der Samarier her zu verstehen, immer auch die Polemik gegen die Samarier hervorgehoben haben. So sehen Noth und Rudolph das Hauptziel des Buches darin, dass die Jerusalemer Kulteinrichtungen und Juda als die einzige Gottesgemeinde legitimiert werden, um die samarischen Ansprüche abzuwehren.[137] Diese Schlussfolgerung hängt sowohl bei Noth als auch bei Rudolph eng mit der Auffassung der Israelkonzeption des Chronisten zusammen. Für Noth ist die samarische Gemeinde „nur als Nachfolgerin der nach dem Tode Salomos ‚abgefallenen' Stämme mit ihrem illegitimen Königtum"[138] anzusehen, dagegen ist die nachexilische Kultgemeinde von Jerusalem, die sich aus den Rückkehren der nach Babylon Deportierten zusammensetzt, Nachfolgerin der vorexilischen Judäer.[139] Zu dieser Deutung kommt M. Noth durch die Beobachtung vom „unmittelbaren Anschluß des von Chr um den Rückwanderungsbefehl erweiterten Kyroserlasses (Esr 1,2-4) an die Geschichte vom Ende des Staates Juda und durch die von Chr gern gebrauchte Bezeichnung der nachexilischen Gemeinde als ‚Juda und Benjamin' (Esr 1,5 u.ö., vgl. 2. Chr 11,1.3 = 1. Kön 12,21.23)".[140] Dabei nimmt Noth noch ein einheitliches Werk der Chronik

---

133 M. Noth, Studien, 165.
134 M. Noth, Studien, 166.
135 W. Rudolph, Chronikbücher, IX.
136 P.H. Pfeiffer, Introduction, 806; vgl. W. Rudolph, Chronikbücher, IX.
137 Vgl. S. Japhet, 2 Chronik, 71.
138 M. Noth, Studien, 176.
139 Vgl. M. Noth, Studien, 176.
140 M. Noth, Studien, 176.

und der Bücher von Esra-Nehemia an.[141] Anders als Noth geht Rudolph
im Blick auf die Einstellung des Chronisten gegenüber den Samariern von
der Einstellung gegenüber dem Nordreich und seinen Bewohnern aus. So
sei die „Animosität gegen Samaria" schon in der genealogischen Einleitung (1. Chr 5,1f.) abzulesen.[142] Wenn der Chronist trotzdem von allen 12
Stämmen redet, wolle er zeigen, dass die Begrenzung der Erwählung auf
das Reich Juda mit seiner davidischen Dynastie und auf den Jerusalemer
Tempel durch die menschliche Sünde verschuldet wurde:[143] „[D]urch die
Bosheit Jerobeams und seiner Gesellen schied das Nordreich aus der The-
okratie aus (II 10) … ; es hat nur die Funktion einer Zuchtrute (II 25,17ff.;
28,9) oder eines Verführers für Juda (II 18,1f.; 19,2; 20,37; 22,7), denn der
wahre Gott ist allein in Jerusalem (II 13,2; vgl. I 22,1) … ; im allgemeinen ist
das Nordreich durch die Trennung von der gottgewollten Dynastie und
dem allein heiligen Tempel so im Götzendienst versunken dargestellt."[144]
So gewinnen Noth und Rudolph mit ihrer Auffassung der Israel-
Konzeption des Chronisten ein sicheres Fundament für die Charakterisierung der Chronik als Polemik gegen die Samarier. Berücksichtigt man aber,
dass sich in der Chronik ein gesamtisraelitisches Konzept durchzieht, wie
es S. Japhet und H.G.M. Williamson herausgestellt haben,[145] ist die Auffassung der Chronik als Polemik gegen die Samarier, wie sie durch Noth und
Rudolph vertreten wurde, zu korrigieren.

Überblickt man den Ablauf der Abspaltung der Samarier, dann wird
deutlich, dass diese Abspaltung etwas mit der Definition „Israels" in der
nachexilischen Periode zu tun hat. Diese Debatte um die Identität „Israels",
die in der nachexilischen Zeit in das Zentrum der theologischen und politischen Auseinandersetzungen rückte, steht auch hinter der Abfassung der
Chronik.

6.3.2 Die Debatte über die groß- oder kleinisraelitische Option

K.-F. Pohlmann wendet sich gegen die Auffassung von v. Rad, dass das
Israelverständnis in Esra durch den Satz gekennzeichnet sei, „Israel ist
jetzt Juda und Benjamin", aber auch gegen die Auffassung von Williamson,

---

141 Die These, dass die Chronik und die Bücher Esra-Nehemia zwei verschiedene Werke
     von zwei verschiedenen Autoren sind, wurde vor allem durch den bekannten Auf-
     satz von S. Japhet „The Supposed Common Authorship of Chronicles and Ezra-
     Nehemiah Investigated Anew" nachgewiesen.
142 W. Rudolph, Chronikbücher, IX.
143 Vgl. W. Rudolph, Chronikbücher, IX.
144 W. Rudolph, Chronikbücher, IX.
145 S. Japhet, Ideology, 228ff.; 325ff.; H.G.M. Williamson, Israel, 24; 87ff.; 132; S.o. Kap.
     4.1.

dass dieses die Konzeption von Esra-Nehemia gewesen sei.[146] Pohlmann ist der Auffassung: „Im Esrabuch hängt also die Zugehörigkeit zum wahren Israel davon ab, ob man sich unter Lösung der bisherigen Bindungen auf die Gola-Gemeinde hin orientiert, die sich als das wahre Israel, aber im Sinne eines „Kernisrael", um den Jerusalemer Tempel als das einzig legitime Jahweheiligtum schart. Ist diese Orientierung gewährleistet, so spielt die Herkunft offensichtlich keine Rolle mehr."[147] Wenn also im Esrabuch die Gola anscheinend mit „Juda und Benjamin" identifiziert würde (Esr 1,5ff.; 4,1ff.; 10,7ff.), handele es sich nicht um die Eingrenzung Israels auf die beiden Stämme Juda und Benjamin, sondern um die Gebietsumschreibung (Esr 10,9) wie in der Chronik (2. Chr 11,12).[148] Mit Recht hat Pohlmann darauf hingewiesen, dass Israel „im Esrabuch keine feststehende, abgegrenzte und ausgrenzende Einheit, exklusiv identisch mit der heimgekehrten Gola (Esr. ii), sondern ein Prozeß, ein ‚Israel' im Werden" sei.[149] Doch zeigt sich die Tendenz zur kleinisraelitischen Option des judäischen Gemeinwesens im Buch Esra-Nehemia deutlich in der Abgrenzungspolitik Esras und Nehemias gegenüber den Nachbarvölkern. Sie wird auf zwei Ebenen vollzogen: Zuerst haben Serubbabel und das Volk von Juda den Alleinanspruch auf die Wiederherstellung des Tempels durchgesetzt und in diesem Sinne jede Einflussnahme auf den Jerusalemer Tempel durch die Nachbarvölker zurückgewiesen (Esr 4,3; Neh 2,20). Ähnlich hat später Nehemia die Mitbestimmung der Samarier bei den Angelegenheiten des Gemeinwesens abgelehnt (Neh 2,20; 3ff.).[150] Zwar umfasst die Bezeichnung „ganz Israel"[151] mehr als die Rückkehrer selbst, wenn ‚die aus

---

146 K.-F. Pohlmann, Zur Frage, 321f.
147 K.-F. Pohlmann, Zur Frage, 322.
148 Vgl. K.-F. Pohlmann, Zur Frage, 324ff.
149 K.-F. Pohlmann, Zur Frage, 322.
150 S.o. 6.2.1.1 2) und 3).
151 Die Verwendung der Bezeichnung „Israel" in Esra-Nehemia scheint nicht konsequent zu sein. Sie fasst Ch. Karrer, Ringen, 76f., folgendermaßen zusammen: „Im Text von Esr. 1.3-8 stehen Rückkehrer aus der Diaspora im Mittelpunkt, die »aus Israel« sind. Zu den »Israeliten« gehören aber auch andere, die in Juda (Palästina?) leben, ebenso wie in der Diaspora Lebende. »Israel« ist hier also ein umfassender Begriff, der die Rückkehrer nach Jerusalem/Juda mit anderen Gruppen von »Israeliten« verbindet. Das »Ganze« Israels kommt bei den Opfern in den Blick, die am Jerusalemer Tempel begangen werden. Hier nehmen die Rückkehrer eine Aufgabe wahr für alle, die zu »Israel« gehören. Die Rede von den Stämmen suggeriert sogar, dass dabei auch an die deportierten Angehörigen des ehemaligen Nordreichs gedacht ist. Demgegenüber nimmt die Liste Esr 2 // Neh 7 eine Sonderstellung ein. Nur hier werden die Rückkehrer - und nur sie - in betonter Weise als »ganz Israel« bezeichnet. In Esr 9-10 wird die Bevölkerung ebenfalls als Israel angesprochen und mit der Gola identifiziert. Ein ähnlich differenziertes Bild wie im Textbereich zuvor findet sich jedoch nicht mehr. Eine Besonderheit bildet der Bezug Israels auf die Tora in Esr 7 und Neh

dem Exil zurückgekehrten Israeliten' (Esr 6,16) bei der Einweihung des Tempels für ‚ganz Israel' nach der Zahl der Stämme „12 Ziegenböcke als Sündopfer" opfern (Esr 6,16.17; vgl. 8,35),[152] doch werden diejenigen, die ihre Herkunft nicht nachweisen können, ausgeschlossen (Esr 2,59). Außerdem wird die kleinisraelitische Option durch die Mischehenpolemik Esra-Nehemias[153] radikalisiert (Esr 9; 10; Neh 6,18; 9,2; 10,28ff.; 13,29). „Die Fremden sind durch ihre Greuel und ihre Unreinheit gekennzeichnet"[154] (Esr 9,11), die Mischehe bedeutet „den Bruch eines Gebotes" (Esr 9,11.14; Neh 13; vgl. Dtn 7,3) oder „eine Infragestellung der Existenz Israels".[155] „Israel" wird nach der Herkunft definiert.[156] Wenn der Schwiegersohn des samarischen Statthalters Sanballat aufgrund des Vorwurfs der Mischehe von Nehemia vertrieben wurde, dann galten auch die Bewohner Samarias für die führende Gruppe des judäischen Gemeinwesens als Fremde. Also gehören die Bewohner Samarias nicht zu Israel. Diese Ansicht liegt wohl auch Esr 4 zugrunde.[157] In dieser Hinsicht ist das Konzept von Esr-Nehemia als eine Fortsetzung von 2. Kön 17,24ff. zu verstehen. Wahrscheinlich hatte das Gesetz, das Esra aus Babylonien mitgebracht haben soll (Esr 7,14.25; vgl. V.6.10.12.21), den Maßnahmen Esras und Nehemias zugrunde gelegen. Daraus geht hervor, dass die prophetischen Erwartungen, z.B. Jeremias,[158] Ezechiels[159] und Deuterojesajas,[160] in deren Israel-Konzeption der

---

8. Im Nehemia-Bericht wird die Bevölkerung in erster Linie in religiösen Zusammenhängen als »Israel« bezeichnet, ohne dass der Begriff hier inhaltlich mit der Gola in Verbindung gebracht wird. Für die anderen Texte lässt sich keine spezifische Verwendungsform erheben."

152 Vgl. Ch. Karrer, Ringen, 73.
153 Die Chronologie von Esra und Nehemia ist sehr umstritten.
154 Ch. Karrer, Ringen, 278.
155 Ch. Karrer, Ringen, 278; vgl. S.M. Olyan, Purity Ideology, 1ff.
156 Vgl. P.R. Davies, Defending, 48.
157 Vgl. H.G.M. Williamson, Israel, 67.
158 Im Jeremiabuch wird nach dem vollzogenen Gericht über Juda und Jerusalem der Wechsel von der Gerichts- zu einer neuen Heilszeit sowohl für die Daheimgebliebenen als auch für die nach Babylon Exilierten angekündigt (Jer 18,1-6; vgl. 42,10; 29,10f.), vgl. R. Albertz, Exilszeit, 254. Weiterhin verkündigt der Prophet „einen weiteren heilvollen Ausblick auf die Rettung Israels und Jerusalems (46,27f.; 50,4f.17-20.33f.; 51,34-37)", vgl. R. Albertz, Exilszeit, 272.
159 Vor allem Ez 37,15-19. Vgl. W. Zimmerli, Israel, 75-90; K.-F. Pohlmann, Hesekiel 20-48, 501f. R. Albertz, Exilszeit, 272, stellt fest, dass in den Vorstellungen der Schüler Ezechiels, „wer das Israel der erwarteten Heilszeit konstituieren" wird, die Verheißung grundsätzlich der ganzen Gola gilt (Ez 11,17; 34,12-14; 36,8.24; 37,12-14), aber die Daheimgebliebenen nicht generell ausgeschlossen werden (16,53-58.59-63). Nach ihm „umgriffen die Heilshoffnungen sogar die Brüder im Norden (16,61; 37,15-19; 47,15-48,29)". In dem ezechielischen Idealbild von einer Neuverteilung des Westjor-

Norden miteinbezogen ist, nur ein Ideal blieben.[161] Vielmehr geriet das nachexilische Gemeinwesen wegen der schroff exklusiven Position Serubbabels, Esras und Nehemias erneut in eine tiefe Abspaltung und Konkurrenzsituation. Stellt man jedoch die Tatsache in Rechnung, dass es Teile der Bevölkerung in Juda gab, die der Reform Nehemias ablehnend gegenüberstanden (vgl. Neh 3,5; 6,10-14.17-19), geht man sicher nicht fehl zu vermuten, dass es in der nachexilischen Zeit Gruppen gab, die die Gefahr einer Einengung des nachexilischen judäischen Gemeinwesens sahen und nach anderen Wegen suchten.

An dieser Stelle verdient die neue Debatte um Pentateuch und Hexateuch Beachtung. In dieser Debatte steht Jos 24 im Zentrum.[162] E. Blum widmet der kompositionellen Stellung dieses Kapitels besondere Aufmerksamkeit. Nach seiner Beobachtung handelt es sich um „die theologische Bewältigung der Katastrophe(n) von Israel und Juda" (24,19f.).[163] Zwar sei von der Katastrophe die Rede, doch stehe in Jos 24 „[d]er erneute Ruf zur Entscheidung" im Vordergrund. Er richte sich im konkreten Kontext der nachexilischen Zeit „nicht nur an die judäischen Adressaten, sondern ... *auch* an die Bevölkerung in Samaria ... als Appell, sich exklusiv an *Jhwh* zu binden und sich auf diese Weise der Constitutio Israels anzuschließen."[164] Also beziehe Jos 24 in der fortdauernd offenen Frage nach dem wahren Israel im nachexilischen Juda eine gesamtisraelitische Position „und dürfte in dieser Hinsicht nicht zuletzt auch für die judäischen Leser / Hörer eine programmatische Wirkabsicht haben."[165] Dazu wende sich Jos 24 mit der *Landnahmekonzeption* (24,15.18; vgl. 21,43-45) gegen eine reale Problematik der verbliebenen Völker in der nachexilischen Zeit. Also

---

danlandes an die zwölf Stämme Israels (47,13-48,29), werden sogar die Fremdlinge in die Landverteilung einbezogen (47,22), vgl. R. Albertz, Exilszeit, 281.

160 Jes 44,21f., vgl. R. Albertz, Exilszeit, 306f.

161 Außerhalb der prophetischen Sammlungen erkennt E. Blum, Knoten, 199, „Texte der nachexilischen Zeit, in deren Perspektive der Norden positiv einbezogen erscheint, [...] am Gebrauch heilsgeschichtlich besetzter Namen wie Joseph" und nennt im Anschluss an P.A.H. de Boer u.a. die Psalmen 77, 80 und 81. Vor allem weist er auf unmittelbare Bezüge zwischen Ps 81 und Jos 24 hin.

162 Als Hinweise auf die programmatische Hexateuch-Fortschreibung werden allgemein Konnexionen mit der Jakobgeschichte (Gen 35,1ff.) genannt: Beistand Gottes, Gen 35,3 // Jos 24,17b; Gottes Schrecken auf den umliegenden Städten, Gen 35,5 // Jos 24,17b; Identifizierung der Fremdgötter als Götter „jenseits des Flusses", Gen 31,21.30b.32 // Jos 24,14f.; Verknüpfungen durch Erzählfaden: Bestattung Josephs Gebeine, Gen 33,19 // Jos 24,32, und durch Notizen: Überführung Josephs in Gen 50,25.26b und Ex 13,19; Korrespondenzbezüge zwischen Jos 24 und dem Ende der Mosetora (vgl. Dtn 31,9.24) und die Neubestimmung der Tora Moses als „Das Torabuch Gottes" (Jos 24,26a), vgl. E. Blum, Knoten, 201-204.

163 E. Blum, Knoten, 197.

164 E. Blum, Knoten, 198.

165 E. Blum, Knoten, 200.

kennt Jos 24 im Land nur Israeliten.[166] Somit versuche die Hexateuch-
Fortschreibung eine inklusive Neubestimmung des nachexilischen Judas.
Römer und Brettler sehen eine Spur dieses Versuches in Dtn 34. Nach ihrer
Beobachtung endete der Pentateuch einst mit dem Bericht vom Tod des
Mose in Dtn 34,1-6.[167] Später dann sei durch Anfügung von Dtn 34,7-9 die
Voraussetzung geschaffen worden, „to promote the publication of a Hexateuch".[168] Dabei fungiere das Kapitel Jos 24 als Abschlusstext und als
Resümee des Hexateuchs[169] und vertrete mit seiner Rede in der Auseinandersetzung über die Identität Israels eine inklusive Position.[170] Doch bliebe
dieser Versuch Episode, da die Pentateuch-Redaktion durch die Hinzufügung der Verse Dtn 34,4 und V.10-12[171] das Deuteronomium von dem
folgenden Buch abtrenne.[172] Also siegt hier die Pentatuch-Redaktion über
die Hexateuch-Redaktion, und damit auch die kleinisraelitische über die
großisraelitische Option! Blum führt diesen Sieg auf das Wirken Esras
zurück.[173]

Aus der Debatte um Pentateuch und Hexateuch ist festzustellen, dass
die Kanonisierung des Pentateuchs zu einem weiteren Schritt in der Trennung zwischen Juden und Samariern geführt hat. Denn die Kanonisierung
des Pentateuchs stellt den Sieg der kleinisraelitischen Option über die
großisraelitische Option in dem judäischen Gemeinwesen dar. Außerdem
machte die Kanonisierung des Pentateuchs das Schisma wahrscheinlich
noch größer, da die Samarier mit Hilfe des Pentateuchs die höhere Legitimität des Heiligtums auf dem Garizim belegen konnten; wird doch Jerusalem im Pentateuch nicht erwähnt, wohl aber der Ebal (Dtn 27,4) und der
Garizim (V.11f.).

---

166 E. Blum, Knoten, 201.
167 Vgl. Th.C. Römer und M.Z. Brettler, Deuteronomy, 404.
168 Th.C. Römer und M.Z. Brettler, Deuteronomy, 409.
169 Vgl. Th.C. Römer und M.Z. Brettler, Deuteronomy, 409; 410.
170 Vgl. Th.C. Römer und M.Z. Brettler, Deuteronomy, 413.
171 Gegen die allgemeine Annahme, dass Dtn 34,4 Dtr zuzuweisen ist, weisen Römer
     und Brettler, Deuteronomy, 405, darauf hin, dass hier die Landverheißung als Zitat
     (לזרעך אתננה) eingeleitet durch לאמר angegeben wird und dass statt der Terminologie
     אבות (vgl. Dtn 11,21) die Erzväter namentlich genannt werden (vgl. Dtn 1,8; 6,10;
     9,5.27; 29,12; 30,20; 34,4). Sie erklären diese Besonderheit aus dem redaktionellen An-
     liegen, „to strengthen the coherence of the Pentateuch". Außerdem wird darauf hin-
     gewiesen, dass Dtn 34,10-12 mit dem Thema „Unvergleichbarkeit des Mose" Dtn 4
     (bes. V.15) widerspricht. Diese Beobachtungen von Römer und Brettler erweisen Dtn
     34,4 und V.10-12 als Teil einer Pentateuchredaktion (404). Diese, nach ihrer Ansicht,
     „intends to confirm the idea of a Mosaic canon in which the patriarchal stories are an
     integral introduction to the exodus and the legal material. In this scheme, the Deu-
     teronomic law mediated by Moses needs to be read in light of the partriarchal narra-
     tives and the exodus story, rather than with the following former prophets"(407).
172 Vgl. Th.C. Römer und M.Z. Brettler, Deuteronomy, 406.
173 Vgl. E. Blum, Knoten, 206.

In dieser Zeit der sich verschärfenden Abgrenzungskämpfe sieht der Chronist offenbar die Gefahr, dass ganz Israel in Judäer und Samarier auseinander bricht. Der Chronist setzt mit seinem Geschichtswerk bewusst die großisraelitische Option noch programmatischer als die Hexateuchredaktoren fort.

6.3.3 Die Chronik als ein Geschichtswerk des ganzen Israel

Aus der bisherigen Rekonstruktion der Religionsgeschichte Israels lässt sich abschließend die Intention der Chronik im Blick auf die Hiskianische und Josianische Reform bestimmen.

Wie seit Japhet und Williamson weitgehend anerkannt ist, hegt der Chronist gegenüber Nordisrael und seinen Bewohnern Sympathie und großes Interesse. In der Darstellung der Hiskianischen und Josianischen Reform bemüht er sich im Rückblick den Untergang Nordisraels zu erklären (2. Chr 28). Damit strebt er die Einigkeit ganz Israels an und untermauert dies durch eine theologische Grundlegung für eine erneute Vereinigung Israels. Zugleich hält der Chronist fest, dass unter Hiskia ganz Israel nach den grundlegenden Normen, der Tora des Mose und den Anweisungen Davids und Salomos, neu gestaltet wird. Schon unter dem König Hiskia war der richtige Weg eingeschlagen worden, der eine Orientierung für die Zukunft gab und der in der weiteren Geschichte Israels fortgesetzt werden sollte. Ihm war auch schon der Reformkönig Josia gefolgt. Somit eröffnet die Zeit unter Hiskia und Josia die Vision eines erneut vereinigten Reiches und des Kultes und bildet eine der davidisch-salomonischen Epoche vergleichbare Gründungszeit in der Geschichte Israels.

Diese zweite Gründungsepoche Israels lässt sich am besten aus der Zeit verstehen, in der nach dem Exil durch die Rückkehr der Deportierten und durch den Wiederaufbau des Tempels noch einmal ein neuer Anfang ermöglicht wurde,[174] der aber durch die politische und kultische Trennung zwischen dem judäischen und dem samarischen Gemeinwesen bald in eine Krise geraten war (vgl. Esr 4,1ff.; Neh 13,28). Mit seiner umfassenden Israel-Konzeption stellte sich der Chronist gegen die kleinisraelitische Option des nachexilischen judäischen Gemeinwesens, in der er einen wesentlichen Grund für das Schisma zwischen Judäern und Samariern sah. Offenbar sind die Samarier für den Chronisten die Nachfahren des ehemaligen Nordreiches. Existieren die Nordreichbewohner doch noch trotz des Untergangs ihres Staates und bewohnen sie immer noch das ursprüngli-

---

174 So K.A.D. Smelik, King Ahaz, 182.

che Gebiet, sind die Samarier nach der Deutung der Chronik nicht fremd-
ländischer Herkunft (vgl. gegen Esr 4,2.10), sondern noch Israeliten. Waren
die Nordreichbewohner JHWH-Verehrer, so sind auch die Samarier ohne
weiteres JHWH-Verehrer (vgl. Esr 4,2).[175] Mit der Vorstellung, dass „Nebukadnezar die gesamte noch am Leben befindliche Bevölkerung Judas
und Benjamins ins Exil geführt (2. Chr 36,20) und das Land bis zur Rückkehr der Verbannten menschenleer dagelegen habe" (36,21; vgl. Lev 26,33-
39),[176] stellt der Chronist fest, dass das gesamte Israel, nicht nur die Judäer,
sondern auch die Nordreichbewohner, das Exil erlebt hatte (vgl. Esr
2,1.70).[177] Das neue Israel besteht nicht nur aus Juda und Benjamin, sondern auch aus Ephraim und Manasse (1. Chr 9,1ff.). Darum werden die
Bewohner Samarias zu Israel gezählt.[178] Seiner Konzeption entsprechend
ist der Chronist gegenüber denjenigen, die von Mischehen betroffen sind,
tolerant.[179] Die Mischehe stellt für die großisraelitische Option kein Problem dar. Mit dieser Deutung bekämpft die Chronik nicht nur die kleinisraelitische Sicht Esra-Nehemias, sondern geht sogar über Einigungshoffnun-
gen zwischen Juda und Samaria hinaus. In dieser Hinsicht stellt die Chronik eine Revision von Esra-Nehemia dar.[180] Sie wird damit zu einem stark
um die Samarier werbenden Geschichtswerk.

Diese Bestimmung des Anliegens der Chronik steht scheinbar mit der
Tatsache nicht in Einklang, dass der Chronist die judäische Führung
unterstreicht. Denn für den Chronisten ist der einzig richtige Weg zur
Wiedervereinigung die auf „den Jerusalemer Tempel" ausgerichtete
JHWH-Verehrung unter der davidischen Herrschaft, wie es zur Zeit Da-
vid-Salomos und Hiskia-Josias war. Der judäische Führungsanspruch lässt

---

175 So auch H.H. Rowley, Schism, 219.
176 R. Albertz, Exilszeit, 73.
177 So auch E. Ben Zvi, Inclusion, 95. Er weist darauf hin, dass zwar weitere Texte wie
     Jer 32,43; 43,5-6 (vgl. 52,28-30) und Ez 37,1-14 (vgl. 33,24-29) die Vorstellung von
     „empty land" vertreten, aber keinen Zusammenhang mit der Chronik haben.
178 E. Ben Zvi ist der Meinung, dass 2. Chr 10,1-11,17 die Situation der nachexilischen
     Zeit projiziert und reflektiert diese Position, vgl. Ideological Constructions.
179 1. Chr 2,3.17.34f.; 3,1; 4,17; 7,14; 8,8; 2. Chr 2,13; 8,11; 12,13; 24,26; vgl. Neh 13,26 =
     1,Kön 11,1ff.. Darin sieht H.G.M. Williamson, Israel, 61, „the divergent emphases of
     separate authors" zwischen Esra-Nehemia und der Chronik, vgl. I. Kalimi, Date,
     361f. Dagegen wendet sich K.-F. Pohlmann, Zur Frage, 318, mit der Verschwägerung
     Josaphats mit Ahab (2. Chr 19,1ff.; 22,3; 24,3.26). Die von Pohlmann genannten Stel-
     len sind nicht als Einschätzung der Ehen mit fremdstämmigen Frauen, sondern als
     die Betonung der stellvertretenden Rolle Judas zu verstehen, dazu s.o. im Kapitel 4.
     Die Israel-Konzeption des Chronisten.
180 Vgl. P.R. Bedford, Diaspora, 148; S. Japhet, Exile, 43; Dies, People, 118; R. Albertz,
     Religionsgeschichte, 621. In dieser Hinsicht sind die Chronik und Esra-Nehemia als
     zwei getrennte, von zwei verschiedenen Verfassern zu verschiedenen Zeiten verfass-
     te Schriften zu verstehen.

die Chronik entweder als eine „Apologie Judas"[181] oder als „antisamarisch"[182] erscheinen.[183] Berücksichtigt man aber, dass der Chronist mit der Vorrangstellung Judas und Jerusalems insbesondere in seiner Darstellung der getrennten Monarchie die stellvertretende Rolle Judas für ganz Israel herausgearbeitet hat, dann wendet er sich damit zwar gegen den konkurrierenden Anspruch der Samarier auf ein eigenes erwähltes Heiligtum; doch steht dabei nicht eine Apologie Judas oder eine Polemik gegen Samaria im Vordergrund, sondern der Ruf zur Rückkehr zum Jerusalemer Tempel: „Ihr Israeliten, kehret um zu JHWH, dem Gott Abrahams, Isaaks und Israels ..." (2. Chr 30,6a). Die Darstellung der politisch-religiösen Vorrangstellung Judas und Jerusalems ist also als werbender Appell im Lichte gesamtisraelitischer Hoffnungen zu verstehen, „sich exklusiv an JHWH zu binden und sich auf diese Weise der Constitution Israels anzuschließen."[184]

Zusammenfassend lässt sich also feststellen, dass der Chronist sich mit seiner großisraelitischen Sicht zum einen an seine judäischen Zeitgenossen wendet, die mit ihrer kleinisraelitischen Sicht die Vereinigung ganz Israels verhindern, und zum anderen an die Samarier, die mit dem Ausbau eines eigenen Tempels die Spaltung zu zementieren drohen. Mit dieser doppelten Ausrichtung erweist sich die Chronik als ein Geschichtswerk eines wieder zu vereinigenden Israels.

---

181 So W. Rudolph, Chronikbücher, IX.
182 So R. Albertz, Religionsgeschichte, 620.
183 Bei dieser Deutung ist 2. Chr 13 ein wichtiger Punkt, vgl. M. Delcor, Hinweise, 282-285; A. Ruffing, Jahwekrieg, 68.
184 E. Blum, Knoten, 198.

7. Zusammenfassung

Die Ergebnisse der vorliegenden Untersuchung können folgendermaßen zusammengefasst werden.

Der Rückblick auf das Verständnis der Hiskianischen und Josianischen Reform in den wichtigsten Kommentaren der letzten 50 Jahre vermittelte hauptsächlich zwei Aspekte als Hauptinteresse des Chronisten. Eine Gruppe betonte besonders das Interesse des Chronisten am Jerusalemer Kult, die andere seine gesamtisraelitische Orientierung (Kap. 2).[1] Damit waren zwar wichtige Aspekte der Reform Hiskias und Josias genannt, doch ihr innerer Zusammenhang blieb noch verborgen. Darauf fußend widmeten wir uns in der vorliegenden Untersuchung der Analyse der chronistischen Berichte über Hiskia und Josia.

Bei der Erfassung der chronistischen Hiskia- und Josia-Erzählung (Kap. 3) fiel auf, dass der Chronist der Reform Hiskias mehr Aufmerksamkeit zuwendet als der des Josia. Die Reform Josias wurde in der Chronik durch die Veränderung des dtr Bildes von Manasse (2. Chr 33,15f.; vgl. 2. Kön 21,2-7) unbedeutender. Der synoptische Vergleich mit dem DtrG machte deutlich, dass der Bericht über die Kultreform Hiskias in der Chronik weit über die knappen Bemerkungen im DtrG hinausgeht und Hiskia in der Chronik den Platz einnimmt, den Josia im DtrG hat. Die reduzierte Darstellung der Reform Josias führte zur Frage, warum der Chronist die Hiskianische Reform derart umfangreich dargestellt hat und warum der Chronist der Reform unter Hiskia mehr Aufmerksamkeit widmet als der Reform Josias. Da im Bericht von der Hiskianischen und Josianischen Reform das ganze Israel mehrfach hervorgehoben wird (2. Chr 30; 31,1.4ff.; 34,4.7a; 34,9; 34,33; 35,1.18), wurde auf diese Frage hin in Kapitel 4 im Anschluss an die gängigen Meinungen die Israel-Konzeption des Chronisten untersucht (Kap. 4.1).

Ausgangspunkt für die Untersuchung der Israel-Konzeption war die Ansicht von Rads, wonach zwar das Nordreich illegitim ist, die Nordbewohner aber das Brudervolk sind.[2] Gegen diese Auffassung haben S. Japhet und H.G.M. Williamson herausgearbeitet, dass der Chronist zwar

---

1   Zu der ersten Gruppe gehören z.B. E.L. Curtis und A.A. Madsen; W. Rudolph; J.M. Myers; R.B. Dillard; S.J. De Vries; W. Riley; L.C. Jonker, zu der zweiten Gruppe J.M. Myers; R.L. Braun; H.G.M. Williamson; E. Ben Zvi; S. Japhet; J.A. Thompson.
2   Vgl. G. von Rad, Geschichtsbild, 33.

besonderes Gewicht auf die beiden Stämme Juda und Benjamin legt,[3] aber auch das Nordreich als einen Teil von Israel auffasst.[4] Damit konnten Japhet und Williamson über von Rad hinaus die Sympathie des Chronisten gegenüber den Nordbewohnern und deren Bezeichnung als Brudervolk erklären. Dennoch resultierte aus ihrer These insofern ein innerer Widerspruch, als sowohl Japhet als auch Williamson einen klaren Unterschied zwischen dem Nordreich als Institution und dessen Bewohnern machten, indem sie das Nordreich bis zum Ende seiner Existenz von seiner Ursprungssünde her deuteten.[5] Es blieb somit die Frage offen, wie die beiden unverträglichen Ansichten des Chronisten gegenüber dem Königtum einerseits und seinen Bewohnern andererseits miteinander in Einklang zu bringen sind. Vor allem bedurfte die positive Einstellung des Chronisten gegenüber den Bewohnern einer deutlichen theologischen Erklärung.

In der Ahas-Erzählung von 2. Chr 28, der wir uns im darauffolgenden Abschnitt (4.2) widmeten, erfahren die Nordisraeliten eine ausgesprochen positive Beurteilung.[6] Diese chronistische Ahas-Erzählung enthält eine Reihe besonderer Merkmale. Im Ganzen erwies sich die Zeit unter Ahas sowohl für Juda als auch für Israel als das Ende einer Epoche: Das Südreich hatte in religiöser und politischer Hinsicht einen mit der Schlussphase der Geschichte Judas vergleichbaren Tiefpunkt erreicht (2. Chr 28,5f.17f.20.23ff.),[7] und das Nordreich hatte seinen Untergang erlebt (2. Chr 28,8-15; vgl. 2. Kön 17,5f.20; 18,10). Der Chronist vertritt die Meinung, dass Ahas mit der Steigerung der Sünde und der fehlenden Buße, vor allem mit der Verehrung der aramäischen Götter sich selbst und auch „ganz Israel", d.h. sowohl Juda als auch Nordisrael, zum Abfall gebracht hat (2. Chr 28,23). Darin unterscheidet er sich vom Dtr, der den Untergang des Nordreiches auf den kultischen Abfall der Israeliten (2. Kön 17,9-18.22) und Jerobeams (2. Kön 17,21) zurückführt. Daneben springen bei der Untersuchung von 2. Chr 28 weitere spezifische Unterschiede ins Auge: Im Unterschied zum DtrG, in dem Israel nach seinem Untergang durch die Deportation der Israeliten (2. Kön 17,6) und die Neubesiedlung der Fremdvölker (2. Kön 17,24) ausgelöscht wird (2. Kön 15,29), überlebt Nordisrael in der Chronik nach seinem staatlichen Untergang noch als Gemeinde (2. Chr 28,8-15). Überdies werden die Nordisraeliten erstaunlich positiv dargestellt, indem sie dem gefangenen Brudervolk Juda gegenüber

---

3   S. Japhet, Ideology, 298; 310; H.G.M. Williamson, Israel, 107.
4   Vgl. S. Japhet, Ideology, 228ff.; 318; 325ff.; H.G.M. Williamson, Israel, 24; 87ff.; 132.
5   Ein klares Beispiel ist die Deutung von 2. Chr 25,7 in der Amazja-Erzählung, s.o. 4.4.3.2.
6   Vgl. E. Ben Zvi, Gateway, 217f.; R.J. Coggins, Chronicles, 259.
7   2. Chr 28,21 zu 36,6f.10; 28,22 zu 36,12; 28,19.22 zu 36,14; 28,7 zu 36,4.6.10.

eine grenzenlose Bruderschaft erweisen (2. Chr 28,15). Noch auffälliger und merkwürdiger war, dass der Chronist an dieser Stelle Ahas als „König von Israel" bezeichnete (28,19; vgl.V.27), während er in Juda wegen der unaufhörlichen Verfehlungen des Ahas keine Besserung sah (28,24f.). Die in Kap. 28 beobachteten besonderen Merkmale der Ahas-Erzählung, vor allem die Verschiebung im Blick auf den Untergang des Nordreiches verlangten, die chronistische Deutung der Reichstrennung zu erhellen. Das geschah im folgenden Abschnitt (4.3).

Der Chronist macht einerseits deutlich, dass Jerobeam und seine Leute wegen eines Bruches der Vasallentreue (מרד) durch die Ausnutzung der Unerfahrenheit Rehabeams von vornherein für die Reichstrennung verantwortlich sind (2. Chr 10; 13,6). Andererseits stellt der Chronist fest, dass gleich nach der Reichstrennung die Legitimität Rehabeams durch die Vertreibung der legitimen Priester und Leviten aus dem Nordreich und ihre Aufnahme in Jerusalem gestärkt wird und infolge der Zuwanderung aus allen Stämmen von Nordisrael nach Jerusalem (2. Chr 11,13-17; vgl. 15,9f.) das Südreich zum Sammelbecken für alle Stämme wird. Somit wird nach der Sicht des Chronisten Juda unter Rehabeam politisch und kultisch zum legitimen Nachfolger des davidisch-salomonischen Gesamtreiches, und Juda und dessen König besitzen in der Trennungszeit eine stellvertretende Rolle für ganz Israel. Dagegen werden Jerobeam und seine Leute bei dem Kampf gegen Abija durch den Verlust der nordisraelitischen Städte und durch den Tod Jerobeams bestraft (2. Chr 13,19f.). Damit legt der Chronist schon die theologische Grundlage für die positive Einstellung gegenüber den Nordreichbewohnern und für seine abweichende Darstellung vom Untergang des Nordreiches (2. Chr 28,23). Aufgrund des direkten individuellen Vergeltungsprinzips des Chronisten haben das Nordreich als Ganzes und dessen Bewohner keinen Anteil an der „ursprünglichen" Sünde. Damit braucht der Untergang des Nordreiches nicht mehr als Strafe für Jerobeams Verhalten oder für den kultischen Abfall der Nordisraeliten angesehen zu werden (vgl. gegen 2. Kön 17,7-18.21-23). Eine weitere theologische Basis für die positive Einstellung gegenüber dem Nordreich untermauert der Chronist durch die Erklärungen für die Reichsteilung: Das Nordreich und die Dynastie seines ersten Königs Jerobeam entstammen zwar dem Willen JHWHs, aber Israel bleibt das Brudervolk (2. Chr 10,15 = 1. Kön 12,15; 2. Chr 11,1-4 = 1. Kön 14,22-24). Damit bestimmt der Chronist die Existenz des Nordreiches unter dem Gesichtspunkt der gemeinsamen Identität und sieht die Trennungszeit in zwei politische Einheiten als Probezeit für diese Identität, solange das Nordreich existiert. Aus diesem Grund legt der Chronist in der Darstellung der Trennungszeit die Betonung auf das Verhältnis zwischen beiden Königtümern. Dies wurde in der Untersuchung der Texte klar (4.4), die das Verhältnis der beiden Reiche und die Einstellung des Chronisten gegenüber dem Nordreich darstellen (2. Chr 14-25).

Asa hatte mit seinem Vertrauen auf JHWH eine lange Friedenszeit bewirkt. Als Folge der Worte des Propheten Oded an Asa und „Juda und Benjamin" (2. Chr 15,2) führte er eine umfassende Kultreform als gesamtisraelitische Zeremonie durch und bewirkte dadurch noch eine lange Friedenszeit und weitere Auswanderung der Nordisraeliten. Aber es wurde ihm vorgeworfen, dass er durch die Eroberung bzw. Befestigung der Grenze auf dem Gebirge Ephraim den freien Grenzverkehr des Volkes unterbunden habe (2. Chr 15,8a; 17,2b). Außerdem führte er am Ende seiner Regierung eine militärische Intervention Ben-Hadads gegen Nordisrael auf Kosten der Vorräte des Tempels und des Palastes herbei (2. Chr 16,2f.). Dieses Verhalten wurde vom Seher Hanani als Mangel an Glauben beurteilt (2. Chr 16,7f.) und als Strafe für das Bündnis mit Aram wurde der ständige Krieg angekündigt (2. Chr 16,9). Joschafat suchte durch die Verschwägerung eine engere Beziehung mit dem Nordreich (2. Chr 18,1b) und zielte damit auf eine Wiedervereinigung Israels ab. Doch trotz der politischen und geographischen Einheit zwischen beiden Reichen führte das Heiratsbündnis schließlich zu einer Kette von Übeltaten mit katastrophalen Folgen im Blick auf Abgötterei und Verfall des Kultes im Süden. Nach der Meinung des Chronisten lag der Grund für die negativen Folgen nicht in der Verschwägerung selbst, sondern in der Anpassung an das Verhalten der Könige Israels und in dem schlechten Einflusses des Nordens auf das Südreich. Damit unterstrich der Chronist vor allem, dass eine Wiedervereinigung Israels nicht vom Norden ausgehen könne. Die Untersuchung der Amazja-Erzählung ergab, dass es sich bei der Aussage, dass JHWH nicht mit Israel und mit allen Ephraimiten sei (2. Chr 25,7b), anders als in der gängigen Deutung,[8] nicht um eine anti-nordisraelitische Einstellung des Chronisten, sondern um eine Mahnung angesichts des Mangels an Gottvertrauen handelt. Darüber hinaus wird in dieser Erzählung noch deutlicher von der Zusammengehörigkeit des Süd- und Nordreiches gesprochen, indem der König Israels mit einer Parabel, die die gemeinsame Identität betont, den Bruderkrieg zu vermeiden suchte. Entgegen dieser Mahnung bemühte sich der König Judas trotz seiner gesamtisraelitischen Verantwortung nicht um die Einheit des Volkes, sondern er verursachte einen Konflikt innerhalb des Brudervolks. Die Herausforderung zum Bruderkrieg durch Amazja wurde mit der Gefangenschaft des Amazja und mit dem Einreißen der Mauer von Jerusalem und der Plünderung des Tempels und des Palastes durch Joas bestraft (2. Chr 25,22-24).

---

8   S. Japhet, Ideology, 321; Dies, 2 Chronik, 317; H.G.M. Williamson, Chronicles, 329; J.A. Thompson, Chronicles, 321; W. Johnstone, 2 Chronicles, 154.

Anhand des Geschichtsverlaufs des getrennten Israel von Asa bis Amazja wies der Chronist nach, dass Juda stellvertretend für das ganze Israel steht. Darum sollte es die Aufgabe des Königs von Juda sein, als stellvertretender Herrscher für das ganze Volk zu regieren und auf Nordisrael einen guten Einfluss auszuüben. Wenn Juda auf falschem Weg ging, spielte Nordisrael die Rolle des Strafwerkzeugs Gottes, das Juda auf den richtigen Weg bringen sollte. Den Chronisten interessiert also am Nordreich nicht die politisch illegitime Institution (2. Kön 17,7-18,21-23), sondern das Brudervolk. Durch den Verzicht auf die Geschichte des Nordreiches will der Chronist das eine (!) Israel darstellen. Damit wird die Chronik zu einer Geschichte ganz Israels aus der Perspektive des Südens, der die Verantwortung für das Ganze trägt. Mit dieser Übersicht der Geschichte der getrennten Reiche kamen wir zu den spezifischen Darstellungen der Ahas- und Hiskiazeit zurück (4.5-6).

Die Ergebnisse der Untersuchung der chronistischen Darstellung für die Trennungszeit geben die Schlüssel zum Verständnis der Verschiebung der Verantwortung für den Untergang des Nordreiches auf Ahas. Aufgrund des persönlichen Vergeltungsprinzips (2. Chr 13,6.9) einerseits und aufgrund der stellvertretenden Rolle Judas für ganz Israel (2. Chr 11-25) andererseits geht der Untergang des Nordreiches auf die kultischen und politischen Verfehlungen des judäischen Königs Ahas zurück (2. Chr 28,23). Dem Chronisten geht es aber nicht nur darum, die Katastrophe des Nordreiches zu klären, sondern den Weg für den Neuanfang vorzubereiten. Denn für den Chronisten bleiben die Nordreichbewohner nach dem Untergang ihres Staats in ihrem Gebiet wohnen, und der Untergang des Nordreiches eröffnete für ihn die Möglichkeit zur politischen Einigung des Volkes. Weil die Auswanderung der nordisraelitischen Gottsuchenden nach Jerusalem sich bis zur Befestigung der Nordgrenze durch Asa (2. Chr 16,5f.) fortsetzte (2. Chr 11,13ff.; 15,8f.; 16,1), bedeutete der Untergang des Nordreiches die große Chance für eine Einigung des Volkes im Hinblick auf den Kult. Darum greift der Chronist das kurz nach der Reichsteilung erwähnte Thema „Bruderschaft" auf und macht darauf aufmerksam, dass die Nordbewohner und Judäer ein brüderliches Verhältnis haben (2. Chr 11,4; 28,12-15). Damit markiert er das Ende der Trennungszeit als Chance für einen gemeinsamen Neuanfang. Nun war die Zeit für Gesamtisrael gekommen. Auf diese Weise bekommt der Chronist nicht nur die große Katastrophe in den Blick, sondern er verleiht dem Untergang des Nordreiches eine neue und positive Bedeutung. Mit dieser neuen Deutung des Untergangs des Nordreiches signalisiert der Chronist einen Neuanfang für Gesamtisrael. Von daher bezeichnet der Chronist Ahas nicht von ungefähr als „König von Israel" (2. Chr 28,19). Damit erhalten der judäische König und das noch überlebende Südreich die Verantwortung, sich um das kö-

nigslose Brudervolk zu kümmern und sich darüber hinaus um die Einheit
Gesamtisraels zu bemühen. Aber dem Chronisten zufolge war Juda unter
Ahas in der Situation des politischen und kultischen Tiefpunkts dazu nicht
in der Lage. Da der Kult in Juda unter Ahas völlig entweiht worden war (2.
Chr 28,24-25), konnten die JHWH-treuen Nordisraeliten, die infolge des
kultischen Abfalls in der Vergangenheit häufig nach Jerusalem gezogen
waren, um JHWH zu opfern (2. Chr 11,16; 15,9; 16,1), trotz des Untergangs
des Nordreiches JHWH nicht mehr im Jerusalemer Tempel anbeten. Ahas,
der König von Israel, war seinerseits wegen der fehlenden Buße und der
sich steigernden Sünde nicht in der Lage, sich um das Brudervolk zu
kümmern (2. Chr 28,22). Darum richteten sich die Hoffnungen auf Hiskia.

Dieser nahm die politische Katastrophe des Nordreiches zum Anlass,
ganz Israel wieder zu einigen. Dafür schaffte der König zunächst durch die
Sühneopfer für ganz Israel (2. Chr 29,24) die Bedingung für die Feier Gesamtisraels und gab dann durch die Verschiebung des Passafestes auf den
zweiten Monat den Bewohnern des alten Nordreiches die Möglichkeit, an
der Feier im Jerusalemer Tempel teilzunehmen (2. Chr 30,6-9). Zwar gab es
im Norden auch Verspottung und Verachtung für die Botschaft Hiskias (2.
Chr 30,10), und nur einige nahmen die Einladung an, aber es versammelte
sich dennoch eine große Volksgemeinde in Jerusalem, die nicht nur aus
Judäern, sondern auch aus Nordisraeliten bestand (2. Chr 30,13). Durch die
Unterstützung der Leviten einerseits, die für alle Unreinen in der Volksgemeinde die Schlachtung der Opfer übernahmen (2. Chr 30,17), und
durch die Fürbitte des Königs Hiskia andererseits für das Überleben der
Nordisraeliten, die das Gesetz des Passafestes übertreten hatten (2. Chr
30,18-20), werden die Nordisraeliten mit Hilfe des Brudervolkes Juda diesem im Kult gleichgestellt und in den toragemäßen Kult voll integriert,
und ganz Israel bildet schließlich unter dem davidischen König wieder
eine Einheit beim Dienst im Jerusalemer Tempel. Es ging bei dem Passafest
Hiskias folglich um die Wiederherstellung der Identität auf zwei Ebenen:
Erstens bildet ganz Israel eine Einheit als Brudervolk. Zweitens erhält ganz
Israel eine bestimmte, unverwechselbare Existenz durch seine Zugehörigkeit zum Königtum JHWHs, indem ganz Israel am Jerusalemer Heiligtum
JHWH als „Gott Abrahams, Isaaks und Israels" (2. Chr 30,6b) sucht. Erst
damit war die Frage beantwortet, die in Kap. 3 gestellt war, warum der
Chronist im Gegensatz zum DtrG den Akzent von Josia auf Hiskia ver-
schoben hat.

Diese politische und kultische Einigung des Volkes vollzieht sich nach
der chronistischen Darstellung im Rahmen des Gesetzes, wie eine Fülle
von der Tora zugeordneten Begriffen in der Schilderung der Hiskianischen

und Josianischen Reformen zeigt.[9] Zum Verständnis des Torabezuges
wurden in Kap. 5 die Einzelheiten der Maßnahmen untersucht.

König Hiskia setzte die Leviten für die Tempelreinigung (2. Chr 29,5-
19) und für die musikalischen Aktivitäten beim Sühneopfer (2. Chr 29,25f.)
ein und beauftragte sie für den Vortrag der Lieder Davids und Asafs (2.
Chr 29,30). Nach dem Sühneopfer führte Hiskia angesichts des Mangels an
geweihten Priestern eine improvisatorische Maßnahme durch. Die Leviten
wurden für den reibungslosen Ablauf der Opfer am Opferkult beteiligt (2.
Chr 29,34). Das gesamtisraelitische Passafest wurde als eine Sondermaßnahme durch den Beschluss des Königs und seiner Fürsten eingeleitet.
Dabei ging es um die Verschiebung des Passafestes auf den zweiten Monat
(2. Chr 30,2) und um die Passafeier am Zentralheiligtum in Jerusalem (2.
Chr 30,5.12). Beim Passa übernahmen die Leviten improvisatorisch teilweise die Laienopfer, weil ein großer Teil der Festpilger nicht im Zustand
der kultischen Reinheit war (2. Chr 30,16ff.). Nach der Wiedereinweihung
des Tempels und nach der Passafeier des gesamten Israels bemühte sich
der König um eine Reform der ständigen Kultpraxis, nämlich um die Wiederherstellung der Abteilungen des Kultpersonals (2. Chr 31,2) und um
die Finanzierung des Tamidopfer (2. Chr 31,3) sowie die Versorgung des
Kultpersonals (2. Chr 31,4-19). Die Maßnahmen Hiskias hatten nicht nur
die vollständige Wiederherstellung des Kultes, sondern auch die Verbesserung der Position und des Status der Leviten zur Folge.

In seinem 18. Regierungsjahr führte Josia eine Tempelrenovierung und
die Reinigung des ganzen Landes (2. Chr 34,8.33) als Vorbereitung für das
Passafest durch. Unter Josia feierte das ganze Volk das Passafest als krönenden Abschluss der Reform Josias (2. Chr 35,1.18). Dabei setzte Josia die
Leviten beim Passopfer (2. Chr 35,3ff.) mit der Begründung ein, dass mit
ihrer Hilfe die Laien das Wort JHWHs einhalten könnten (2. Chr 35,6). Die
Leviten wurden beim Passafest unter Josia für die Abteilungen nach Sippen des Volkes eingesetzt (2. Chr 35,5.10) und übernahmen das Abhäuten,
Schlachten und Beiseitelegen des für das Brandopfer Bestimmten (2. Chr
35,11). Nach dem Beiseitelegen des Brandopfers kochten die Leviten das
Passaopfer und verteilten die Weihegaben für das Volk, für sich und für
die Priester, Sänger und Torhüter (2. Chr 35,13f.), sodass sich das andere
Kultpersonal problemlos mit seinen eigenen Diensten beschäftigen konnte,
ohne dabei gestört zu werden (2. Chr 35,15). Die Maßnahmen Josias erwiesen sich darin als eine Fortsetzung der Reform Hiskias, dass Josia die spon-

---

9   „Tora JHWHs" in 2. Chr 29,25; 31,3.4; 35,6; vgl. 31,3.21; 35,26; „Tora des Mose" in
      30,16; „nach der Vorschrift" bzw. „satzungsgemäß" in 30,16; 35,13; „Worte bzw.
      Wort JHWHs" in 29,15; 30,12; 35,6; „wie geschrieben steht" in 30,5.18; „wie in dem
      Buch des Mose geschrieben steht" in 31,3; 35,12.

tane Beteiligung der Leviten am Opferkult durch Hiskia erneut und dauerhaft geregelt hat (vgl. 2. Chr 29,34; 30,16).

Aus dem Überblick der Maßnahmen Hiskias und Josias wurde zum einen deutlich, dass der Reformprozess Hiskias und Josias mit der Besserstellung der Leviten einherging (2. Chr 29,5.11; 35,3) und dass sich die Leviten neue kultische Kompetenzen erwarben. Dabei betont der Chronist die Kooperation und die Solidarität des Kultpersonals (2. Chr 29,16f.; 29,26; 30,15.21.27; 31,2.9.20; 35,10.11). Zum anderen macht der Chronist durch den zusätzlichen Torabezug deutlich, dass der König seine Reformmaßnahmen auf der Grundlage der Tora bzw. des Wortes JHWHs durchgeführt hatte. Damit wird der Jerusalemer Kult als toragemäß erwiesen. Zur Charakterisierung der Hiskianischen und Josianischen Reform haben wir das häufige Vorkommen der der Tora zugeordneten Begriffe untersucht. Überraschenderweise ist der Torabezug hinsichtlich des Kultes mit vergleichbarer Häufung in der Chronik nur bei den Maßnahmen David-Salomos und Hiskia-Josias zu finden. Dies lässt darauf schließen, dass der Chronist beiden Zeitabschnitten gleiche Bedeutung beimisst. David legte mit der Proklamation einer neuen Epoche (1. Chr 23,25f.) in Anlehnung an die göttliche Aufforderung in Dtn 12,11 den Grundstein für den Tempelkult (1. Chr 23-28), Salomo setzte die Initiative Davids fort, indem er den Jerusalemer Tempel baute und einrichtete. So wird in der Chronik die Epoche Davids und Salomos als eine Gründungszeit in der Kultgeschichte Israels beurteilt. Die Reform Hiskia-Josias erwies sich als Wiederherstellung der davidischen Anweisungen, die durch die Umakzentuierung der prophetischen Gestalten Natan und Gad (2. Chr 29,25), Heman und Asaf (2. Chr 29,30; 35,15) sowie Jeduthun (2. Chr 35,15) mit dem gleichen Gewicht wie die Tora bzw. das Buch des Mose ausgestattet werden: die musikalischen Aktivitäten der Leviten bei der Opferhandlung (2. Chr 29,25aα; 1. Chr 16,41f.; 23,1), die Beauftragung der Leviten mit den Worten Davids und Asafs (2. Chr 29,30; 1. Chr 16,5ff.), die Dienstabteilungen der Priester und Leviten (2. Chr 30,2f.; 35,4; vgl. 1. Chr 23-27; 28,11.13), sowie die levitische Aufgabe der Tempelmusik und des Hynmensingens bis zum Tempeldienst beim Passafest (2. Chr 35,3ff.; 1. Chr 23). Doch geht diese Reform darin über die davidische Reform hinaus, dass den Leviten eine besondere Rolle zuerkannt wird: Hiskia setzte sich mit der Proklamation der Erwählung der Leviten (2. Chr 29,11) in Anlehnung an Dtn 18,5 zugunsten der Leviten ein und ermunterte sie zu einer Erweiterung ihrer Aufgaben (2. Chr 29-31); Josia setzte die Reform Hiskias fort, indem er die Leviten als Lehrer ganz Israels und Geweihte, d.h. als Diener JHWHs und des Volkes, bestimmte (2. Chr 35,3) und sie beim Passaopfer einsetzte. Dabei wird der Jerusalemer Kult als toragemäß erwiesen. In dieser Hinsicht wird der davidische und salomonische Reformprozess von Hiskia und Josia mit der

Einsetzung der Leviten weiter geführt. Somit bildet die Zeit Hiskias und
Josias durch ihre Reform eine zweite Gründungszeit. Der Schwerpunkt
der Hiskianischen und Josianischen Reform zeigt sich weiter daran, dass
die Maßnahmen Hiskias und Josias neben der einzelnen Toraanweisung (2.
Chr 30,5; 30,18; 31,3) angesichts der divergierenden Bestimmungen der
Tradition durch Auswahl einzelner Traditionen (2. Chr 29,5.15; 35,4) oder
durch die Kombination solcher (2. Chr 29,5.15; 30,5.12; 35,1; 35,4.12; 35,13)
getroffen wurden. Damit wird als ein Wesenszug der Hiskianischen und
Josianischen Reform eine Harmonisierung der unterschiedlichen Tora-
Anweisungen deutlich. In dieser Hinsicht verstehen sich die Maßnahmen
Hiskias und Josias als ein kreativer Umgang mit den Traditionen der Tora.
Der Reformprozess Hiskias und Josias ist eine zweite Gründungszeit über
die Zeit Davids und Salomos hinaus.

Die beiden Aspekte des Kultes und Gesamtisraels bilden die zwei Säu-
len bei den Kultreformen Hiskias und Josias. Der Chronist nimmt den
Untergang des Nordreiches bewusst auf, aber nicht als endgültiges Ende,
sondern als Möglichkeit zur Wiedervereinigung. Darum sucht er mit seiner Israel-Konzeption den Untergang Nordisraels zu erklären. Weil der
Chronist den Untergang des Nordreiches als Neuanfang für das ganze
Israel sieht, stellt er die Zeit Hiskias als zweite Gründungszeit dar. Er zeigt
auf, dass schon unter Hiskia der richtige Weg eingeschlagen worden war,
dem Israel in der weiteren Geschichte folgen sollte. Die Zeit unter Hiskia
und Josia war wie die Zeit unter David und Salomo eine neue Heilszeit. So
orientiert sich die Reform Hiskias und Josias am Kult unter dem Gesichtspunkt des vereinten Gesamtisrael. Diese Aspekte des Kultes und Gesamtisraels können nicht getrennt und in ihrer Bedeutung nicht geschieden
werden. Damit geht die Reform Hiskias und Josias über eine bloße Kultreform hinaus.

Abschließend versuchten wir die Hiskianische und Josianische Reform
historisch und theologisch einzuordnen (Kap. 6). Die Bewertung der Zeit
Hiskias und Josias als zweite Gründungszeit und der Gesichtspunkt der
zwei thematischen Klammern, der Einheit Israels und des toragemäßen
Kultes, verweisen auf den zeitgeschichtlichen Kontext, nämlich auf die
Auseinandersetzung mit den Samaritanern. In der nachexilischen Zeit
entstanden dadurch Spannungen zwischen einer neuen vom persischen
König privilegierten judäischen und der bisherigen samarischen Oberschicht, dass das judäische Gemeinwesen den Anspruch der Samarier auf
die Beteiligung beim Wiederaufbau ablehnte (Esr 4,1ff.; vgl. Neh 2,6). Vor
diesem Hintergrund führte die Maßnahme Nehemias, den Schwiegersohn
des Sanballat, des Statthalters Samarias, samt dem Kultpersonal, das von
der Mischehe betroffen war, aus dem judäischen Gemeinwesen zu vertreiben (Neh 13,28), zur kultischen Abspaltung, die über die politische Tren-

nung hinausging. Der konkurrierende Garizim-Tempel war ein JHWH-Heiligtum, der Kult auf dem Garizim war JHWH-Kult genauso wie der in Jerusalem. Dies war für den Chronisten ein Problem, da einerseits die Samaritaner die gleichen Ansprüche auf den Pentateuch als Kanon erhoben hatten und andererseits die Abspaltung der Samaritaner die Teilung des Volkes Israel bedeutete. Von daher verfasste der Chronist ein Geschichtswerk Gesamtisraels. Dabei entwickelt er eine bestimmte „Israel"-Konzeption, um damit die Brüder im Norden für den Jerusalemer Tempel zurückzugewinnen. Im Meinungstreit der nachexilischen Zeit um die Definition Israels votierte der Chronist für die großisraelitische Option, denn in der kleinisraelitischen Option sah er den wesentlichen Grund für die Abspaltung der Samaritaner. So erweist sich die Chronik als ein geschichtlich und theologisch erklärendes und zugleich werbendes Geschichtswerk.

„Zwar reichte die von dem Chronisten entwickelte Propaganda nicht aus, um den kultischen Bruch zu den Samaritanern zu heilen."[10] Entgegen der Bemühung des Chronisten eroberte Johannes Hyrkanus im Jahr 128 bzw. 104 die samarischen Orte Sichem und Garizim,[11] so dass es zum endgültigen Schisma kam. Die weitere Geschichte stellt die lang anhaltende Auswirkung der Abspaltung dar (Joh 4,9). Demgegenüber bleibt die Chronik ein Lehrbuch dafür, wie trotz aller politischen und kultischen Divergenzen die religiöse Einheit und politische Solidarität im Gottesvolk wiederhergestellt werden kann.

---

10 R. Albertz, Religionsgeschichte, 622.
11 Der Chronist vertritt keinesfalls die Vereinigung Israels im Sinne einer Eroberung bzw. Judaisierung, s.o. Kap. 4, bosonders 4.4.2.2 und E. Ben Zvi, Ideological Constructions, 4/13.

Abkürzungsverzeichnis

Die Abkürzungen entsprechen im Wesentlichen S.M. Schwertner, Internationales Abkürzungsverzeichnis für Theologie und Grenzgebiete, Berlin und New York ²1992. Zusätzliche Abkürzungen sind folgendermaßen aufzulösen:

Ant.	Flavius Josephus, Antiquitates
chr	chronistisch
Chr	der Chronist
ChrG	Chronistisches Geschichtswerk
dtn	deuteronomisch
dtr	deuteronomistisch
Dtr	der Deuteronomist, die Deuteronomisten = Verfasser des DtrG
Dtr¹	der erste Deuteronomist = Verfasser des DtrG¹ nach dem Modell von F.M. Cross
DtrG¹	erstes Deuteronomistisches Geschichtswerk nach dem Modell von F.M. Cross
DtrG	Deuteronomistisches Geschichtswerk
EIN	Biblische Ausgabe, Einheitsübersetzung
ELB	Biblische Ausgabe, Revidierte Elberfelder
hiph.	Hif'il
LXX	Septuaginta, (Hg. v. A. Rahlfs), Stuttgart 1935 = 1965.
MT	Masoretischer Text, Biblia Hebraica Stuttgartensia
ni.	Nif'al
pers.	Person
pi.	Pi'el
pl.	Plural
sing.	Singular

Literaturverzeichnis

1. Quellen und Hilfsmittel

Bendavid, A., Parallels in the Bible, Jerusalem 1972.

Botterweck, J. u.a., Theologisches Wörterbuch zum Alten Testament, Iff., Stuttgart u.a. 1970ff.

Elliger, K. (Hg.), Biblia Hebraica Stuttgartensia, Stuttgart 1984.

Galling, K. (Hg.), Religion in Geschichte und Gegenwart, Handwörterbuch für Theologie und Religionswissenschaft, Tübingen 1957ff.

Gesenius, W. - Buhl, F., Hebräisches und Aramäisches Handwörterbuch über das Alte Testament, Leipzip 1915 (Nachdruck, Berlin u.a. 1962).

Jenni, E. - Westermann, C. (Hg.), Theologisches Handwörterbuch zum Alten Testament, 2 Bde., München und Zürich 1971-1976.

Josephus, F., Antiquitates, Jewish Antiquitates, Book IX-XI (ed. R. Marcus) London 1966; Flavius Josephus Jüdische Altertümer, Bd. 1, H. Clementz (Übers.), Wiesbaden 1989.

Kegler, J. - Augustin, M., Synopse zum Chronistischen Geschichtswerk (BEAT 1), Frankfurt am Main u.a. ²1991.

Kittel, R. (Hg.), Biblia Hebraica, Stuttgart 1966.

Köhler, L. - Baumgartner, W., Hebräisches und aramäisches Lexikon zum Alten Testament, 3. Aufl. neu bearbeitet von W. Baumgartner, unter Mitarbeit von B. Hartmann u.a., 5 Bde., Leiden 1967-1995.

2. Kommentare

Becker, J., 1 Chronik (NEB 18), Würzburg 1986.

_____ , 2 Chronik (NEB 20), Würzburg 1988.

_____ , Esra/Nehemia (NEB 25), Würzburg 1990.

Braun, R.L., I Chronicles (WBC 14), Waco/Texas 1986.

Coggins, R.J., The First and Second Books of the Chronicles (CBC), Cambridge 1976.

Curtis, E.L. - Madsen, A.A., A Critical and Exegetical Commentary on the Books of Chronicles (ICC 11), Edinburgh 1910, ²1952.

De Vries, S.J., 1 and 2 Chronicles (FOTL 11), Grand Rapids 1989.

Dillard, R.B., 2 Chronicles (WBC 15), Waco/Texas 1987.

Fritz, V., Das Buch Josua (HAT 1/7), Tübingen 1994.

Gerstenberger, E.S., Das dritte Buch Mose Leviticus (ATD 6), Göttingen [6]1993.

Japhet, S., 1 Chronik (HThKAT 16), Freiburg 2002.

___ , 2 Chronik (HThKAT 17), Freiburg 2003.

Johnstone, W., 1 and 2 Chronicles. Bde. 1, 1 Chronicles 1- 2 Chronicles 9. Israel's Place among the Nations (JSOT.S 253), Sheffield 1997.

___ , 1 and 2 Chronicles. Bde. 2, 2 Chronicles 10-36. Guilt and Atonement (JSOT.S 254), Sheffield 1997.

Kittel, R. - Siegfried, C., Die Bücher der Chronik. Esra, Nehemia und Esther (HAT 6), Göttingen 1901/2.

Meyer, I., Gedeutete Vergangenheit. Die Bücher der Könige – Die Bücher der Chronik (SKK.AT 7), Stuttgart 1994.

Myers, J.M., I Chronicles. Introduction, Translation, and Notes (AncB 12), Garden City, New York 1965.

___ , J.M., II Chronicles. Translation and Notes (AncB 13), Garden City, New York 1965.

Noth, M., Könige. I Könige 1-16 (BKAT 9/1), Neukirchen-Vluyn [2]1983.

___ , M., Das vierte Buch Mose Numeri (ATD 7), Göttingen [2]1973.

Pohlmann, K.-F., Das Buch des Propheten Hesekiel (Ezechiel), Kapitel 1-19 (ATD 22/1), Göttingen 1996.

___ , K.-F., Das Buch des Propheten Hesekiel/Ezechiel, Kapitel 20-48 (ATD 22/2), Göttingen 2001.

Rudolph, W., Esra und Nehemia (HAT 20), Tübingen 1949.

___ , Chronikbücher (HAT I/21), Tübingen 1955.

Seebass, H., Numeri 10,11-22,1 (BKAT IV/2), Neukirchen-Vluyn 1993ff.

Thompson, J.A., 1, 2 Chronicles (NAC 9), Nashville Tennessy 1994.

Werlitz, J., Die Bücher der Könige (NSK.AT 8), Stuttgart 2002.

Willi, Th., Chronik (BKAT 24/1), Neukirchen-Vluyn 1991.

___ , Chronik (BKAT 24/2), Neukirchen-Vluyn 1999.

Williamson, H.G.M., 1 and 2 Chronicles (NIC), Grand Rapids, London 1982.

___ , Ezra, Nehemiah (WBC 16), Waco TX 1985.

Würthwein, E., Die Bücher der Könige. 1. Kön 17-2. Kön 25 (ATD 11/2), Göttingen 1984.

___ , Die Bücher der Könige. 1. Kön 1-16 (ATD 11,1), Göttingen, Zürich [2]1985.

Zimmerli, W., Ezechiel (BKAT 13), 2 Bde., Neukirchen-Vluyn 1969.

3. Monographien, Sammelbände und Aufsätze

Ackroyd, P.R., Samaria, in: W. Thomas (Hg.), Archaeology and Old Testament study. Jubilee Volume of the Society for Old Testament Study, 1917-1967, Oxford 1967, 343-354.

___ , The Chronicler as Exegete, JSOT 2 (1977) 2-32.

___ , The Biblical Interpretation of the Reigns of Ahaz and Hezekia, in: W.B. Barrick u.a. (Hg.), In the Shelter of Elyon: Essays on Ancient Palestinian Life and Literature in Honor of G.W. Ahlström (JSOT.S 31), Sheffield 1984, 247-259.

Albertz, R., Religionsgeschichte Israels in Alttestamentlicher Zeit (GAT 8), 1 Bde., Göttingen 1992, ²1996.

___ , Religionsgeschichte Israels in Alttestamentlicher Zeit (GAT 8), 2 Bde., Göttingen 1992, ²1997.

___ , Die verhinderte Restauration, in: E. Blum (Hg.), Mincha. Festgabe für Rolf Rendtorff, Neukirchen-Vluyn, 2000, 1-12 = I. Kottsieper u.a. (Hg.), Geschichte und Theologie. Studien zur Exegese des Alten Testaments und zur Religionsgeschichte Israels (BZAW 326), Berlin/ New York 2003, 321-333.

___ , An End to the Confusion? Why the Old Testament Cannot Be a Hellenistic Book! in: L.L. Grabbe (Hg.) Did Moses Speak Attic? (JSOT.S 317 = European Seminar in Historical Methodology 3) Sheffield 2001, 30-46.

___ , Die Exilszeit. 6. Jahrhundert v.Chr. (Biblische Enzyklopädie 7) Stuttgart u.a. 2001.

Allen, L.C., Kerygmatic Units in 1 & 2 Chronicles, JSOT 41 (1988) 21-36.

Auld, A.G., Kings without Privilege: David and Moses in the Story of the Bible's Kings, Edinburgh 1994.

Bächli, O., Verhinderung von Kriegen, TZ 52 (1996) 289-298.

Barker, M., Hezekiah's Boil, JSOT 95 (2001) 31-42.

Barnes, W.H., Non-synoptic Chronological References in the Books of Chronicles, in: M.P. Graham u.a. (Hg.), The Chronicler as Historian (JSOT.S 238), Sheffield 1997, 106-131.

Barrick, W. B., Dynastic Politics, Priestly Succession, and Josiah's Eighth Year, ZAW 112 (2000) 564-582.

___ , The King and the Cemeteries. Toward a New Understanding of Josiah's Reform (VT.S 88), Leiden u.a. 2002.

Becking, B., The Fall of Samaria. A Historical and Archaeological Study (Studies in the history of the ancient Near East 2), Leiden u.a. 1992.

___ , From Apostasy to Destruction. A Josianic View on the Fall of Samaria (2 Kings 17,21-23), in: M. Vervenne u.a. (Hg.), Deuteronomy and Deuteronomic Literature. FS C.H.W. Brekelmans (BEThL 133), Leuven 1997, 279-297.

Bedford, P.R., Temple Restoration in early Achaemenid Judah (Supplements to the Journal for the Study of Judaism 65), Leiden 2001.

___ , Diaspora: Homeland Relations in Ezra-Nehemiah, VT 52 (2002) 147-165.

Beentjes, P.C., Tradition and Transformation. Aspects of Innerbiblical Interpretation in 2 Chronicles 20, Bib. 74 (1993) 258-268.

___ , King Jehoshapat's Prayer. Some Remarks on 2 Chronicles 20,6-13, BZ 38 (1994) 264-270.

___ , Jerusalem in the Book of Chronicles, in: M. Poorthuis u.a. (Hg.), The centrality of Jerusalem. Historical perspectives, Kampen 1996, 15-28.

___ , Identity and Community in the Book of Chronicles: The Role and Meaning of the Verb התיחש, ZAH 12,2 (1999) 233-237.

Begg, Ch.T., Hezekiah's Display (2 Kgs 20,12-19), BN 38/39 (1987) 14-18.

___ , The Deuteronomistic Retouching of the Portrait of Hezekiah in 2 Kgs 20,12-19, BN 38/39 (1987) 7-13.

___ , The Death of Josiah in Chronicles: Another View, VT 37 (1987) 1-8.

___ , Hezekiah's Display: Another Parallel, BN 41 (1988) 7-8.

___ , Babylon and Judah in Chronicles, EThL 64 (1988) 142-151.

___ , Constructing a Monster: The Chronicler's Sondergut in 2 Chronicles 21, ABR 37 (1989) 35-51.

___ , Ahaz, King of Judah according to Josephus, SJOT 10 (1996) 28-51.

___ , The Ark in Chronicles, in: M.P. Graham u.a. (Hg.), The Chronicler as Theologian. Essays in Honor of Ralph W. Klein. FS Klein, Ralph W. (JSOT.S 371), Sheffield 2003, 133-145.

Ben Zvi, E., The List of the Levitical cities, JSOT 54 (1992) 77-106.

___ , A Gateway to the Chronicler's Teaching: The Account of the Reign of Ahaz in 2 Chr 28,1-27, SJOT 7 (1993) 216-249.

___ , A Sense of Proportion, SJOT 9 (1995) 37-51.

___ , Inclusion in and Exclusion from Israel as Conveyed by the Use of the Term 'Israel' in Post-Monarchie Biblical Texts, in: S.W. Holloway u.a. (Hg.), The Pitscher is Broken. Memorial Essays for Götsta W. Ahlström. (JSOT.S 190) Sheffield 1995, 95-149.

___ , The Chronicler as a Historian: Building Texts, in: M.P. Graham u.a. (Hg.), The Chronicler as Historian (JSOT.S 238), Sheffield 1997, 106-131.

___ , When the Foreign Monarch Speaks, in: M.P. Graham u.a. (Hg.), The Chronicler as Author. Studies in Text and Texture (JSOT.S 263), Sheffield 1999, 209-228.

___ , Malleability and Its Limits. Sennacherib's Campaign against Judah as a Case-study, in: L.L. Grabbe (Hg.), Like a Bird in a Cage. The Invasion of Sennacherib in 701 BCE (JSOT.S 363 = European seminar in historical methodology 4), Sheffield 2003, 73-105.

___ , The Secession of the Northern Kingdom in Chronicles: Accepted 'Facts' and New Meanings, in: M.P. Graham u.a. (Hg.), The Chronicler as as Theologian: Essays in Honor of Ralph W. Klein (JSOT.S 371) London 2003, 61-88.

___ , Ideological Constructions of Non-Yehudite/Peripheral Israel in Achaemenid Yehud: The Case of Chronicles, SBL 2004 Seminar Papers, Groningen 2004.

Bickerman, E., The Generation of Ezra and Nehemiah, in: E. Bickerman, Studies in Jewish and Christian History. Part Three 3 (AGJU 9), Leiden 1978/1986, 299-326.

Bickert, R., König Ahas und der Prophet Jesaja. Ein Beitrag zum Problem des syrisch-ephraimitischen Krieges, ZAW 99 (1987) 361-384.

Blum, E., Der kompositionelle Knoten am Übergang von Jos zu Ri., in: M. Vervenne u.a. (Hg.), Deuteronomy and Deuteronomic Literature. FS C.H.W. Brekelmans (BEThL 133), Löwen 1997, 181-212.

Boer, Roland T., Utopian politics in 2 Chronicles 10-13, in: M.P. Graham u.a. (Hg.), The Chronicler as Author. Studies in Text and Texture (JSOT.S 263), Sheffield 1999, 360-394.

Böhler, D., Die heilige Stadt in Esdras α' und Esra-Nehemia. Zwei Konzeptionen der Wiederherstellung Israels (OBO 158), Freiburg, 1997.

Bolin, Th.M., When the End is the Beginning: the Persian Period and the Origins of the Biblical Tradition, SJOT 10 (1996) 3-15.

___ , The Making of the Holy City: On the Foundation of Jerusalem in the Hebrew Bible, in: Th. Thompson (Hg.), Jerusalem in Ancient History and Tradition (JSOT.S 381), London u.a. 2003, 171-196.

Borowski, O., Hezekiah's Reforms and the Revolt against Assyria, BA 58 (1995) 148-155.

Botha, Ph., 'No King like Him ...' Royal Etiquette according to the Deuteronomistic Historian, in: J.C. de Moor u.a. (Hg.), Past, Present, Future. The Deuteronomistic History and the Prophets (OT.S 44), Leiden u.a. 2000, 36-49.

Braun, R.L., Solomonic Apologetic in Chronicles, JBL 92 (1973) 503-516.

___ , Reconsideration of the Chronicler's Attitude towards the North, JBL 96 (1977) 59-62.

___ , 1 Chronicles 1-9 and the Reconstruction of the History of Israel: Thoughts on the Use of Genealogical Data in Chronicles in the Reconstruction of the History of Israel, in: M.P. Graham u.a. (Hg.), The Chronicler as Historian (JSOT.S 238), Sheffield 1997, 92-105.

Broshi, M., The Expansion of Jerusalem in the Reigns of Hezekiah and Manasseh, IEJ 24 (1974), 21-26 (= M. Broshi, Bread, Wine, Walls and Scrolls (JSPE.S 36), London u.a. 2001, 174-180).

Budd, P., מעל in Leviticus 5.14-19 and other Sources: Response to William Johnstone, in: J.F.A. Sawyer, Reading Leviticus: A Conversation with Mary Douglas (JSOT.S 227), Sheffield 1996, 256-259.

Campbell, E.F., A Land Divided. Judah and Israel from the Death of Solomon to the Fall of Samaria, in: M.D. Coogan (Hg.), The Oxford History of the Biblical World, New York u.a. 1998, 273-319.

Carroll, R.P., Exile, Restoration, and Colony: Judah in the Persian Empire, in: LG. Perdue (Hg.), The Blackwell Companion to the Hebrew Bible (Blackwell companions to religion 3), Oxford u.a. 2001, 102-116.

Cataldo, J., Persian Policy and the Yehud Community during Nehemiah, JSOT 28 (2003) 240-252.

Claburn, W.E., The Fiscal Basis of Josiah's Reforms, JBL 92 (1973) 11-22.

Cogan, M., For We, Like You, Worship Your God: Three Biblical Portrayals of Samaritan Origins, VT 38 (1988), 286-292.

___ , Sennacherib's Siege of Jerusalem. Once or twice?, BAR 27,1 (2001) 40-45; 69.

Cross, F.M., The Themes of the Book of Kings and the Structure of the Deuteronomistic History, in: Ders, Canaanite myth and Hebrew epic: Essays in the History of the Religion of Israel, Cambridge, Mass. u.a. 1973, 274-289.

___ , A Reconstruction of the Judean Restoration, JBL 94 (1975) 4-18 = Int 29 (1975) 187-203.

Danell, G.A., Studies in the Name Israel in the Old Testament, Upsala 1946.

Davies, P.R., Definding the Boundaries of Israel in the Second Temple Period: 2 Chronicles 20 and the 'Salvation Army', in: E. Ulrich (Hg.), Priests, Prophets and Scribes: Essays on the Formation and Heritage of Second Temple Judaism in Honour of Joseph Blenkinsopp, FS J. Blenkinsopp (JSOT.S 149), Sheffield 1992, 43-54.

De Vries, S.J., Moses and David as Cult Founders in Chronicles, JBL 107 (1988) 619-639.

___ , Festival Ideology in Chronicles, in: H.T.C. Sun u.a. (Hg.), Problems in Biblical Theology: Essays in Honor of Rolf Knierim, Grand Rapids /Michigan u.a. 1997, 104-124.

Deboys, D.G., History and Theology in the Chronicler's Portrayal of Abijah, Bib. 71 (1990) 48-62.

Delcor, M., Hinweise auf das samaritanische Schisma im Alten Testament, ZAW 74 (1962) 281-291 (= in: F. Dexinger, u.a. (Hg.), Die Samaritaner (WdF 604), Darmstadt 1992, 250-262).

Demsky, A., The Chronicler's Description of the Common Border of Ephraim and Manasseh, in: G. Galil (Hg.), Studies in Historical Geography and Biblical Historiography (VT.S 81), Leiden 2000, 8-13.

Dennerlein, N., Die Bedeutung Jerusalems in den Chronikbüchern (BEAT 46), Bern 1999.

Dequeker, L., 1 Chronicles XXIV and the Royal Priesthood of the Hasmoneans, in: Ders., Crises and Perspectives. Studies in Ancient Near Eastern Polytheism, Biblical Theology, Palestinian Archaeology and Intertestamental Literature; Papers read at the Joint British-Dutch Old Testament Conference held at Cambridge, U.K., 1985 (OTS 24), Leiden 1986, 94-106.

___ , Nehemiah and the Restoration of the Temple after the Exile, in: M. Vervenne u.a. (Hg.), Deuteronomy and Deuteronomic literature. FS C.H.W. Brekelmans (BEThL 133), Leuven 1997, 547-567.

Dever, W.G., The Silence of the Text: An Archaeological Commentary on 2 Kings 23, in: M.D. Coogan u.a. (Hg.), Scripture and Other Artifacts: Essays on the Bible and Archaeology in Honor of Philip J. King. FS Ph.J. King, Louisville, 1994, 143-168.

Dexinger, F., Der Ursprung der Samaritaner im Spiegel der frühen Quellen, in: Ders. u.a. (Hg.), Die Samaritaner (WdF 604), Darmstadt 1991/1992, 67-140.

Diebner, B.J., Überlegungen zum „Brief des Elia" (2 Chr 21,12-15), DBAT 23 (1986) 66-97.

___ , Die antisamaritanische Polemik im TNK als konfessionelles Problem, in: S. Wagner u.a. (Hg.), (Anti-)Rassistische Irritationen: biblische Texte und interkulturelle Zusammenarbeit, Berlin 1994, 69-92.

Dillard, R.B.: Reward and Punishment in Chronicles: the Theology of Immediate Retribution, WThJ 46 (1984) 164-172.

___ , The Chronicler's Jehoshaphat, TJNS 7 (1986) 17-22.

Dirksen, P.B., The Development of the Text of I Chronicles 15:1-24, Henoch 17 (1995) 267-277.

___ , I Chronicles 16:38: It's Background and Growth, JNWSL 22 (1996) 85-90.

___ , Why was David Disqualified as Temple Builder? The Meaning of 1 Chronicles 22.8, JSOT 70 (1996) 51-56.

___ , The Composition of 1 Chronicles 26:20-32, JNWSL 24 (1998) 145-155.

___ , 1 Chronicles 5:1-2, JNSL 25 (1999) 17-23.

___ , The Future in the Book of Chronicles, in: P.J. Harland (Hg.), New Heaven and New Earth-Prophecy and the Millennium: Essays in Honour of Anthony Gelston. FS A. Gelston (VT.S 77), Leiden 1999, 37-51.

Donner, H., Geschichte des Volkes Israel und seiner Nachbarn in Grundzügen (GAT 4) Bde. 2, Göttingen 1987, ²1995.

Dörrfuß, E.M., Mose in den Chronikbüchern. Garant theokratischer Zukunftserwartung (BZAW 219), Berlin / New York 1994.

Douglas, M., Responding to Ezra: The Priests and the Foreign Wives, BibInt. 10 (2002) 1-23.

Duke, R.K., Punishment or Restoration? Another Look at the Levites of Ezekiel 44.6-16, JSOT 40 (1988) 61-81.

___ , A Model for a Theology of Biblical Historical Narratives: Proposed and Demonstrated with the Books of Chronicles, in: M.P. Graham u.a. (Hg.), History and Interpretation: Essays in Honour of John H. Hayes. FS John H. Hayes (JSOT.S 173), Sheffield 1993, 65-77.

___ , A Rhetorical Approach to Appreciating the Books of Chronicles, in: M.P. Graham (Hg.), The Chronicler as Author. Studies in Text and Texture (JSOT.S 263), Sheffield 1999, 100-135.

Dyck, J.E., The Ideology of Identity in Chronicles, in: M.G. Brett (Hg.), Ethnicity and the Bible (Biblical interpretation series 19), Leiden u.a. 1996, 89-116.

Egger, R., Josephus Flavius und die Samaritaner. Eine terminologische Untersuchung zur Identitätsklärung der Samaritaner (NTOA 4), Freiburg 1986.

Elgavish, D., Baasha's War against Asa, in: G. Galil u.a., Studies in Historical Geography and Biblical Historiography, Leiden u.a. 2000, 141-149.

Endres, J.C., Theology of Worship in Chronicles, in: M.P. Graham u.a. (Hg.) The Chronicler as as Theologian: Essays in Honor of Ralph W. Klein (JSOT.S 371), London 2003, 165-188.

Eskenazi, T.C., A Literary Approach to Chronicles' Ark Narrative in 1 Chronicles 13-16, in: A.B. Beck (Hg.), Fortunate the Eyes That See: Essays in Honor of David Noel Freedman in Celebration of his Seventieth Birthday. FS David Noel Freedman, Grand Rapids, Mich. 1995, 258-274.

Esler, Ph.F., Ezra-Nehemiah as a Narrative of (re-invented) Israelite Identity, BibInt. 11 (2003) 413-426.

Estes, D.J., Metaphorical Sojourning in 1 Chronicles 29:15, CBQ 53 (1991) 45-49.

Fabry, H.-J., Der Altarbau der Samaritaner – ein Produkt der Text- und Literargeschichte?, in: U. Dahmen u.a. (Hg.), Die Textfunde vom

Toten Meer und der Text der Hebräischen Bibel, Neukirchen-Vluyn 2000, 35-52.

Feldman, L.H., Josephus's Portrait of Hezekiah, JBL 111 (1992) 597-610.

Finkelstein, I., Environmental Archaeology and Social History: Demographic and Economic Aspects of the Monarchic Period, in: A. Biran u.a. (Hg.), Biblical Archaeology Today, 1990, Jerusalem 1993, 56-66.

___ , The Archaeology of the Days of Manasseh, in: M.D. Coogan u.a. (Hg.), Scripture and Other Artefacts: Essays on the Bible and Archaeology in Honour of Philip J. King, F.S. Ph.J. King, Louisville 1994, 169-187.

___ , - Silberman, N.A., Keine Posaunen vor Jerico. Die archäologische Wahrheit über die Bibel, (übersetzt von M. Magall), C.H.Beck, 2003.

Flanagan, J.W., David's Social Drama: a Hologram of Israel's early Iron Age (JSOT.S 73 = The social world of biblical antiquity series 7), Sheffield 1988.

Frank. M.C., A Bulla of Hezekiah, King of Judah, in: P.H. Jr. Williams u.a. (Hg.), Realia Dei: Essays in Archaeology and Biblical Interpretation in Honor of Edward F. Campbell, Jr. at his Retirement, FS Edward F. Campbell, Atlanta, Ga. 1999, 62-66.

Freedman, D.N., The Chronicler's Purpose, CBQ 23 (1961) 436-442.

Frey, J., Temple and Rival Temple - The Cases of Elephantine, Mt. Gerizim, and Leontopolis, in: B. Ego u.a. (Hg.), Gemeinde ohne Tempel. zur Substituierung und Transformation des Jerusalemer Tempels und seines Kults im Alten Testament, antiken Judentum und frühen Christentum (WUNT 118), Tübingen 1999, 171-203.

Fries, J., "Im Dienst am Hause des Herrn". Literaturwissenschaftliche Untersuchungen zu 2 Chr 29-31. Zur Hiskijatradition in Chronik (ATS AT 60), St. Ottilien 1998.

Fritz, V., The ‚List of Rehoboam's Fortresses' in 2 Chr. 11:5-12 – A Document from the Time of Josiah, Eretz Israel 15 (1981) 46-53.

Gabriel, I., Friede über Israel. Eine Untersuchung zur Friedenstheologie in Chronik I 10 - II 36 (ÖBS 10), Klosterneuburg 1990.

Galil, G., The Chronicler's Genealogies of Ephraim, BN 56 (1991) 11-14.

___ , The Last Years of the Kingdom of Israel and the Fall of Samaria, CBQ 57 (1995) 52-65.

Gelston, A., The End of Chronicles, SJOT 10 (1996) 53-60.

Gerleman, G. - Ruprecht, E., דרשׁ, THAT 1, 1991, ⁵1995, 460-467.

Gerson, S.N, Fractional coins of Judea and Samaria in the Forth Century BCE, Near Eastern Archaeology 64 (2001) 106-121.

Glatt-Gilad, D.A., Regnal Formulae as a Historiographic Device in the Book of Chronicles, RB 108 (2001) 184-209.

Gleßler, U. Leviten in spät-nachexilischer Zeit. Darstellungsinteressen in den Chronikbüchern und bei Josephus, in: M. Albani u.a. (Hg.), Gottes Ehre erzählen. FS für Hans Seidel, Leipzig 1994, 127-151.

Grabbe, L.L., Josephus and the Reconstruction of the Judean Restoration, JBL 106 (1987) 231-246.

____ , Triumph of the Pious or Failure of the Xenophobes? The Ezra-Nehemiah Reforms and their Nachgeschichte, in: S. Jones u.a. (Hg.), Jewish Local Patriotism and Self-Identification in the Graeco-Roman period (JSPE.S 31), Sheffield 1998, 50-65.

____ , Betwixt and Between: The Samaritans in the Hasmonean Period, in: P.R. Davies u.a. (Hg.), Second Temple Studies III (JSOT.S 340), Sheffield 2002, 202-236.

Graham, M. P., Aspects of the Structure and Rhetoric of 2 Chronicles 25, in: M.P. Graham u.a. (Hg.), History and Interpretation: Essays in Honour of John H. Hayes. FS John H. Hayes (JSOT.S 173), Sheffield 1993, 78-89.

____ , The Utilization of 1 and 2 Chronicles in the Reconstruction of Israelite History in the Nineteenth Century (SBL.DS 116), Atlanta, Ga. 1989.

____ , Setting the heart to seek God: Worship in 2 Chronicles 30.1-31.1, in: M.P. Graham u.a. (Hg.), Worship and the Hebrew Bible. FS John T. Willis (JSOT.S 284), Sheffield 1999, 124-141.

Greenberg, M., The Design and Themes of Ezekiel's Program of Restoration, in: J.L. Mays u.a. (Hg.), Interpreting the Prophets. Philadelphia 1995, 215-236 = Int 38 (1984) 181–208.

Grol, H.W.M. van, 'Indeed, Servants We Are'. Ezra 9, Nehemiah 9 and 2 Chronicles 12 Compared, in: B. Becking u.a. (Hg.), The Crisis of Israelite Religion. Transformation of Religious Tradition in Exilic and Post-Exilic Times (OTS 42), Leiden u.a. 1999, 209-227.

Haag, H., Das Mazzenfest des Hiskia, in: Ders., Das Buch des Bundes: Aufsätze zur Bibel u. zu ihrer Welt, Bernhard Lang, Düsseldorf 1980, 216-225.

____ , Das hellenistische Zeitalter (Biblische Enzyklopädie 9), Stuttgart 2003.

Halligan, J.M., Conflicting Ideologies Concerning the Second Temple, in: P.R. Davies u.a. (Hg.), Second Temple Studies III (JSOT.S 340), Sheffield 2002, 108-115.

Halpern, B., Sacred History and Ideology: Chronicles' Thematic Structure - Indications of an Earlier Source, in: R.E. Friedman (Hg.), The Creation of Sacred Literature. Composition and Redaction of the Biblical Text (University of California publications: Near Eastern studies 22), Berkeley u.a. 1981, 35-54.

___ , Jerusalem and Lineages in the seventh century BCE: Kinship and the Rise of Individual Moral Liability, Ders u.a. (Hg.) Law and Ideology in Monarchic Israel (JSOT.S 124) 1993, 11-107.

___ , Sybil, or the Two Nations? Archaism, Alienation and the Elite Redefinition of Traditional Cultur in Judah in the 8th-7th Centuries BCE, in: J. Cooper (Hg.), The Study of the Near East in the Twenty-First Century. The William Foxwell Allbright Centennial Conference, Winona Lake, 1996, 291-338.

___ , Why Manasseh is Blamed for the Babylonian Exile: The Evolution of a Biblical Tradition, VT 48 (1998) 473-514.

Handy, L.K., Hezekiah's Unlikely Reform, ZAW 100 (1988) 111-115.

Hanson, P.D., 1 Chronicles 15-16 and the Chronicler's Views on the Levites, in: M. Fishbane (Hg.), "Sha'arei Talmon": Studies in the Bible, Qumran, and the Ancient Near East, FS Talmon, Shemaryahu, Winona Lake, Ind. 1992, 69-77.

Haran, M., Between Royal Annals and Literary Sources: The Books of the Chronicles of the Kings of Judah and Israel What Were They?, in: B.A. Levine (Hg.), Eretz-Israel. Archaeological, Historical and Geographical 26. Frank Moore Cross volume studies, Jerusalem 1999, 45-48.

___ , The Books of the Chronicles 'of the Kings of Judah' and 'of the Kings of Israel': What Sort of Books Were They?, VT 49 (1999) 156-164.

Hardmeier, Ch., König Joschija in der Klimax des DtrG (2Reg 22f.) und das vordtr Dokument einer Kultreform am Residenzort (23,4-15), in: R. Lux (Hg.), Erzählte Geschichte. Beiträge zur narrativen Kultur im alten Israel. (Biblisch-theologische Studien 40), Neukirchen-Vluyn 2000, 81-145.

Harper, L. - Milgrom, J., משמרת, ThWAT V (1986) 78-85.

Hayes, J.H. u.a., The Final Years of Samaria (730-720 BC), Bib. 72 (1991) 153-181.

Henning-Hess, H., Kult als Norm. Die Rezeption der vorexilischen Geschichte Israels in den Chronikbüchern aufgrund ihrer Darstellung von Priestern und Leviten, Kult und Königtum. Diss. Heidelberg 1997.

Hess, R.S., Hezekiah and Sennacherib in 2 Kings 18-20, in: R.S. Hess u.a. (Hg.), Zion, City of our God, Grand Rapids, Mich. u.a. 1999, 23-41.

Hill, A.E., Patchwork Poetry or Reasoned Verse? Connective Structure in 1 Chronicles XVI, VT 33 (1983) 97-101.

Hjelm, I., Cult Centralization as a Device of Cult Control?, SJOT 13 (1999) 298-309.

____ , The Samaritans and Early Judaism. A Literary Analysis (JSOT.S 303 = Copenhagen International Seminar 7), Sheffield 2000.

____ , Brothers Fighting Brothers. Jewisch and Samaritan Ethnocentrism in Tradition and History, in: Th. Thompson (Hg.), Jerusalem in Ancient History and Tradition. (JSOT.S 381 = Copenhagen International Seminar 13), London u.a. 2003, 197-222.

Hoffmann, H.-D., Reform und Reformen: Untersuchungen zu einem Grundthema der Deuteronomistischen Geschichtsschreibung (ATANT 66), Zürich 1980.

Hooker, P.K. u.a., The Year of Josiah's Death: 609 or 610 BCE?, in: J.A. Dearman (Hg.), The Land that I Will Show You: Essays on the History and Archaeology of the Ancient Near East in Honor of J. Maxwell Miller (JSOT.S 343), Sheffield 2001, 96-103.

Houtman, C., Ezra and the Law, OTS 21 (1981) 91-115.

Hurvitz, A., Terms and Epithets Relating to the Jerusalem Temple Compound in the Book of Chronicles: The Linguistic Aspect, in: D.P. Wright, u.a. (Hg.), Pomegranates and Golden Bells. Studies in Biblical, Jewish, and Near Eastern Ritual, Law, and Literature in Honor of Jacob Milgrom. FS J. Milgrom, Winona Lake, Indiana 1995, 165-183.

Im, T.-S., Das Davidbild in den Chronikbüchern, Bonn 1984.

Jagersma, H., The Tithes in the Old Testament, in: Remembering all the Way... (OTS 21) Leiden, 1981, 116-128.

Japhet, S., The Supposed Common Authorship of Chronicles and Ezra-Nehemia Investigated Anew, VT (1968) 330-71.

____ , Conquest and Settlement in Chronicles, JBL 98 (1979) 205-218.

____ , People and Land in the Restoration Period, in: G. Strecker (Hg.), Das Land Israel in biblischer Zeit (GTA 25), Göttingen 1983, 103-125.

____ , 'Law' and 'the Law' in Ezra-Nehemiah, in: Proceedings of the Ninth World Congress of Jewish Studies, 1985, 99-115.

____ , The Historical Reliability of Chronicles. The History of the Problem and Its Place in Biblical Research, JSOT 33 (1985) 83-107.

____ , The Ideology of the Book of Chronicles and Its Place in Biblical Thought (BEAT 9), (übersetzt von Anna Barber), Frankfurt am Main u.a. 1989, ²1997.

____ , The Relationship between Chronicles and Ezra-Nehemiah, in: J.A. Emerton (Hg.), International Organization for the Study of the Old Testament. (VT.S 43 = Internationaler Kongreß für alttestamentliche Bibelwissen-schaften 13), Leiden u.a. 1991, 298-313.

____ , The Temple in the Restoration Period: Reality and Ideology, Union Seminary Quarterly Review 44 (1991) 195-252.

___ , The Israelite Legal and Social Reality as Reflected in Chronicles: A Case Study, in: M. Fishbane u.a. (Hg.), "Sha'arei Talmon": Studies in the Bible, Qumran, and the Ancient Near East. FS Talmon, Winona Lake, Ind. 1992, 79-92.

___ , The Distribution of the Priestly Gifts according to a Document of the Second Temple Period, in: M.V. Fox u.a. (Hg.), Texts, Temples, and Traditions: a Tribute to Menahem Haran. FS M. Haran, Winona Lake, Indiana, 1996, 3-20.

___ , Exile and Restoration in the Book of Chronicles, in: B. Becking u.a. (Hg.), The Crisis of Israelite Religion. Transformation of Religious Tradition in Exilic and Post-Exilic Times (OTS 42), Leiden u.a. 1999, 33-44.

___ , Postexilic Historiography: Israel Constructs its History, 2000, 144-173.

___ , "Chronikbücher", in: RGG⁴ 2 (1999) 344-348.

Johnson, B., מִשְׁפָּט, ThWAT V (1986) 93-107.

Johnstone, W., Guilt and Atonement: the Theme of 1 and 2 Chronicles, in: J.D. Martin u.a. (Hg.), A Word in Season (JSOT.S 42), Sheffield 1986, 113-140.

___ , The Use of Leviticus in Chronicles, in: J.F.A. Sawyer (Hg), Reading Leviticus: A Conversation with Mary Douglas (JSOT.S 227), Sheffield 1996, 243-255.

___ , Chronicles and Exodus. An Analogy and its Application (JSOT.S 275), Sheffield 1998.

Jonker, L.C., Completing the Temple with the Celebration of Josiah's Passover?, OTE 15 (2002) 381-397.

___ , Reflections of King Josiah in Chronicles. Late Stages of the Josiah Reception in 2 Chr 34f. (TSzHB 2), Gütersloh 2003.

Kalimi, I., Die Abfassungszeit der Chronik – Forschungsstand und Perspektiven, ZAW 105 (1993) 223-233.

___ , Zur Geschichtsschreibung des Chronisten. Literarisch-historiographische Abweichungen der Chronik von ihren Parallel-texten in den Samuel- und Königsbüchern (BZAW 226), Berlin u.a. 1995.

___ , Was the Chronicler a Historian? In: Graham, M. P. u.a. (Hg.), The Chronicler as Historian (JSOT.S 238), Sheffield 1997, 73-91.

___ , Zion or Gerizim? The Association of Abraham and the Aqeda with Zion/Gerizim in Jewish and Samaritan sources, in: M. Lubetski u.a. (Hg.), Boundaries of the Ancient Near Eastern World. A Tribute to Cyrus H. Gordon. FS C.H. Gordon (JSOT.S 273), Sheffield 1998, 442-457.

____ , The Capture of Jerusalem in the Chronistic History, VT 52 (2002) 66-79.

____ , Jerusalem-The Divine City: The Representation of Jerusalem in Chronicles. Compared with Earlier and Later Jewish Compositons, in: M.P. Graham u.a. (Hg.), The Chronicler as Theologian (JSOT.S 307), Sheffield 2003, 189-205.

____ , The Date of the Book of Chronicles, in: J.H. Ellens u.a. (Hg.), God's Word for Our World, Bde.1. Biblical Studies in Honor of Simon John De Vries, London/New York 2004, 347-371.

Karrer, Ch., Ringen um die Verfassung Judas. Eine Studie zu den theologisch-politischen Vorstellungen im Esra-Nehemia-Buch (BZAW 308), Berlin u.a. 2001.

Kegler, J., Prophetengestalten im Deuteronomistischen Geschichtswerk und in den Chronikbüchern. Ein Beitrag zur Kompositions- und Redaktionsgeschichte der Chronikbücher, ZAW 105 (1993) 481-497.

Kellermann, D., עלה/עולה, ThWAT VI (²1989) 105-124.

Kellermann, U., Anmerkungen zum Verständnis der Tora in den chronistischen Schriften, BN 42 (1988) 49-92.

Kelly, B.E., Retribution and Eschatology in Chronicles (JSOT.S 211), Sheffield 1996.

Kieweler, H.V., Garizim - Geschichte eines heiligen Berges, in: J.A. Loader u.a. (Hg.), Vielseitigkeit des Alten Testaments. FS G. Sauer (Wiener alttestamentliche Studien 1), Frankfurt am Main u.a., 1999, 181-206.

Kippenberg, H.G., Garizim und Synagoge. Traditionsgeschichtliche Untersuchungen zur samaritanischen Religion der aramäischen Periode (Religionsgeschichtliche Versuche und Vorarbeiten 30), Berlin u.a. 1971.

Klein, R.W., Abijah's Campaign Against the North (II Chr 13) – What Were the Chronicler's Sources?, ZAW 95 (1983) 210-217.

____ , How Many in a Thousand?, in: M. Graham u.a (Hg.), The Chronicler as Historian (JSOT.S 238), Sheffield 1997, 270-282.

Kleinig, J.W., The Divine Institution of the Lord's Song in Chronicles, JSOT 55 (1992) 75-83.

____ , The Lord's Song: The Basis, Function and Significance of Choral Music in Chronicles (JSOT.S 156), Sheffield 1993.

____ , Recent Research in Chronicles, Currents in Research: Biblical Studies 2 (1994) 43-76.

Knoppers, G.N., Rehoboam in Chronicles: Villain of Victim?, JBL 109 (1990) 423-440.

___ , Two Nations Under God: The Deuteronomistic History of Solomon and the Dual Monarchies 1: The Reign of Solomon and the Rise of Jeroboam (HSM 52), Atlanta, 1993.

___ , "Yhwh is Not with Israel": Alliances as a Topos in Chronicles, CBQ 58 (1996) 601-626.

___ , History and Historiography: The Royal Reforms, in: M. Graham u.a. (Hg.), The Chronicler as Historian (JSOT.S 238), Sheffield 1997, 178-203.

___ , Hierodules, Priests, or Janitors? The Levites in Chronicles and the History of the Israelite priesthood, JBL 118 (1999) 49-72.

___ , Jerusalem at War in Chronicles, in: R.S. Hess u.a. (Hg.), Zion, City of our God. Grand Rapids, Mich. u.a. 1999, 57-76.

___ , Treasures Won and Lost: Royal (mis)appropriations in Kings and Chronicles, in: M. Graham u.a. (Hg.), The Chronicler as Author. Studies in Text and Texture (JSOT.S 263), Sheffield 1999, 181-208.

Koch, K., Gefüge und Herkunft des Berichts über die Kultreformen des Königs Josia, in: J. Hausmann u.a. (Hg.), Alttestamentlicher Glaube und biblische Theologie. FS H.D. Preuß, Stuttgart u.a. 1992, 80-92.

Koorevaar, H.J., Die Chronik als intendierter Abschluss des alttestamentlichen Kanons, Jahrbuch für evangelikale Theologie 11 (1997) 42-76.

Kratz, Die Komposition der erzählenden Bücher des Alten Testaments (UTB 2157), Göttingen, 2000.

Laato, A., Josiah and David Redivivus. The historical Josiah and the Messianic Expectations of Exilic and Postexilic Times (CB.OT 33), Stockholm 1992.

___ , The Levitical Genealogies in 1 Chronicles 5-6 and the Formation of Levitical Ideology in Post-exilic Judah, JSOT 62 (1994) 77-99.

Lang, B., Die Jahwe-allein-Bewegung. Neue Erwägungen über die Anfänge des biblischen Monotheismus, in: M. Oeming u.a. (Hg.), Der eine Gott und die Götter. Polytheismus und Monotheismus im antiken Israel (AThANT 82), Zürich 2003, 97-110.

Larsson, G., The Chronology of the Kings of Israel and Judah as a System, ZAW 114 (2002) 224-235.

Lorenz, W., For We Are Strangers Before Thee... 1Chr 29,15, ABQ 9 (1990) 268-280.

Lowery, R.H., The Reforming Kings: Cult and Society in First Temple Judah (JSOT.S 120), Sheffield 1991.

Maccoby, H., Holiness and Purity: the Holy People in Leviticus and Ezra-Nehemiah, in: J.F.A. Sawyer (Hg.), Reading Leviticus. A Conversation with Mary Douglas (JSOT.S 227), Sheffield 1996, 153-170.

Magen, Y., Mount Gerizim and the Samaritans, in: F. Manns u.a. (Hg.), Early Christianity in Context: Monuments and Documents (SBF.Cma, 38), Jerusalem 1993, 91-148.

___ , הר גריזים־עיר מקדש (Mt. Garizim – A Temple City), Qadmoniot 33,2 (2000) 74-118 (Hebräisch).

Maccoby, H., Holiness and Purity: The Holy People in Leviticus and Ezra-Nehemiah, (JSOT.S 227), Sheffield 1996, 153-170.

Margalith, O., The Political Background of Zerubabel's Mission and the Samaritan Schism, VT 41 (1991) 312-323.

Mason, R., Preaching the Tradition. Homily and Hermeneutics after the Exile; Based on the 'Addresses' in Chronicles, the 'Speeches' in the Books of Ezra and Nehemiah and the Post-Exilic Prophetic Books, Cambridge u.a. 1990.

Mathys, H.-P., Vom Anfang und vom Ende. Fünf alttestamentliche Studien (BEAT 47), Frankfurt am Main u.a. 2000.

Meier, W., ".. Fremdlinge, die aus Israel gekommen waren ...". Eine Notiz in 2 Chronik 30,25f. aus der Sicht der Ausgrabungen im judäischen Viertel der Altstadt von Jerusalem, BN 15 (1981) 40-43.

Meyers, E.M., The Persian Period and the Judean Restoration: From Zerubbabel to Nehemiah, in: P.D. Miller (Hg.), Ancient Israelite Religion: Essays in Honor of Frank Moore Cross. FS F.M. Cross, Philadelphia 1987, 509-521.

Milgrom, J., Does H Advocate the Centralization of Worship, JSOT 88 (2000) 59-76.

Min, K.-J., The Levitical Authorship of Ezra-Nehemiah (JSOT.S 409), London/ New York 2004.

Mitchell, Ch., The Dialogism of Chronicles, in: M.P. Graham u.a. (Hg.), The Chronicler as Author. Studies in Text and Texture (JSOT.S 263), Sheffield 1999, 311-326.

Mittmann, S., Hiskia und die Philister, JNSL 16 (1990) 91-106.

Mosis, R., Untersuchungen zur Theologie des chronistischen Geschichtswerkes (FThSt 92), Freiburg 1973.

Murray, D.F., Dynasty, People, and the Future. The Message of Chronicles, JSOT 58 (1993) 71-92.

___ , Retribution and Revival, JSOT 88 (2000) 77-99.

Na'aman, N., The Historical Background to the Conquest of Samaria (720 BC), Bib. 71 (1990) 206-225.

Nauerth, C., Pilgerstätten am Garizim in frühchristlicher Zeit, DBAT 20 (1984) 17-45.

Newsome, Jr. u.a., Toward a New Understanding of the Chronicler and His Purposes, JBL 94 (1975) 201-217.

Niehr, H., Die Reform des Joschija. Methodische, historische und religionsgeschichtliche Aspekte, in: W. Groß (Hg.), Jeremia und die „deuteronomistische Bewegung" (BBB 98), Weinheim 1995, 33-55.

Nielsen, E., Political Conditions and Cultural Developments in Israel and Judah during the Reign of Manessah, in Selected Essays, Copenhagen 1983, 129-137.

Nielsen, K., Whose Song of Praise? Reflections on the Purpose of the Psalm in 1 Chronicles 16, in: M.P. Graham u.a. (Hg.), The Chronicler as Author. Studies in Text and Texture (JSOT.S 263), Sheffield 1999, 327-336.

Noort, Ed., The Traditions of Ebal and Gerizim. Theological Positions in the Book of Joshua, in: M. Vervenne u.a. (Hg.), Deuteronomy and Deuteronomic Literature. FS C.H.W. Brekelmans (BEThL 133), Leuvain 1997, 161-180.

Noth, M., Überlieferungsgeschichte des Pentateuch, Stuttgart 1948, ³1967.

Oded, B., The Settlements of the Israelite and Judean Exils in Mesopotamia in the 8th-6th Centuries BCE, in: G. Galil u.a. (Hg.). Studies in Historical Geography and Biblical Historiography, Leiden u.a. 2000, 91-103.

Oeming, M., Das wahre Israel: Die "genealogische Vorhalle" in 1 Chronik 1-9 (BWANT 128), Stuttgart u.a. 1990.

Ofer, I.A., "Judea", in: E. Stern (Hg.), The New Encyclopedia of Archaeological Excavations in the Holy land, Bde.3, The Israel Exploration Society, Carta, Jerusalem (1994) 814-816.

___ , The Monarchic Period in the Judaean Highland. A Spatial Overview, in: A. Mazar (Hg.), Studies in the Archaology of the Iron Age in Israel and Jordan (JSOT.S 331), Sheffield 2001, 14-37.

Olyan, S.M., Purity Ideology in Ezra-Nehemiah as a Tool to Reconstitute the Community, JSJ 35 (2004) 1-16.

Peltonen, K., A Jigsaw Without a Model? The Date of Chronicles, in: L.L. Grabbe (Hg.), Did Moses Speak Attic? (JSOT.S 317 = European Seminar in Historical Methodology 3), Sheffield 2001, 225-271.

Peterca, V., Die Verwendung des Verbs BHR für Salomo in den Büchern der Chronik, BZ 29 (1985) 94-96.

Pfeiffer, P.H., Introduction to the Old Testament, New York / London, 1941.

Plöger, O., Reden und Gebete im deuteronomistischen und chronistischen Geschichtswerk, in: Ders., Aus der Spätzeit des Alten Testaments. Studien. Zu seinem 60. Geburtstag am 27.11.1979 hrsg. von Freunden und Schülern, Göttingen 1971, 50-66.

Pohlmann, K.-F., Zur Frage von Korrespondenzen und Divergenzen zwischen den Chronikbüchern und dem Esra/Nehemia-Buch, in: J.A. Emerton (Hg.), International Organization for the Study of the Old Testament (VT.S 43 =Internationaler Kongreß für alttestament-licheBibelwissenschaften 13), Leiden u.a., 1991, 314-330.

Rainey, A.F., Mesha's Attempt to Invade Judah (2 Chron 20), in: G. Galil u.a. (Hg.), Studies in Historical Ggeography and Biblical Historiography, Leiden u.a. 2000, 174-176.

Reinmuth, T., Der Bericht Nehemias. Zur literarischen Eigenart, traditionsgeschichtlichen Prägung und innerbiblischen Rezeption des Ich-Berichts Nehemias (OBO 183), Freiburg 2002.

Reiterer, F.V., קצף, ThWAT VII (1993), 95-104.

Rendsburg, G.A., The Northern Origin of Nehemiah 9, Bib. 72 (1991) 348-366.

Rendtorff, R., Chronicles and the priestly Torah, in: M.V. Fox u.a. (Hg.), Texts, Temples, and Traditions: a Tribute to Menahem Haran. FS M. Haran, Winona Lake, Indiana 1996, 259-266.

___ , Nehemiah 9: An Important Witness of Theological Reflection, in: M. Cogan u.a. (Hg.), Tehillah le-Moshe. Biblical and Judaic Studies in Honor of Moshe Greenberg. FS Greenberg, Moshe, Winona Lake, Indiana 1997, 111-117.

Richards, K.H., Reshaping Chronicles and Ezra-Nehemiah Interpretation, in: J.L. Mays u.a. (Hg.), Old Testament Interpretation. Past, Present and Future: Essays in Honour of Gene M. Tucker. FS Tucker, Gene M (OTSt), Edinburgh 1995, 211-224.

Riley, W., King and Cultus in Chronicles. Worship and the Reinterpretation of History (JSOT.S 160), Sheffield 1993.

Ringgren, H. u.a., עבד, ThWAT V (²1986) 982-1012.

Römer, Th.C./ Brettler, M.Z., Deuteronomy 34 and the case for a persian Hexateuch, JBL 119 (2000) 401-419.

Rosenbaum, J., Hezekiah's Reform and Deuteronomistic Tradition, HTR 72 (1979), 23-24.

Rowley, H.H., The Samaritan Schism in Legend and History, in: B.W. Anderson u.a. (Hg.), Israel's Prophetic Heritage, 1962, 208-222.

Ruffing, A., Jahwekrieg als Weltmetapher: Studien zu Jahwekriegstexten des chronistischen Sondergutes (StBB, 24), Stuttgart 1992.

Sacchi, P., The History of the Second Temple Period (JSOT.S 285), Sheffield 2000.

Schaper, J., Priester und Leviten im achämenidischen Juda. Studien zur Kult- und Sozialgeschichte Israels in persischer Zeit (FAT 31), Tübingen 2000.

Schniedewind, W.M., The Source Citations of Manasseh in History and Homily, VT 41 (1991) 450-461.

___ , Prophets and Prophecy in the Books of Chronicles, in: M.P. Graham u.a. (Hg.), The Chronicler as Historian (JSOT.S 238), Sheffield 1997, 204-224.

___ , the Chronicler as an Interpreter of Scripture, in: M.P. Graham u.a. (Hg.), The Chronicler as Author. Studies in Text and Texture (JSOT.S 263), Sheffield 1999, 158-180.

Schunck, K.-D., Nehemia (BK 23/2), Neukirchen-Vluyn, 1998.

Schur, N., History of the Samaritans (BEAT 18), Frankfurt am Main 1992.

Seebass, H., Garizim und Ebal als Symbol von Segen und Fluch, Bib. 63 (1982) 22-31.

Segal, M.Z., Die Heirat des Sohnes des Hohenpriesters mit der Tochter des Sanballat und der Bau des Heiligtums auf dem Garizim, in: F. Dexinger u.a. (Hg.), Die Samaritaner (WdF 604), Darmstadt 1953/1992, 198-219.

Shiloh, Y., Judah and Jerusalem in the Eighth-Sixth Centuries BCE, in: S. Gitin u.a. (Hg.), Recent Excavations in Israel: Studies in Iron Age Archaeology (AASOR 49), Winona Lake 1989, 97-103.

Siedlecki, A., Foreigners, Warfare and Judahite Identity in Chronicles, in: M.P. Graham u.a. (Hg.), The Chronicler as Author. Studies in Text and Texture (JSOT.S 263), Sheffield 1999, 229-266.

Smelik, K.A.D., The Portrayal of King Manasseh: A literary Analysis of II Kings xxi and II Chronicles xxiii, in: Ders., Converting the Past. Studies in Ancient Israelite and Moabite Historiography (OTS, 28), Leiden 1992, 129-205.

___ , The Representation of King Ahaz in 2 Kings 16 and 2 Chronicles 28, in: J.C. de Moor (Hg.), Intertextuality in Ugarit and Israel (OTS 40), Leiden u.a. 1998, 143-185.

Snyman, G., 'Tis a Vice to Know Him.' Readers' Response-ability and Responsibility in Chronicles 14-16, Semeia 77 (1997) 91-113.

Spanier, K., The Northern Israelite Queen Mother in the Judaean Court: Athalia and Abi, in: M. Lubetski u.a. (Hg.), Boundaries of the Ancient Near Eastern World. A Tribute to Cyrus H. Gordon. FS C.H. Gordon (JSOT.S 273), Sheffield 1998, 136-149.

Sparks, K., The Prophetic Speeches in Chronicles. Speculation, Revelation, and Ancient Historiography, BBR 9 (1999) 233-245.

Spawn, K.L., "As It Is Written" and Other Citation Formulae in the Old Testament. Their Use, Development, Syntax, and Significance (BZAW 311), Berlin u.a. 2002.

Spieckermann, H., Juda unter Assur in der Sargonidenzeit (FRLANT 129), Göttingen 1982.

Steins, G., Die Chronik als kanonisches Abschlussphänomen. Studien zur Entstehung und Theologie von 1/2 Chronik (BBB 93), Weinheim 1995.

___ , Torabindung und Kanonabschluß. Zur Entstehung und kanonischen Funktion der Chronikbücher, in: E. Zenger (Hg.), Die Tora als Kanon für Juden und Christen (Herdes Biblische Studien 10), Freiburg u.a. 1996, 213-256.

___ , Zur Datierung der Chronik. Ein neuer methodischer Ansatz, ZAW 109 (1997) 84-92.

Stern, E. - Magen, I., Archaeological Evidence for the First Stage of the Samaritan Temple on Mount Gerizim, IEJ 52 (2002) 49-57.

Strüind, K., Tradition als Interpretation in der Chronik. König Josaphat als Paradigma chronistischer Hermeneutik und Theologie (BZAW 201), Berlin u.a. 1991.

Sweeney, M.A., King Josiah of Judah. The Lost Messiah of Israel, Oxford u.a. 2001.

Talmon, S., Überlieferungen zur Frühgeschichte der Samaritaner, in: Ders., Gesellschaft und Literatur in der Hebräischen Bibel, Neukirchen-Vluyn, Bd. 1 (1988), 132-151.

___ , Die Samaritaner in Vergangenheit und Gegenwart, in: F, Dexinger u.a. (Hg.), Die Samaritaner (WdF 604), Darmstadt 1972/1992, 379-392.

Talshir, D., A Reinvestigation of the Linguistic Relationship between Chronicles and Ezra-Nehemiah, VT 38 (1988) 165-193.

Talshir, Z., The three Deaths of Josiah and the Strata of Biblical Historiography (2 Kings XXIII 29-30; 2 Chronicles XXXV 20-5; 1 Esdras I 23-31), VT 46 (1996) 213-236.

___ , Several Canon-related Concepts Orgination in Chronicles, ZAW 113 (2001) 386-403.

Tetley, M.Ch., The Date of Samaria's Fall as a Reason for Rejecting Hypothesis of Two Conquests, CBQ 64 (2002) 59-77.

Throntveit, M.A., Linguistic Analysis and the Question of Authorship in Chronicles, Ezra and Nehemiah, VT 32 (1982) 201-216.

___ , When Kings Speak. Royal Speech and Royal Prayer in Chronicles (SBL.DS 93), Atlanta, Georgia 1987.

___ , Hezekiah in the Books of Chronicles, in: D.J. Lull (Hg.), SBL 1988 Seminar Papers (SBL.SP 27), Atlanta 1988, 302-11.

___ , The Chronicler's Speeches and Historical Reconstruction, in: M.P. Graham u.a. (Hg.), The Chronicler as Historian (JSOT.S 238), Sheffield 1997, 225-245.

___ , The Relationship of Hezekiah to David and Solomon in the Books of Chronicles, in: M.P. Graham u.a. (Hg.), The Chronicler as Theologian: Essays in Honor of Ralph W. Klein. FS Klein, Ralph W. (JSOT.S 371), Sheffield 2003, 105-121.

Timm, S., Die Eroberung Samarias aus assyrisch-babylonischer Sicht, in: Die Welt des Orients 20/21 (1989/90) 62-82.

___ , Ein assyrisch bezeugter Tempel in Samaria?, in: U. Hübner u.a. (Hg.), Kein Land für sich allein. Studien zum Kulturkontakt in Kanaan, Israel/Palästina und Ebirnari für Manfred Weippert zum 65. Geburtstag. FS M. Weippert (OBO 186), Freiburg u.a 2002, 126-133.

Townsend, Jeffrey L., The Purpose of 1 and 2 Chronicles, Bibliotheca sacra 144 (1987) 277-292.

Uehlinger, Chr., Gab es eine joschijanische Reform. Probleme – Fragen – Antworten, in: W. Groß (Hg.), Jeremia und die „deuteronomistische Bewegung" (BBB 98), Weinheim 1995, 57-89.

Van Seters, J., the Chronicler's Account of Solomon's Temple-Building: A Continuity Theme, in: M.P. Graham u.a. (Hg.), The Chronicler as Historian (JSOT.S 238), Sheffield 1997, 283-300.

Vaughn, Andrew G., Theology, History, and Archaeology in the Chronicler's Account of Hezekiah (ABSt 4), Atlanta GA, 1999.

Vivano, P.A., 2 Kings 17: A Rhetorical and Form-Critical Analysis, CBQ 49 (1987) 548-559.

Von Rad, G., Das Geschichtsbild des chronistischen Werks, Stuttgart 1930.

Wagner, S., דרש, (Hrg), ThWAT II (²1977), 313-329.

___ , כנע, ThWAT IV, (²1984), 216-224.

Wallace, H.N., What Chronicles Has to Say About Psalms, in: M.P. Graham u.a. (Hg.), The Chronicler as Author. Studies in Text and Texture (JSOT.S 263), Sheffield 1999, 267-291.

Wallis, G., Jerusalem und Samaria als Königsstädte. Auseinandersetzung mit einer These Albrecht Alts, in: Ders., Mein Freund hatte einen Weinberg. Aufsätze und Vorträge zum Alten Testament (BEAT 23), Frankfurt am Main u.a. 1976/1994, 31-45.

Walsch, J.T., 2 Kings 17. The Deuteronomist and the Samaritans, in: J.C. de Moor u.a. (Hg.), Past, Present, Future. The dtr History and the Prophets (OTS 44) 2000, 315-323.

Washburn, D.L., Perspective and Purpose: Understanding the Josiah Story, Trinity Journal 12 (1991) 59-78.

Washington, H.C., Israel's Holy Seed and the Foreign Women of Ezra-Nehemiah: A Kristevan Reading, Biblical Interpretation 11 (2003) 427-437.

Weinberg, J.P., The Book of Chronicles: Its Author and Audience, in: S. Ahituv u.a. (Hg.), Avraham Malamat Volume. FS A. Malamat (ErIs 24), Jerusalem: Israel Exploration Society 1993, 216-220.

Weippert, H., Die Ätiologie des Nordreiches und seines Königshauses (1 Reg 11,29-40), ZAW 95 (1983) 344-375.

Welch, A.C., The Work of the Chronicler. Its purpose and its date, London, 1939.

Welten, P., Die Königs-Stempel. Ein Beitrag zur Militärpolitik Judas unter Hiskia und Josia, ADPV, Wiesbaden, 1969.

___ , Geschichte und Geschichtsdarstellung in den Chronikbüchern (WMANT 42), Neukirchen-Vluyn 1973.

___ , Lade – Tempel – Jerusalem. Zur Theologie der Chronikbücher, in: A.H.J. Gunneweg u.a. (Hg.), Textgemäß. Aufsätze und Beiträge zur Hermeneutik des Alten Testaments, FS E. Würthwein, Göttingen 1979, 169-183.

Willi, Th., Die Chronik als Auslegung. Untersuchungen zur literarischen Gestaltung der historischen Überlieferung Israels, Göttingen 1972.

___ , „Thora in den biblischen Chronikbüchern", Jud. 36 (1980) 102-105, 138-151.

___ , Juda-Jehud-Israel, Studien zum Selbstverständnis des Judentums in persischer Zeit (FAT 12), Tübingen, 1995.

___ , Leviten, Priester und Kult in vorhellenistischer Zeit, in: B. Ego (Hg.), Gemeinde ohne Tempel. Zur Substituierung und Transformation des Jerusalemer Tempels und seines Kults im Alten Testament, antiken Judentum und frühen Christentum (WUNT 118), Tübingen 1999, 75-98.

___ , Zwei Jahrzehnte Forschung an Chronik und Esra-Nehemia, in: ThR 67 (2002) 61-104.

___ , 'Wie geschrieben steht' - Schriftbezug und Schrift. Überlegungen zur frühjüdischen Literaturwerdung im persischen Kontext, in: R.G. Kratz (Hg.), Religion und Religionskontakte im Zeitalter der Achämeniden (Veröffentlichungen der Wissenschaftlichen Gesellschaft für Theologie 22), Gütersloh 2002, 257-277.

Williamson, H.G.M., The Accession of Solomon in the Books of Chronicles, VT 26 (1976) 351-361.

___ , Israel in the Books of Chronicles, Cambridge 1977.

___ , The Origins of the Twenty-Four Priestly Courses: A Study of 1 Chronicles XXIII-XXVII, in: J.A. Emerton (Hg.), Studies in the Historical Books of the Old Testament (VT.S 30), Leiden 1979, 251-268.

___ , 'We Are Yours, O David': The Setting and Purpose of 1 Chronicles xii 1-23, OTS 21 (1981) 164-176.

___ , Reliving the Death of Josiah: A Reply to C. T. Begg, VT 37 (1987) 9-15.

___ , Concept of Israel in Transition, in: R.E. Clements (Hg.), The World of Ancient Israel. Sociological, Anthropological and Political Perspectives, Cambridge 1989, 141-161.

___ , The Temple in the Books of Chronicles, in: W. Horbury (Hg.), Templum Amicitiae: Essays on the Second Temple presented to Ernst Bammel. FS E. Bammel (JSNT.S 48), Sheffield 1991, 15-31.

___ , Hezekiah and the Temple, in: M.V. Fox u.a. (Hg.), Texts, Temples, and Traditions: a Tribute to Menahem Haran. FS M. Haran, Winona Lake, Indiana 1996, 17 52.

Willis, T.M., The Text of 1 Kings 11:43-12:3, CBQ 53 (1991), 37-41.

Wright, J.W., Guarding the Gates: 1 Chronicles 26.1-19 and the Roles of Gatekeepers in Chronicles, JSOT 48 (1990) 69-81.

___ , The Legacy of David in Chronicles. The Narrative Function of 1 Chronicles 23-27, JBL 110 (1991), 229-242.

___ , From Center to Periphery. 1 Chronicles 23-27 and the Interpretation of Chronicles in the Nineteenth Century', in: E.C. Ulrich u.a. (Hg.), Priests, Prophets and Scribes: Essays on the Formation and Heritage of Second Temple Judaism in Honour of Joseph Blenkinsopp (JSOT.S 149), Sheffield 1992, 20-42.

___ , The Innocence of David in 1 Chronicles 21, JSOT 60 (1993) 87-105.

___ , The Fight for Peace: Narrative and History in the Battle Accounts in Chronicles, in: M.P. Graham u.a. (Hg.), The Chronicler as Historian (JSOT.S 238), Sheffield 1997, 150-177.

___ , The Fabula of the Book of Chronicles, in: M.P. Graham (Hg.), The Chronicler as Author. Studies in Text and Texture (JSOT.S 263), Sheffield 1999, 136-155.

Zenger, E., u. a. (Hg.), Einleitung in das Alte Testament, Kohlhammer Studienbücher Theologie, Bd. 1,1, Stuttgart ^{5}2004.

Zimmerli, Israel im Buche Ezechiel, VT 8 (1958) 75-90.

Zobel, H.-J., ישראל, ThWAT II (1982), 986-1012.

Zsengellér, J., Gerizim as Israel. Northern Tradition of the Old Testament and the Early History of the Samaritans (Utrechtse Theologische Reeks 38) Universiteit Utrecht, 1998.

___ , Canon and the Samaritans, in: A.van der Kooij u.a. (Hg.), Canonization and Decanonization. Papers presented to the International Conference of the Leiden Institute for the Study of Religions (LISOR), Leiden u.a. 1998, 161-171.

___ , Das Königsideal in der antiroyalistischen Tradition der Samaritaner, WuD 27 (2003) 131-145.

Zwickel, W., Die Kultreform des Ahas (2 Kön 16,10-18), SJOT 7 (1993) 250-262.

___ , Die Wirtschaftsreform des Hiskia und die Sozialkritik der Propheten des 8.Jahrhunderts, EvTh 59 (1999) 356-377.

Register

Bibelstellen in Auswahl

Autorenregister